O FANTASMA DA REVOLUÇÃO BRASILEIRA

FUNDAÇÃO EDITORA DA UNESP

Presidente do Conselho Curador
Mário Sérgio Vasconcelos

Diretor-Presidente
Jézio Hernani Bomfim Gutierre

Superintendente Administrativo e Financeiro
William de Souza Agostinho

Conselho Editorial Acadêmico
Danilo Rothberg
Luis Fernando Ayerbe
Marcelo Takeshi Yamashita
Maria Cristina Pereira Lima
Milton Terumitsu Sogabe
Newton La Scala Júnior
Pedro Angelo Pagni
Renata Junqueira de Souza
Sandra Aparecida Ferreira
Valéria dos Santos Guimarães

Editores-Adjuntos
Anderson Nobara
Leandro Rodrigues

O FANTASMA DA REVOLUÇÃO BRASILEIRA

MARCELO RIDENTI

2ª EDIÇÃO REVISTA E AMPLIADA

© 2005 Editora UNESP

Direitos de publicação reservados à:
Fundação Editora UNESP (FEU)

Praça da Sé, 108
01001-900 – São Paulo – SP
Tel.: (0xx11) 3242-7171
Fax: (0xx11) 3242-7172
www.editoraunesp.com.br
www.livrariaunesp.com.br
atendimento.editora@unesp.br

CIP – Brasil. Catalogação na fonte
Sindicato Nacional dos Editores de Livros, RJ

R412f
2.ed.

Ridenti, Marcelo, 1959-
   O fantasma da revolução brasileira/Marcelo Ridenti. – 2.ed. rev. e ampliada.
– São Paulo: Editora UNESP, 2010.
   324p.

   Inclui bibliografia
   ISBN 978-85-393-0003-7

   1. Brasil – História – Revolução, 1964-. 2. Brasil – História – 1961-1964.
3. Brasil – História – 1964-1985. 4. Brasil – Política e governo – 1964-1985. I.
Título.

10-0954.   CDD: 981.06
                                                          CDU: 94(81)"1964/1985"

Editora afiliada:

Aos esboços de homens-novos que se criaram entre 1945 e 1968 no Brasil, realizações frustradas pela roda-viva da História.

SUMÁRIO

AGRADECIMENTOS 11

APRESENTAÇÃO 13

UM PREFÁCIO PESSOAL E POLÍTICO 17

A CONSTELAÇÃO DA ESQUERDA BRASILEIRA
NOS ANOS 1960 E 1970 27

As esquerdas, antes e depois de 1964 27

Divergências e convergências dos
projetos revolucionários 32
    O caráter da revolução brasileira 32
    A organização revolucionária 39
    As formas de luta revolucionária 46
    Os pressupostos comuns aos grupos guerrilheiros 56

O sentido da luta dos grupos armados 63

A CANÇÃO DO HOMEM ENQUANTO SEU LOBO NÃO VEM:
AS CAMADAS INTELECTUALIZADAS NA REVOLUÇÃO BRASILEIRA — 71

A agitação cultural-revolucionária nos anos 1960 — 71
- Os artistas de esquerda — 71
- Modernismo temporão — 74
- Revolta e integração — 80
- A revolução cantada em verso e prosa — 95

A esquerda armada nos meios intelectuais — 114
- Dados sobre a esquerda estudantil — 114
- O céu como bandeira — 120
- As esquerdas dentro do movimento estudantil — 129
- Rebeldia e inserção social do estudante — 137
- A revolução dos trabalhadores intelectuais — 146

OBSCUROS HERÓIS, SEM VEZ E SEM VOZ:
A INSERÇÃO DAS ESQUERDAS ARMADAS NAS BASES DA SOCIEDADE — 163

As esquerdas dentre os trabalhadores — 163

Revolucionários de Osasco e outros ativistas — 177

As mulheres foram à luta — 195

Ex-militares subalternos: pátria e morte — 203

Sonho de guerrilha camponesa numa noite de verão do diabo — 217

LUTA, CONSPIRAÇÃO E MORTE — 239

A ilusão da permanência representativa — 239

A dinâmica da clandestinidade — 244

Vida e morte de um projeto revolucionário — 252

ANEXOS — 275

POSFÁCIO	285
REFERÊNCIAS BIBLIOGRÁFICAS DO POSFÁCIO	303
REFERÊNCIAS BIBLIOGRÁFICAS	315

AGRADECIMENTOS

Todos que colaboraram com depoimentos pessoais sobre os fatos políticos dos anos 1960 e 1970 são, em grande parte, responsáveis pelos eventuais méritos deste livro, e não se lhes deve imputar as possíveis falhas. A "edição" dos depoimentos é de minha responsabilidade. Eleonora Menicucci de Oliveira, apresentando-me vários dos entrevistados, contribuiu na realização do trabalho.

A leitura crítica rigorosa de Heloísa Fernandes foi de valia inestimável, assim como a de Francisco de Oliveira, Octavio Ianni, Sedi Hirano e Daniel Aarão Reis, que compuseram a banca da tese de doutorado em Sociologia na USP, em 1989, base para este livro. Daniel, além de tudo, cedeu-me documentos das organizações de esquerda e participou de algumas entrevistas. Devo muito a outros estudiosos da esquerda brasileira: Jacob Gorender, Marco Aurélio Garcia, João Quartim de Moraes, Pedro Roberto Ferreira e demais colegas do Grupo de Trabalho "Partidos e Movimentos de Esquerda", da ANPOCS.

A menção às entidades financiadoras é, antes de mais nada, um dever: obrigado à CAPES e à ANPOCS, por bancarem parte da pesquisa, e à FAPESP, pelo apoio à primeira edição do livro.

Meus agradecimentos, ainda: ao apoio para a publicação do Departamento de Sociologia da UNESP, *campus* de Araraquara; à colaboração do Núcleo de Processamento de Dados e do Departamento de Ciências Sociais da Universidade Estadual de Londrina; à Sandra, pelo amor e pela ajuda de sempre; à Stella, a primeira a me incentivar a estudar; à figura humana de Antonio Ridenti, inspirador intelectual.

Finalmente, este livro é devedor dos pesquisadores anônimos do Projeto "Brasil: Nunca Mais" (BNM), nas pessoas de seus patrocinadores e porta-vozes conhecidos, Dom Paulo Evaristo Arns e Reverendo Jaime Wright. Se o poeta Drummond me permite, disponho de seus versos a fim de homenagear os pesquisadores do BNM, para quem

> ainda é tempo de viver e contar./ Certas histórias não se perderam./ Conheço bem esta casa,/ pela direita entra-se, pela esquerda sobe-se,/ a sala grande conduz a quartos terríveis,/ como o do enterro que não foi feito, do corpo esquecido na mesa... (1974a)

O BNM expõe esses corpos, para que os enterrem quem de direito, na esperança de que tenha chegado

> um tempo em que a vida é uma ordem. A vida apenas, sem mistificação. (1974b)

Ademais, nesta segunda edição, agradeço ao pessoal da Editora UNESP pelo profissionalismo e pela simpatia com que tem tratado o livro e seu autor ao longo dos anos.

A UNICAMP e o CNPq têm me concedido apoio constante à pesquisa desde o final dos anos 1990, contribuindo assim para esta segunda edição, revista.

Agradeço ainda à amada Tânia, nosso Arthur e meus filhos mais velhos, Marco Antonio e Luis Guilherme, que já fazem seus próprios caminhos.

APRESENTAÇÃO
ANOS DE CHUMBO:
CRIATIVOS E FUNESTOS

Este livro de Marcelo Ridenti introduz o leitor nos anos 1960 e 1970, oferecendo-lhe uma visão abrangente, mas seletiva, dos fatos sobre os quais incide a análise histórica e sociológica. Análise séria e aprofundada, porém vazada em linguagem acessível, sem rebuscamentos dispensáveis. Aqueles anos de virada já suscitaram uma literatura numerosa de depoimentos pessoais, mas os trabalhos de pesquisa analítica ainda são escassos. Houve mesmo um declínio de interesse por aqueles anos malditos, à medida que ganhou ímpeto, no país, o processo de finalização da ditadura militar e de reorganização democrática das instituições do Estado e da vida partidária. Generalizou-se o ponto de vista segundo o qual a esquerda, que se empenhou na luta armada, cometeu erros primários, a respeito dos quais não valia a pena perder tempo. Mas semelhante ponto de vista se diluiu e os anos rebeldes despertaram atração em época recente, associados à vivência das enormes dificuldades econômicas e das complicações políticas, sobre as quais não deixam de influir os acontecimentos internacionais relacionados com o desmoronamento dos regimes comunistas no Leste Europeu. Em tais circunstâncias, a publicação do livro de Ridenti salienta-se por trazer respostas ou esclarecimentos às indagações das velhas e, sobretudo, das novas gerações politizadas ou despertadas para a atuação política.

O enfoque do autor não poderia deixar de decorrer da circunstância de que, por sua idade, não teria condições para ser um participante dos fatos que agora aborda. Àquela época, mal tomou conhecimento de alguns deles e nem poderia formar uma ideia do que significavam. Isto lhe permitiu realizar sua pesquisa sem se envolver de forma passional, o que não significa frieza e neutralidade. Ao mesmo tempo, a distância permitiu-lhe também certa vantagem, derivada não só da ausência de envolvimento pessoal, como do tempo já transcorrido, o que possibilita realizar avaliações mais corretas do que foi importante ou secundário. Tais avaliações são possíveis somente se o pesquisador for capaz de se autocriticar com relação à tentação do anacronismo, ou seja, a tentação de examinar o que ocorreu há vinte ou trinta anos com as ideias de hoje, estabelecendo equivalências entre situações passadas com situações presentes. O autor teve cuidado a este respeito, evitando julgamentos de organizações e protagonistas da esquerda armada subordinados a critérios fora da época em que atuaram.

Ridenti inicia sua obra com uma exposição sintética, mas bastante informativa, acerca das esquerdas antes e após o golpe militar de 1964. O cerne do processo das mutações diz respeito à perda da hegemonia do PCB no universo das esquerdas. A derrota desmoralizante conduziu a uma intensa disputa de ideias, com novas composições e recomposições, finalmente se cristalizando, de maneira instável, em numerosas organizações, sob influência do pensamento tradicional da esquerda brasileira, mas também das concepções do foquismo castro-guevarista e do maoísmo, então dotadas de fascínio hoje inimaginável. O exame das estruturas e dos projetos programáticos dessas organizações mostra o que as afastava e o que as unia. Por mais que divergissem sob outros aspectos, as organizações da esquerda armada tiveram em comum a ideia de que era fundamental o desenvolvimento da guerrilha rural. Mas os fatos decorreram de tal maneira que, com exceção de apenas uma delas, nenhuma das organizações da esquerda armada conseguiu sequer dar início ao projeto da guerrilha rural, embora nesse projeto despendessem grandes energias.

No segundo pós-guerra, o Brasil passou por intenso crescimento de sua economia e a sociedade brasileira sofreu mudanças significativas. Em particular, aumentou a classe operária industrial, surgindo núcleos concentrados sobretudo em São Paulo, e se expandiram novas camadas de uma inquieta classe média. O próprio crescimento colocou a urgência de reformas estruturais, então chamadas de reformas de base. À medida que se exauria a eficácia da hegemonia burguesa de tipo populista, ampliava-se e se fortalecia o movimento pelas reformas de base. No final de 1963, configurou-se o que denominei, no meu livro *Combate nas trevas*, esboço de crise pré-revolucionária. As classes dominantes tiveram clara percepção da ameaça aos seus privilégios e a eliminaram pela força armada, violando a ordem constitucional que elas próprias haviam instituído.

O movimento pelas reformas de base manifestou sua legitimidade histórica, entre outros aspectos, nas formas de expressão cultural que inspirou, carentes, até hoje, de estudos mais detalhados e abrangentes. O golpe de 1964 não foi capaz de sufocar de imediato as forças dessa nova cultura, que revelaram vigor e flexibilidade para interpretar as aspirações populares no contexto da situação de derrota e de anseio de revanche. Uma das partes mais brilhantes do livro de Marcelo Ridenti é, sem dúvida, aquela em que se detém na agitação cultural-revolucionária nos anos 1960. O autor examina, com muita empatia, a produção nos domínios da música popular, do cinema, do teatro e da literatura. O florescimento da orientação esquerdista nesses âmbitos se deu em meio a contradições internas, mas, em conjunto, teve tamanha envergadura, que se chegou a falar em hegemonia cultural da esquerda. Com mais propriedade, Ridenti caracteriza o processo como o de esboço de contra-hegemonia. E, com notável perspicácia, assinala como a indústria cultural, que justamente naquele momento ganhava poderio no Brasil, procurou manipular, cooptar e absorver, para seus próprios fins mercantis, a produção da cultura inspirada nos movimentos de esquerda. Sucede que o florescimento dessa cultura anticonformista se dava em concomitância com o lançamento e recrudescimento das ações da guerrilha urbana e com as manifestações de um movimento de massas, ainda capaz de grandes mobilizações em 1968. O regime militar reagiu por meio do Ato Institucional n. 5. A censura mais feroz tomou conta dos meios de comunicação social e asfixiou qualquer possibilidade de produção cultural desviante. As mobilizações de massa se tornaram dificílimas e as esquerdas, a partir daí, efetuaram uma imersão geral na luta armada.

Ridenti estuda as organizações da luta armada por meio de sua composição social e das bases sociais, nas quais se poderiam sustentar. Daí extrai explicações para a trajetória de algumas dentre as mais importantes organizações. Vale-se da literatura já existente sobre o assunto, mas acrescenta valioso material originário de entrevistas, que realizou com protagonistas da resistência à ditadura militar.

O estudo mais amplo e substancial é dedicado às camadas da classe média, que contribuíram com número maior de militantes. Daí a análise extensa que merecem os estudantes e os profissionais intelectualizados. Não deixou de ser contraditório que a classe média fosse beneficiária do "milagre econômico", adotando, por isso mesmo, enquanto o "milagre" durou, posição de tolerância ou mesmo de apoio com relação à ditadura militar, e que uma parte ou, melhor dito, um fragmento dessa mesma classe média, impregnado das inspirações do movimento popular-revolucionário, se engolfasse na luta armada. Com a ilusão funesta de que seria capaz de ganhar a representação dos trabalhadores e de obter deles o apoio social para a derrubada violenta do regime capitalista.

Outras classes e categorias sociais que forneceram militantes às organizações da luta armada são focalizadas, conquanto de maneira desigual, em alguns casos sem suficiente massa de informação, o que talvez derive do fato de se tratar de tema vasto e complexo. Assim é que o leitor poderá ter uma ideia da participação de operários, camponeses, militares (oficiais, subalternos e soldados), religiosos e mulheres, nas organizações da esquerda armada.

Por volta de 1971, as organizações de confronto violento com a ditadura entraram na fase terminal de extinção. Uns poucos sobreviventes procuravam ainda reunir forças para a concretização do sonho da guerrilha rural. Mas somente o PCdoB, que adotou a tática de se poupar do desgaste da guerrilha urbana, desencadeou uma verdadeira guerrilha rural, em 1972. Dois anos depois, finalizava-se o extermínio dos combatentes do Araguaia.

Ridenti enfrenta o tema do "suicídio revolucionário", seja do ponto de vista de indivíduos, colocados em situações extremas, seja de organizações em seu conjunto. Tema delicado e espinhoso que tem, neste livro, reflexões importantes e pioneiras na literatura brasileira sobre a questão. O que sucede é que, se neste livro o tema mereceu parte de um capítulo, as implicações que encerra não poderiam ser devidamente apreciadas senão no espaço de uma obra inteira.

A derrota da luta guerrilheira deixou a herança de um fantasma. O fantasma da revolução brasileira. Que, até hoje, perdura, como obsessão, na mente das esquerdas brasileiras. Como se livrar dele? A meu ver, realizando esta revolução, que perderá as formas fantasmagóricas, porque terá ganhado o sangue e a vida de sua efetivação, por meio da luta, não de um punhado de poetas sonhadores, mas de milhões de prosaicos militantes das lutas sociais.

Jacob Gorender, agosto de 1993.

UM PREFÁCIO PESSOAL E POLÍTICO

Desvendar o significado e as raízes sociais da luta dos grupos de esquerda, especialmente dos armados, entre 1964 e 1974: eis a proposta central deste livro. O leitor já terá notado, ao passar os olhos pelo Sumário, que a ideia não é fazer uma análise restrita à ação das organizações supostamente de vanguarda, mas entendê-las no movimento contraditório da sociedade brasileira.

Muitos podem achar surpreendente a abordagem desse tema tão "espinhoso", até mesmo "ultrapassado", na visão de alguns. Por isso, antes de mais nada, cabem algumas reflexões que buscam lançar luz sobre a importância social e política de encarar o *fantasma* da revolução brasileira.

Não houve qualquer vinculação minha ou de pessoas próximas com a resistência armada ao regime militar. Mais do que os eventos políticos nacionais e internacionais do ano paradigmático de 1968, ficou-me na memória a campanha futebolística do Palmeiras, que não foi das melhores, para minha decepção, então com 9 anos de idade. Mas a efervescência política e cultural dos anos 1960 deixou entrecortados traços que vêm à mente.

No final da década de 1960, diariamente, e por muitas horas, postava-se misteriosamente diante de casa um Fusca vermelho, com o motorista olhando o tempo todo a vista privilegiada da rua Heitor Penteado, movimentada via da zona oeste de São Paulo. Provavelmente era um policial à paisana, atento a movimentos estranhos nas imediações, tanto nas ruas onde os "subversivos" marcavam pontos de encontro quanto no colégio de padres, em frente de casa. Recordações congeladas da época: no dia 5 de novembro de 1969, quando fui procurar as notícias da vitória do Corinthians sobre o Santos no Pacaembu, deparei, na primeira página do jornal, com as fotos de um careca morto a tiros dentro de um carro. As imagens eram impressionantes. Hoje sei que se tratava de Carlos Marighella. Já na década de 1970, nossa vizinhança no Sumarezinho alvoroçou-se com o barulho da morte de alguns jovens "terroristas", metralhados pela polícia numa casa próxima. Curiosos foram ver o incidente, fizeram alguns rápidos comentários ("puxa, eram tão jovens!"), e depois fecharam suas janelas *De frente pro crime*.

Outros recortes sociais dos anos 1960 e 1970 surgem na memória em roda-viva: perguntar ao meu pai o que era a palavra esquisita "UNE", pichada numa parede do Teatro Municipal; uma tia contando do filho estudante de uma amiga que tinha "sumido"; a notícia da morte do marechal Castelo Branco anunciada pelo alto-falante da colônia de férias do funcionalismo público no Guarujá; a história de um carro que explodiu, na rua da Consolação, por carregar uma bomba; as músicas e os festivais na TV Record, vistos em transmissões ao vivo; meu pai contando do atentado terrorista de direita contra os atores da peça *Roda viva*; a morte de Bob Kennedy no jornal e na TV; a aluna de minha mãe que teve de se exilar porque o pai fora preso, morto, ou algo assim; comentários de familiares sobre as peças teatrais de vanguarda; o noticiário sobre a guerra no Vietnã (eu torcia para os vietnamitas; um primo, para os americanos); as músicas "iê-iê-iê" e o programa televisivo da Jovem Guarda; as caronas para a escola no Galaxie LTD do militar reformado, pai de um colega de classe, que rezava antes das refeições e fazia sermões depois delas (mais tarde, eu viria a saber que ele é suspeito de vinculação com os órgãos repressivos); o futebol do Brasil derrotado na Copa do Mundo de 1966 e vitorioso na de 1970; meu pai lendo *Os dez dias que abalaram o mundo*, de John Reed; músicas dos Beatles e notícias sobre o Bandido da Luz Vermelha no rádio de pilha que ganhei no Natal; minha mãe e outras professoras moderadas politicamente participando de manifestações contra a reforma do ensino em 1968; primos adolescentes que estudaram nos Estados Unidos com bolsas de intercâmbio cultural; o compacto simples que recebi de um tio com uma referência estranha sobre o presidente na dedicatória (só uns tempos depois, fui entender a referência à canção de protesto, *Apesar de Você*, de Chico Buarque, meu ídolo na adolescência); o filho da vizinha preso por uso de drogas; o livro de Caio Prado Jr., *A revolução brasileira*, em cima da escrivaninha; a empregada doméstica que entrou em casa apavorada, gritando que os comunistas tinham invadido o Brasil: sossegou só quando lhe disseram que os carros vermelhos e os soldados na rua eram do corpo de bombeiros; a mesma empregada chorando, quando assassinaram Martin Luther King; ver na televisão o homem pousar e posar pela primeira vez na Lua, enquanto meu álbum de figurinhas previa o feito para o ano 2000; o professor de geografia reacionário, militar reformado, que, contudo, ficou chocado quando viu da janela do seu apartamento a polícia matar um suposto subversivo; alumbramento: um primo do interior e eu diante da minissaia da moça que fazia compras, ela tão alta e nós tão pequenos que nossas cabeças quase batiam na altura da saia; *Funeral de um lavrador*, música de Chico Buarque cuja letra, de João Cabral, parecia bela e enigmática, cheia de palavras desconhecidas: o que era latifúndio? – meu pai explicou, mas não foi fácil entender; o mesmo disco trazia outra canção, com uma palavra difícil e mágica: *roda-viva*.

Essas recordações de menino fundem-se com a imagem de advogado humanista, filho de família operária de origem italiana, próximo das ideias socialistas, simpatizante do PCB: meu pai estava no início dos anos 1960 entre as dezenas de milhares de pessoas "anônimas" que se empolgavam com as conquistas sociais e de cidadania dos trabalhadores brasileiros. Em casa, então no interior de São Paulo, o clima de esperanças populares pré-1964 chegava pelas ondas curtas da rádio Havana, cujo noticiário para o Brasil começava significativamente com o Hino da Independência, num som com os típicos chiados, mas nítido, que me ficou claramente nos ouvidos, embora tivesse só 3 ou 4 anos de idade: "Brava gente brasileira/ longe vá temor servil/... ou ficar a Pátria livre/ ou morrer pelo Brasil/ ou ficar a Pátria livre/ ou morrer pelo Brasil".

Entre 1964 e 1968, meu pai estava dentre os muitos desconhecidos indignados, passivamente, com o regime militar. Ele acompanhava os acontecimentos pelas páginas do *Correio da Manhã*, jornal carioca que comprava diariamente, e pela *Revista Civilização Brasileira*, de tiragem mensal. Depois do AI-5, com a censura total, não dava mais sequer para torcer pelas forças oposicionistas, então proscritas dos jornais – exceção feita talvez ao *Pasquim*. Aos críticos do regime, que não se dispunham a uma militância política clandestina, restavam apenas as conversas sussurradas e o ato isolado de protesto do voto nulo nas eleições para deputados e senadores, em novembro de 1970. Quando perguntei em quem votaria naquele pleito, papai justificou seu voto nulo por "falta de opção". Sem malícia, contei sobre a sua "opção" a uma professora ginasial de Educação Moral e Cívica, mulher de um militar. Ela se indignou, afirmando que voto branco ou nulo era falta de instrução ou de civismo. Desconversei, intuindo a acusação grave, naqueles anos em que a vitória na Copa do Mundo de 1970 e a campanha ufanista do "Brasil Grande", acompanhadas do "milagre" econômico, empolgavam o "civismo" e a imaginação dos meninos, pelo menos os de classe média – dentre os quais me incluía, cantando músicas como "eu te amo meu Brasil/ eu te amo/ ninguém segura a juventude do Brasil", ou inocentemente usando na janela adesivos do tipo "Brasil, conte comigo", sem perceber as implicações políticas subjacentes. Mas o civismo da professora e dos meios de comunicação não podia convencer-me totalmente: o exemplo humanista de meu pai, no cotidiano, era mais forte. Ele talvez fosse um esboço, como muitos outros, menos ou mais conhecidos, de homens novos gestados nas condições políticas e culturais da sociedade brasileira entre o pós-guerra e o golpe de 1964, condições que ainda teriam eco até o "golpe dentro do golpe", em dezembro de 1968.

Eram homens e mulheres que se faziam novos, e tiveram o desabrochar impedido pela modernização conservadora do capitalismo, implantada a ferro e fogo pelo regime militar – que, depois de ferir de morte o florescimento cultural e político, deu em troca certos privilégios econômicos a setores das camadas médias intelectualizadas, compatíveis com o modelo de desenvolvimento imposto pelo "milagre brasileiro". Buscava-se substituir o homem criador, sujeito do seu destino, pelo homem consumidor, resignado, paciente da História, coisificado, vale dizer, pelo não homem. Também contra isso insurgiram-se aqueles que foram às ruas em 1968, especialmente os que pegaram em armas contra a ditadura. Foram novamente derrotados; como em 1964, massacrados pela roda-viva da História, que no entanto não estancaria na posição mais favorável a seus algozes – continuaria a girar por trajetórias nem sempre previsíveis pelas ideologias e utopias existentes.

San Michele aveva um gallo... é o título de um filme dos irmãos Taviani, exibido em São Paulo, em 1982. Conta a história de um anarquista condenado a muitos anos de prisão por um atentado terrorista no começo deste século, na Itália. Os anos iniciais da pena seriam cumpridos numa cela solitária, em que o prisioneiro não teria nenhum contato com o mundo exterior. A fita retrata os expedientes de que o preso lançou mão para sobreviver e para evitar a loucura naquelas condições de isolamento. O que lhe dava forças era a convicção e a fé inabalável nos seus ideais políticos. O militante aceitava o sacrifício estoicamente, imaginando que, fora da cadeia, sua organização continuava a luta, e que seu nome corria de boca em boca como herói do povo italiano. Quando deixou a solitária, depois de alguns anos sem conversar senão consigo mesmo, entrou em contato com outros prisioneiros políticos, numa viagem em pequenas embarcações a caminho da ilha onde se encontrava a prisão que os abrigaria. A maioria dos prisioneiros que viajava com ele era jovem e comunista. Durante a conversa que travaram, o velho terrorista sentiu-se além de aviltado, em descompasso com os acontecimentos sociais e políticos. Orgulhosamente, apresentara-se aos demais como fulano de tal, da organização X, conhecido herói popular. Os outros riram, mal tinham ouvido falar dele, consideravam sua organização historicamente superada, bem como os atentados de que participou. Desdenharam suas ideias políticas, condenaram o terrorismo, contaram-lhe o refluxo do anarquismo e do crescimento do comunismo. Aos poucos, no decorrer da viagem, o anarquista-terrorista foi-se dando conta de que não havia mais razão para insistir em sobreviver nas prisões. Os laços que o prendiam à vida já não existiam; sacrificara tantos anos a uma causa esquecida; seu esforço fora em vão; a vida mostrava o fracasso de tudo em que acreditara; ninguém entendera nada e nada valera a pena. O filme acaba quando, num momento de distração dos guardas e dos outros presos, depois de ficar quieto e pensativo por um tempo, o velho prisioneiro lança-se subitamente para o fundo das águas gélidas da costa. Talvez a memória tenha-me traído, mas, no fundamental, essa é a história para o que interessa ilustrar.

Esteve em cartaz em São Paulo, em 1983, o filme de Margarethe Von Trotta *Os anos de chumbo*, baseado na vida de uma conhecida terrorista de esquerda da Alemanha Ocidental, na década de 1970, que apareceu morta numa prisão de alta segurança; quase certo assassinada pela polícia como represália a uma série de atentados. Na fita, essa militante tinha um filho pequeno, criado pelo pai, devido à vida clandestina da mãe antes de ser presa. O filme tem início quando o pai deixa o garoto com a irmã de sua mulher por uns dias, com um pretexto qualquer, para não mais voltar: ele comete suicídio. A tia não pôde ficar com o sobrinho, que acaba sendo adotado por uma família burguesa que o reprimia e maltratava. O menino resolve fugir para viver sozinho, escondido no meio de um depósito de lixo; enquanto isso sua mãe, uma desconhecida para ele, continuava sacrificando a vida pessoal em nome de uma causa que supunha justa, sendo perseguida em todo o país, fugindo da polícia e praticando novos atos terroristas. Ao final – depois de presa e, mais tarde, morta a prisioneira –, sua irmã, que era de esquerda mas, politicamente, distanciada dos grupos terroristas, vai adotar o sobrinho, um menino revoltado com a própria história de vida. Na última cena, o garoto pega uma foto da mãe afixada na parede do escritório e a rasga. A tia, entre consternada e indignada, repreende o menino, dizendo-lhe que sua mãe fez o que pôde por ele, deu a vida por uma causa, ou algo assim. Ele não desistia e respondia duramente, dizendo à tia que começasse a contar em detalhes o que sua mãe fizera por ele. No desfecho da história, coloca-se esse questionamento implacável do garoto.

Descrevo resumidamente dois filmes cujos argumentos ilustram a maneira pela qual tentarei interpretar as raízes sociais da luta dos grupos armados contra a ditadura militar no Brasil, sob um prisma de gerações imediatamente posteriores a ela. Isto é, mal comparando, somos os jovens comunistas do filme italiano, mas não que desdenham, ou ignoram, o terrorista anarquista; pelo contrário, que tentam entender sua luta e sua lógica, pois isso seria fundamental para construir aqui e agora a utopia do futuro, no sentido positivo do termo. Somos, grande parte da minha geração, com todas as suas distinções de classe, o filho da terrorista do filme alemão; abandonado, sofrido e despolitizado, não consegue ver sentido nos gestos da mãe esquerdista, tendo sido quase aniquilado nas mãos da boa família tradicional, burguesa e repressora. O menino queria saber das condições que o geraram como indivíduo e como ser social de um mundo brutalizante, em que o humano está submetido à lógica das coisas. Evidentemente, este livro não é suficiente para desvendar o sentido sociológico daquele período de luta contra o regime militar, nem para resgatar seu elo com as lutas do presente, contudo procura contribuir nesse sentido.

No ano de 1977, quando entrei na Universidade de São Paulo, havia uma certa mística, alguma simpatia e um grande desconhecimento dos estudantes sobre a resistência armada à ditadura, levada adiante sobretudo por setores jovens e intelectualizados da geração anterior à nossa (por exemplo, gostávamos de cantar a música *Caminhando*, no círculo das bases estudantis das passeatas de 1977, que retomavam o elo perdido com as lutas estudantis de rua de 1968). Essa situação foi-se modificando pouco a pouco com o correr dos anos, especialmente com a campanha pela anistia aos presos políticos, que divulgou as arbitrariedades do regime militar e alguma coisa da luta daqueles que foram presos como subversivos. Logo surgiram livros contendo testemunhos de militantes das esquerdas armadas sobre o período, além de publicações acerca do tema em jornais e revistas, principalmente na chamada "imprensa alternativa". Hoje, pode-se dizer, há condições de saber um pouco mais sobre as esquerdas armadas e sobre as lutas sociais dos anos 1960. Porém, em geral, ainda prevalece um grande desconhecimento do assunto, pelo que posso constatar entre colegas e alunos, principalmente os nascidos a partir do final da década de 1950, que entraram na escola sob vigência do regime militar. Alguns pesquisadores têm procurado dissipar a imensa bruma que encobre o significado histórico, social e político da luta das esquerdas armadas, tarefa com a qual este trabalho pretende contribuir. É o caso de Jacob Gorender (1987), Daniel Reis (1987, 1985) e Marco Aurélio Garcia (1986), todos eles, participantes do combate à ditadura, sem contar o grande esforço coletivo dos pesquisadores anônimos do Projeto "Brasil: Nunca Mais" (1985).

No início do ano de 1986, na Bahia, viu-se reeditar, anacronicamente, por um comando do PCBR, uma ação de assalto a banco nos moldes daqueles da década de 1960. O episódio revela a ausência de uma análise profunda da experiência passada, repetindo como farsa o que já foi tragédia. Alguns dos participantes do assalto na Bahia eram militantes desde os anos 1960, mas outros eram bem jovens, provavelmente iludidos por uma idealização da luta passada. Como diria um mestre da sociologia, Florestan Fernandes, "hoje, o jovem retoma os seus papéis em um Brasil diferente, e não deve ficar encantado por um passado que não pode ser reconstruído e não foi tão legendário ou heroico como as idealizações sublinham. Seus parâmetros eram historicamente finitos e humanos". O estudo da finitude e da humanidade dos parâmetros das esquerdas armadas é essencial, porque em nossos dias, como afirma o professor, "o jovem tem o mundo à sua frente – só que tem de lutar por ele, fora e acima de utopias fixadas no passado" (1986). No entanto, é preciso entender as utopias passadas no momento em que foram construídas, quando o futuro para os agentes sociais não era um jogo de cartas marcadas, mas campo relativamente indeterminado por onde poderiam ser trilhadas diversas veredas, as mais díspares. Não cabe o vício sociológico de tomar o mundo presente como desembocadura necessária dos eventos passados, mas encarar tais eventos na riqueza do momento histórico em que se deram.

Atribuiu-se um título provocativo a este livro: *O fantasma da revolução brasileira*. Ele tem uma inspiração explícita, porém, de certo modo, invertida. Marx escreveu no *Dezoito Brumário* sobre o "fantasma da velha revolução", que as lutas sociais de 1848 a 1851 na França não conseguiam superar: "Todo um povo que pensava ter comunicado a si próprio um forte impulso para diante, por meio da revolução, se encontra de repente transladado a uma época morta..." (1974, p.336). A classe trabalhadora teria de superar o fantasma da velha Revolução Francesa, teria de "se despojar de toda veneração supersticiosa do passado" para fazer a sua revolução e materializar o "espectro" do comunismo que rondava a Europa, como Marx e Engels haviam previsto no Manifesto de 1848.

No caso brasileiro, inversamente, o fantasma insuperado não é o de uma grande revolução, mas o da revolução frustrada: a não revolução democrática e também a não revolução socialista. Ou, por outra, a revolução às avessas, como a de 1964, para garantir a modernização conservadora da sociedade brasileira, o avanço econômico, industrial e tecnológico que só se efetivaria em sua plenitude sob a bota dos militares nos anos 1960 e 1970, quando a maioria da população brasileira, justamente a que deu suor e sangue para "desenvolver" o país, ficou praticamente excluída dos benefícios da modernização que trouxe consigo uma concentração de riquezas ainda maior do que a existente até então. As massas despossuídas, a criminalidade, o subemprego, a exploração do trabalho, as carências de alimentação, saúde, moradia e educação tenderiam a crescer na mesma razão em que a "nação" se desenvolvia e modernizava.

O "fantasma da revolução brasileira" tem várias faces, as quais muitos não querem reconhecer, o que só faz o fantasma assombrar ainda mais: por um lado, a face do projeto de revolução democrática derrotado em 1964, da proposta comunista putschista de 1935, a da guerra de guerrilhas em suas várias vertentes entre 1968 e 1972 etc.; e, por outro lado, o fantasma das ditas revoluções de 1930 e de 1964, levadas a cabo pelas classes dominantes e pelas Forças Armadas. O fantasma da revolução vitoriosa no final do século XVIII era um peso nas costas dos revolucionários franceses do século XIX, que os impedia de avançar na conquista da emancipação da classe trabalhadora. Pelo contrário, o fantasma que a esquerda brasileira tem de superar é o das revoluções projetadas; derrotadas, no entanto, pela força da contrarrevolução. Esta, não obstante, trouxe consigo em 1964 a modernização da sociedade, recolocando e recriando de outras formas os problemas sociais, cada vez mais agravados. Assim, a sociabilidade capitalista e as lutas de classes vão-se construindo em novos caminhos.

Já é lugar-comum – mas não por isso menos verdadeiro – a célebre frase segundo a qual os homens que não conhecem sua história estão condenados a repeti-la. Daí valer o acerto de contas com o fantasma da revolução brasileira nas suas várias facetas, tarefa da qual só este livro não dará conta, até porque não se trata apenas nem principalmente de uma tarefa meramente teórica. Interessa, aqui, encarar o fantasma da revolução brasileira e desvendá-lo na medida do possível, ainda que nosso projeto específico se restrinja à análise da faceta do fantasma referente às propostas e à ação dos grupos de esquerda armada urbana nos anos 1960 e 1970, inseridos dentro do movimento da sociedade e das lutas sociais no período.

O método mais adequado, apesar de fora de moda, para dar conta da dinâmica das sociedades capitalistas continua a ser o de Marx. É verdade que o capitalismo avançou e mudou muito nos últimos cem anos, sobretudo pela crescente participação econômica do Estado. Também, que a utilização dogmática das obras de Marx não gera qualquer contribuição à análise social. Muitos insistem, de tempos em tempos, em declarar morto o pensamento do revolucionário. Entretanto, terá sido demonstrado o fato de não vivermos mais em sociedades capitalistas baseadas na alienação e na exploração do trabalho, onde impera o fetichismo da mercadoria e do capital e onde as relações sociais aparecem sob a forma de troca de mercadorias mediada pelo dinheiro? Não viveríamos em sociedades fundadas na produção de mais-valia, entrecortadas por classes sociais inconciliáveis, em que uma minoria se apropria de riquezas produzidas pela maioria? Ora, o capitalismo mudou, mas ainda é capitalismo; vale dizer, o pensamento de Marx permanece sendo horizonte de referência para cientistas sociais que pretendem dar conta do movimento da sociedade contemporânea. O método que propõe implica acompanhar esse movimento ininterrupto e contraditório, não estabelecer verdades acabadas. Daí a possibilidade de geração de uma multiplicidade de marxismos. Mesmo pelo que passou o Leste Europeu, este raciocínio não é contradito; ainda que a versão bolchevique do marxismo, ao que tudo indica, tenha cumprido seu ciclo histórico.

Por certo, as utopias revolucionárias originadas no século passado serão redimensionadas no século XXI pela classe trabalhadora na sua múltipla diversidade. Vai-se transformando o sistema capitalista, diversificam-se as formas de sociabilidade a ele submetidas, as utopias e as lutas de classes provavelmente ganharão novo sentido. As ideias de socialismo, liberdade, democracia e revolução tendem a se alterar com o tempo, visto só terem significado historicamente situadas. Delinear o futuro não será uma tarefa essencialmente teórica, mas fruto da organização e da luta (política, econômica, cultural, ideológica) da classe trabalhadora, na miríade de frações relativamente distintas entre si que, potencialmente, podem constituí-la como classe, como unidade na diversidade, no sentido da emancipação social e humana, da ruptura das fronteiras de classe pela qual os trabalhadores vêm lutando, de diferentes formas, desde os primórdios do capitalismo.

No movimento da sociedade brasileira atual, tecida por desigualdades sociais gritantes, os caminhos da emancipação da classe trabalhadora serão mais visíveis após o acerto de contas com as várias faces do "fantasma da revolução brasileira".

A CONSTELAÇÃO DA ESQUERDA BRASILEIRA NOS ANOS 1960 e 1970

AS ESQUERDAS, ANTES E DEPOIS DE 1964

Alguns partidos e movimentos de esquerda atuavam expressivamente no cenário político brasileiro no início dos anos 1960. Predominava o Partido Comunista Brasileiro (PCB), que, embora ilegal, viveu seu apogeu naquele período, quando contou com muitas adesões e suas ideias influenciaram a luta política e sindical, e até mesmo as diretrizes do próprio governo federal. As propostas do PCB, que poderiam ser chamadas de nacional-reformistas, influenciavam vários setores sociais, mesmo os que não militavam no Partido. Buscava-se realizar a "revolução burguesa" no Brasil, pois a sociedade brasileira ainda apresentaria características feudais, ou semifeudais, no campo, entravando o desenvolvimento das forças produtivas capitalistas. Os setores feudais dominantes contariam com um forte aliado para manter o atraso relativo da economia, o imperialismo, a quem não interessaria o desenvolvimento autônomo da nação brasileira. Dessa forma, a grande tarefa dos comunistas seria juntar suas forças às da burguesia nacional e de outros setores progressistas para levar a cabo a revolução democrático-burguesa no Brasil, etapa necessária para a emancipação da classe trabalhadora. Esse raciocínio está desenvolvido, por exemplo, na Resolução Política do V Congresso do PCB, de 1960 (1976, p.9-42).

Com a posse de João Goulart, a ideologia do PCB parecia encontrar uma base real de sustentação política. Os comunistas viam em seu governo um passo importante para a efetiva libertação nacional. O chamado populismo de esquerda e o PCB tinham muitos pontos de contato, ambos reivindicando a libertação do povo para a construção de uma nação brasileira, independente do imperialismo e livre do atraso feudal remanescente no campo. Governador gaúcho, e depois deputado federal, Leonel Brizola era o principal expoente das forças ditas nacionalistas de esquerda, com forte penetração nos centros urbanos, especialmente no setor dos subalternos das Forças Armadas. Pela rádio Mayrink Veiga, Brizola divulgava a todo o território nacional suas ideias, tendo chegado a organizar "grupos de 11" pessoas por todo o Brasil com o intuito de defender e difundir as propostas de reformas sociais de base, mesmo que tivessem de ser implementadas "na marra", contra os golpistas de direita. Parte dos nacionalistas de esquerda pertencia a um partido legal, o Partido Trabalhista Brasileiro (PTB).

Duas correntes surgiram no princípio da década de 1960, com certa força, como alternativas à política predominante do PCB no seio das esquerdas: a AP (Ação Popular) e a POLOP (ou ORM-PO, isto é, Organização Revolucionária Marxista – Política Operária). Esta nasceu em 1961, agrupando elementos de várias pequenas tendências alternativas ao PCB, com influência sobretudo nos meios universitários. A POLOP contestava as ideias reformistas e pacifistas do PCB, propondo a luta armada revolucionária pelo socialismo. A AP surgiu em 1962 como organização autônoma, implantada principalmente no movimento estudantil, onde manteve a diretoria da UNE e de muitas entidades durante os anos 1960. A proposta de constituição da AP como movimento político independente brotara no interior da Juventude Universitária Católica (JUC), entidade estudantil ligada à Igreja nos anos 1950 e 1960. Em 1964, a AP defendia a criação de uma alternativa política que não fosse capitalista nem comunista, inspirada num humanismo cristão mesclado com influências da Revolução Cubana, ainda que já tivesse desatado seus vínculos orgânicos com a JUC.

Além do PCB, dos nacionalistas de esquerda, da POLOP e da AP, é preciso destacar a presença das Ligas Camponesas na política pré-1964. As Ligas eram compostas por lavradores, estudantes e trabalhadores intelectuais, atuantes sobretudo na região Nordeste, onde lutavam pela realização da reforma agrária. O nome do advogado, e depois deputado federal, Francisco Julião era o mais conhecido das Ligas, que já estavam em refluxo como organização por ocasião do golpe, sobretudo pela ação vanguardista de seus dirigentes, como o próprio Julião, que por volta de 1962 fundara o Movimento Revolucionário Tiradentes (não confundir com o outro MRT, que surgiria no final da década). Inspirado no exemplo da Revolução Cubana, o MRT pretendia ser o embrião de uma guerrilha rural, projeto que seria abortado pela intervenção policial ainda durante o governo Goulart. Havia, também, o incipiente Partido Socialista Brasileiro (PSB), que era legal e propunha o "socialismo democrático".

Finalmente, havia outros pequenos grupos de esquerda atuantes em 1964, como o Partido Comunista do Brasil (PCdoB) e o Partido Operário Revolucionário Trotskista (PORT). O PCdoB foi a cisão do setor minoritário abertamente stalinista do PCB, setor que no princípio de 1962 criaria um novo partido, retomando o nome tradicional do antigo PC, fundado em 1922 como Partido Comunista do Brasil, passando a denominar-se Partido Comunista Brasileiro somente no início dos anos 1960, para tentar sua legalização. (O PC e outros grupos "marxistas-leninistas" não eram reconhecidos legalmente por ser considerados entidades com vínculos internacionais voltadas para a subversão violenta da ordem democrática.) Até hoje, o PCdoB reivindica ser a continuidade do PC fundado em 1922, mas é fato histórico que, no início da década de 1960, o PCdoB não passava de uma pequena dissidência sobretudo da antiga direção do PC, constituindo uma cisão que, relativamente, só cresceria a partir do final dos anos 1960. O PCdoB desencadearia entre 1972 e 1974 a única experiência de guerrilha rural no Brasil, na região do Araguaia, mantendo-se distante da guerrilha urbana.

O PORT foi um minúsculo agrupamento trotskista-posadista que teve certa penetração entre estudantes, militares de baixa patente e alguns trabalhadores rurais e urbanos antes de 1964, sendo por isso duramente reprimido após o golpe. Então, ainda mais isolado socialmente, manteve-se um aguerrido grupo de extrema esquerda, um dos raros que não chegou a pegar em armas após 1968. No final da década de 1960 e início da de 1970, surgiram outros grupos trotskistas, mas só a partir do fim dos anos 1970 é que eles ganhariam projeção um pouco maior dentro da esquerda brasileira

O golpe civil-militar e a derrota sem resistência das forças ditas progressistas em 1964 marcaram profundamente os partidos e movimentos de esquerda brasileiros. Os nacionalistas, a POLOP e outros grupos, que já advertiam para a necessidade de resistência armada a um golpe de direita, praticamente nada fizeram para levar adiante a resistência, enquanto o PCB e outras forças reformistas assistiam perplexos à demolição de seus ideais. Logo se faria sentir sobre o conjunto da esquerda o "terremoto" de 1964, com a dispersão da maior parte das forças populares que começavam a adentrar na cena política. Era hora de "autocrítica", de questionar os "erros" que teriam levado à derrota das esquerdas em 1964. Paralelamente, eclodia uma contestação internacional ao modelo tradicional de atuação e à organização das esquerdas, que não se revelavam capazes de dar conta das contradições das sociedades de classes contemporâneas, sequer aparentemente, num processo que culminou com manifestações libertárias em todo o mundo no ano de 1968. Nesse clima de contestação nacional e internacional, com o fracasso das esquerdas brasileiras em 1964, ocorreram sangrias orgânicas irreparáveis nos partidos e movimentos clandestinos atuantes, sobretudo no PCB, principal força das fileiras derrotadas.

A maioria da direção do PCB não soube lidar com a derrota, nem foi capaz de fazer uma autocrítica profunda da própria atuação antes de 1964. Isso provocou a maior luta interna de sua história, ao final da qual o secretário geral, Luís Carlos Prestes, e a maioria da direção lograram manter a velha linha do Partido, mas à custa da perda de prestígio e de influência política, além de sofrer uma infinidade de cisões por todos os lados, das bases aos órgãos máximos dirigentes, gerando um desgaste do qual o PCB jamais veio a recuperar-se. Entre 1965 e 1968, as bases universitárias romperam com o Partido em todos os cantos do território nacional, constituindo as conhecidas dissidências estudantis, as "DIs": no estado do Rio surgiu a DI-RJ; na Guanabara, a DI-GB (ambas posteriormente denominadas Movimento Revolucionário 8 de Outubro – MR-8); havia a DI do Rio Grande do Sul; a DISP, paulista (depois integrada à ALN ou à VPR e VAR-Palmares); em Minas Gerais a dissidência estudantil integraria a CORRENTE; etc.

As principais cisões do PCB, nas bases e na cúpula, foram as capitaneadas pelo líder Carlos Marighella, que criaria a Ação Libertadora Nacional (ALN), e pelo dirigente Mário Alves, que daria origem ao Partido Comunista Brasileiro Revolucionário (PCBR). ALN e PCBR tiraram militantes do PCB em todo o país, organizando-se nacionalmente, embora a ALN tivesse sua força principal em São Paulo e o PCBR na Guanabara. Já carente de bases, desligadas do Partido após a repressão policial de 1964, o PCB perderia até 1968 ao menos metade de seus integrantes remanescentes, adeptos das cisões que propunham a resistência armada imediata. O PCB praticamente saiu da cena política por quase uma década, preservando-se relativamente das investidas da repressão. A fúria policial voltou-se contra o Partido entre 1974 e 1976, quando os grupos armados já estavam destruídos e o PCB apoiava o projeto redemocratizante do MDB (Movimento Democrático Brasileiro, o único partido legal de oposição, que contou com o apoio do PCB desde que foi criado em 1965, como contraponto ao partido oficial, a Aliança Renovadora Nacional – ARENA). O PCB ficou então praticamente desestruturado e viu-se obrigado a tirar do país os remanescentes de sua direção central.

A suposta morosidade na preparação da resistência armada ao regime militar também levou a cisões no pequeno PCdoB, que perdeu, entre 1966 e

1967, mais da metade de seus membros, os quais constituíram, no Nordeste, o Partido Comunista Revolucionário (PCR), e no Centro-Sudeste, a Ala Vermelha do PCdoB (ALA), que, por sua vez, também sofreria cismas que gerariam em São Paulo o Movimento Revolucionário Tiradentes (MRT) e, em Minas, o Movimento Revolucionário Marxista (MRM). Tampouco a AP passou incólume pelas lutas dos anos 1960: deixou o cristianismo pelo maoísmo, o que a fez perder muitas bases e desagradou aos setores da organização que optaram por uma linha com características leninistas e guevaristas, juntando-se a outros revolucionários para fundar, entre 1968 e 1969, o Partido Revolucionário dos Trabalhadores (PRT), sem contar aqueles que no decorrer do processo trocaram a AP por grupos que realizavam ações armadas urbanas.

Os movimentos nacionalistas de esquerda, compostos principalmente por ex-militares de baixa patente, cassados em 1964, criaram de início o Movimento Nacionalista Revolucionário (MNR), que empreendeu em 1967 a frustrada experiência conhecida como guerrilha de Caparaó. Remanescentes do nacionalismo pré-1964 organizaram ainda outros pequenos grupos, como o Movimento de Ação Revolucionária (MAR), a Resistência Armada Nacionalista (RAN), a Frente de Libertação Nacional (FLN), o Movimento Revolucionário 21 de Abril (MR-21) e o Movimento Revolucionário 26 de Março (MR-26). Grande parte desses contingentes nacionalistas acabou integrando-se às organizações ditas marxistas de esquerda armada. O caso mais significativo foi a fusão de uma parcela do MNR com a dissidência paulista da POLOP, para fundar, em 1968, a organização que viria a ser chamada Vanguarda Popular Revolucionária (VPR). Como se vê, também a POLOP não resistiu organicamente aos efeitos do golpe. No seu Congresso de 1967, ela teve de suportar dois rachas que lhe tiraram a metade dos militantes: um, já mencionado, em São Paulo, o outro, em Minas Gerais, que daria origem aos Comandos de Libertação Nacional (COLINA). Em 1969, a VPR e os COLINA juntaram-se para construir a Vanguarda Armada Revolucionária-Palmares (VAR), que não tardaria a sofrer cisões: a VPR reconstituída e a Dissidência da VAR-Palmares (DVP). O que restou da POLOP, após o Congresso de 1967, fundiu-se à dissidência gaúcha do PCB, gerando o Partido Operário Comunista (POC), que também enfrentaria cismas.[1]

---

1 Reconstituir uma história factualmente detalhada da esquerda brasileira nos anos 1960 é tarefa que, em grande parte, já foi cumprida por outros autores. O presente capítulo apenas deixa indicados alguns traços fundamentais dessa história, indispensáveis à compreensão do texto, centrado na análise dos projetos políticos e da inserção social das esquerdas armadas.

DIVERGÊNCIAS E CONVERGÊNCIAS DOS PROJETOS REVOLUCIONÁRIOS

O caráter da revolução brasileira

Eram de diversas ordens os questionamentos dos grupos dissidentes do PCB e de outras organizações-matrizes, como AP, PCdoB e POLOP. Com base numa proposição analítica delineada num artigo de Marco Aurélio Garcia, da série "Contribuição à História da Esquerda Brasileira, 1964-1979" (*Em tempo*, 1979-1980), é possível subdividir em três grandes coordenadas as divergências entre os vários grupos em que se fragmentava a esquerda brasileira na década de 1960: uma referente ao caráter da revolução brasileira; outra, às formas de luta para chegar ao poder; uma terceira, ao tipo de organização necessária à revolução.

As divergências em torno desses três grandes temas no interior das esquerdas tinham como paralelo indissociável as transformações pelas quais passava a sociedade brasileira no período. Com o golpe de 1964, reafirmado pelo AI-5 no final de 1968, instaurava-se a modernização conservadora da economia, concentradora de riquezas e considerada pelas classes dirigentes a saída viável para superar a crise vivida em meados da década de 1960. A política econômica adotada tinha como contrapartida necessária a total submissão do trabalho aos ditames do capital, o que implicou a repressão ou o desmantelamento das organizações dos trabalhadores, como sindicatos combativos e partidos clandestinos. Já apontamos que as esquerdas políticas ou sindicais, menos ou mais moderadas, foram vencidas em 1964 sem resistência. Enfrentaram profunda crise de identidade, já sem contar com muitas de suas bases, principalmente de trabalhadores, afastados por desilusão ou pela feroz repressão. Entre 1964 e 1968, reconstituiu-se lentamente uma parcela dos movimentos sociais; por exemplo, 1968 assistiu a greves de bancários, operários e outras categorias, sendo o movimento estudantil o que mais amplamente mobilizou-se. A opção de uma parte da esquerda brasileira pelas armas deu-se nesse contexto social, agitado, ainda, pelas manifestações libertárias em todo o mundo, da guerrilha do Che na Bolívia à Primavera de Praga, do Maio de 68 na França à Guerra do Vietnã, da contracultura à Revolução Cultural Chinesa.

A primeira grande coordenada divisora de posições no seio das esquerdas em geral, e das armadas em particular, refere-se ao caráter atribuído à programada revolução brasileira. A versão mais tradicional e difundida a respeito ainda era, em meados dos anos 1960, aquela do PCB, que seguia a análise de 1928 do VI Congresso da III Internacional Comunista. Previa-se a revolução em duas etapas, a primeira das quais deveria ser "burguesa", ou de "libertação nacional". Congregando uma somatória de classes sociais progressistas, unidas para desenvolver as forças produtivas, a revolução burguesa implicaria superar os entraves impostos ao desenvolvimento nacional pelas relações feudais no campo e pela presença do imperialismo na economia. Muitas organizações que pegaram em armas mantiveram com poucas alterações esse esquema analítico, como foi o caso da ALN e, também, dos grupos nacionalistas, como MNR e RAN, que, naturalmente, eram favoráveis a uma luta de libertação nacional.

No tocante à ALN, o próprio nome revela sua posição sobre o caráter da revolução brasileira: Ação Libertadora Nacional (ação autônoma de grupos revolucionários guerrilheiros para a libertação da nação). Entretanto, a análise feita pela ALN não era idêntica à do PCB, que propunha, embora não explicitamente, a condução do processo revolucionário pela burguesia nacional. Como escrevia Marighella em 1965, no livro *Por que resisti à prisão*, quando ainda era da direção do PCB, numa autocrítica da atuação do Partido até o golpe civil-militar:

> A grande falha deste caminho era a crença na capacidade de direção da burguesia, a dependência da liderança proletária à política efetuada pelo governo de então. A liderança da burguesia nacional é sempre débil e vacilante. Ela é destinada a entrar em colapso e a capitular sempre que do confronto com os inimigos da nação surja a possibilidade da passagem do poder ao controle direto ou imediato das massas. (1979, p.42)

O projeto de Marighella para a ALN também procuraria congregar o maior número possível de forças sociais no processo revolucionário de libertação nacional, porém sob impulso de grupos guerrilheiros identificados com operários e camponeses. O caráter da revolução brasileira não seria imediatamente socialista, podendo agregar setores pequeno-burgueses e de pequenos empresários nacionais: haveria ainda que cumprir tarefas da "etapa democrática" da revolução, mas jamais sob a direção da burguesia nacional. Num documento de maio de 1969, lê-se numa frase sintética a posição da ALN: "A nossa luta é de libertação nacional e antioligárquica, por isso mesmo anticapitalista". Dizia-se "anticapitalista", que, embora fosse além da posição do PCB, não se propunha socialista. Na tradição pecebista, o mesmo documento afirmava que "o inimigo principal do nosso povo é o imperialismo norte-americano". Contudo, acrescentava-se a seguir que, devido ao "entrelaçamento dos imperialistas norte-americanos com os grandes capitalistas e latifundiários brasileiros, não é possível libertar o país sem ao mesmo tempo expulsar do poder esses grandes capitalistas e latifundiários e substituí-los pelo povo armado, instaurando o governo popular-revolucionário", em substituição à ditadura militar então em vigor (1974, p.32).

Ao propor um "governo popular-revolucionário", a análise da ALN aproximava-se daquela de outra grande dissidência do PCB, o PCBR, que na sua Linha Política de abril de 1968 declarava que "o objetivo fundamental da revolução brasileira é destruir o aparelho burocrático-militar do Estado burguês-latifundiário, substituindo-o por um Governo Popular Revolucionário..." (p.164). Indo um pouco além da ALN, o PCBR já colocava que a "Revolução Popular" teria que, no mesmo processo, "seguir o caminho socialista de desenvolvimento e converter-se em Revolução Socialista". Para o PCBR, "a contradição antagônica entre o proletariado e a burguesia ocupa, neste processo, um lugar fundamental", ao passo que a ALN privilegiava o "antagonismo" entre nação e imperialismo. Entretanto, vê-se que o PCBR tampouco se identificava com as propostas de revolução socialista sem mediações, projetando inicialmente um "governo popular" que desse "condições para a passagem às transformações socialistas" (Reis Filho; Sá, 1985, p.165).

Outro grupo guerrilheiro urbano, a Ala Vermelha do PCdoB, mantinha a posição de sua matriz sobre o caráter antifeudal e anti-imperialista da revolução brasileira, posição que, por sua vez, era quase idêntica à do PCB. As classes envolvidas na conquista da revolução contra o "neocolonialismo" seriam a burguesia nacional, o campesinato, a pequena burguesia, o "semiproletariado" e o proletariado, com hegemonia deste último sob direção do partido de vanguarda, como se lê no primeiro documento da ALA, de dezembro de 1967 (Reis Filho; Sá, 1985, p.120). A organização propunha criar um "Governo Popular Revolucionário" mais ou menos nos moldes traçados pela ALN e pelo PCBR. Outros grupos guerrilheiros urbanos desenvolviam análise parecida, embora nem sempre documentada.

Várias organizações de esquerda armada urbana colocavam-se em campo antagônico ao dos grupos que defendiam com diferentes ênfases o estabelecimento de um "governo popular revolucionário" para cumprir as tarefas da etapa "democrático-burguesa" da revolução brasileira. O caráter imediatamente socialista da revolução era proposto por organizações como VPR, VAR-Palmares, POC, PRT e MR-8 (DI-GB), entre outras, herdeiras da teorização da POLOP anterior a 1964. Eram organizações influenciadas também pela chamada "teoria da dependência", então propalada na América Latina, por exemplo, pelas teses de Gunder Frank, que foi professor universitário no Brasil, tendo publicado na *Revista Brasiliense* um célebre artigo de contestação à ideologia do PCB intitulado "A agricultura brasileira: capitalismo e o mito do feudalismo" (1964).[2] As ideias de Caio Prado Jr. contidas em *A revolução brasileira* (1966) – livro dedicado a combater as teses pecebistas sobre o caráter agrário, democrático-burguês, antifeudal e anti-imperialista da revolução brasileira – também pesaram na crítica exacerbada de vários grupos armados a todos os que discordavam do caráter socialista que a revolução deveria tomar de imediato. Para eles, não propugnar o caráter socialista da revolução implicava prender-se ainda às teses pecebistas.

A POLOP sempre contestou o PCB, apresentando como alternativa um projeto de revolução socialista a ser realizada pelas massas rurais e urbanas, conforme seu "Programa Socialista para o Brasil", de dezembro de 1967. Em abril de 1968, a POLOP juntou-se à dissidência gaúcha do PCB, tornando-se POC, mas manteve as análises de sua matriz. Na visão da POLOP, e depois do POC, haveria integração entre a burguesia nacional, os imperialistas e os latifundiários. Estando plenamente constituído o capitalismo no Brasil, a burguesia já seria "uma classe no poder. Assim, também pelas suas forças motrizes – os trabalhadores da cidade e do campo – a revolução brasileira só poderá ser socialista" (Reis Filho; Sá, 1985, p.103). Da mesma forma, o programa da VAR-Palmares de setembro de 1969 colocava claramente que o "objetivo da revolução brasileira é, assim, o da conquista do poder político pelo proletariado, com a destruição do poder burguês que explora e oprime as massas trabalhadoras" (p.265). No mesmo sentido, dizia o "Projeto de Programa" do PRT, de janeiro de 1969: "o programa estratégico da revolução é a construção do socialismo" (p.199). Também a DI-GB (MR-8) lutava imediatamente pelo socialismo, destacando que "a contradição principal na sociedade brasileira é a que opõe o proletariado à burguesia" (Reis Filho; Sá, 1985, p.344).

As teses revolucionárias de libertação nacional e de estabelecimento de um governo popular, nas suas diversas variantes, por um lado, tinham a marca evidente de desdobramentos das propostas do PCB, de revolução antifeudal e

---

2 Fala-se aqui em "teoria da dependência" no sentido em que a expressão foi empregada por Weffort (1978, p.180), englobando autores como Gunder Frank, Rui Mauro Marini e Theotônio dos Santos, que não viam alternativas de crescimento para os países subdesenvolvidos dentro do capitalismo, sistema que nos países "dependentes" só poderia ser mantido pela força bruta de ditaduras. *Não confundir* essa escola com a "teoria da dependência" a que se refere Guido Mantega, teoria que negava as teses de estagnação, argumentando com a possibilidade de desenvolvimento capitalista no Brasil e na América Latina, embora dependente e associado ao capital internacional – Fernando Henrique Cardoso e Enzo Faletto teriam delineado essa teoria ainda nos anos 1960; Paul Singer, Maria da Conceição Tavares e Francisco de Oliveira seriam outros expoentes que lapidaram tal pensamento já na década de 1970, segundo Mantega (1985).

anti-imperialista. Por outro lado, se atentarmos bem para a teoria daqueles que defendiam a revolução socialista imediata, veremos que ela tampouco era muito diferente da posição do PCB. Em primeiro lugar, porque não ultrapassava a ideia "etapista" de revolução. Se para o PCB caberia a libertação nacional na primeira etapa da revolução, para então ser possível a luta pelo socialismo, na visão dos críticos "socialistas" a etapa burguesa já estava superada, cabendo ir direto à revolução socialista. E mais: para o modelo de libertação nacional, o imperialismo e as relações feudais no campo impediriam o desenvolvimento das forças produtivas, cabendo às classes progressistas romper esses entraves à realização da nação. Para seus adversários à esquerda, o imperialismo e as relações atrasadas no campo estariam imbricados ao próprio capitalismo brasileiro, de modo que não seria possível falar em uma revolução nacional e democrática na qual os interesses da burguesia fossem contrários aos de imperialistas e latifundiários.

Aparentemente, tratava-se de visão muito diferente da clássica, inspirada nas teses de 1928 da III Internacional. Contudo, ambas as posições guardavam semelhanças não perceptíveis num primeiro momento, pois, apesar das palavras dos "socialistas", o imperialismo em geral continuava a ser visto, ao lado do latifúndio, como entrave ao desenvolvimento pleno do capitalismo brasileiro, que estaria fadado ao fracasso devido à aliança da burguesia nacional com os latifundiários e com as multinacionais – aliança garantida pela força das armas do regime militar. O capitalismo brasileiro estaria bloqueado, incapaz de progredir, num processo de estagnação insuperável dentro do modelo econômico da ditadura, que excluía a maioria da população. Talvez, em tese, a única saída para o capitalismo seria seu desenvolvimento nacional independente, com a ampliação do mercado pela incorporação das massas populares secularmente excluídas. Mas isso seria irrealizável, dada a subordinação estrutural da burguesia brasileira aos ditames do capital internacional e seu vínculo umbilical com as classes dominantes agrárias, o que teria ficado demonstrado pelo fracasso do projeto desenvolvimentista-populista, consumado com o golpe de 1964. Assim, grande parte das esquerdas não via escapatória dentro do capitalismo para a crise econômica vivida pela sociedade brasileira, cuja estagnação só um regime socialista poderia romper, retomando o desenvolvimento das forças produtivas. Caberia então forjar os fatores subjetivos para uma revolução socialista, pois as circunstâncias objetivas seriam favoráveis.[3]

---

3 A crença generalizada das esquerdas na estagnação econômica do capitalismo brasileiro era compartilhada por economistas nacionalistas como Celso Furtado e Ignácio Rangel (Mantega, 1985, p.78-123). Especialmente a obra de Celso Furtado, *Subdesenvolvimento e estagnação na América Latina*, publicada pela editora Civilização Brasileira em 1966, influenciou teoricamente as organizações revolucionárias (1966).

Como se vê, não havia tanta distância entre os dois modelos de revolução; ambos colocavam o "imperialismo" e o "latifúndio" como fatores de estagnação da economia, como bloqueio ao desenvolvimento das forças produtivas (o mesmo vale para as diferentes teses intermediárias entre o modelo de revolução burguesa nacional e o de revolução socialista imediata, teses que propunham a criação de um "governo popular-revolucionário" para superar a "crise brasileira"). De certa forma, a visão dos "socialistas" era um passo quase natural do raciocínio dos "nacionais-democráticos", acrescentando apenas que latifundiários e imperialistas, inibitórios do progresso social, estariam associados a uma burguesia deles dependente. Logo, para superar o entrave ao desenvolvimento das forças produtivas, cumpriria combater a própria burguesia, estando a revolução não mais na sua etapa democrático-burguesa, e sim na socialista.

Uma leitura dos diversos programas das organizações proponentes da revolução socialista atesta o que afirmamos. Por exemplo, a POLOP colocava no seu "Programa" de 1967, depois seguido pelo POC, que "o Brasil é hoje um país capitalista industrial cujo desenvolvimento encontra-se bloqueado" (p.97). De onde viria o bloqueio ao livre-curso do progresso capitalista? "A herança colonial e agrária, que a burguesia não pode destruir radicalmente, e a dominação imperialista sobre o país apressam a crise do capitalismo no Brasil" (p.196). Ora, como na visão tradicional, latifúndio e imperialismo eram tidos como entraves ao desenvolvimento. No "Projeto de Programa" do PRT, lê-se que "o caráter dependente do capitalismo brasileiro em relação ao imperialismo é o principal obstáculo ao desenvolvimento das forças produtivas internas. O atraso no campo é a consequência mais aguda do baixo índice de desenvolvimento do capitalismo brasileiro" (p.253). O "Programa" da VAR dava o mesmo destaque: "O controle do capitalismo brasileiro pelo capital imperialista condena o Brasil a permanecer nos marcos da estagnação e do subdesenvolvimento... na atual situação histórica, o capitalismo mostra-se claramente incapaz de desenvolver as forças produtivas do país" (Reis Filho; Sá, 1985, p.256). Orientação próxima estava ainda na "Linha Política", da DI-GB (MR-8), exemplar da visão de grande parte das esquerdas no final dos anos 1960:

> Os maiores obstáculos ao desenvolvimento das forças produtivas na sociedade provêm das condições do capitalismo dependente, incapaz de liberar a sociedade do atraso em que ela se encontra e da exploração imperialista que a domina. (...) A contradição principal na sociedade brasileira é a que opõe o proletariado à burguesia, compreendendo-se esta como resultante de um processo de integração/dependência entre o imperialismo e a burguesia local. Nesta medida, destruir o imperialismo significa necessariamente destruir a burguesia

local e vice-versa... Tendo determinado a contradição principal, definiu-se a etapa socialista da revolução brasileira. (...) (Reis Filho; Sá, 1985, p.343-6)

A menção ao imperialismo e à burguesia local, no texto do MR-8, é reveladora da influência nas esquerdas armadas da teoria da dependência, inspiradora também, dentre outras, das teses da VPR formuladas a partir de 1969. Um texto do teórico da VPR "Jamil Rodrigues" (codinome do professor Ladislau Dowbor) apresentava a formulação híbrida de que o caráter da revolução na América Latina seria, ao mesmo tempo, de libertação nacional e socialista. O "inimigo imediato" da revolução seria a "burguesia local", e o "inimigo principal" o "imperialismo" (a burguesia brasileira seria mera representante local do imperialismo). A filiação às ideias de Gunder Frank estava explícita no documento: seria impossível o desenvolvimento do capitalismo periférico brasileiro, autônomo ou dependente do capital externo; as nações da periferia estariam condenadas ao subdesenvolvimento e à estagnação dentro do capitalismo, jamais poderiam passar de satélites das metrópoles centrais; a única via para superar o atraso estaria na constituição de um Estado socialista que liberasse o desenvolvimento independente da nação (Jamil Rodrigues, 1970, p.13-7).

Os textos das organizações brasileiras de esquerda armada mostram que elas careciam de uma análise aprofundada das classes sociais e do capitalismo no Brasil e na América Latina, a exemplo do que ocorria com a teoria da dependência, segundo um artigo célebre de Weffort (1978, p.180). Não se conseguia romper com o velho esquema das duas etapas da revolução, nem se dava conta satisfatoriamente das complexas relações entre a burguesia brasileira, as Forças Armadas, os latifundiários e o capital internacional. E muito menos se esboçava uma análise convincente das classes despossuídas.

Nem sempre ficavam claras as posições dos grupos de esquerda armada sobre o caráter da revolução brasileira. Por exemplo, o próprio nome dos COLINA, Comandos de Libertação Nacional, indicava no sentido da revolução democrática. Contudo, a leitura de sua "Concepção de Luta Revolucionária", de abril de 1968, revela a opção pelo socialismo: "Não se trata de conduzir a revolução burguesa ao seu término histórico, mas de impulsionar essas transformações já na perspectiva do socialismo" (Reis Filho; Sá, 1985, p.142). Conforme declarou Maria do Carmo Brito, "aqui no Rio não tinha ninguém dos COLINA pela libertação nacional. Nossa identidade com os mineiros da Organização começava e terminava na luta armada. Até porque a gente achava absolutamente irrelevante discutir o caráter da revolução". Herbert Daniel esclarece no seu livro de memórias que uma parte minoritária do "racha da POLOP" definia a luta como de libertação nacional, enquanto para outros a revolução já deveria ser socialista. Mas "libertadores" e "socialistas" conviveriam bem na organização, que acabou conhecida como COLINA, nome provisório que "ficou servindo de referência", embora não fosse "verdadeiramente aceito" (1982, p.48).

Algo parecido ocorreria mais tarde com o MOLIPO, dissidência da ALN, em 1971. O nome era Movimento de Libertação Popular, mas o ex-militante José Carlos Gianini relatou que havia divergências no interior da organização sobre o caráter da revolução brasileira, ainda que secundárias para a unidade do grupo. É possível que o mesmo se desse com outras organizações armadas, já que a premência das tarefas práticas e o progressivo distanciamento da almejada revolução faziam as discussões sobre o caráter da revolução brasileira tornarem--se cada vez mais abstratas.

A organização revolucionária

A segunda coordenada divisora entre os grupos armados urbanos referia-se à natureza organizacional que eles se propunham a assumir. Basicamente, as posições polarizavam-se quanto à necessidade ou não da estruturação de um partido nos moldes marxistas-leninistas clássicos para fazer a revolução, partindo da guerra de guerrilhas no campo e das ações armadas nas cidades.

Dentre os defensores do partido de vanguarda na condução da guerrilha estavam o PCBR, a ALA, o PRT e o POC. Na perspectiva desses grupos, com diferentes nuanças, caberia ao Partido coordenar a guerrilha rural com a luta armada urbana e também com as ações das massas nas cidades e no campo, dirigindo o conjunto do processo revolucionário. O fato de defenderem a construção de um partido para organizar a guerra revolucionária nem sempre implicava que os grupos pró-partido já tivessem estruturas rigidamente leninistas-stalinistas, hierarquizadas nos moldes do PCB. Até porque alguns deles eram bem pequenos, propondo-se a fazer parte de um partido que surgiria naturalmente no decorrer do processo revolucionário ou então pretendendo, cada um deles, já ser o embrião que se transformaria no partido aglutinador das esquerdas.

Algumas organizações que tinham uma visão clássica de partido, na prática, estruturavam-se organicamente em grupos de certo modo similares aos que criticavam o papel do partido na condução da revolução. Exemplificando, no depoimento de Daniel Aarão Reis Filho sobre a história da DI-GB (MR-8) – organização da qual foi dirigente e que tinha grande expressão no meio universitário carioca e adjacências –, ficou patente que durante toda a trajetória do grupo nos anos 1960 vislumbrava-se a integração numa organização maior, com bases sociais mais amplas e penetração em outros Estados. Desencontros alheios à vontade da direção do MR-8 impediram sua participação no processo de fusão de organizações que constituíram a VAR-Palmares em 1969. Embora o MR-8 visse a necessidade de construção de um partido leninista nos moldes clássicos para fazer um trabalho consequente junto às massas e para liderar a revolução, ele se organizava, em 1969, de forma semelhante à daqueles grupos armados que não propunham a imediata necessidade do partido: possuía um setor armado; outro, de trabalho junto ao operariado; e, um terceiro, de atividades com as camadas médias. Os líderes de cada uma das três seções compunham a direção máxima do MR-8.

Outro exemplo de "distância entre intenção e gesto": segundo o depoimento concedido por André Guerra, "o MRT era uma organização essencialmente armada, embora defendêssemos a constituição do partido. A ideia é de que haveria uma direção política sobre o comando armado, que seria um braço armado da organização. Mas na prática as coisas se confundiam, éramos todos direção política e comando armado ao mesmo tempo".

A defesa intransigente de um partido revolucionário para conduzir a luta armada foi o principal fator a afastar organizações, como o PCBR, da ALN. No caso desses dois grupos, surgidos na mesma conjuntura e com traços de proximidade, a contestação de Marighella à estrutura partidária eliminou a hipótese da unidade entre as duas principais frações do PCB.

Vários agrupamentos não prescreviam a necessidade do partido para deflagar a guerrilha e fazer a revolução, dentre outros, ALN, VPR, MNR e COLINA. Isso não significa que eles não vissem a emergência do partido numa segunda fase – o que aconteceu na Revolução Cubana, que só constituiu um Partido Comunista depois da tomada do poder. Na visão dos COLINA, por exemplo, a guerrilha rural seria o início de formação do exército popular que, por sua vez, constituiria "o embrião do Partido Marxista-Leninista" (Reis Filho; Sá, 1985, p.154). Sobre a natureza organizacional desse grupo (e o que também se aplica a grande parte das organizações guerrilheiras urbanas), relatou-nos Jorge Nahas:

> Entendíamos que o leninismo deveria assumir uma forma diferente num país como o nosso, diversa da estrutura de partido comunista que existe até hoje. Não éramos leninistas no sentido de que não propúnhamos uma organização operária, movimentação de massas, trabalho sindical e insurreição comandados por um partido. Não apostávamos no crescimento do movimento de massas e na organização dentro dele para gerar um partido ou uma situação revolucionária. A gente achava que o motor seria a guerrilha rural. Mas, por outra parte, nós éramos muito leninistas, tínhamos uma centralização extrema, rigidez nas questões de disciplina, além de uma concepção muito desenvolvida de quadros revolucionários profissionais, que é um dos pilares do leninismo.

A organização paradigmática e formadora de opiniões que se constituía em uma negação radical da estrutura partidária clássica foi a ALN de Carlos Marighella. Os trabalhos desse revolucionário não cansavam de salientar o caráter burocratizante da estrutura partidária do PCB, que tenderia a tornar a organização politicamente inoperante para agir revolucionariamente. As tarefas da luta armada exigiriam de início grande agilidade, o que só poderia ocorrer pela "ação revolucionária desencadeada por pequenos grupos de homens armados"; apenas num segundo momento surgiria naturalmente uma organização guerrilheira polarizadora das atividades revolucionárias, segundo formulação da ALN de maio de 1969 (1974, p.23). A ALN colocava em primeiro lugar o princípio da ação revolucionária, organizando-se quase como uma federação de grupos coordenados por Marighella, que escrevia no seu célebre *Pequeno manual do guerrilheiro urbano*, de junho de 1969:

> A organização é uma rede indestrutível de grupos de fogo e de coordenação, tendo um funcionamento simples e prático, com um comando geral que também participa nos ataques, porque nesta organização não se admite nada que não seja pura e simplesmente a ação revolucionária. (1974, p.67)

Era o princípio da "autonomia tática", em que "cada grupo tinha liberdade de fazer a ação armada que bem entendesse, desde que estivesse dentro do planejamento estratégico da organização", como nos relatou Aton Fon Filho, acrescentando que essa "anarquia" teve sentido no momento de ruptura com o PCB, mas que traria sérios problemas organizacionais e de segurança para a ALN no decorrer do processo de luta armada urbana.

Para Marighella, o desenvolvimento da organização viria da ação, isto é, da violência revolucionária, jamais dos debates teóricos, em grande medida supérfluos, já que o leninismo associado às lições da Revolução Cubana seriam suficientes para lançar a revolução brasileira e latino-americana. A posição de Marighella estava marcada pela sua experiência de desgaste pessoal com os métodos pouco democráticos e imobilistas do PCB, bem como pela sua adesão ao projeto revolucionário continental da Organização Latino-Americana de Solidariedade (OLAS), em cuja Conferência de meados de 1967, em Havana, ele próprio esteve presente. Desde então, Marighella e a ALN passaram a ter relacionamento preferencial com Cuba. (Esta prestava ajuda à ALN, e a outros grupos, com treinamento militar e solidariedade, mas quase nada em termos de recursos financeiros. Carecem de fundamento as ideias de que a esquerda armada brasileira nos anos 1960 fosse teleguiada pelos cubanos.)

A marca antiteoricista não era exclusividade da ALN, constituía, sim, grande parte das esquerdas armadas, as quais, em geral, privilegiavam as "ações revolucionárias". Era uma reação à prática tradicional de longas discussões teóricas do PCB e de outras organizações, como a POLOP – prática discursiva que levaria ao "imobilismo" político, na visão dos grupos em armas. Estes entendiam que a teoria da revolução brasileira brotaria naturalmente "na luta", no processo de ações armadas, jamais em "discussões de gabinete", supostamente descoladas da realidade. Como exemplo típico, a VPR quase não produziu documentos em seus dois primeiros anos de existência, quando se notabilizou por ser um dos grupos armados mais ativos. Só no princípio de 1970, quando a organização foi reconstituída como cisão da VAR-Palmares, é que a VPR publicou uma série de escritos do militante Jamil, que refletiam a posição teórica do grupo. Mesmo assim, a direção da VPR, que assina a Introdução aos textos, quase pede desculpas por apresentar uma teoria, esclarecendo que ela é fruto de quase dois anos de luta armada, jamais de discussões abstratas, desligadas da experiência revolucionária (p.XII). No corpo do trabalho, Jamil ressalta que a prática armada desenvolvera-se a tal ponto que não haveria o perigo de a teoria ser pretexto para a inação política, cabendo recuperar seu papel no processo revolucionário (1970, p.10-1).

Os grupos guerrilheiros urbanos em geral organizavam-se, com algumas variantes, em setores de trabalho urbano de massas, de preparação da guerrilha rural e de "logística", responsável, esta última, pelas principais ações armadas. Cada setor tinha seu representante na direção regional, que muitas vezes se confundia com a própria direção nacional. Os setores da organização, em teoria, não deveriam conhecer-se uns aos outros, por questão de segurança ante a ferocidade dos órgãos de repressão. Os contatos entre as partes de cada organização eram feitos por meio de "pontos" de encontro previamente marcados em locais variados. A falta de algum militante a um ponto significaria que ele fora preso (a maior parte dos capturados pelo regime foi presa em pontos "abertos" por companheiros sob tortura). Paralelamente à militância propriamente dita, a maioria dos grupos tinha organizações parapartidárias, isto é, conjuntos de simpatizantes organizados, possíveis candidatos à militância (com as ondas de prisões a partir de 1969, vários deles foram sendo rapidamente incorporados, ao mesmo tempo que ficava cada vez mais difícil constituir novos agrupamentos de simpatizantes). Nas palavras de Fernando da Matta Pimentel, no depoimento que nos deu, "a estrutura dos COLINA era bastante exemplar de uma organização político-militar. Eram basicamente quatro setores que compunham o Comando Urbano: a coordenação estudantil, a operária, um setor de imprensa e outro de expropriações e ações armadas. O Comando Urbano, com cinco membros, era ligado à Direção Regional, submetida por sua vez à Nacional, que, na verdade, só encampava Belo Horizonte e Rio de Janeiro, onde os COLINA estavam efetivamente organizados".

Takao Amano, em entrevista concedida, dá o exemplo da estruturação orgânica do grupo guerrilheiro mais destacado: a ALN "formalmente tinha uma direção nacional, não sei dizer com quantos membros, mas o núcleo principal era o de Marighella e Joaquim Câmara Ferreira. Os companheiros em São Paulo, no Rio, no Nordeste e no Sul formavam três setores, o de massa, o de infraestrutura para a guerrilha rural e o dos Grupos Táticos Armados". Paulo de Tarso Venceslau fornece mais elementos sobre a estrutura organizacional da ALN, especialmente em São Paulo, entre 1968 e 1969:

> A ALN tinha o GTE, Grupo de Trabalho Estratégico, ligado ao campo, planejamento e implementação da guerrilha rural; depois, o GTA, Grupo Tático Armado, responsável pelas ações armadas, além do (GA) Grupo de Ação, que basicamente deveria fazer atividades de massa; era o grupo que se articulava com o movimento estudantil, com o movimento operário. Sua tarefa era exatamente dar o exemplo, mostrar no trabalho de massa como é possível fazer as coisas pela ação concreta: tomar arma de soldado na rua, movimento de virar viatura. (…) Havia também os GIs, Grupos Independentes, setores mais ou menos articulados como simpatizantes da organização, não como células de militantes… A ALN contava ainda com uma vasta área de apoio junto a artistas, intelectuais etc. – apoio inicialmente conquistado através da atuação no movimento estudantil paulista. (…) Acima dos três setores, GA, GTE e GTA, havia o Conjunto Regional e, depois, o Nacional.

Por certo, um dos fatores fracionadores das esquerdas em armas relacionava-se à concepção do tipo de organização que deveria conduzir a revolução: um partido "leninista" tradicional ou uma organização militarizada como a da guerrilha cubana. Contudo, havia pelo menos um traço marcante comum às posições divergentes: a visão de que as organizações, independentemente das formas pelas quais estariam estruturadas, seriam a vanguarda iluminadora dos caminhos da revolução. No fundo, o centro das discussões estava no papel da suposta vanguarda, e não no movimento contraditório da sociedade de classes. O fracasso das esquerdas em 1964 foi atribuído pelas organizações dissidentes aos erros da vanguarda, principalmente do PCB, mas também de grupos menores, como AP, POLOP e PCdoB, sem contar a inação das lideranças populistas e nacionalistas, que não teriam sabido resistir ao golpe, caso de Brizola e do próprio presidente Goulart. Todo o peso da crítica tomava rumo voluntarista, como se a derrota fosse fruto unicamente da ação de direções traidoras. Se a revolução fracassara por falta de decisão e de capacidade das lideranças, caberia corrigir o vício, organizar grupos prontos a lutar de armas na mão pelas transformações sociais que se faziam objetivamente maduras na sociedade brasileira, esperando apenas o impulso subjetivo de uma vanguarda sem vacilações. Mesmo os grupos que negavam a estruturação em moldes partidários propunham-se a ser, ou a transformar-se, na vanguarda revolucionária.

Toda a esquerda armada compartilhava a ideia de uma vanguarda detentora do caminho da libertação, onisciente das leis da História, que sabe, melhor do que os próprios trabalhadores, os caminhos da revolução, encarnando uma consciência de classe pré-estabelecida. Para não nos estendermos demais, fiquemos num exemplo significativo. Até a ALN de Marighella – tida como "anarco-militarista", cujos princípios organizacionais foram descritos por Gorender como "grupistas", pelo fato de não admitirem direções centralizadoras e escalões intermediários (1987, p.97) – não se desvencilhava da noção de vanguarda iluminadora, considerando apenas que esta se forjaria no decorrer do processo de ações armadas.

Para a ALN, num primeiro momento da revolução seriam necessários vários grupos armados para abalar o aparelho "burocrático-militar" do Estado brasileiro. No final desse processo, seria constituída a "indispensável liderança da revolução brasileira". Admitia-se a vanguarda de *uma* organização revolucionária num segundo momento do processo. E, no fundo, a ALN pretendia-se, ao menos, o embrião dessa futura vanguarda, por considerar-se a organização armada mais capacitada. Se "a ação faz a vanguarda", esta deveria ser naturalmente composta por aqueles que desempenhassem as ações com maior eficiência; no caso, a ALN: "Ainda há quem prossiga na disputa de liderança, mas agora já se luta de armas na mão, e é impossível pretender exercer qualquer papel de líder apelando para discussões como as que geralmente eram propostas, em torno de papéis escritos, programas subjetivos e colocações doutrinárias desligadas da realidade social brasileira" (Marighella, 1974, p.36). Para exercer a liderança não bastariam discussões teóricas; cabia tomar as armas nas mãos, e quem o fizesse com maior maestria conduziria o processo revolucionário, mostrando, na prática, sua verdade. Subentende-se que a própria ALN seria tal liderança, como organização relativamente grande, bem-equipada e ativa militarmente, e reconhecidamente eficaz no tempo de Marighella. Mantinha-se a ideia de uma vanguarda condutora da revolução. Seguindo a posição de Fidel Castro, também defendida por Debray (s.d., p.77, 88), já em meados de 1967 Marighella declarava em Cuba que "a guerrilha é – em última análise – a própria vanguarda revolucionária" (1984, p.48). O discurso não estava centrado no movimento da sociedade, mas na dinâmica da vanguarda, que, no caso, deveria mostrar na prática armada cotidiana o acerto de suas concepções, sua condição de liderança revolucionária.

Na visão de Marighella, a ligação da organização com os trabalhadores e com as massas urbanas e rurais era importante, como revela a leitura de seus escritos. Contudo, especialmente a partir de 1968, a vinculação imprescindível com as massas era vista como uma decorrência quase natural da dinâmica das ações armadas exemplares: "Em torno dessa potência de fogo, que surge do nada e vai crescendo pouco a pouco, a massa aglutina-se, constrói a sua unidade e marcha para a tomada do poder" (1974, p.33). Segundo Cid Benjamin, ex-integrante da DI-GB (MR-8): "Eu acho que a gente foi vanguardista não no sentido de que não quisesse a incorporação das massas – já ouvi alguns ex-militaristas arrependidos dizerem isso. O problema é que, na nossa formulação e na nossa ação política, nós não levávamos em conta o real estágio de consciência dos trabalhadores. Por isso propúnhamos formas externas à vida política e cotidiana deles, fora da dinâmica real da luta de classes no país".

O fato é que "havia no conjunto da nova esquerda uma situação de solidariedade e, ao mesmo tempo, de concorrência. A emulação era muito séria", conforme nos conta Apolônio de Carvalho, lendário líder do PCB e do PCBR. As organizações solidarizavam-se na luta pela revolução e pela própria sobrevivência, mas competiam ardentemente pela vanguarda do processo revolucionário. Difundia-se a ideia, atribuída a Marighella, segundo a qual "quem dá o primeiro tiro arrasta o resto. Um dito ideológico que prevaleceu o tempo todo. Continuou-se dando o primeiro tiro e, no final das contas, todo mundo ficou dando só tiro e aí não dá, não se faz revolução desse jeito", na expressão de Pedro Rocha. A ideia da vanguarda pela ação armada generalizou-se a ponto de alguns grupos pegarem em armas sem maior preparo para tanto, facilitando a repressão policial. O próprio Marighella não assumia a paternidade da frase do "primeiro tiro", criticando-a em maio de 1969:

> A questão no Brasil não está no mito de quem der o primeiro tiro. Aliás, o primeiro tiro já foi dado, pois encontramo-nos em pleno curso da guerra revolucionária. O problema mais importante para nós consiste em que cada um cumpra o seu dever, e o dever de todo o revolucionário é fazer a revolução. (1974, p.36-7)

Ora, para Marighella, "fazer a revolução" era sinônimo de principiar o trabalho armado. A discordância com a tese do "primeiro tiro" era, portanto, superficial – referia-se apenas às "precipitações", não às ações armadas propriamente ditas. Afinal, não era o próprio Marighella quem propunha, no mesmo documento, que "a criação e o fortalecimento da potência de fogo revolucionária, bem como a sua atividade permanente, é que permitem a aglutinação das forças que lutam de armas na mão"? (1974, p.35). O papel do revolucionário seria fazer a revolução, entendida num primeiro momento como ações eficientes que constituíssem um "poder de fogo" que aglutinaria as massas. Numa palavra, embora negando a concepção convencional de partido revolucionário de vanguarda, a ALN caíra num "vanguardismo" extremo, a exemplo de outras organizações congêneres.

Significativamente, o "vanguardismo-voluntarista" tem sido retomado, consciente ou inconscientemente, por muitas das autocríticas de ex-guerrilheiros que continuam a centrar a explicação do passado na ação e na vontade das supostas vanguardas, em seus "acertos", "erros" e "desvios", e jamais no movimento contraditório da sociedade na sua totalidade. Nesse sentido, com perspicácia, observa Vicente Roig na entrevista que nos concedeu:

> Talvez nosso desvio-chave fosse o voluntarismo, se bem que todas as revoluções vitoriosas tivessem um componente voluntarista, principalmente a cubana. No fundo, éramos muito pretensiosos: além de querer fazer a revolução, ainda depois se atribuiu o fracasso a si próprio. A gente então é dono das glórias e das derrotas. É como se a vontade fosse a matriz de tudo, como se na verdade o movimento tivesse fracassado por causa da gente, como se o movimento tivesse todas as condições de ser vitorioso, porém, pelos nossos desvios, ele não foi. Eu acho que isso é continuar não entendendo o movimento, que em grande medida aconteceu a despeito da gente e nos levou, empolgou o conjunto da esquerda que naquele momento militava.

As formas de luta revolucionária

Uma terceira coordenada divisora das esquerdas dizia respeito às formas de luta preconizadas para o combate à ditadura dentro do processo revolucionário. O PCB continuaria mantendo, depois de 1964, a proposição da via pacífica para o socialismo. Aqueles que advogavam como principal forma de luta a via armada divergiam sobre a maneira pela qual ela deveria ocorrer. Dentre os partidários da luta armada, só o PORT prendeu-se exclusivamente à tradição bolchevique de insurreição das massas trabalhadoras, ficando imune às influências das ideias guerrilheiras. O PCdoB e a AP, proponentes da "guerra popular prolongada" com o "cerco das cidades pelo campo", abstiveram-se de ações armadas nas cidades. Entre as organizações guerrilheiras que entraram na dinâmica das ações armadas urbanas também havia divergências sobre o tipo de luta a ser travado. No tocante à constituição da guerrilha rural, dois eram os polos teóricos que atraíam os grupos de esquerda: o guevarismo e o maoísmo, com várias posições híbridas entre eles.

A ALA, grupo guerrilheiro que pegou em armas nas cidades e que se declarava explicitamente maoísta, pretendia iniciar a "guerra popular prolongada" pela organização dos camponeses e da guerrilha rural, sem descartar as lutas de massas nas cidades e as ações de guerrilha urbana. A ideia era aproveitar "as condições favoráveis que as zonas rurais oferecem, e congregando no Exército Popular as grandes massas exploradas no campo, a guerra popular permitirá a libertação paulatina de vastas regiões. (...) quando o Exército Popular, a partir de suas bases de apoio, desfechar o ataque contra os centros urbanos, as forças revolucionárias nas cidades desencadearão a insurreição urbana para o aniquilamento total do inimigo", como dizia um documento da ALA de dezembro de 1967 (p.127). O mesmo texto revela a fusão do maoísmo com o guevarismo: "A eclosão da luta armada necessita da existência de uma força armada regular no campo, clandestina, que possa iniciar o choque aberto com o inimigo. Para garantir a sobrevivência desse contingente e permitir a continuidade de sua ação, é necessário contar com amplo apoio das massas locais e do país. Esse método de eclosão da luta armada se constitui no Foco Revolucionário" (Reis Filho; Sá, 1985, p.129).

Dentre os grupos brasileiros assumidamente "foquistas", sob inspiração dos escritos de Guevara e do texto de Debray, *Revolução na revolução*, estavam a DI-RJ (MR-8) – que foi desbaratada pela polícia em 1969, quando tentava organizar o embrião do foco guerrilheiro no sudoeste paranaense – e os COLINA, que colocavam num documento de abril de 1968 a necessidade de "implantação do foco", vinculado às massas rurais e urbanas (Reis Filho; Sá, 1985, p.156-7). Resumidamente, a ideia debrayista de "foco" previa três etapas no devir da atividade guerrilheira, inspiradas no exemplo da Revolução Cubana: a da instalação do grupo guerrilheiro ("foco militar"), inicialmente isolado numa certa área rural de difícil acesso para a repressão; a fase do desenvolvimento da guerrilha, com a conquista e defesa de um território, quando camponeses seriam incorporados à luta; e a etapa da ofensiva revolucionária para tomar o poder, liderando as massas exploradas. A maioria dos grupos guerrilheiros brasileiros fazia restrições à teoria pura do foco, inclusive a ALN, como no documento de maio de 1969, "O papel da ação revolucionária na organização" (Marighella, 1974, p.32).

Na interpretação de Gorender, "Marighella se declarou contrário aos focos e... apresentou a tarefa das colunas guerrilheiras móveis, que se deslocariam contando com pontos de apoio de antemão assentados" (1987, p.97-8). A partir de 1968, poucas organizações armadas aceitariam a pecha de "foquistas". Entretanto, várias delas tinham muito de foquistas, em particular a ALN, já que eram secundárias as modificações teóricas introduzidas no texto de Debray e, sobretudo, no exemplo de guerrilha rural da Revolução Cubana. Sobre a ALN, comenta Gorender: "o foquismo se mantém, na medida em que a guerrilha começa do zero, dissociada de qualquer movimento de massas, e incorpora a função de vanguarda política" (1987, p.98).

Algumas organizações, como a ALA, sem descartar a experiência cubana, apresentavam um discurso que valorizava muito a integração da guerrilha com as lutas de massas, subordinando-a a uma direção partidária, mais ou menos nos moldes da Revolução Chinesa. Era o caso também do PCBR que em abril de 1968 propunha: "A tarefa imediata e fundamental do movimento revolucionário no Brasil consiste, portanto, em organizar, iniciar, desenvolver e culminar a luta armada, a partir da guerra de guerrilhas". Sob direção do partido, "as guerrilhas atuarão como detonadores do movimento insurrecional" dos trabalhadores urbanos e rurais. "Através de uma *luta difícil e prolongada*, chegará o momento em que a *guerra popular* abrangerá novas e extensas regiões, envolverá as populações das cidades e se alastrará por todo o país, destruindo os fundamentos do poder burguês-latifundiário" (Reis Filho; Sá, 1985, p.172, g.n.). Menos ou mais foquistas em suas teorizações, o fato é que a guerrilha rural não se efetivou pelas mãos dos grupos que pretendiam desencadeá-la e que faziam ações armadas também nas cidades. Todos eles foram destruídos pela polícia antes de irem para o campo.

Existiam outras diferenças entre os proponentes da guerrilha rural: por exemplo, alguns designavam as massas do campo que dariam base à guerrilha como "trabalhadores rurais", outros como "campesinato". Assim, a ALA, herdeira da tradição analítica do PCB e do PCdoB, acreditava em restos feudais no campo, de forma que os deserdados da terra que viviam na zona rural seriam camponeses, ao passo que, na visão de grupos como o POC, não existiria um campesinato predominante no campo, onde as relações sociais já seriam subordinadas à lógica do capitalismo. Havia também discordâncias sobre o peso das massas urbanas e rurais no desenrolar da guerrilha, maior para uns (ALA, POC, PRT, VAR, PCBR, MR-8), menor para outros (VPR, ALN, REDE etc.). Dentre os que valorizavam o papel das massas, alguns privilegiavam o das urbanas, outros o das rurais. Por exemplo, da perspectiva do POC, na trilha da POLOP, o campo seria o local privilegiado de luta principalmente por razões militares, pois ali as forças repressivas seriam mais frágeis, o que permitiria a implantação de um pequeno grupo guerrilheiro, que cresceria à medida que fosse obtendo suas primeiras vitórias. Contudo, um documento do POC de junho de 1968 era claro quanto à principal força a impulsionar a revolução: "O que nos confere uma posição única nas esquerdas é o papel que atribuímos à classe operária no processo revolucionário do país" (Reis Filho; Sá, 1985, p.181). O projeto da POLOP, e depois o do POC, era um misto de guerrilha rural e insurreição urbana, como de certo modo não deixavam de ser as propostas de todos os grupos armados, pendendo mais ou para o "rural" ou para o "urbano".

A própria ALA não deixava de lado a pregação das lutas nas cidades, que deveriam ir "desde a utilização de formas legais até as ações armadas de guerrilhas urbanas". Entretanto, esse grupo teoricamente dava maior relevância à guerrilha rural e ao papel transformador do homem do campo: além do argumento da relativa debilidade do poderio do regime nas zonas rurais, se comparado aos grandes centros urbanos, a ALA tinha a perspectiva de que "o cerco das cidades pelo campo é também indicado pelo fato de a maioria da população do país viver nas zonas rurais e porque esta população está submetida às formas mais violentas de opressão e às mais atrasadas de exploração, o que lhe proporciona um sentimento imediato da necessidade da revolução" (Reis Filho; Sá, 1985, p.125-7). Era uma ideia próxima à do "elo mais fraco" do sistema, no conceito de Gunder Frank, assumido explicitamente por organizações como o PRT e a VAR-Palmares: os lavradores explorados dos países subdesenvolvidos, umbilicalmente ligados ao capitalismo, com função na acumulação e reprodução do sistema, seriam o elo mais frágil e mais explorado da economia capitalista mundial, o sustentáculo do imperialismo. Daí a necessidade de iniciar a revolução pela guerrilha rural. Na formulação da VAR:

> É o elo fraco da sociedade brasileira que determina a natureza específica do caminho estratégico e seus aspectos principal e secundário, dentro da presente correlação de forças. O elo fraco do capitalismo no Brasil se situa no *campo*. As contradições econômicas do modo de produção capitalista, na época do capitalismo monopolista, são, nas regiões rurais dos países dependentes, sobredeterminadas pela implantação do Estado burguês. Ali se concentram as contradições mais aberrantes do sistema e é onde a fraqueza político-militar das classes dominantes é mais evidente. (…) O aspecto principal da guerra de guerrilhas está, pois, no campo, não porque os camponeses sejam a classe dirigente da revolução, mas porque aí se localiza o elo mais fraco do Estado burguês; e é por isso que na atual etapa da Guerra Revolucionária os trabalhadores rurais se constituirão na principal base social, no principal contingente da Guerra de Guerrilhas. (Reis Filho; Sá, 1985, p.272)

No mesmo sentido ia o "Projeto de Programa" do PRT em 1969: "é no campo que se encontra o elo mais fraco da dominação imperialista. É aí que as contradições exigem solução imediata, que o próprio campo não tem condições de oferecer" (Reis Filho; Sá, 1985, p.196). Os trabalhadores rurais deveriam encontrar seu aliado natural no proletariado urbano, segundo o PRT e outros grupos. No trecho citado e nos documentos em geral das organizações armadas dos anos 1960 e 1970, nota-se a tensão constante, com uma ou outra nuança, entre as propostas de guerrilha rural e de lutas urbanas. Afinal, embora defensores da guerrilha rural, os grupos de esquerda eram tipicamente citadinos.

De qualquer modo, apesar da gama de diferenças quanto às formas de luta propostas, todas as organizações armadas tinham em comum a proposição de iniciar a revolução pela guerra de guerrilhas no campo. Praticamente nenhuma negava em tese a participação dos operários e das massas urbanas no processo revolucionário, tampouco a necessidade de ações armadas nas cidades, para conseguir fundos a fim de lançar a guerrilha no campo, ou para a sobrevivência da estrutura orgânica dos grupos, ou mesmo como forma de propaganda exemplar da violência revolucionária.

Na memória de um combatente, "o grande objetivo era a guerrilha rural"; a guerrilha urbana jamais foi para qualquer organização senão "um método secundário" (Daniel, 1982, p.19). Não obstante, foi pela atividade nas cidades que os grupos guerrilheiros se notabilizaram. Inicialmente, as ações urbanas, como assaltos a banco e a depósitos de armas, eram realizadas por poucas organizações – ALN, VPR e COLINA –, visando a criar infraestrutura para deflagrar a guerrilha rural, bem como para treinar quadros militares que se deslocariam para o campo. Tanto que as primeiras ações armadas urbanas em 1968 não foram divulgadas, permanecendo um mistério para a polícia até quase o final daquele ano. Previa-se que, no futuro, a guerrilha urbana teria a função secundária de desorganizar as forças repressivas, mantendo-as ocupadas nas cidades e, assim, impedindo-as de se deslocarem para reprimir a guerrilha iniciada no campo.

O ascenso dos movimentos urbanos de massas em 1968 não era previsto pelos grupos já em ação ou pelos que defendiam a luta armada. Mas foi "uma agradável surpresa", como nos disse o então membro da VPR, João Quartim de Moraes. As organizações passaram a buscar contato com os movimentos e a dar "apoio armado" a eles. Por exemplo, em meados de 1968, "a ALN e, principalmente, a VPR iam fazer algumas ações durante a greve de Osasco, para interromper o funcionamento de energia elétrica nas fábricas. As ações acabaram não sendo feitas porque a greve se esvaziou antes", segundo o depoimento de Antonio Roberto Espinosa.

As organizações armadas faziam-se presentes especialmente junto ao movimento estudantil insurgente. Exemplificando, durante o segundo semestre de 1968, quando universitários ocuparam o prédio da Faculdade de Filosofia da Universidade de São Paulo na rua Maria Antônia, pelo menos a ALN e a VPR forneceram armas para que seus simpatizantes defendessem o prédio de uma eventual invasão do Comando de Caça aos Comunistas (CCC), organismo para--militar composto por policiais e estudantes direitistas do Mackenzie. Um dos entrevistados contou-nos que se decidiu de vez pela adesão à ALN devido ao que se lhe configurou a "seriedade" e a disposição armada de luta daquela organização durante a ocupação da Faculdade de Filosofia. Outro disse que os estudantes da VPR estavam dispostos a atirar, se seus adversários invadissem o prédio, até porque eles não queriam repetir a derrota humilhante e sem resistência de 1964 (entretanto, os estudantes da USP não usaram suas raras armas quando o prédio foi finalmente invadido, depredado e incendiado, em outubro de 1968) (Santos, 1988). A partir de 1969, com o refluxo dos movimentos de massas, as ações de apoio armado a eles passaram a existir apenas em teoria, como função também prevista para a guerrilha urbana.

Depois do fechamento político imposto pelo AI-5, no final de 1968, com as ondas de prisões, com o cerco policial aos guerrilheiros e com a imersão geral das esquerdas na "luta armada" e o distanciamento da implantação da almejada guerrilha rural, as teses sobre o papel das ações armadas urbanas foram deixando de vinculá-las apenas à preparação da guerrilha no campo. Começaram a ocorrer ações propagandísticas da violência revolucionária. Disse-nos Renato Tapajós que, para a ALA, a guerrilha urbana tinha também "uma função de agitação e propaganda. Acreditávamos que pelas ações armadas nas cidades conseguiríamos levar a notícia da revolução ao proletariado e a outras camadas urbanas, por exemplo, colocando no ar manifestos revolucionários através da tomada de rádios, fazendo panfletagem nas portas de fábricas por intermédio de grupos armados; isso por necessidade de autodefesa e, também, para mostrar aos operários que havia gente empunhando armas". Em sentido análogo, relata-nos Cid Benjamin:

> A primeira ação armada da DI-GB foi no princípio de 1969. A gente tinha uma concepção que não via a ação armada na cidade simplesmente como um troço logístico para conseguir fundos para a guerrilha rural. Era um militarismo um pouco mais sofisticado. Teorizávamos sobre o que chamávamos "guerra combinada". A gente via na cidade a importância dos movimentos de massas e até um apoio paramilitar a eles, além da execução de propagandas armadas, como, por exemplo, aplicar um corretivo num capataz especialmente odiado numa fábrica. Ações exemplares a partir das quais a massa não só se identificaria conosco como poderia vir a se engajar nesse processo.

Além de tudo, como quase todos os militantes dos grupos armados estavam, rigidamente, clandestinos a partir de 1969, não podendo trabalhar e levar uma vida normal, impunham-se ações de "expropriação" que levantassem fundos para mantê-los e, também, para garantir a operacionalidade das próprias organizações, que precisavam de armas, automóveis, "aparelhos" (casas para esconderijo e alojamento dos militantes), alimentação, munição etc. Com o crescente cerco policial, as ações armadas urbanas estiveram implicadas numa dinâmica circular: fazer ações para sobrevivência ou para tirar companheiros da cadeia, novo ciclo de prisões; outras ações armadas, mais prisões. Os grupos guerrilheiros iam-se isolando e perdendo o que lhes restava de bases sociais nesse processo.

Em 1969 e 1970, várias organizações teorizaram sobre o papel das ações armadas urbanas, enquanto não se deflagrasse a guerrilha rural. Em tese, havia variantes entre as propostas, algumas mais "militaristas" que outras. Por exemplo, grupos como a VAR-Palmares tinham reservas em relação à "propaganda armada" prescrita pela VPR. Acreditavam que esse tipo de ação corria o risco de tornar-se "propaganda das armas por si sós", como diria Espinosa na sua entrevista. A VPR, em 1970, via na propaganda armada a "forma principal de relacionamento com as massas urbanas na primeira fase da revolução", devendo para tanto contar com um setor de imprensa, complementado por "apelos políticos" em "fábricas, favelas, escolas e outros focos de conflito" (p.44-7). Seriam ações de propaganda armada para a VPR: destruição de centrais elétricas para gerar tensão e agitação; atentados contra consulados e empresas norte-americanas "com função de identificar um inimigo aos olhos da massa, transmitindo indiretamente uma linha política"; sequestros para soltar presos e "distribuição de víveres expropriados" aos pobres, com o fim de "obter diretamente a simpatia popular" etc. (Jamil Rodrigues, 1970, p.47-8).

No *Pequeno manual do guerrilheiro urbano* da ALN, de junho de 1969, no tópico referente à propaganda armada, as ideias expostas eram próximas daquelas da VPR descritas por Jamil Rodrigues. O documento da ALN foi elaborado por Marighella, que, com ele, parece ter atingido o auge do militarismo e do vanguardismo na trajetória do seu pensamento. [Segundo Venceslau, que conviveu com Marighella pouco antes de sua morte, em novembro de 1969, o líder da ALN estaria pensando em redimensionar a atuação da organização nas cidades, devido à feroz repressão. Mas os escritos finais de Marighella não revelam qualquer sinal de recuo. Pelo contrário; veja-se, por exemplo, sua entrevista à revista francesa *Front* (1969), dias antes de morrer (Carone, 1984, p.63-70). O militarismo urbano da ALN exacerbou-se ainda mais de 1970 em diante.] Diz o *Pequeno manual do guerrilheiro urbano*: "O conjunto das ações armadas do guerrilheiro urbano e cada uma de suas ações armadas constituem as principais maneiras de fazer a propaganda armada. Estas ações executadas com objetivos certos e bem determinados transformam-se inevitavelmente em meios de propaganda através dos meios de informação de massa existentes. Ataques a bancos, emboscadas, deserções e desvios de armas, recuperação de prisioneiros, execuções, sequestros, sabotagens, terrorismo e guerra de nervos também delas fazem parte", assim como a pichação de muros, "a ocupação de estações emissoras e de serviços de auto-falantes", além de "aviões desviados de suas rotas pela ação de guerrilheiros... Mas o guerrilheiro urbano não pode renunciar a instalar a tipografia clandestina...". Um setor clandestino de imprensa "facilita enormemente a incorporação de muita gente do povo à luta revolucionária, porque abre uma frente de trabalho permanente para aqueles que estão dispostos a fazer, isolados, a propaganda armada e a arriscar a vida". Todavia, a propaganda armada não significava "que o nosso esforço consiste em ganhar o apoio de toda a gente. Basta ganhar o apoio de uma parte da população, e isso pode fazer-se através da popularização da palavra de ordem seguinte: 'que aqueles que nada quiserem fazer pelos revolucionários, nada façam contra eles' " (Marighella, 1974, p.96-8). Dentre outras coisas, tais palavras apontam certa ilusão de poder gerada pelas atividades armadas nas cidades, divulgadas "pelos meios de informação de massas existentes". Como bem observou Herbert Daniel:

> Julgando, quase absolutamente, que a quantificação dos seus componentes ou dos seus recursos materiais eram dados menores, as organizações acreditavam na mística da sua influência crescente, que a imprensa colaborou a criar. Herdamos do pensamento maoísta uma verdade útil: "uma minoria que tem ideias corretas já não é mais uma minoria". Os grupos armados, acalentados com os ecos sensacionalistas das suas atividades, consideravam-se maiores: acreditavam no fantasma duma imagem publicitária, num gigantismo obscuro e supersticioso, que servia mais e melhor aos interesses do inimigo. A partir dos momentos mais trágicos da derrota, o mais importante tornou-se exibir uma atuação *evidenciável*, mais uma "ação de repercussão" que "marcasse presença", do que uma movimentação política contínua e sólida. A "ação", nesta lógica do espetáculo, passava a ser uma intervenção imediatista, deixava aos poucos de ser parte de um *movimento revolucionário*. Passou-se então a chamar "ação armada" um mero formalismo que escondia no gesto violento (e desesperado) a verdadeira inação política. (1982, p.110-1)

Para a sensação de poder dos grupos armados, um "parecer poder", contribuía ainda o agitado clima político e cultural de 1968, que dava às esquerdas a ilusão de que o poder estaria próximo de suas mãos, faltando apenas a ação decidida de uma vanguarda para tomá-lo. A clandestinidade, o ambiente conspirativo, o porte de armas, o sucesso e a repercussão de algumas ações armadas aumentavam cada vez mais essa aparência de poder, que logo seria desfeita pela força dos fatos. Livros de memórias e depoimentos de ex-guerrilheiros atestam a ilusão de poder dos militantes, especialmente dos clandestinos e dos que participavam diretamente das ações armadas; um poder que só era efetivo no círculo restrito da organização a que pertenciam, onde geralmente falavam mais alto, com anuência dos demais, quem tinha mais "ações" nas costas. João Quartim de Moraes contou-nos numa entrevista que, a despeito da participação de jovens operários e de intelectuais, mesmo que fosse na direção da VPR em 1968, quem de fato mandava na organização era o ex-sargento Onofre Pinto e o grupo de fogo a ele ligado. No mesmo sentido apontou-nos Ladislau Dowbor: "Formalmente, a direção da VPR, em 1968, tinha três componentes, um de cada setor: campo, logística e de massas. Éramos um grupo bem pequeno, embora com muita presença, no qual o líder na verdade era um sargento do Exército".

Sabe-se também que a suposta prepotência dos Grupos Táticos Armados (GTAs) causou conflitos com outros setores da ALN, principalmente após a morte de Marighella. Ainda em 1969, conta Paulo de Tarso Venceslau que, "para participar de qualquer instância dirigente na ALN, o cara tinha que fazer ação armada. (...) Se houve um setor que influenciava na organização, era sem dúvida nenhuma o Grupo Armado, diretamente colado ao poder, dentro da visão de que os quadros dirigentes tinham que ser político-militares". Nas palavras do próprio Marighella, em agosto de 1969: "Os dirigentes de nossa organização não podem provir de eleições. Os dirigentes surgem da ação e da confiança que despertam pela sua participação pessoal nas ações. Todos nós somos guerrilheiros, terroristas e assaltantes e não homens que dependem de votos de outros revolucionários ou de quem quer que seja para se desempenharem do dever de fazer a revolução. O centralismo democrático não se aplica a Organizações revolucionárias como a nossa. Em nossa Organização o que há é a democracia revolucionária. E a democracia revolucionária é o resultado da confiança no papel desempenhado pela ação revolucionária e nos que participam da ação revolucionária" (Carone, 1984, p.62). Mandava legitimamente na organização quem pegava em armas para fazer ações, sendo que "o dever do revolucionário era fazer a revolução", isto é, ações armadas (nessa medida, como evitar o que o próprio Marighella condenou em textos como o *Pequeno manual do guerrilheiro urbano*, a ânsia e a precipitação de fazer ações sem o devido preparo?). A mesma divisão hierárquica entre os militantes de "linha de fogo" e os demais continuaria a existir na cadeia. Por exemplo, numa prisão carioca, "a divisão era: facas-grandes de um lado e bundas--moles de outro. Os primeiros, gente que participara de ações armadas. Os segundos, o pessoal do proselitismo, da conversa" (Guarany, 1984, p.75).

João Quartim relatou um episódio caricatural, mas significativo, sobre a ilusão de poder da guerrilha urbana, no caso, da VPR:

> Ataque a um banco, com forte cobertura: um sujeito entrou comendo uma maçã – isso ficou célebre em São Paulo e é verdade – e disse assim: "Assalto outra vez. Todo mundo para

o banheiro". Quer dizer, criara-se uma ilusão com a superioridade operacional tática passageira. Em 1968 as expropriações de banco eram feitas com uma superioridade de fogo muito grande, e isso enganava as pessoas. Depois a repressão veio de OBAN, Esquadrão da Morte, e acabou reconquistando a superioridade tática nesse domínio também.

Cabe um último exemplo da "ilusão de poder" dos militantes clandestinos armados, que extravasava as fronteiras dos grupos, dando-lhes a impressão de estarem acima de quaisquer regras sociais – o que de certa forma refletia com sinal trocado a prepotência do regime militar, matriz da violência e da arbitrariedade no período. O mineiro Fernando Pimentel, ex-militante secundarista dos COLINA, narrou um evento ocorrido quando morava clandestinamente em Porto Alegre, então revolucionário profissional da VPR, vivendo apenas em função das tarefas da organização e o tempo todo armado:

> Era tarde da noite e eu estava voltando de carro para casa com um companheiro. Ele dirigindo. Tomamos uma fechada de um táxi e ficamos loucos da vida. O motorista estava com duas mulheres no carro e, aparentemente, bêbado. A gente gritou alguma coisa e ele deu uma banana, arrancando em alta velocidade. Perseguimos o cara três quarteirões, emparelhamos com ele. Então, eu me debrucei para fora do carro, tirei meu 38 e botei a arma na cara dele. Xinguei o cara, que freou o carro e quase capotou. Dei um tiro para cima para assustá-lo e fugimos em nosso carro com chapa fria. Nós nos divertimos pra burro com aquele negócio. Hoje eu fico pensando que o episódio misturou um pouco de irresponsabilidade juvenil, mas com um pouco, ou muito, dessa noção de superioridade que a clandestinidade te dá.

Pimentel relatou outro episódio: o de um jornaleiro que comentou com ele, admirado, sobre o montante de um assalto noticiado na capa de um jornal exposto na banca, "e eu dei aquele riso por dentro, só eu sabia que estava lá. Então, essa sensação de poder que o uso das armas, que a clandestinidade, que a estrutura da luta armada nas cidades ia propiciando, eu acho que provoca uma ruptura psicológica, a ideia de que você é um ser que está fadado ou a vencer ou a morrer". César Benjamin, o jovem Cesinha do MR-8, comenta o "parecer poder" da guerrilha urbana:

> É típico da guerrilha urbana ter sucessos iniciais, ela é eficaz taticamente. Com ela, um grupo muito pequeno pode, em determinado momento, passar para o centro da conjuntura nacional. Mas ela é ineficaz estrategicamente, porque, ao mesmo tempo em que se ocupa através dela o centro da luta política – *isso dá uma ilusão de poder* –, radicaliza-se o processo político muito rapidamente, sem que a guerrilha implique o avanço da luta de massas. Por exemplo, o sequestro do embaixador americano, em 1969, foi um sucesso, o Brasil inteiro parou, todo mundo gostou. Então, você tem vitórias iniciais retumbantes, que criam uma

dinâmica política à revelia das massas, que rapidamente leva grupos a enfrentarem o Estado. A luta fica reduzida a um enfrentamento entre grupos e Estado. (g.n.)

Os pressupostos comuns aos grupos guerrilheiros

Nota-se que, apesar das inúmeras divergências, agrupadas anteriormente em três coordenadas básicas, há elementos para tratar como um todo as esquerdas que pegaram em armas nas cidades brasileiras nos anos 1960.

Havia, antes de mais nada, uma série de pressupostos teóricos gerais compartilhados pelas esquerdas. Sob determinado ponto de vista, a economia brasileira vivia um processo irreversível de estagnação, sob a ditadura militar. Não haveria alternativa de desenvolvimento enquanto o país estivesse submetido ao imperialismo, cuja marca seria garantida pela força bruta do regime militar, único caminho de manutenção do sistema capitalista (ou imperialista) em decomposição. Colocava-se então, como tarefa central, derrubar a ditadura e expulsar os imperialistas, que, aliados a setores das classes dirigentes locais, entravariam o desenvolvimento das forças produtivas. Nessa medida, estariam dadas as condições objetivas para a revolução brasileira, faltando apenas as subjetivas. Isso implicaria a ruptura com o "imobilismo" do PCB e de outras organizações de esquerda até 1964. Seria necessário o surgimento de uma *vanguarda* de novo tipo para liderar a revolução, organizando, inicialmente, a guerrilha rural, num processo de luta armada relativamente longo que incluiria várias etapas, contando com a mobilização das massas trabalhadoras rurais e urbanas. Ações armadas nas cidades eram admitidas com o propósito de treinar guerrilheiros e de levantar fundos para iniciar a guerrilha rural. Com o tempo, as ações urbanas seriam teorizadas também como forma de propaganda armada da revolução e, implicitamente, como meio de sustentar o funcionamento clandestino das diversas organizações. O próprio Marighella admitia, em setembro de 1969, em "As perspectivas da revolução brasileira", que havia pontos comuns entre as esquerdas armadas:

> a situação política do Brasil transformou-se numa situação militar... Os problemas de estrutura agravaram-se. O país está mergulhado numa crise crônica e a crise política é permanente. O regime da ditadura militar nem ao menos procura encobrir-se com qualquer máscara... a inspiração dos grupos revolucionários é anticapitalista e anti-imperialista... A unidade já existe em torno de duas questões. A primeira é que todos os grupos revolucionários estão a lutar, não para substituir os militares por um poder civil ou por outro poder burguês-latifundiário. Todos os grupos revolucionários lutam pelo derrube da ditadura militar e pela mudança do regime. Todos querem que a atual estrutura de classes da sociedade brasileira seja transformada e que o aparelho burocrático-militar do Estado seja destruído, para no

seu lugar ser colocado o povo armado. A segunda é que os grupos revolucionários querem expulsar do país os norte-americanos. (1974, p.40, 43, 44)

Implicitamente, havia outra premissa comum às esquerdas armadas, como indicou João Quartim de Moraes no livro que publicou no início dos anos 1970, no exílio: as organizações mantinham a tese de que a guerrilha rural seria o embrião do exército popular, mas, na verdade, eram guiadas, não expressamente, por outra teoria, pela qual uma pequena organização de vanguarda poderia provocar uma crise no "estado militar oligárquico", mediante ataques bem-preparados (s.d., p.167).

Embora nascida em meio ao processo de questionamento, a esquerda armada era muito pouco flexível às contestações a seus pressupostos teóricos. Especialmente a necessidade da luta armada era inquestionável. "Havia muita discussão política em todas as organizações, mesmo nos períodos de maior repressão. Só que se partia de premissas já dadas, que ninguém contestava. A necessidade da luta armada era uma delas", conforme expõe Maurício Paiva, ex-integrante dos COLINA. Segundo Vicente Roig, "fazíamos críticas, mas já em cima de novas certezas, com poucas dúvidas. O grau de questionamento ia até um certo ponto, o processo teve seus limites: criticávamos o Partidão, a política convencional, mas a nova esquerda era muito dogmática nas certezas criadas. Nosso fôlego político, teórico, nosso poder de questionamento, tinha-se esgotado ali, a gente não conseguia se questionar".

Além dos pressupostos teóricos comuns inquestionáveis, as organizações armadas eram fruto de um mesmo processo histórico, de uma conjuntura específica, marcada por um golpe de Estado que não encontrou resistência, seguido do advento do regime militar, implementando medidas repressivas e de reorganização social, política e econômica que alteraram a sociedade brasileira, num processo que se convencionou chamar de "modernização conservadora". Não só a sociedade brasileira, mas o mundo inteiro polarizava-se, no final dos anos 1960, em torno de posições revolucionárias e conservadoras. Surgia em toda parte uma "nova esquerda", que procurava romper as amarras teóricas e práticas impostas pelos partidos comunistas tradicionais, os quais já não se mostravam capazes de dar conta das rápidas transformações sociais. É uma constante, nas entrevistas obtidas, os entrevistados chamarem a atenção para o fato de que a "luta armada" brasileira nos anos 1960 só pode ser entendida naquele momento histórico preciso, o que nem sempre teria ficado claro em alguns livros de memórias de ex-guerrilheiros que, ao ver o passado com os olhos de hoje, teriam desfigurado e tornado incompreensível a mobilização de tantas vidas naqueles projetos revolucionários.

Segundo Jorge Nahas, "se você, hoje, lê o livro do Debray, você morre de rir dele. Se fosse possível lê-lo antes, assim em 1964, é provável que ninguém daria muita importância. Mas em 1967, 68... Em todo caso, nosso pessoal partiria para a luta armada de qualquer jeito, com ou sem Debray". Takao Amano recorda: "Hoje a gente até acha: como é que eu consegui fazer certas coisas? Mas nós éramos imbuídos de uma... era toda uma situação, do país, do mundo, do ambiente onde você vivia, que te levava a um tipo de comportamento que era aquele: se engajar no movimento, em tudo aquilo". Para César Benjamin, "um conjunto de fatores mostra que, dadas as condições da época, a opção da luta armada não era absurda, como alguns colocam. De certa forma, ela era um desdobramento natural do contexto das lutas sociais de 1968, cujos limites a história teria de mostrar depois". Esses e outros entrevistados insistiram, corretamente, em ressaltar a particularidade do momento histórico em que se deu a opção pelas armas, fora do qual ela não poderia ser compreensível.

Frutos da mesma conjuntura, do mesmo processo histórico, defensoras de pressupostos teóricos comuns a respeito da necessidade da revolução pela via armada no Brasil, as inúmeras organizações guerrilheiras – a despeito das divergências entre elas – também tiveram uma prática bastante semelhante. Todas eram tipicamente urbanas, jamais chegaram senão a esboçar o início da guerrilha rural, e acabaram enredadas na prática de ações armadas, como assaltos e sequestros, que atraíram sobre elas o peso da repressão nas cidades. De um modo ou de outro, todos os grupos procuraram inserir-se nos movimentos de massas até 1968, logrando relativo êxito, confundindo-se, em alguns casos, até com o devir desses movimentos. Com o aumento da repressão, com a recuperação do capitalismo brasileiro e com o refluxo dos movimentos de massas, os grupos armados foram perdendo suas bases sociais, mas insistiam na ofensiva da luta armada, sem se dar conta do isolamento para que caminhavam e tampouco das transformações da conjuntura, o que viria a implicar a virtual destruição das organizações guerrilheiras. Humberto Trigueiros Lima diria-nos que "a diferenciação entre os grupos era aparente, porque todos eles realizaram, *grosso modo*, a mesma prática". Segundo Vicente Roig, "vistas de hoje, as organizações não eram muito diferentes, embora assim se considerassem na época. Na verdade, todas eram muito semelhantes e frutos de um mesmo momento". Em sentido análogo, opinou César Benjamin: "Acho que houve uma longa distância entre a intenção e o gesto. Nós da DI-GB sempre achamos que a guerrilha urbana era um processo situado num contexto de luta de massas, e a forma estratégica de luta era a guerrilha rural etc. Na prática, em nossa atividade, a guerrilha urbana teve um peso muito maior, desproporcional ao dado na nossa teoria".

De qualquer forma, apesar dos pontos comuns, as divergências indicadas tornavam inconcebível às esquerdas uma unificação a curto prazo. Faziam-se, isto sim, frentes para ações armadas conjuntas. Parece que só um amplo e contínuo movimento de massas em ascensão poderia, eventualmente, gerar uma expressão política unitária. Não foi o que aconteceu; pelo contrário, a fragmentação da esquerda vinha na onda da derrota de 1964, não só das esquerdas, mas do próprio movimento popular.

As características comuns assinaladas valem pelo menos para os seguintes grupos guerrilheiros urbanos: ALA, ALN, COLINA, FLN, FLNe, MAR, MCR, MNR, MOLIPO, MO-26, MR-8, MRT, M3G, PCBR, POC, PRT, RAN, REDE, VAR e VPR. Estes poderiam ser assim subdivididos: os mais "militaristas", que se destacaram pelo volume de ações armadas, as quais tiveram papel fundamental no seu projeto revolucionário (ALN, COLINA, FLN, FLNe, MAR, MCR, MNR, MOLIPO, MR-26, MRT, M3G, RAN, REDE e VPR), e os mais "massistas", isto é, oscilantes, no decorrer de sua trajetória, entre as propostas tipicamente militaristas e a defesa da ideia de efetuar um trabalho mais profundo junto às massas, em paralelo ao desenvolvimento das ações armadas urbanas e rurais (ALA, MR-8, PCBR, POC, PRT e VAR). Contudo, a distinção entre tais propostas deve ser feita com prudência, visto haver alguns grupos tipicamente militaristas com presença significativa nos movimentos de massas de 1968, como a VPR, no movimento operário de Osasco, e a ALN, no movimento estudantil paulista. Enquanto grupos "massistas", até com tendências "obreiristas", caso do POC, encontravam dificuldades para penetrar nos movimentos de massas.

Os grupos citados de fato pegaram em armas nas cidades – contudo, a rigor, quase todas as organizações de esquerda na época chegaram a fazer parte do processo de "luta armada". Todavia, dentre as organizações citadas no Projeto BNM (Arns, 1988), ficaram totalmente distantes das armas: o PORT, trotskista; o MEL (embora não chegasse a constituir propriamente uma organização estruturada), anarquista; e o que restou do PCB após as sucessivas cisões. Para efeito estatístico,[4] preferimos não computar várias organizações como de guerrilha urbana, por poder haver certo questionamento quanto ao fato de elas terem sido efetivamente grupos guerrilheiros atuantes nas cidades. Foi o caso de AP, CORRENTE, DI-DF, DVP, FALN, Grupos de 11, MR-21, MRM, PCdoB, PCR e POLOP.

A CORRENTE mineira não foi considerada organização tipicamente armada porque, de início, era apenas uma dissidência do PCB, mas deve-se observar que

---

4 Ver, por exemplo, Quadro 3.

ela chegou a fazer uma ou outra atividade armada, em 1968, em Belo Horizonte, vindo a transformar-se na ALN de Minas Gerais, cedendo bases também para o PCBR, ambos grupos armados urbanos típicos. O MR-21, agrupamento nacionalista de Uberlândia, e a dissidência do PCB brasiliense (DI-DF) chegaram a preparar-se para a luta armada, mas foram desbaratados pela polícia antes que pudessem entrar em ação. Tanto a DVP quanto o MRM vieram a se envolver com ações armadas, mas não foram classificados como grupos guerrilheiros urbanos por excelência, pois romperam respectivamente, com a VAR-Palmares e com a ALA, por se colocarem contra o prosseguimento do militarismo, que entendiam prevalecer nessas organizações. Quanto às FALN, atuantes na região de Ribeirão Preto, e ao PCR, derivado do PCdoB, em Pernambuco, não foram enquadrados nas estatísticas como grupos guerrilheiros urbanos, pois apesar de ambos terem sede nas cidades procuraram concentrar suas ações armadas na área rural. Como se vê, não seria exagero se tivéssemos considerado também várias das organizações acima referidas dentre as armadas urbanas.

E ainda: em 1966, na fase castrista da AP, antes de ela tornar-se crítica do militarismo de outros grupos, um militante expressivo explodiu, por conta própria, uma bomba no aeroporto de Recife, num atentado contra a vida de Costa e Silva, então candidato do regime à Presidência da República. Houve mortos e feridos que nada tinham a ver com o objetivo do atentado. O resultado foi a suspensão imediata, pela direção da AP, de qualquer envolvimento com atos de guerrilha urbana. A AP também defendia a guerra de guerrilhas no campo, tanto que, em 1972, grande parte da organização integrou-se ao PCdoB, partido que então fazia guerrilha na região do Araguaia – excluído, porém, dos dados sobre as esquerdas armadas urbanas pela especificidade de sua atuação em relação aos demais grupos, pois se recusou a pegar em armas nas cidades.

Os dados sobre os Grupos de 11 (Quadros 1, 2 e 3) dizem respeito a uma atuação anterior a 1964, quando então se dissolveram. Porém, deve-se considerar que alguns dos antigos participantes dos Grupos de 11 aderiram aos grupos nacionalistas que empunharam armas contra o regime militar. A POLOP não chegou propriamente a pegar em armas, mas esteve envolvida em projetos guerrilheiros frustrados no nascedouro, logo após o golpe civil-militar, tendo-se transformado no POC, em 1968, após fundir-se com a dissidência gaúcha do PCB. O POC inicialmente era crítico das ações urbanas, mas acabou enredado em várias delas, o que lhe valeu a cisão de um grupo que reconstruiria a POLOP, em 1970. O próprio PCB gerou boa parte dos grupos armados, embora os dados do BNM referentes a ele a partir de 1965, principalmente após 1969, incluam sobretudo militantes que permaneceram no Partido, críticos da opção pelas armas. Enfim, quase todas as organizações de esquerda no período estiveram, direta ou indiretamente, envolvidas com a via armada, embora só os grupos que se destacaram pelas ações violentas nas cidades tenham sido aqui computados, para efeito estatístico, como tipicamente de esquerda armada urbana.

A composição social de cada um dos diversos grupos armados era relativamente diversificada no que tange à ocupação dos processados, embora no conjunto predominassem os que poderiam ser classificados como de camadas sociais intelectualizadas, que compunham 57,8% do total de implicados em processo por ligação com organizações armadas urbanas (Quadro 1).[5] Tomadas individualmente, as organizações de extrema esquerda revelaram relativas diferenças de inserção ocupacional. Por exemplo, os grupos nacionalistas como MAR e MNR encontravam seus principais contingentes entre militares de baixa patente cassados. O POC, apesar de seu programa obreirista, reconhecidamente jamais conseguiu penetração significativa na classe operária. Seus contingentes eram sobretudo de estudantes (40,6% dos 123 processados por vinculação com o POC), professores (17,9%) e outros profissionais com formação superior (14,6%). Os COLINA, grupo sediado sobretudo em Belo Horizonte, encontraram também a maioria de seus adeptos entre os estudantes (51%) e profissionais diplomados (15,7%). O mesmo vale nitidamente para o PCBR e o MR-8 (incluindo os dados de DI-GB e DI-RJ).

Todavia, a adesão maciça de estudantes a determinadas organizações não significava necessariamente identidade entre elas, nem entre os estudantes que as compunham. Como observa na sua entrevista o ex-militante da DI-GB, César Benjamin:

> No movimento secundarista, onde eu estava militando em 1968, havia o nosso grupo independente, mais ou menos próximo da DI-GB ou da sua dissidência foquista (DDD), e havia o PCBR, que nos era muito estranho, inclusive pela base social diferente da nossa. Nós disputávamos a hegemonia do movimento secundarista com o PCBR. Tínhamos o Colégio de Aplicação, o Pedro II, colégios mais intelectualizados, e o PCBR tinha base no Calabouço, restaurante que agrupava o pessoal mais pobre. Então, havia uma certa divisão implícita entre eles e o pessoal secundarista mais intelectualizado, que se agrupava em torno da gente, embora tivéssemos contatos no subúrbio (depois fui estudar na Escola de

---

5 Os quadros a seguir têm como fonte os dados brutos levantados pelo Projeto BNM (1985) sobre os processados por se oporem ao regime militar. Na maior parte, não são meras reproduções de tabelas do BNM, mas construções inéditas, de acordo com nosso propósito de estudar a composição social das esquerdas, mais especificamente, as armadas urbanas. Para comentários mais detalhados sobre os quadros estatísticos e sua construção, ver Ridenti, p.75-101; ali se encontram também outros onze quadros, que não foram reproduzidos aqui (1989).

Química no Maracanã, enquanto outros foram para a Vila Isabel, Penha, todos nós garotos da Zona Sul mas com opção de ir para a Zona Norte). O PCBR tinha um caráter *enragé* que não nos aproximava, a nossa opção natural seria a DDD ou a DI, esta, hegemônica no movimento universitário carioca.

Dois pequenos grupos, e dos mais militaristas, encontraram grande parte de seus integrantes entre trabalhadores manuais: a REDE e o MRT (sobre este não há dados estatísticos específicos, pois todos os processos em que esteve envolvido englobaram conjuntamente outras organizações). Ambos caracterizaram-se por ligações de amizade pessoal e até de parentesco entre seus membros (no caso do MRT), que geralmente atuavam em frente armada com a ALN e VPR. A história da REDE liga-se indissoluvelmente à de seu líder, o ex-soldado Eduardo Leite, conhecido como Bacuri, que viria a ser barbaramente torturado e morto. Já o MRT não se dissocia dos nomes de Plínio Peterson e de Devanir Carvalho, ex-metalúrgico do PCdoB e da ALA, cuja família tinha tradição de militância: quase todos os seus membros foram presos, torturados ou mortos, acusados de ligação com as esquerdas em armas.

A primeira VPR contou com três elementos distintos na sua formação durante o ano de 1968 em São Paulo: os ex-militares subalternos, liderados pelo ex-sargento Onofre Pinto, que era o comandante supremo da VPR; estudantes e jovens intelectuais vindos principalmente da dissidência paulista da POLOP (os "escribas" da VPR, segundo João Quartim); e o "grupo de Osasco", composto por operários ligados à direção do sindicato dos metalúrgicos daquela cidade, boa parte dos quais também era estudante.

A ALN foi a organização guerrilheira mais destacada nos anos 1960, encontrando bases nos mais diversos setores sociais, por obra sobretudo, da liderança de Carlos Marighella, que, ao deixar o PCB, levou consigo grande parte da seção do Partido em São Paulo, pela qual ele era o responsável. Logo encontraria também adesões em todo o território nacional, onde o nome de Marighella era muito popular pela combatividade e liderança exercida nos tempos do PCB. No decorrer do processo armado, entretanto, não resta dúvida de que a atuação da ALN passou a atrair sobretudo estudantes e trabalhadores intelectuais, que compuseram mais de 55% dos processados da organização, o que o próprio Marighella reconhecia num documento de setembro de 1969:

> As fontes de recrutamento dos grupos revolucionários são inesgotáveis, a começar pelos *estudantes*. Os *operários* por sua vez, *quando intensificarem* as greves com ocupações de fábricas e sequestros de patrões e gerentes, serão outra fonte de recrutamento para os grupos revolucionários armados. O mesmo *acontecerá* com os *camponeses* ... (1974, p.42, g.n.)

A integração de camponeses e operários aconteceria num tempo futuro; os estudantes eram a principal fonte de recrutamento das esquerdas em armas. A mesma atração crescente sobre setores das camadas intelectualizadas verificou-se na história da VPR, que se fundiu com os COLINA para criar a VAR-Palmares, reconstituindo-se como grupo autônomo ainda em 1969: tanto na VPR quanto na VAR eram cerca de 56% os implicados em processo que poderiam ser classificados como de "camadas médias intelectualizadas" (Quadro 2). Estas também eram predominantes na composição da ALA (53,5%). Nos próximos capítulos, faremos um estudo mais pormenorizado da composição e das bases sociais das organizações de extrema esquerda, onde prevaleciam os setores intelectualizados. Mesmo assim, "cada pessoa que entrou nesse movimento armado era das mais variadas origens, com motivações profundas e diferenciadas, mas com um denominador comum: a luta", como disse um dos ex-guerrilheiros urbanos entrevistados.

O SENTIDO DA LUTA DOS GRUPOS ARMADOS

A opção pelas armas feita por uma parte da oposição ao regime militar tem sido correntemente analisada por uma perspectiva institucional, inclusive de ex-guerrilheiros. Isto é, teriam sido levados à luta armada vários daqueles que se viram privados de seus canais institucionais de atuação social e política depois do golpe de 1964, ou depois do "golpe dentro do golpe" de 68: camponeses perseguidos e obrigados a fugir, militares expulsos de suas corporações, sindicalistas e políticos cassados ou marginalizados, intelectuais e estudantes expulsos das escolas ou impedidos de organizar-se autonomamente. A resistência armada teria sido o último recurso para aqueles que ficaram sem espaço de atuação institucional (política, sindical, profissional etc.) ou privados da própria atividade com que se expressavam ou ganhavam a vida, arrancados de suas raízes políticas e sociais, impedidos de se manifestar e até de existir como oposição.

A análise por esse prisma de bloqueio institucional revela parte da realidade. Efetivamente ocorreu o estreitamento dos canais de expressão política institucional em 1964, e depois com mais força em dezembro de 1968, o que, de certa forma, levou um razoável contingente humano para as organizações armadas. Mas esse tipo de análise, ao revelar a parte, mistifica o todo social e a própria luta de classes no período. Como Jorge Nahas observa em sua entrevista, "Hoje não estou satisfeito com essa resposta *standard*, de que a gente fez a guerrilha porque não tinha outra coisa a fazer politicamente. Isso não é verdade: podia-

-se ter uma prática clandestina, perigosa, e não armada". Tanto que a AP, por exemplo, também uma organização de extrema esquerda, não chegou a pegar em armas no período, embora tenha tido uma história de ascensão e queda na clandestinidade próxima daquela dos grupos armados.

A visão do bloqueio institucional torna-se uma mistificação da realidade, pois parte tacitamente do pressuposto de que não haveria hipótese de um processo de ações armadas na sociedade brasileira se as instituições estivessem funcionando regularmente, inclusive com canais de expressão para a oposição. Numa sociedade democrática não haveria necessidade de violência revolucionária, pois seriam criados canais apropriados para manifestação e solução dos conflitos sociais. O padrão normal de funcionamento de uma sociedade capitalista democrática seria a tendência à integração social e à resolução dos conflitos dentro da ordem institucional estabelecida. Em primeiro lugar, isso implica conceber o conflito social, isto é, a luta de classes, como exceção e jamais como fundamento da sociedade capitalista. Em segundo lugar, implica a valorização da ordem legal, mais aberta, como no pré-1964, ou menos aberta, como na sociedade brasileira entre 1964 e 1968.

A visão institucionalizante pouco avança na compreensão das lutas de classes na sociedade brasileira da época. Seria limitado pensar os golpes de Estado, as revoltas ou as revoluções como falhas dos mecanismos reguladores das instituições sociais. Ou seja, de fato o estreitamento dos canais legais de atuação oposicionista depois de 1964, e principalmente após o Ato de 5 de dezembro de 1968, teve grande importância na dinâmica política das lutas de classes, criando condições para que muitos aderissem às organizações armadas. (Convém não esquecer, entretanto, que, antes de 1964, os partidos comunistas eram proibidos, sendo forçados à clandestinidade relativa, com atuação tolerada em certos momentos, como no início dos anos 1960.) As lutas de classes, de que as organizações de esquerda foram uma das expressões, não podem ser explicadas pela ação repressiva do regime civil-militar, nem pelas falhas das instituições desse regime, ou das anteriores ao golpe de 1964, senão teríamos subjacente a ideia de que, se não houvesse falhas nas instituições, não haveria lutas de classes.

Convém salientar que, ao indicar a insuficiência da interpretação sobre a luta das esquerdas armadas como disfunção criada pelo mau funcionamento do organismo social, não se está aderindo à análise corrente nos grupos guerrilheiros no final da década de 1960. Estes justificavam sua ação por uma suposta situação de impasse em toda a América Latina, dados a estagnação econômica do capitalismo e o bloqueio ou esgotamento irreversível das instituições democráticas burguesas. Também não se está negando a validade das lutas institucionais, nem a plena capacidade de sobrevivência e de transformação do capitalismo e de suas instituições, que, por vezes, são levadas até a fazer concessões socializantes para se manter. Está-se afirmando, apenas, na tradição marxista, que as contradições inerentes ao sistema não encontram solução dentro da ordem social capitalista.

Os grupos armados não pretenderam opor, só e fundamentalmente, uma resistência à ditadura. O projeto de guerra de guerrilhas no Brasil era anterior ao golpe de 1964; vinha, desde o princípio daquela década, estimulado pelo exemplo da revolução em Cuba. Para não falar nas propostas de revolução armada que vinham de muito antes, na tradição bolchevique, como o levante comunista de 1935, como a linha política do PCB no início dos anos 1950 ou, ainda, como os projetos revolucionários comunistas de tendência trotskista. A guerrilha não eclodiu antes de 1964, mas sua premência já era defendida pela POLOP e por setores ligados às Ligas Camponesas, dando-se até alguns passos para a preparação de guerrilheiros. Disse-nos uma das pessoas entrevistadas que, antevendo a probabilidade do golpe de Estado desde a crise para a posse de João Goulart, em 1961, alguns grupos trataram de organizar antecipadamente sua defesa, ainda que esse processo não tenha sido levado muito adiante:

> O Julião chegou a Minas Gerais quando a gente estava saindo da clandestinidade forçada que o Magalhães Pinto nos impôs com a renúncia do Jânio. Encontrou o terreno de cultura pronto. Todos nós queríamos nos preparar para que nunca mais aquilo acontecesse. E naquela altura já estava havendo distribuição daquelas metralhadorinhas do Brizola, que dava pra pôr debaixo do braço... "você vai fazer Liga Camponesa, sindicato rural, e vai, paralelamente, se preparar, porque o golpe de Estado de direita virá. É questão de tempo, e toda vez que vem um golpe de direita encontra a esquerda despreparada. Desta vez, nós vamos nos preparar antecipadamente". E nisso ficamos três anos: comprar fazenda, botar gente para treinar, porque se um dia viesse um golpe... Quando o golpe veio estava tudo desmontado. Mas a ideia era essa, se não deu certo foi por "n" e mais umas razões. (...) Tinha um grupo goiano de Tarzan, havia muita gente metida nessa história. Era uma coisa muito ingênua de nossa parte. E nisso ficamos. O movimento foi-se deteriorando nessas alturas.

Jacob Gorender completa a informação: "As visitas a Cuba mudaram a cabeça de Julião... Com uma retórica inflamada, lançou, em Ouro Preto, o Movimento Revolucionário Tiradentes, e adeptos seus compraram algumas fazendas, onde pretendiam realizar treinamento de guerrilha. Em meados de 1963, o treinamento foi interceptado pelo Exército e de tudo isso não resultou senão uma provocação, explorada pelas forças reacionárias" (1981). Era, contudo, uma minoria dentro da esquerda brasileira que propunha a luta armada ou a guerrilha na conjuntura do início dos anos 1960.

A luta das esquerdas em armas após o golpe de 1964 tinha como projeto, em geral, não só derrubar a ditadura, mas caminhar decisivamente rumo ao fim da exploração de classe, embora houvesse divergências entre as organizações sobre como se chegaria ao socialismo. Algumas optavam por uma etapa necessária de governo popular para cumprir as tarefas da revolução democrática, outras preconizavam diretamente a conquista do socialismo, como já expusemos. O exemplo mais marcante era o da Revolução Cubana, como atesta Marighella em sua última entrevista: "Antes de fazer o socialismo é preciso primeiro liquidar o aparelho burocrático e militar da reação e livrar o país do ocupante norte-americano. Aliás, seguimos nisso a declaração geral da OLAS. Assim como para Cuba, seguindo-se essa orientação, chega-se necessariamente ao socialismo" (Carone, 1984, p.70).

No Uruguai e na Argentina, por exemplo, grupos guerrilheiros similares aos brasileiros atuaram quando havia governos relativamente democráticos constituídos. Entretanto, seria infrutífero fazer conjecturas sobre como teriam agido as esquerdas brasileiras caso não houvesse o golpe de 1964. O fato é que se instalou um regime militar no Brasil, e naquela conjuntura a ação dos grupos armados tomou a forma de resistência contra a ditadura, mesmo que o projeto guerrilheiro fosse anterior a ela e não pretendesse ser só uma resistência, o que aliás não se confunde com a visão institucionalizante anteriormente aludida. Como observa Humberto Trigueiros Lima no seu depoimento, diferentemente do que as organizações imaginavam, "o projeto de poder não estava colocado na realidade: fizemos uma resistência democrática e não compreendemos isso". Essa resistência transcendia a defesa da legalidade constituída antes de 1964. Sem dúvida, tinha um lado de resposta ao bloqueio à participação institucional da oposição ao regime militar; contudo, a luta implicava um aspecto libertário e inconformista, de rebeldia, não enquadrável nas instituições existentes antes ou depois de 1964. Cabe destacar a marca iconoclasta, questionadora, antiburguesa, antiburocrática e demolidora das instituições de que estavam imbuídos os movimentos do final dos anos 1960, dentre os quais, os armados de esquerda. Os movimentos sociais do período, não só no Brasil, são incompreensíveis sem que se destaque seu aspecto de negação das instituições vigentes, inclusive as de esquerda, como os partidos comunistas tradicionais.

A chamada luta armada no Brasil constituiu-se efetivamente no polo mais extremado da resistência à ditadura no final da década de 1960. Resistência no sentido libertário e não necessariamente institucional, subversivo por excelência numa sociedade como a brasileira, com classes dominantes de tradição autoritária secular. Uma resistência armada contra aqueles que impunham uma ordem que recusava um lugar para a expressão libertária dos movimentos sociais; resistência não necessariamente enquadrável pelo sistema, ou cabível nos mecanismos tradicionais de contestação à ordem, como o próprio PCB. Tratava-se de uma resistência marcada, sim, pela herança politizadora anterior ao golpe, como também pela agitação social e pela efervescência cultural mundial de 1968, pela crise das esquerdas no período, pela busca de novos modelos revolucionários internacionais – como os de Cuba e os da guerra no Vietnã – que inspirassem soluções para os problemas vividos pela sociedade de classes no Brasil. Uma resistência também contra a "modernização conservadora" da sociedade brasileira imposta pelo regime, com o arrocho salarial, o desemprego e outras medidas econômica e politicamente excludentes da maioria da população. Uma resistência armada que não implicava necessariamente a ideia de redemocratização, mas, sobretudo, a de revolução. Talvez seja mesmo melhor chamar essa luta de resistência de "grande recusa", na expressão de Marcuse, para evitar confusões com a visão institucionalizante, que atribui aos grupos guerrilheiros uma concepção democrática que eles não tinham.

A leitura dos escritos de Carlos Marighella, por exemplo, permite ver claramente que, na raiz do processo de constituição da sua opção pela luta armada, estava a profunda indignação com o golpe de 1964 e, mais que isso, com a falta de resistência imediata a ele. Já em 1965, ele começava o livro *Por que resisti à prisão* afirmando que, ou os brasileiros "resistem à situação criada com o golpe de 1º de abril, ou se conformam com ele. O conformismo é a morte. No mínimo, viver de joelhos" (p.9). Em *A crise brasileira*, de 1966, notava que "a falta de resistência ao golpe prendeu-se, assim, ao nosso despreparo" (1979, p.49). Até meados de 1967, Marighella ainda travava a luta interna no PCB, rompendo definitivamente com o Partido por ocasião de sua participação não autorizada na conferência da OLAS em Havana, quando ficou clara sua decisão de iniciar sem demora a resistência armada que se pretendia radicalmente democrática (portanto, já no caminho do socialismo), assim colocada por ele num documento de dezembro de 1968:

> Violência contra violência. E a única saída é fazer o que estamos fazendo: utilizar a violência contra os que tiveram a primazia em usá-la para prejudicar os interesses da pátria e das massas populares... O que acontece em nosso país é um vasto movimento de resistência contra a ditadura. E, de dentro dele, irromperam as operações e táticas guerrilheiras. (Carone, 1984, p.53)

Como destacou Cid Benjamin, expressando posição unânime de todos aqueles que entrevistamos, "é preciso reafirmar sempre que é amplamente legítimo pegar em armas para se contrapor à violência, à opressão. Quem começou não fomos nós". Diria José Carlos Gianini que "a ausência de resistência ao golpe de 1964 gerou uma desmoralização total da esquerda e do movimento popular, dos trabalhadores". Ou ainda, João Quartim: "a direita caçoou muito, dizendo que 'se não houve guerra civil não foi por culpa nossa'. Essa frase calou fundo na época". Mas, por sua vez, a resistência armada não era apenas uma reação tardia ao golpe de 1964, na defesa da legalidade. Como afirmou Cid Benjamin, "boa parte dos que pegamos em armas nos criamos depois de 1964, o golpe já dado, posto como um elemento da nossa realidade. O movimento armado tinha uma perspectiva de mudança, de se fazer uma revolução, reestruturar a sociedade, mudá-la realmente, tirar os militares e também acabar com qualquer exploração". Vale dizer, a resistência empreendida foi além do sentido limitado e institucional usualmente dado ao termo.

Quem estava em condições de levar adiante essa resistência? A repressão incumbira-se de destruir ou de imobilizar em 1964 as organizações de base dos trabalhadores que eventualmente pudessem contestar a nova ordem. No início da década de 1960, os trabalhadores apenas principiavam a se organizar e a exigir direitos de cidadania, que sempre foram privilégio de poucos na sociedade brasileira. "O que houve, e os analistas do 'populismo' deixam bem claro, foi 'um momento de tentativa de afirmação da massa'..., suprimido de modo insólito pela reação autodefensiva da burguesia" (Fernandes, 1976, p.340). Ao mesmo tempo, o novo regime tratou de cortar a participação, em todos os escalões do aparelho de Estado, dos que procuravam implementar reformas sociais "de cima para baixo". O PCB e outros setores de esquerda, por sua vez, viam desmoronar seu projeto de revolução democrática, e ficaram de imediato sem ação diante do golpe, o mesmo ocorrendo com os pequenos grupos que defendiam a via armada já antes de 1964, como a POLOP, o PORT e o PCdoB. Enquanto isso, o governo militar constituído implementava uma série de medidas recessivas para superar a crise econômica, como o arrocho salarial, que atingia todos os trabalhadores, inclusive os intelectuais. Com isso, o regime perdia suas bases sociais "populares", compostas sobretudo por parte das camadas médias urbanas. Eram estas que tinham maiores possibilidades de levar a cabo a resistência à ditadura – resistência nas suas várias facetas, da mais moderada e institucional à mais extremada e revolucionária.

A consciência de sujeito de direito, aviltada pelo novo regime, ainda era limitada para a esmagadora maioria dos brasileiros, habituados a acatar sem questionamento qualquer ordem "superior". As grandes massas começavam a conquistar uma consciência democrática quando veio o golpe, com o intuito de estancar esse processo de emergência de novos sujeitos de direito, crescentemente críticos da excludência econômica, política e social a que sempre foram submetidos os trabalhadores brasileiros. Nesses termos, era de esperar que a resistência contra a ditadura fosse empreendida pela camada mais politizada dos trabalhadores manuais, ainda minoritária e, após o golpe, desorganizada, bem como por uma parcela das camadas médias – especialmente as mais intelectualizadas –, que haviam crescido numericamente sobretudo a partir dos anos 1950, quando adquiriram direitos de cidadania que seriam afrontados após 1964.

Hoje, sabe-se que as diferentes formas de resistência nos anos 1960 não obtiveram sucesso. As esquerdas armadas urbanas procuravam, com sua prática, romper os descompassos internos da esquerda brasileira, que perdera seu ponto de referência com o esfacelamento do PCB bem como com os impasses das lutas de classes na sociedade brasileira. Elas não se revelaram capazes de conter a "modernização conservadora", feita na base da repressão militar e do arrocho salarial (nem a isso se propunham, pois julgavam impossível modernizar o país dentro do capitalismo. Elas se colocavam, isto sim, a tarefa de derrubar a ditadura e sua política econômica). A proposta de redemocratização pacífica, do PCB; as teses de "guerra popular prolongada", do PCdoB e da AP; de "revolução proletária" insurrecional, do PORT e da POLOP; a própria oposição liberal burguesa e pequeno-burguesa no Congresso Nacional e na "sociedade civil"; os movimentos de rua, os sindicais e os grevistas em 1968; nenhuma dessas organizações e movimentos de resistência obteve sucesso naquele momento, no combate à política de repressão policial, arrocho salarial e restrições às liberdades democráticas impostas pela ditadura. Fica, pois, difícil atribuir apenas às esquerdas armadas urbanas todo o peso da derrota das "forças progressistas". Elas eram tão somente a parte mais extremada da oposição e dos movimentos sociais do período, todos eles neutralizados pelo regime civil-militar estabelecido, que para tanto lançou mão, sempre que julgava necessário, de intensa repressão. Ademais, a atuação crescentemente violenta do Estado conseguiu potenciar os efeitos intimidatórios da repressão sobre a maioria da população com ímpeto muito maior que os esperados efeitos exemplares das ações armadas da esquerda.

A CANÇÃO DO HOMEM ENQUANTO SEU LOBO NÃO VEM:
AS CAMADAS INTELECTUALIZADAS NA REVOLUÇÃO BRASILEIRA

A AGITAÇÃO CULTURAL-REVOLUCIONÁRIA NOS ANOS 1960[1]

Os artistas de esquerda

Da conhecida resistência à ditadura militar no meio artístico, destacamos a penetração de grupos de esquerda armada entre pessoas com ocupações artísticas. Pelos dados estatísticos, construídos com base nos processos levantados pelo BNM junto à Justiça Militar, a presença de artistas nas organizações de esquerda era ínfima – 24, dentre 3.698 denunciados com ocupação conhecida (Quadro 1). Vale notar que as organizações armadas urbanas, mais que as outras, contaram com "artistas": nelas, participaram 18 artistas (0,9% do total de 1.897 supostos integrantes dos grupos armados urbanos típicos), enquanto nas demais participaram 6 artistas (0,3% dentre 1.801 envolvidos em processos dos demais grupos de esquerda). As organizações que contaram com maior número de artistas, como era de esperar, estavam entre aquelas de maior penetração nas camadas sociais intelectualizadas, caso da ALN, da VAR-Palmares

---

[1] Uma versão ampliada deste tópico foi publicada como artigo na revista *Perspectivas*, v.14, p.1-40 (Ridenti, 1991).

e do MR-8. Isso pode revelar, à época, o apelo relativamente maior dos grupos de guerrilha urbana junto aos artistas, por razões que veremos adiante. De qualquer forma, as cifras são pouco significativas para indicar a efetiva participação direta de artistas nos grupos de esquerda durante mais de uma década de ditadura militar.

No entanto, os dados não mostram que muitos artistas ligados às esquerdas nunca chegaram a ser processados, pois, como militantes de base ou meros simpatizantes, não foram detectados pela repressão. Sabe-se, por exemplo, que antes de 1964, o PCB contava com amplo apoio no meio artístico. Mas não é só isso que os dados não mostram. Os artistas tiveram participação política ativa, principalmente nos movimentos sociais de 1968, em São Paulo e no Rio de Janeiro. A "classe teatral" realizava inúmeras assembleias e reuniões para preparar a intervenção conjunta dos atores nas manifestações de massa nas ruas. Um sem-número de artistas esteve presente nos atos públicos de 1968, em especial na "Passeata dos 100 mil", em junho de 1968, no Rio de Janeiro. Durante os anos de ditadura militar em que havia manifestação de massa, os teatros sempre se abriam para militantes dos movimentos de oposição ao regime convocarem a plateia a participar de manifestações públicas contra a ordem vigente. A solidariedade do meio artístico aos perseguidos pelo regime evidenciou-se, por exemplo, na doação aos grevistas operários de Osasco de metade da arrecadação obtida em todos os teatros de São Paulo num domingo de julho de 1968, como conta Jacob Gorender (1987, p.145). Sabe-se também da ajuda financeira de artistas a organizações clandestinas ou a militantes individuais, além da proteção humanitária que alguns deles deram a perseguidos pela ditadura, como o fornecimento de esconderijo temporário.

O meio cultural também sofreu perseguição direta, tanto pela censura (mais branda entre 1964 e 1968, absoluta após essa data), que impedia a livre manifestação das ideias e das artes, como pela repressão física configurada em prisões e torturas. Por um motivo ou outro, muitos artistas viram-se forçados ao exílio. Não tem fim a lista de pessoas do meio cultural presas temporariamente, ameaçadas informalmente pela polícia e organismos paramilitares, torturadas ou exiladas. Inexistem evidências de que a maioria delas tenha tido vinculação mais sólida com grupos de esquerda. Qualquer crítica ao regime era tomada, após 1968, como subversiva e comunista, logo, passível de punição.

Ainda há mais desdobramentos não aferíveis por dados estatísticos, como a simpatia e a solidariedade aos grupos de esquerda armada que imperavam em setores artísticos e culturais, nacionais e internacionais, mesmo que na maior parte das vezes isso não implicasse militância ou concordância ideológica plena com esses grupos, respeitados por resistirem à ditadura. Um caso expressivo desse tipo de simpatia e respeito nos círculos intelectuais internacionais foi a abertura de Sartre de seu prestigioso periódico francês, *Les Temps Modernes*, para veicular textos de organizações armadas brasileiras. Por fim, e isso é o mais importante, os dados quantitativos não mostram a presença marcante das artes e da cultura nos anos 1960. Especialmente entre 1964 e 1968, a efervescência cultural contribuiu para a adesão de setores sociais intelectualizados à opção pelas armas no combate ao regime militar.

O golpe de Estado de 1964 não foi suficiente para estancar o florescimento cultural diversificado que acompanhou o ascenso do movimento de massas a partir do final dos anos 1950. O Cinema Novo, o Teatro de Arena e o Teatro Oficina, a Bossa Nova, os Centros Populares de Cultura (CPCs) ligados à UNE (que promoviam diversas iniciativas culturais para "conscientizar" o "povo"), o Movimento Popular de Cultura em Pernambuco (MPC), que alfabetizava pelo método crítico de Paulo Freire, a poesia concreta e uma infinidade de outras manifestações culturais desenvolveram-se até 1964. Após essa data, os donos do poder não puderam, ou não souberam, desfazer toda a movimentação cultural que tomava conta do país e só teria fim após o AI-5, de dezembro de 1968. As artes não poderiam deixar de expressar a diversidade e as contradições da sociedade brasileira da época, incluindo, por exemplo, a reação e o sentimento social ante o golpe de 1964. Seria possível escrever várias teses só sobre a relação de cada uma das artes com a oposição ao regime militar. Nos limites deste livro, que não tem pretensões de avançar no debate estético, cabem algumas reflexões sociológicas a fim de evidenciar o clima cultural em que emergiu a opção de certos grupos pela luta armada contra a ditadura, bem como de mostrar uma razão para esses grupos terem encontrado receptividade nos setores sociais intelectualizados.

Na verdade, a agitação artística e cultural nos anos 1960 não se restringiu ao Brasil, mas se deu em escala internacional, da mesma forma que a opção pela guerrilha também não foi específica dos brasileiros, generalizando-se por toda a América Latina e, de forma mais diferenciada, por outros continentes. Contudo, fugiria dos propósitos estabelecidos ir além de indicar conexões dos movimentos políticos e culturais brasileiros com os internacionais, pois o que se pretende é abordar a particularidade da "guerrilha" urbana brasileira e a conexão que teve com o movimento artístico e cultural específico que se desenvolveu no Brasil entre 1964 e 1968, ambos reelaborando seletivamente as influências externas para darem conta das contradições da realidade social, política e cultural brasileira.

Modernismo temporão

Perry Anderson, no artigo "Modernidade e Revolução" (1986), ao criticar o livro *Tudo que é sólido desmancha no ar*, de Berman (1986), levanta uma hipótese interessante sobre o modernismo, que parece ter aplicação genericamente válida para a ebulição artística nos anos 1960 no Brasil. Segundo Anderson, o "modernismo" não seria uma corrente artística unificada, mas o rótulo para uma infinidade de propostas estéticas que só teriam em comum elementos negativos, basicamente a crítica ao academicismo correspondente às sobrevivências sociais aristocráticas nas sociedades modernas. O florescimento artístico diferenciado, que se convencionou chamar de modernismo após a Segunda Guerra Mundial, seria compreensível pela conjunção de três coordenadas básicas que tomam a sociedade europeia como parâmetro: em primeiro lugar, a existência forte nas artes de um "academicismo altamente formalizado", conectado à presença marcante de elementos pré-capitalistas na política e na cultura, em que as "classes aristocráticas ou terratenentes" dariam o tom. Em segundo lugar, "a emergência ainda incipiente, e portanto essencialmente *nova* no interior dessas sociedades, das tecnologias ou invenções-chave da segunda revolução industrial – telefone, rádio, automóvel, avião etc.". Finalmente, seria decisiva "a proximidade imaginativa da revolução social", fosse ela "mais genuína e radicalmente capitalista" ou socialista (Anderson, 1986, p.18-9).

Depois da Segunda Guerra Mundial, nenhuma dessas três coordenadas estaria presente na Europa: desaparecera "o adversário comum do academicismo oficial" (que, por um lado, era execrado, mas, por outro, fornecia elementos da tradição cultural clássica para os modernistas resistirem às "devastações do mercado como princípio organizador da cultura e da sociedade"); já não havia ilusões com o potencial libertário do progresso técnico vertiginoso da indústria – se antes "não era óbvio aonde iriam levar os novos dispositivos e as novas invenções", depois da Segunda Guerra pareceu evidente que levaram, por um lado, ao capitalismo avançado, por outro, ao "socialismo" autoritário do Leste europeu, adversários na era da Guerra Fria. Esta sepultava o terceiro elemento instigador do modernismo: a revolução social europeia parecia uma miragem cada vez mais distante (Anderson, 1986, p.10-1).

Já não havia condições para o florescimento do modernismo na Europa após 1945, pois tinham desaparecido as coordenadas que o geraram, a saber, "um passado clássico ainda utilizável, um presente técnico ainda indeterminado e um futuro político ainda imprevisível". Ao contrário, só existia um "fechamento de horizontes" ao artista europeu, que não podia identificar "um passado apropriável, nem um futuro imaginável, num presente interminavelmente recorrente". Teriam ocorrido na Europa, por exceção que confirma a regra, expressões artísticas correspondentes aos estertores dessas coordenadas no Velho Continente, como foi o caso das artes na França em 1968, quando houve "uma turbulência social e cultural que se enganou a si mesma ao se tomar por uma versão francesa da Revolução Cultural [Chinesa], quando de fato significava não mais que o advento atrasado de um consumismo permissivo" (Anderson, 1986, p.12).

Entretanto, as três coordenadas, isto é, a "intersecção de uma ordem dominante semiaristocrática, uma economia capitalista semi-industrializada e um movimento operário semi-insurgente", ainda estariam presentes no Terceiro Mundo, onde "de modo geral, existe hoje uma espécie de configuração que, como uma sombra, reproduz algo do que antes prevalecia no Primeiro Mundo". Ao contrário da sugestão de Berman, para Anderson as obras modernistas no Terceiro Mundo não seriam "expressões atemporais de um processo de modernização em constante expansão, mas surgem em constelações bem-delimitadas, em sociedades que ainda se encontram em cruzamentos históricos definidos". Tais cruzamentos históricos permitiriam divisar horizontes para o futuro dessas sociedades, que poderia "assumir alternativamente as formas escorregadias tanto de um novo tipo de capitalismo quanto da erupção do socialismo". Mas tais cruzamentos históricos teriam uma vigência temporal bem-definida, de maneira que o "Terceiro Mundo não oferece ao modernismo nenhuma fonte da eterna juventude" (Anderson, 1986, p.7-12).

A hipótese de Anderson foi esmiuçada em suas três coordenadas históricas, pois parece plausível para interpretar o florescimento cultural na sociedade brasileira dos anos 1960. Havia toda uma ilusão libertária com o salto na industrialização a partir do governo Kubitschek, também uma luta contra o poder remanescente das oligarquias rurais e suas manifestações políticas e culturais, além de um impulso revolucionário respaldado em amplos movimentos de massas, e portador de ambiguidades nas propostas de uma revolução brasileira, burguesa (de libertação nacional) ou socialista, com diversos matizes intermediários.

No que tange à sobrevivência de um Brasil supostamente arcaico, marcado pela presença política e cultural de uma oligarquia agrária, alguns artistas e intelectuais do movimento nacional e popular, como os CPCs, o Teatro de Arena, o Cinema Novo numa primeira fase, entre outros, empenharam-se, por um lado, em combater o que lhes parecia ser o "feudalismo" na zona rural, mas, por outro, identificaram-se ao camponês explorado, no qual estaria enraizada a genuína arte e sabedoria do povo. Essa identidade seria ainda mais forte após

1964, quando a ameaça da indústria cultural à liberdade artística e intelectual fez-se mais presente, e o apego às tradições populares pré-capitalistas pareceu a muitos uma forma de resistência cultural à modernização capitalista nas artes. Já outros, como os tropicalistas, pareciam ver a inexorabilidade da modernização, cantando os paradoxos da sobreposição do Brasil agrário-atrasado-oligárquico ao país urbano-moderno-capitalista, com simpatia pelos espoliados na sua trajetória do campo para a cidade. Trajetória que foi, por exemplo, a da arte de Gilberto Gil na década de 1960: até 1967, ele fazia a *louvação* do povo rural, cantava a *procissão* dos crentes que se arrastam miseráveis pelo chão do interior do país em louvor a Jesus no firmamento, procissão que – profetizava Gil – um dia haveria de se transformar numa *roda* para acabar com a exploração, num *ensaio geral* para o carnaval da vitória da libertação popular. Em 1967, Gil já cantava a tragédia da briga de morte, num *domingo no parque*, entre dois trabalhadores urbanos, prováveis migrantes nordestinos, pelo amor de Juliana. Os brasileiros das ruas, que se matavam por quase nada nas cidades, mascando *chiclete com banana*, eram ao mesmo tempo *loucos por ti, América* (ardia em muita gente o fogo de conhecer a amante urbana e rural, "guerrilheira-camponesa-manequim, ai de mim", por quem morrera Che Guevara).

A segunda coordenada histórica geradora do modernismo, na hipótese de Anderson, estava presente nos anos 1960 no Brasil: a esperança libertária no processo de avanço industrial e tecnológico. Antes de 1964, essa esperança libertária tinha, *grosso modo*, duas ramificações no meio artístico: a dos concretistas e outras "vanguardas" que empunhavam a bandeira do moderno sem restrições, nas artes e em todos os campos, como se o avanço técnico e industrial fosse intrinsecamente bom, independentemente de seu caráter de classe, e a dos "nacionalistas populares", que vinculavam o progresso técnico à "libertação popular". Esta era, muitas vezes, entendida como superação do imperialismo norte-americano e do arcaísmo explorador das oligarquias nas relações de trabalho no campo, numa interpretação política demarcada pelo PCB. Depois do golpe, muitos artistas e intelectuais defensores da cultura nacional e popular encastelaram-se numa posição defensiva em relação à modernização industrial e tecnológica que o regime militar veio impor, mantendo as propostas estéticas anteriores ao golpe e ressaltando o apego às tradições populares pré-capitalistas (seriam expoentes: Geraldo Vandré na música popular, o Antonio Callado de *Quarup* e Ferreira Gullar na literatura etc.). Muitos outros que haviam compartilhado em maior ou menor escala do projeto nacional e popular foram, aos poucos, abandonando aquela postura diante da nova realidade e aderindo às posições que preconizavam a incorporação à indústria cultural, para subvertê-la por dentro (como José Celso no Teatro Oficina, Glauber Rocha e outros cineastas do Cinema Novo após 1964, Gil na música popular etc.).

Finalmente, o terceiro elemento apontado por Anderson estava presente de modo acentuado durante os anos 1960 no Brasil: a proximidade imaginativa da revolução social. Antes de 1964 num círculo socialmente mais alargado, após essa data num mais restrito, mas sempre com presença forte no meio intelectual, a revolução era um tema candente nos anos 1960, um dado da imaginação social do período. Tanto que o golpe militar designou-se "revolução de 64", a fim de legitimar-se. Antes do golpe, a revolução era pensada na maior parte dos meios artísticos e intelectuais de esquerda como revolução burguesa, pela via eleitoral, de libertação nacional, anti-imperialista e antilatifundiária, para supostamente vir a ser socialista numa etapa seguinte, quando as forças produtivas capitalistas estivessem suficientemente desenvolvidas. Contudo, se essa ideia de revolução difundida pelo PCB era dominante, ela apresentava as mais diversas variantes no interior do próprio PCB e fora dele (em organizações como AP, POLOP, PORT, PCdoB, nacionalistas, Ligas Camponesas etc.), variantes que influíam nas concepções artísticas e culturais num circuito mais abrangente. A derrota das esquerdas sem resistência em 1964 colocou em questão as posições dominantes no PCB. Mas a ideia de revolução, nas suas várias vertentes, continuou a povoar a imaginação de alguns setores sociais, principalmente os intelectualizados, que em 1964 sofreram repressão e intervenção desintegradora comparativamente bem menores que os movimentos organizados de trabalhadores manuais urbanos e rurais.

A ideia de revolução política, e também econômica, cultural, pessoal, enfim, em todos os sentidos e com os significados mais variados, marcou profundamente o debate político e estético, especialmente entre 1964 e 1968. Enquanto alguns, por exemplo, inspirados na Revolução Cubana, restringiam-se a propostas de mudança nas estruturas econômicas, outros faziam a antropofagia do Maio francês, do movimento *hippie*, da contracultura e de outras experiências internacionais, propondo uma transformação que passaria pela revolução nos costumes. Rebeldia contra a ordem e revolução social por uma nova ordem mantinham diálogo tenso e criativo nos anos 1960, interpenetrando-se em diferentes medidas na prática dos movimentos sociais, expressa nas manifestações artísticas e nos debates estéticos.

Depois do AI-5 em dezembro de 1968, com a repressão crescente a qualquer oposição ao regime militar, com o esgotamento do impulso político, que vinha antes de 1964, com o refluxo dos movimentos de massas e as seguidas derrotas sofridas pelas forças transformadoras no mundo todo, com a censura e a ausência de canais para o debate e a divulgação de qualquer proposta contestadora, com a adesão de várias pessoas a grupos de esquerda armada e o rápido desbaratamento desses grupos pela ditadura, marcou-se o fim de um florescimento cultural correspondente ao movimento popular que tivera seu ápice em 1963 e início de 1964, e que ainda se manifestaria esporadicamente até o final da década, especialmente em 1968. O caminho ficou livre no campo artístico, a partir de 1969, para o avanço irrestrito da indústria cultural, tanto mais que o chamado "milagre econômico" do regime tirava o país da crise e precisava de propaganda e de circo para oferecer às camadas privilegiadas, ávidas de consumo, e principalmente às massas trabalhadoras, livres para gastar o parco salário na compra de discos, rádios de pilha ou televisores à prestação. Nesses anos, comprovou-se que o "Terceiro Mundo não oferece ao modernismo nenhuma fonte da eterna juventude", na expressão de Anderson.

Parecem ter findado no Brasil, ao menos com a força que tinham antes, as coordenadas históricas que permitiram o surto modernista temporão da década de 1960, que recolocava tardiamente elementos que vinham dos anos 1920, quando se deu o primeiro grande impulso modernista das artes no Brasil. A chamada modernização conservadora, imposta à sociedade brasileira com o golpe militar, mas que veio a se fazer sentir só por volta de 1970, tornou pouco verossímeis as ideias da existência de um feudalismo no campo brasileiro; ela encampou e quase eliminou os resquícios pré-capitalistas que pudessem haver no campo, a antiga oligarquia convertia-se cada vez mais numa burguesia agrária, a sociedade urbanizou-se de forma vertiginosamente rápida, praticamente não restaram supostas tradições nacionais e populares camponesas em que se apegar para resistir à indústria cultural (antes, esta apoderou-se dos aspectos conservadores das bandeiras nacionais e populares, para a própria legitimação). Tampouco sobraram ilusões coletivas acerca do caráter libertário que a modernização tecnológica e industrial traria em si mesma: o que se generalizou foi a espoliação dos trabalhadores e dos deserdados, submetidos à lógica "selvagem" do mercado e do capital. Em terceiro lugar, a derrota do projeto guerrilheiro em suas diversas expressões já era visível no final de 1970, consumando-se em definitivo com a eliminação da Guerrilha do Araguaia no princípio de 1974. Encerrou-se a proximidade imaginativa da revolução, que, para a maioria, já findara com o golpe de 1964; para uma parte da população, com a promulgação do AI-5; e para outros só se efetivou com a extinção definitiva dos grupos de esquerda armada. Haviam-se esgotado as condições históricas e sociais do florescimento cultural modernista dos anos 1960 que remontavam à década anterior.

O fim do surto modernista temporão personificou-se na trajetória posterior de alguns daqueles que foram expoentes artísticos dos mais representativos do florescimento cultural dos anos 1960: Glauber Rocha acabou aderindo explicitamente, porém à sua maneira, ao nacionalismo de uma facção dos militares no poder; Zé Celso apertou a mão até de Paulo Maluf – antigo prefeito tecnocrata de São Paulo e protegido do mesmo Médici que perseguia os artistas –, a fim de conseguir dinheiro para recuperar seu "paraíso perdido", o Teatro Oficina; Gilberto Gil fez uma "viagem" interior nos anos 1970 para se autotransformar, já que não abdicara de algum tipo de transformação; consta que Geraldo Vandré enlouqueceu; Chico Buarque entrincheirou-se no seu canto isolado de protesto; Dias Gomes e outros teatrólogos fizeram carreira na televisão; enfim, todos sofreram, uns foram presos, outros torturados ou exilados, mas com graus diferentes de protesto ou resistência, acabaram inexoravelmente envolvidos com a indústria cultural, que encampou quase por completo as artes no Brasil. Talvez alguns tenham chegado mesmo a aderir com prazer a essa indústria (parece ter sido o caso individual de artistas e estetas que, apesar de tudo, continuam encantados com a "modernidade" dos meios de comunicação de massa e do mercado, como se eles fossem em si mesmos libertadores das expressões artísticas humanas). Aqueles que não aderiram à indústria cultural, por não poder ou por não querer, ficaram marginalizados.

Ambiguidades da história: a canção de Vandré, *Caminhando*, símbolo das lutas de 1968, o chamado à guerrilha, foi regravada numa versão intimista de Simone, que mais parece um réquiem, e até políticos conservadores chegaram a cantá-la em programas televisivos de propaganda eleitoral na década de 1980. Não obstante, há quem tenha entoado a canção de Vandré nas passeatas estudantis de 1977, nos enterros de vítimas da ditadura, como no do jornalista Herzog em 1975 e no do operário Santo Dias em 1979, e até mesmo nas campanhas das "Diretas, já!" em 1984 e pelo *impeachment* de Collor em 1992. A força das diversas manifestações dos anos 1960, simbolizada pela canção, reapareceu em outras conjunturas e de outras formas, diferentes daquelas dos anos 1960, mas que de algum modo buscavam reatar o elo perdido. O uso tão díspar da mesma canção-símbolo para diferentes fins políticos e culturais, quase um hino nacional, por um lado, sugere que aquilo que todos representa, ao mesmo tempo, não representa especificamente ninguém. Mas, por outro lado, tal uso revela a legitimidade das lutas libertárias dos anos 1960, encarnadas naquela canção, legitimidade reconhecida até em meios políticos conservadores que fazem uso dela para seus próprios fins. Portanto, o espírito das lutas sociais da década de 1960 incorporou-se em formas múltiplas à consciência coletiva nacional. Não é à toa que Millôr Fernandes disse que Caminhando "é o hino nacional perfeito; nasceu no meio da luta, foi crescendo de baixo para cima, cantado, cada vez mais espontânea e emocionalmente, por maior número de pessoas. É a nossa Marselhesa" (Ventura, 1988, p.206-7).

Revolta e integração

Pode-se dizer que duas correntes estéticas polarizaram o debate cultural nos anos 1960: aquela que se poderia rotular como "formalista" ou "vanguardista" e uma outra, defensora do "nacional e popular". Mas não deixava de haver matizes intermediários entre os dois polos, ou até mais extremados (Heloísa Buarque de Hollanda fala, por exemplo, na existência de diversas correntes literárias e artísticas nos anos 1960: concretistas, por um lado, e nacionalistas, por outro, mas também os adeptos do poema-práxis, da vanguarda-processo etc.) (1981). Num certo sentido, esse debate não deixa de ser herdeiro daquele no interior dos desdobramentos da Semana de Arte Moderna de 1922, em que se contrapunham verde-amarelos e antropofágicos, com posições intermediárias entre eles. A polarização entre os adeptos do modelo nacional-popular e os vanguardistas remonta historicamente às divergências seculares entre Romantismo e Ilustração (Chauí, 1987, p.23-4).

No campo do nacional e popular da década de 1960, poderiam ser alinhados os CPCs da UNE, uma primeira fase do Cinema Novo, o Teatro de Arena, a música de Geraldo Vandré, de Sérgio Ricardo, de Chico Buarque, entre outros empenhados na busca das raízes da cultura brasileira, da libertação nacional, no avanço pela superação do imperialismo e dos supostos resquícios feudais nas relações de trabalho no campo. A derrota imposta às esquerdas e aos movimentos populares pelo golpe de 1964 veio colocar em questão também a proposta de uma cultura genuinamente nacional e popular. Para alguns, a pretensa revolução no conteúdo das mensagens deveria implicar antes de mais nada uma revolução na forma das artes, como já lembravam os concretistas em 1961, citando o poeta revolucionário russo Maiakóvski: "sem forma revolucionária não há arte revolucionária" (Hollanda, 1981, p.151). O Teatro Oficina em 1967-68, o Tropicalismo na música e em outras manifestações culturais, as artes plásticas do Rio de Janeiro e de São Paulo na exposição "Nova objetividade brasileira", no MAM, na cidade do Rio de Janeiro, e o cinema de Glauber Rocha em *Terra em transe* seriam exemplos diversificados da posição formalista, herdeira dos teóricos de uma estética concretista nascida nos anos 1950.

Certos críticos, já distanciados muitos anos da ebulição cultural brasileira da década de 1960, entendem que o movimento estético do nacional e popular, que se autoproclamava revolucionário, na verdade não propunha a ruptura com o capitalismo, mas a independência do "imperialismo cultural". Isto é, propunha-se o desenvolvimento autônomo da tradição cultural do "povo" brasileiro, o que implicaria, ao menos num primeiro momento, o funcionamento autóctone do capitalismo brasileiro, sustentado por um mercado interno em que a riqueza tivesse uma distribuição mais equitativa. Nesse sentido, a indústria cultural brasileira dos anos 1980, corporificada no exemplo mais típico dos múltiplos tentáculos de comunicação de massa da Rede Globo, seria uma herança caricatural, mas reveladora, das propostas nacionais e populares de vinte anos atrás. Segundo Sérgio Paulo Rouanet:

> [o] povo, nos anos 60, era visto, seja como uma massa inerte, inculta, despolitizada..., cuja consciência política precisava ser despertada por sua vanguarda, estudantes e intelectuais urbanos; seja como um povo já de posse de si mesmo, portador de uma sabedoria espontânea, sujeito a fundamento da ação política. Havia um povo que ainda não é, e deve ser, objeto de uma pedagogia, e um povo que já é, e deve ser, o objeto de uma escrita, porque a sua voz é a voz da história. Ora, o populismo da indústria cultural sintetiza esses dois conceitos divergentes de povo. Num dos seus vetores, ela leva ao povo a consciência que lhe falta: ela o ensina a ser "moderno", a inserir-se na sociedade de consumo, a integrar-se no mundo das mercadorias, nas significações simbólicas pelas quais o capitalismo se autorrepresenta. Em outra dimensão, a indústria cultural não é fala, mas escrita: ela substitui ao gesto autoritário de levar ao povo um saber de fora a atitude de humildade democrática, que consiste em apurar, pelos inquéritos de opinião, os pedidos do povo, e oferecer-lhe os programas que deseja. (1988)[2]

É verdade que o "nacional popular do passado era crítico e mobilizador, o da indústria cultural é conformista e apolítico". Todavia, este seria um "espelho deformante" daquele, que diz muito sobre a imagem representada: "se o nacional-popular da mídia [dos anos 80] se parece com alguma coisa, é efetivamente com o modelo praticado no Brasil nos anos 60". Do modelo cultural das esquerdas, como os CPCs, tirou-se "a ideia de autenticidade que a mídia interpreta como defesa do mercado brasileiro contra os enlatados americanos, e a preocupação com a identidade cultural, que a televisão procura resgatar reservando um espaço para programações regionais, intercaladas entre programas de âmbito nacional. É dele, enfim, que vem seu traço mais típico, o antielitismo,

---

2 A letra do samba-enredo para a propaganda da cobertura da TV Globo no Carnaval de 1989 parece ter sido feita de encomenda para comprovar os argumentos de Rouanet. Sintomaticamente, interpretada no vídeo por Jamelão da Mangueira, a canção exalta as qualidades "populares" e "nacionais" da Rede Globo, e termina com a frase: "a Globo é sabedoria popular".

concebido como repúdio à cultura 'erudita'...". Seriam inegáveis as "afinidades estruturais importantes entre a autolegitimação nacionalista e populista da indústria cultural brasileira [atual] e as antigas bandeiras nacionalistas e populares". Assim, seria preciso, para os críticos de hoje do capitalismo e da indústria cultural, "mudar o paradigma dentro do qual foi pensada, em grande parte, a questão do nacional" (Rouanet, 1988).

Os trechos citados são de uma resenha crítica de Sérgio Paulo Rouanet sobre o livro de Renato Ortiz, *A moderna tradição brasileira* (1988), trabalho que procura demonstrar a reabsorção despolitizante pelos meios de comunicação de massa dos conceitos que se pretendiam revolucionários em sua origem, de uma cultura nacional e popular. Nos termos propostos por Ortiz, a utopia do nacional-popular dos anos 1940, 1950 e 1960 teria sido transformada na ideologia da indústria cultural brasileira dos anos 1970 e 1980, para usar a distinção mannheimiana entre ideologia e utopia.

Indo além do texto de Ortiz, Rouanet vê no modelo nacional-popular da década de 1960 um "historismo de esquerda". "O 'povo' dos anos 60 tinha muitas vezes uma semelhança inconfortável com o 'volk' do romantismo alemão...: a nação como individualidade única, representada pelo povo, como singularidade irredutível." Naturalmente, a concepção historicista é conservadora, "caracterizada pela rejeição do universal e pela exaltação [d]e um particular que se enraíza, direta ou indiretamente, numa individualidade coletiva: uma época, uma raça, um estamento, uma cultura". O historicismo "está defendendo um patrimônio: a propriedade, a tradição e a ordem social. Mas, por uma aberração que não é peculiar ao Brasil, o historismo foi apropriado pelo pensamento crítico, como coisa sua. O historista de esquerda combate o universal, porque o vê como agente da dominação. Ele se considera um rebelde, e expulsa o universal como quem expulsa um batalhão de 'marines'. É um equívoco. Esse equívoco deixou de ser propriedade dos intelectuais e difundiu-se por toda a sociedade, transformando-se [hoje] em senso comum...", defendido e difundido em larga medida pela mídia (1988). O "historismo" de esquerda nos anos 1960, não por coincidência, apresenta traços de continuidade em relação ao historicismo conservador da ala direitista do movimento modernista de 1922, dita verde-amarela, que defendia uma identidade cultural autenticamente nacional, negando qualquer influência exterior.

Além da crítica ao caráter historicista da proposta de esquerda de uma cultura nacional e popular, cabem outras críticas, inclusive a formal, àquela proposta dos anos 1960. Assim, por exemplo, em 1967-68 muitos questionavam a pobreza estética da canção engajada, herdeira da tradição do realismo socialista e da atuação dos CPC, que pretendia mobilizar o "povo" ouvinte, como as músicas de Geraldo Vandré, para citar o caso mais notório. Segundo os tropicalistas, adversários daquela estética sem inovações formais, as canções engajadas, em vez de mobilizar, consolavam os ouvintes pelo estado de coisas vigente após o golpe; cantava Caetano Veloso em *Alegria, alegria*, de 1967: "ela pensa em casamento/ e *uma canção me consola*".

A proposta de uma cultura nacional e popular buscava recuperar elementos de correntes estéticas diversas, como o existencialismo engajado sartreano e o modelo brechtiano, mas acabava gerando um tipo de arte muito próximo do "realismo socialista" do período stalinista na URSS, avesso a inovações formais e expressando uma simpatia pelos oprimidos, uma identidade com a miséria humana que não se transformaria num sentimento de solidariedade ativa com os trabalhadores no sentido da ruptura da alienação a que são submetidos, mas sim numa espécie de compaixão filantrópica e conformista por parte do público, composto, no caso brasileiro, por um restrito círculo detentor do acesso à cultura, especialmente depois do golpe militar. O violeiro, o boiadeiro, o camponês, o favelado, evocados nas canções, nos filmes, nas peças teatrais, celebrados nas artes em geral, eram vistos com empatia pelo público das camadas intelectualizadas urbanas. Haveria uma identidade desse público contra a opressão sobre os deserdados da terra, sem que se desse conta da parte que ele próprio tomaria, direta ou indiretamente, na manutenção da ordem vigente, inclusive como relativamente beneficiado pelo modelo econômico. Esse tipo de crítica à arte engajada levou, por exemplo, à alternativa do Teatro Oficina, que propunha a agressão ao seu público de classe média, para que ele se visse como realmente era, isto é, supostamente cúmplice do sistema.

Na linha de Brecht, ao comentar elogiosamente o filme *Os Fuzis*, de Ruy Guerra, Roberto Schwarz propunha em 1966 o distanciamento crítico que permitiria ao público perceber a sua parte no processo social e refletir sobre ele, assim "os bons sentimentos não se esgotam em simpatia. Onde nos identificamos, desprezamos; de modo que a compaixão passa, necessariamente, pela destruição de nossos emissários, e, neles, de uma ordem de coisas" (1978, p.30).

A "identificação emocional" do público consumidor das artes com os oprimidos vedaria uma reflexão política sobre a sociedade em movimento, servindo mais como uma catarse coletiva, na qual as camadas sociais relativamente privilegiadas exorcizariam sua culpa pela exploração vigente. Na área teatral, o *show* musical *Opinião* no Rio, o *Teatro de Arena* em São Paulo, entre outros, aproximavam-se da plateia mais pela emoção do que pelo distanciamento crítico e pela reflexão, tão mais necessários depois da derrota das forças populares e de esquerda em 1964. Um crítico perguntava, após ver *Arena conta Zumbi*, em 1965:

"Afinal de contas, Brecht e Sartre, para tomar dois exemplos célebres, são autores revolucionários pelo conteúdo objetivo de seu pensamento ou pela comoção generalizada que criam no palco?" (Prado, 1987, p.68). Mas o "tom exortativo e mobilizante" de toda uma escola teatral e artística, naqueles anos, nem sempre produziu meras peças de agitação, elas muitas vezes também tinham qualidades como obras de arte. Como dizia Décio de Almeida Prado, ao se referir numa crítica de jornal à encenação de *Arena conta Tiradentes*, em 1967, "trata-se de uma peça realista, no melhor sentido da palavra, (...) remetendo os espectadores à única realidade que conta para nós: a realidade humana" (1987, p.171).

O que foi exposto já é suficiente para mostrar que é cabível uma crítica implacável às posições culturais nacionais e populares da década de 1960, que teriam fortes elementos conservadores tanto na forma (tradicionalista, avessa a inovações, geradora de emocionalismo passivo do público, não de reflexão e ação), quanto no conteúdo (um historicismo de louvação ao povo, que acabou por integrar-se como justificação da indústria cultural capitalista brasileira). Apesar disso, convém não esquecer o que mais importa para nosso trabalho: os espetáculos artísticos na linha do nacional e popular, como será realçado mais adiante, contribuíam para ir formando ao longo dos anos 1960 uma massa política crítica, especialmente nas camadas sociais intelectualizadas, isto é, naquelas que tinham mais acesso à cultura e que se radicalizariam em 1967 e 1968 (Hollanda; Gonçalves, 1986).

De outra parte, a posição estética antagônica à do nacional e popular seria aquela que se poderia agrupar e denominar de modo abrangente como "vanguardista", ou "formalista". Antes do golpe de 1964, essa posição era defendida sobretudo pelos concretistas, especialmente os irmãos Campos e Décio Pignatari. Em 1967 e 1968, o movimento tropicalista também empunharia a bandeira da revolução estética formal, carregada de uma mensagem politicamente rebelde e anárquica (revolucionária na visão de alguns, reacionária na de outros), expressa nas canções de Caetano e Gil, nas artes plásticas por Hélio Oiticica, entre tantos outros artistas.

Nas obras dos vanguardistas em geral, "progresso técnico e conteúdo social reacionário" andariam juntos, na interpretação de Roberto Schwarz, num artigo de 1967 sobre a posição teórica de quatro compositores musicais de vanguarda – Damiano Cozzella, Rogério Duprat, Willy Correa de Oliveira e Gilberto Mendes, entrevistados em 1967 por Júlio Medaglia (Schwarz, 1978, p.43-8). Segundo Schwarz, os supostos vanguardistas fariam a apologia do mercado e da indústria cultural capitalista, identificando aí o moderno, supostamente revolucionário, que romperia com um Brasil culturalmente arcaico. Os formalistas apostariam tudo no potencial social e estético crescente e libertador da expansão dos meios de comunicação de massa, tendendo a cultura a ser produzida e consumida num "comércio de significados (como tomates, feijão, televisores, sabão em pó, mobília etc.)", nas palavras dos próprios compositores de vanguarda. Porém, eles se esqueciam do "impasse entre a potência social crescente da comunicação – fruto de um esforço industrial e portanto coletivo – e o uso privado e idiossincrático, 'artístico', que faz dela a arte burguesa" (p.44). Uma vez "cancelada a diferença entre a produção artística e a produção geral de mercadorias... o compositor de vanguarda estará, espera-se, 'consumindo e produzindo como qualquer outro setor profissional'. A ponta extrema da vanguarda paga tributo ao filistinismo e alcança, qual uma vitória, a integração capitalista" (p.46). Haveria uma tendência "de conceber revolução e revolução cultural como processos eletrônicos", sob a "versão idílica... dos *mass media* como autoexpressão do coletivo" (p.47). Segundo um compositor de vanguarda citado por Schwarz:

> Não há mais lugar para o artesão que "compõe" uma "sinfonia", uma "suíte", (...) para depois conseguir, às custas de mil humilhações e cavações, que algum genial maestro ou solista "execute" a sua "obra": isto é amadorismo... Parta do consumo, claro. Qualquer ponto onde música possa ser consumida, em mil níveis. E faça sinfonias, *jingles*, trilhas sonoras, arranjos, sambas e iéié, concertos para piano. Qualquer tipo de mensagem, já porque, nas condições atuais, você nem ninguém sabe qual é a mais importante, nem é para saber. Não são todas úteis? (p.45-7).

Para os vanguardistas, no dizer de Schwarz, "ao critério interno, da exigência musical, substitui-se outro externo, *que não é do ouvinte mas do anunciante*, e, portanto, de uma classe social... O que vende bem é de primeira linha, e é também, pela mesma razão, produto espontâneo do povo. O capitalismo seria pois, literalmente, o melhor dos mundos: obtém a coincidência do mais avançado e do espontaneamente popular" (1978, p.47-8).

Aos tropicalistas, a quem essa crítica era extensiva, Schwarz acrescentou outra, também mordaz, num célebre artigo de 1969-70 sobre "Cultura e Política, 1964-1969". Ele identificava como tropicalistas, além de Gil e Caetano na música, "para o teatro, José Celso Martinez Corrêa, com *O Rei da vela* e *Roda viva*; no cinema, há elementos de tropicalismo em *Macunaíma*, de Joaquim Pedro, *Os herdeiros*, de Carlos Diegues, *Brasil ano 2000*, de Walter Lima Jr., *Terra em transe* e *Antonio das Mortes*, de Glauber Rocha" (p.78). O movimento seria expressão artística da conjugação das forças conservadoras modernizantes e arcaicas que se aliaram para dar o golpe de 1964. Miscelânea de arcaísmo, modernidade, crítica social, comercialismo e moda internacional, o Tropicalismo teria ambiguidades e tensões, que, por um lado, Schwarz reconhecia exprimirem "contradições da produção cultural presente", mas, por outro, – ao qual ele dava maior peso analítico – "o tropicalismo trabalha com a conjunção esdrúxula de arcaico e moderno que a contrarrevolução cristalizou..., registra, do ponto de vista da vanguarda e da moda internacionais, com seus pressupostos econômicos, como coisa aberrante, o atraso do país... A imagem tropicalista encerra o passado na forma de males ativos ou ressuscitáveis, e sugere que são nosso destino, razão pela qual não cansamos de olhá-la" (Schwarz, 1978, p.77-8).

Essa mistura indefinida do novo e do arcaico, o método da "espinafração política, sexual e artística", estava presente, por exemplo, no Teatro Oficina, ligado ao nome do diretor José Celso Martinez Corrêa. Lá, o realismo do Arena cedia lugar "ao *happening*, à estética da improvisação, do acaso feliz (ou mesmo infeliz), em que se procura sobretudo a efusão lírica e a libertação através da violência", segundo Décio de A. Prado (1987, p.223). A proposta do Oficina buscava agredir e brutalizar o público, para que ele se percebesse enquanto pequeno-burguês usufruidor dos privilégios garantidos pelo golpe militar, em vez de fazer de conta que a plateia era composta de explorados que teriam identidade com os demais oprimidos, numa tendência oposta às "ilusões e catarses" promovidas pelo Teatro de Arena. Roberto Schwarz apontou o paradoxo do Oficina: em vez de gerar a reflexão pela agressão, o que houve foi a inesperada identificação do público com a violência do agressor no palco, e mais, a dessolidarização da plateia diante da vítima escolhida dentre os assistentes para ser massacrada pelos atores. Essa desidentificação de si enquanto plateia coletiva e a identificação com o agressor, inconscientemente, poderia significar a dessolidarização de cada um com uma causa coletiva e a identidade do público com o agressor no âmbito da sociedade mais abrangente, a saber, a ditadura militar (1978, p.85-8). Contudo, tampouco parece haver como negar que essa empatia da plateia com a violência do palco tinha um elemento forte para identificar parte do público com aqueles que usavam a força das armas para o combate à violência da ditadura. Tanto que as peças do Oficina sofreram alguns ataques terroristas de direita, que viam a violência proposta pelos artistas como inimiga de morte.

Contrapondo-se ao Tropicalismo, Schwarz tomava o partido em 1969 da estética da fome, que o próprio Glauber Rocha, seu principal criador, já abandonara na ocasião. A estética da fome de Glauber, que pregava a revolução, tinha inspiração na teoria da violência do colonizado contra o colonizador, de Frantz Fanon (1979), teórico da revolução argelina que influenciou grupos de esquerda armada brasileiros, como a VPR, a partir de 1969. Na visão de Schwarz, a estética da fome teria um impulso genuinamente revolucionário: "O artista buscaria sua força e modernidade na etapa presente da vida nacional, e guardaria tanta independência quanto fosse possível em face do aparelho tecnológico e econômico, em última análise, sempre orientado pelo inimigo" (1978, p.76-7).

Do exposto, podemos concluir que, se havia certa ingenuidade revolucionária (para usar um estigma pouco ofensivo) na adesão dos tropicalistas à indústria cultural para subvertê-la por dentro, também havia ingenuidade revolucionária e romântica dos estetas da fome e do nacional-popular em julgar que numa sociedade capitalista modernizada eles poderiam manter um bom grau de independência, ante o "aparelho tecnológico e econômico" da indústria cultural. Nos debates estéticos do período existiam elementos, nas várias posições, a serem aproveitados pela crescente indústria cultural, mas também pelos adversários do capitalismo. Interessa-nos, aqui, ressaltar esses elementos negadores da ordem capitalista, que estavam presentes nas várias posições estéticas e que tiveram peso na formação de militantes com maior acesso à cultura, que aderiram às esquerdas armadas. Naturalmente, não se trata de fazer uma abordagem reducionista do campo estético, como se a obra de arte fosse imediatamente identificável com uma mensagem política que se refletiria nas artes. Nos limites sociológicos deste trabalho, trata-se de mostrar como, por intermédio das artes, e também nelas, difundia-se nos meios intelectualizados uma rebeldia anticapitalista, em diversos matizes.

Críticas como as de Schwarz aos vanguardistas, como as de Ortiz e de Rouanet aos adeptos do paradigma nacional-popular, entre outras, *parecem* não deixar pedra sobre pedra no edifício contraditório do ideário cultural de esquerda em suas variantes nos anos 1960, desmistificando-o por completo. Rouanet propõe com pertinência, ao comentar o livro de Ortiz, a hipótese de que a indústria cultural na sociedade brasileira de hoje teria uma originalidade, a saber, a existência de "duas legitimações cruzadas, interdependentes mas autônomas". A primeira, uma legitimação pelo mercado; a segunda, uma legitimação "por concepções políticas, que é corrente em países autoritários". Não haveria nada de novo em cada uma dessas legitimações tomadas isoladamente. O inédito, no caso, seria "o entrelaçamento, na etapa atual da indústria cultural brasileira, das duas legitimações, num sistema em que o mercado e o nacional-popular funcionam como referências recíprocas, apoiando-se um no outro: o nacional-popular é verdadeiro, porque suas premissas são confirmadas pelo mercado, e o mercado é inocente, porque não está a serviço da mais-valia e sim de um projeto nacional-popular" (Rouanet, 1988).

Pode-se acrescentar, com base nos textos comentados, que a indústria cultural na sociedade brasileira de hoje reaproveitou, para legitimar-se, além da tradição do nacional-popular de esquerda dos anos 1960, a posição vanguardista a ela oposta no mesmo período. Recuperou desta o discurso internacionalista quando trata de si mesma, como diria Rouanet, "apoiando-se no caráter planetário das comunicações de massa, na era da 'aldeia global' ". Retomou, também dos vanguardistas, a louvação da ampliação sem limites do mercado cultural, possibilitada pela mídia, como se isso significasse democratização e acesso de todos à cultura. Tem em comum com eles, ainda, a proposta de indistinção entre produção artística e produção geral de mercadorias. De outra parte, indissoluvelmente inter-relacionada a essa herança vanguardista, está a justificação da existência da mídia e da indústria cultural brasileira na defesa de uma cultura nacional e popular autônoma que, por exemplo, passa a exportar canções e telenovelas "genuinamente nacionais" a outros países. O "historismo de esquerda", na expressão de Rouanet, virou senso comum, reproduzido pela mídia, que a um tempo evoca a aldeia global e defende "a mitologia da identidade cultural e da espontaneidade popular, com tudo o que ela contém de mitificador". Um "coquetel" caricatural, mas revelador, das posições político-estéticas "revolucionárias" dos anos 1960 – eis o que delas teria sido feito pela indústria cultural. Foi o que sobrou, a ser aproveitado pela mídia, daquele debate vivo e instigante, de toda a agitação cultural dos anos 1960.

Essa formulação parece pertinente, vista hoje; entretanto, não deixa entrever alternativas a esse desfecho – é como se a hegemonia burguesa tivesse sempre, necessariamente, que absorver a contestação a ela. Pelo contrário, tentaremos agora ver a questão por outro ângulo, o das alternativas de futuro derrotadas no passado, propondo a confluência das duas posições político-estéticas paradigmáticas, adversárias na década de 1960 (a vanguardista e a nacional-popular), contra a ordem do regime militar na formação diversificada do ideário mobilizador de frações da sociedade, principalmente as intelectualizadas, que estavam presentes nos movimentos sociais e nos grupos de esquerda do período.

Roberto Schwarz chegou a escrever, no final da década de 1960, que o golpe militar não foi suficiente para eliminar a predominante "presença cultural da esquerda" na sociedade brasileira, presença que paradoxalmente crescera entre 1964 e 1969: "Apesar da ditadura da direita, há relativa hegemonia cultural da esquerda no país". Isso seria verdadeira "anomalia", pois "nos santuários da cultura burguesa a esquerda dá o tom" (1978, p.62). Parece que ele usava o conceito de hegemonia num sentido pouco preciso, ao reconhecer que os "intelectuais são de esquerda, e as matérias que preparam, de um lado, para as comissões do governo ou do grande capital, e, de outro, para as rádios, televisões e jornais do país, não são". A hegemonia de esquerda estaria só no interior das camadas sociais intelectualizadas: "É de esquerda somente a matéria que o grupo – numeroso a ponto de formar um bom mercado – produz para consumo próprio" (1978, p.62). Ora, então não havia hegemonia cultural de esquerda, sequer relativa.

A hegemonia (cultural, política, econômica), no interior da sociedade brasileira, nunca deixou de ser burguesa, pelo menos desde o final da Segunda Grande Guerra. Sempre foram dominantes as ideias, os ideais, os valores, a visão de mundo da burguesia brasileira, comprometida com o desenvolvimento nacional desigual e combinado. Essa classe vem exercendo sua hegemonia em todos os campos da vida, penetrante em todos os poros sociais, hegemonia que necessariamente se transforma junto com a trajetória do próprio capitalismo no país. O golpe de 1964 é o marco da reorganização da hegemonia burguesa, para cuja manutenção não bastava mais o ideário populista. Nesse processo, a "hegemonia cultural da esquerda", ou melhor, a disseminação de ideias críticas em certos meios intelectualizados, com o correr dos anos, acabou sendo crescentemente utilizada de forma distorcida para a legitimação e consolidação da hegemonia burguesa reorganizada (não só a mídia usou imbricadas e desfiguradas as propostas vanguardistas e nacionais-populares para legitimar-se. O método de alfabetização "conscientizadora" de Paulo Freire, por exemplo, uma vez despolitizado, transformou-se desfiguradamente no MOBRAL, peça-chave para conformar os deserdados à nova ordem do regime militar, pois supostamente erradicaria o analfabetismo do Brasil, para que todos pudessem seguir a "corrente pra frente" e "subir na vida" por meio da educação. Quem não se lembra do refrão da música-propaganda do MOBRAL, cantada pela dupla nordestina Dom e Ravel, repetida à exaustão pelos meios de comunicação de massa: "você também é responsável"?). A hegemonia burguesa rearranjou-se após 1964, incorporando até elementos críticos a ela, pois "qualquer processo hegemônico deve ser especialmente alerta e sensível às alternativas e oposição que lhe questionam ou ameaçam o domínio" (Williams, 1979, p.116).

Em outras palavras, a ideologia tecnocrática e militar veio substituir a populista, mas prevalecia a hegemonia burguesa no conjunto da sociedade. A ideologia da participação indiferenciada de um único *povo* no *desenvolvimento* da *nação* dava lugar à da eficiência tecnocrática com autoridade governamental forte no combate ao "inimigo interno", que garantisse a *segurança* indispensável ao *desenvolvimento* da *nação*. A hegemonia burguesa reorganizava-se na segunda metade da década de 1960, ia-se transformando, lançava mão de uma nova ideologia. O conjunto da sociedade brasileira continuou submetido à "subordinação interiorizada e imperceptível" de um "complexo de experiências, relações e atividades" que constituem a hegemonia burguesa, para usar uma formulação de Chauí (1987, p.21-2). Tal formulação está ancorada no conceito de hegemonia de Raymond Williams, derivado de Gramsci, conceito que engloba e ultrapassa o de ideologia entendida como "os significados, valores e crenças formais e articulados, que uma classe dominante desenvolve e propaga" (1979, p.113).

Cabe dizer, então, que jamais houve uma hegemonia cultural de esquerda na sociedade brasileira, como poderia sugerir uma leitura menos aberta do artigo de Roberto Schwarz. No máximo, esboçou-se a gestação de uma hegemonia alternativa, ou contra-hegemonia, que acabou sendo quase totalmente abortada e incorporada desfiguradamente pela ordem vigente (*quase* totalmente porque algum elo sempre se herda das lutas dos vencidos no passado, como no já comentado uso político ambíguo e diferenciado da canção *Caminhando*, a partir de meados dos anos 1970).

De qualquer forma, o ensaio de Schwarz traz uma contribuição iluminadora para a compreensão do ativismo das camadas intelectualizadas contra a ditadura entre 1964 e 1968, até mesmo das que aderiram às esquerdas armadas. Ele mostra que, em 1964:

> ... *grosso modo* a intelectualidade socialista, já pronta para a prisão, desemprego e exílio, foi poupada. Torturados e longamente presos foram somente aqueles que haviam organizado o contato com operários, camponeses, marinheiros e soldados. Cortadas naquela ocasião as pontes entre o movimento cultural e as massas, o governo Castelo Branco não impediu a circulação teórica ou artística do ideário esquerdista, que embora em área restrita floresceu extraordinariamente. Com altos e baixos esta solução de habilidade durou até 68, quando nova massa havia surgido, capaz de dar força material à ideologia: os estudantes, organizados em semiclandestinidade. Durante estes anos, enquanto lamentava abundantemente o seu confinamento e a sua impotência, a intelectualidade de esquerda foi estudando, ensinando, editando, filmando, falando etc., e sem perceber contribuíra para a criação, no interior da pequena burguesia, de uma geração maciçamente anticapitalista. A importância social e a disposição de luta desta faixa radical da população revelam-se agora, entre outras formas, na prática dos grupos que deram início à propaganda armada da revolução. O regime respondeu, em dezembro de 68, com o endurecimento. Se em 64 fora possível a direita "preservar" a produção cultural, pois bastara liquidar o seu contato com a massa operária e camponesa, em 68, quando o estudante e o público dos melhores filmes, do melhor teatro, da melhor música e dos melhores livros já constitui massa politicamente perigosa, será necessário trocar ou censurar os professores, os encenadores, os escritores, os músicos, os livros, os editores – noutras palavras, será necessário liquidar a própria cultura viva do momento. (1978, p.62-3)

Essa "cultura viva do momento" era filha de uma conjuntura imediatamente anterior ao golpe de 1964, em que "a deformação populista do marxismo esteve entrelaçada com o poder... a ponto de tornar-se a própria atmosfera ideológica do país". Se, por um lado, esse marxismo populista ligado ao poder "servia à resolução dos problemas do capitalismo", por outro, tendia a ser superado pela "convicção de que as reformas necessárias ao país não seriam possíveis nos limites do capitalismo e, portanto, do populismo". Consumado o golpe militar, muita gente politizada não contestou "o marxismo, mas a aplicação que o PC fizera dele", ao submeter sua relação com as massas à mediação estatal, ao defender um "nacionalismo anti-imperialista, anticapitalista num segundo momento, sem que a isso corresponda um contato natural com os problemas da massa". Da efervescência cultural e política do início dos anos 1960 teria resultado um grande número de "profissionais imprescindíveis e insatisfeitos, ligados profissionalmente ao capital ou ao governo, mas sensíveis politicamente ao horizonte da revolução – e isto por razões técnicas, de dificuldade no crescimento das forças produtivas, razões cuja tradução política não é imediata, ou, por outra, é aleatória e depende de ser captada". Isto é, estava pronto o terreno onde germinaria a contestação social mais forte ao regime, tanto no campo cultural quanto no político, a saber, entre as camadas intelectualizadas, que inclusive viriam a ser majoritárias na composição social dos grupos armados de esquerda. "Em suma, formara-se uma nova liga nacionalista de tudo que é jovem, ativo e moderno – excluídos agora magnatas e generais –, que seria o público dos primeiros anos da ditadura e o solo em que deitaria fruto a crítica aos compromissos da fase anterior", vale dizer, a crítica ao marxismo considerado populista (Schwarz, 1978, p.66-7).

Para se ter ideia do florescimento cultural nos anos 1960, é só olhar, por exemplo, a lista dos compositores então revelados, que por muitos anos constituiriam a nata da MPB. Outro exemplo: quem passar pela leitura de *Exercício findo*, coletânea de críticas teatrais do jornal *O Estado de S.Paulo*, escritas por Décio de Almeida Prado entre 1964 e 1968, verá que a maioria dos grandes atores que marcaram presença por décadas na TV, no cinema e no teatro iniciaram a carreira naqueles anos. Contudo, cumpre deixar claro que nem toda produção cultural dos anos 1960 era contestadora, provavelmente só uma parte representativa e qualitativamente destacada, porém *minoritária*, dessa produção tinha pretensões transformadoras de alguma espécie. Daqueles anos também surgiram as novas expressões da "arte" para consumo, produzida pela indústria cultural insurgente, como a chamada *Jovem Guarda* musical, capitaneada pelo cantor Roberto Carlos, e as telenovelas e outros programas de TV, sem contar a continuidade das tradições convencionais no teatro e em outros campos artísticos. Vale dizer, porém, que mesmo as manifestações culturais menos contestadoras e mais adaptadas à indústria cultural também apresentavam certos traços da rebeldia da década, como foi o caso da telenovela *Beto Rockfeller*, de setores da música "iê-iê-iê" etc.

Logo após o golpe de 1964, obscureceu-se o período em que o "país estava irreconhecivelmente inteligente"; ganharam as ruas e os meios de comunicação os "tesouros da bestice rural e urbana", o moralismo mais retrógrado: "no conjunto de seus efeitos secundários, o golpe apresentou-se como uma gigantesca volta do que a modernização havia relegado; a revanche da província, dos pequenos proprietários, dos ratos de missa, das pudibundas, dos bacharéis em leis etc.". A contrarrevolução "ressuscitou o cortejo dos preteridos do capital... Entretanto, apesar de vitoriosa, esta liga dos vencidos não pode se impor, sendo posta de lado em seguida pelos tempos e pela política tecnocrática do novo governo". Sim, pois "os expoentes da propriedade rural e suburbana não estavam no poder" após 1964, embora houvessem sido mobilizados para o golpe: o governo instalado era "pró-americano e antipopular, mas moderno", segundo Schwarz (1978, p.70-1). Cumprida sua função ideológica e política contrarrevolucionária, os moralistas voltaram para casa, diluindo-se na sua forma habitual de suposta maioria silenciosa – não havia base material para a geração de qualquer cultura a partir das posições do moralismo ressentido. A burguesia brasileira, ainda detentora de "padrões internacionais de bom gosto", não cobriu imediatamente o vácuo cultural deixado, pois "neste momento a vanguarda cultural do Ocidente trata de um só assunto, o apodrecimento social do capitalismo". Os militares também não trouxeram a público seu esforço ideológico, que só viria à tona após o AI-5, já em 1969. Assim, no "vácuo cultural" entre 1964 e 1968, prevaleceu naturalmente "o mercado e a liderança dos entendidos, que devolveram a iniciativa a quem a tivera no governo anterior", isto é, aos movimentos culturais de esquerda que expressavam a solidez de anos de atuação (1978, p.72).

O AI-5 viria liquidar de vez com a "cultura de esquerda", que se tornara uma ameaça, dada a eventual popularização da "existência de uma guerra revolucionária no Brasil" (sic). Nisto Schwarz e as esquerdas armadas estavam de acordo. Contrafeita, previa Roberto Schwarz, a burguesia teria de aceitar "a programação cultural que lhe preparam os militares", ainda que estes só precisassem forjar uma "ideologia nacional efetiva", mobilizadora, com o objetivo de enfrentar a subversão. Uma ideologia nos moldes fascistas encontraria resistências no próprio governo, "pois é no essencial um governo associado ao imperialismo, de desmobilização popular e soluções técnicas, ao qual todo compromisso ideológico verificável parecerá sempre um entrave" (p.73). De fato, a previsão de Schwarz confirmou-se quanto à não adoção de uma ideologia fascista, mas foi implantada uma ideologia de "segurança para o desenvolvimento", caracterizada pelo nacionalismo ufanista e pela suposta competência das soluções técnicas para os grandes problemas nacionais, ideologia que encontrava sua base material no êxito do "milagre econômico". Junto com o "milagre", e para além de sua vigência, viu-se crescer e consolidar uma indústria cultural brasileira autolegitimada pela ideologia do nacional-popular-de-mercado, herança depurada das propostas político-estéticas anteriores a 1968.

O desenvolvimento proporcionado pela modernização conservadora da economia e da sociedade brasileira atingiu em cheio o mundo das artes e da comunicação de massa. A indústria do disco, do livro, e especialmente da televisão, deu um grande salto. Em primeiro lugar, a produção e comercialização em série de bens culturais abriram espaço para que tudo se tornasse objeto a ser produzido e vendido em larga escala, inclusive obras com uma forma ou conteúdo supostamente revolucionário. Pode-se dizer que ao empresário importa mais o lucro com a venda do produto cultural (a realização de seu valor de troca), do que propriamente a matéria, o valor de uso que está sendo vendido. Cria-se um jogo ambíguo: as ideias e a cultura de esquerda circulam como objeto da indústria cultural capitalista. Já abordamos como as ideias culturais críticas dos anos 1960 foram adaptadas e revertidas em defesa da ordem e da integração social na sociedade brasileira de hoje. Mas não é uma fatalidade que os valores de troca subjuguem, para os fins de manutenção do capitalismo, os valores de uso dos objetos culturais que veiculam propostas críticas à ordem vigente. Essa faca tem dois gumes, tanto que, logo depois do golpe de 1964, e nos anos após o AI-5, quando o sistema se sentiu ameaçado e impôs um "fechamento" ainda maior do regime militar, sobrou pouco espaço, por exemplo, para a difusão das ideias de revolucionários como Lenin e Marx, que entretanto teriam suas obras vendidas às dezenas de milhares, inclusive em bancas de jornais, noutra conjuntura, a partir do final dos anos 1970.

No período entre 1964 e 1968, quando se começava a implantar uma produção e comercialização de bens artísticos e culturais que merecesse o nome de "indústria cultural" (só a partir desse período é que se pode falar numa indústria cultural brasileira, inclusive com amplo apoio do Estado, conforme demonstrou, por exemplo, Renato Ortiz, 1988, p.38-149), parece ter havido um relativo vácuo cultural, para usar o termo de Schwarz. Esse vácuo teria sido gerado, em nosso entender, pela supressão da ideologia populista, já incompatível com o capitalismo brasileiro, sem que estivesse completamente consolidado um novo modelo ideológico burguês para substituir o anterior. Ainda não estava consolidada a reelaboração da hegemonia (cultural, política e econômica) da burguesia brasileira após o golpe, o que só viria a ocorrer na medida em que se fosse fazendo visível a recuperação econômica do país, que era o eixo da nova ideologia de "segurança e desenvolvimento" e que possibilitava a utilização pela indústria cultural do modelo "nacional-popular-de-mercado".

Roberto Schwarz caracterizou como anomalia o fato de que, entre 1964 e 1968, "nos santuários da cultura burguesa a esquerda dá o tom" (1978, p.62). Parece-nos que, em vez de tratar assim a forte presença cultural de esquerda durante o período que aquele autor chamou de "vácuo cultural", seria mais rico entender essa presença como fruto das fissuras que qualquer ideologia ou hegemonia burguesa necessariamente apresenta. Se a indústria cultural *tende* a fazer tábula rasa dos valores de uso dos produtos que veicula, na forma e conteúdo dos bens culturais, se a ideologia burguesa *tende* a reaproveitar seletivamente, para se fortalecer, elementos das críticas rebeldes ou revolucionárias que lhe são feitas, por outro lado, a indústria cultural não pode eliminar o valor de uso dos produtos que coloca no mercado, nem a ideologia dominante pode absorver por completo as contestações a ela, pois é impossível dar conta da integração ideológica ou cultural de uma realidade social que é contraditória e não conciliável em seu fundamento. Mesmo a fusão e a incorporação desfigurada do nacional-popular e do vanguardismo dos anos 1960 pela ideologia burguesa – que hoje caracteriza a Rede Globo, por exemplo – não são capazes de tirar o caráter contraditório dessa incorporação ideológica. Seriados televisivos baseados em clássicos literários escritos nos anos 1950, como *Morte e vida severina* e *Grande sertão: veredas*, recriados na década de 1980 para a TV, apresentam-se carregados de nacional-popular, e com inovações técnicas vanguardistas que remontam às propostas estéticas dos anos 1960. Os seriados são, por um lado, vendidos e consumidos como outro produto qualquer, feitos para mera diversão, e chegam a ser exportados, dando prestígio cultural à rede de TV que os exibe. Mas, por outro, isso não lhes tira o valor de uso intrínseco como obra de arte que, com todas as suas contradições internas, expressa o movimento contraditório da sociedade, e pode estimular a reflexão do espectador, em lugar de meramente distraí-lo. A venda de dezenas de milhares de exemplares de *O capital* pela editora Abril, nas bancas de jornal em todo o país, foi perfeitamente assimilável pela ordem capitalista brasileira nos anos 1980: para ela, trata-se apenas de mais um produto a ser comercializado, como outros tantos à disposição nas bancas de jornal e livrarias, mas isso não tira a possibilidade do uso da obra de Marx pelos leitores em sentido contrário à ideologia dominante. Está sempre aberta a possibilidade de construção do que autores gramscianos chamariam de "contra-hegemonia".

Assim, o que importa é ressaltar a ambiguidade da indústria cultural, é destacar a existência de veredas e pontos de erosão na floresta supostamente fechada da ideologia dominante, que não pode mascarar por completo os conflitos sociais em que se assenta. Essa ambiguidade estava presente também nas artes dos anos 1960: no Tropicalismo ela estaria "na conjugação de crítica social violenta e comercialismo atirado"; na dramaturgia engajada do Teatro de Arena ela estaria na operação simultânea do distanciamento crítico da plateia proposto por Brecht e na identificação do público com os atores colocada por Stanislavski, e assim por diante, como pode sugerir uma leitura do clássico artigo de Schwarz (1978, p.73-83). Aqui importa, ainda, salientar a fissura cultural aberta nos anos 1960 no edifício ideológico burguês, o esboço de uma contra-hegemonia que deu impulso significativo para a adesão, principalmente, de estudantes e trabalhadores intelectuais, aos grupos de esquerda armada.

A revolução cantada em verso e prosa

Seria possível supor que os militantes e as próprias organizações de esquerda armada urbana, como a ALN e a VPR, tenderiam a privilegiar as propostas estéticas tropicalistas, espelho das contradições urbanas, ao passo que o modelo nacional-popular, identificado às tradições camponesas, seria defendido pelas esquerdas revolucionárias que se recusavam a agir de armas em punho nas cidades, guardando-se apenas para a guerrilha rural, como o PCdoB. Também caberia imaginar que todos os militantes e organizações que propunham a guerrilha rural, com ou sem ações armadas urbanas paralelas, da ALN ao PCdoB, passando pelo PCBR e por todos os grupos armados, tenderiam a propugnar as teses político-estéticas do nacional-popular.

Entretanto, as coisas não se configuraram assim. Não cabe a simplificação de pensar que as diversas organizações assumiram uma ou outra posição estética fechada. É verdade que a ideologia da guerrilha rural, comum a uma parte dos estudantes e dos trabalhadores intelectuais e também a quase todos os grupos de esquerda, com diferentes matizes, sem dúvida aproximava-os mais do modelo cultural nacional e popular. Muitos viam, nas propostas dos tropicalistas, a existência de uma rebeldia estéril, que desviava a luta do rumo "consequente" que deveria tomar: a revolução pela guerra de guerrilhas. Tanto que, por exemplo, Caetano Veloso foi vaiado com todas as forças num festival de música popular em 1968. No mesmo ano, até Chico Buarque e Tom Jobim foram vaiados no Maracanãzinho, pelo fato de sua canção *Sabiá* (que falava no exílio!) ter sido preferida pelo júri do festival, que deixou em segundo lugar a favorita do público, *Para não dizer que não falei das flores* ("Caminhando"), de Geraldo Vandré, que engajadamente pedia que os "indecisos cordões" que caminhavam pelas ruas deixassem de acreditar que flores poderiam vencer canhões, e que pegassem em armas para fazer a História.

Porém, nem todos os jovens que aderiram aos grupos armados cobravam explicitamente dos artistas o chamamento sem rodeios à revolução. A efetiva presença das esquerdas guerrilheiras ao lado de setores e movimentos sociais urbanos, de onde tiravam seus quadros e simpatizantes – sem que jamais tivessem conseguido lograr a pretendida inserção junto aos trabalhadores rurais –, implicava, até certo ponto, uma simpatia natural de parte dos militantes pelo Tropicalismo, um movimento cultural nascido nas mesmas circunstâncias sociais urbanas que geraram os movimentos políticos de 1968. Especialmente os quadros mais jovens parecem ter sido sensíveis às propostas tropicalistas, rebeldes e anárquicas, de "intervenção guerrilheira" cultural, para usar um termo colocado por Heloísa Buarque de Hollanda (p.74). Atraía principalmente a "tática do *happening*", que tanto sucesso levou ao Teatro Oficina, por exemplo, o qual propunha a "atuação e mobilização de público pela via do espetáculo agressivo", absorvendo "as reformulações táticas das esquerdas em nível internacional, agora privilegiando a guerrilha revolucionária" (1981, p.52).

As posições culturais e ideológicas de esquerda nos anos 1960 eram "rebeldes" e/ou "revolucionárias", para usar dois termos que caracterizariam a produção cultural crítica à ordem vigente após o golpe de 1964. Conforme proposta de Leandro Konder, a "inocuidade" da "rebeldia, por si só, (...) não basta para que a conduta humana se torne plenamente libertária: é preciso que o inconformismo se exerça na direção certa". A rebeldia estéril estaria presente no romance de Cony, *Pessach: a travessia*, e no filme de Glauber Rocha, *Terra em transe*, segundo Konder (1967, p.135-45). Tais posições estavam difusas socialmente, em especial nos meios com maior acesso à cultura, influenciando de diferentes maneiras e em graus diversos a formação ideológica dos participantes dos movimentos sociais do momento, os quais forneceriam os quadros para as várias organizações clandestinas. Essas nem sempre tinham formulações teóricas precisas e específicas a respeito das questões culturais e estéticas, a serem necessariamente acatadas por seus militantes. Assim, por exemplo, encontram-se, após 1969, pelo menos duas influências culturais distintas na formação intelectual de dois quadros da militarista VPR. De um lado, o teórico Jamil Rodrigues escrevia num documento da organização, com xenofobia verde-amarela das mais exaltadas, verdadeira caricatura reveladora do "historismo de esquerda":

a) da mesma forma que não existe no Brasil classe burguesa nacional, não há também cultura burguesa nacional; b) não havendo cultura nacional burguesa, a ditadura de classe no nível da superestrutura se dará fundamentalmente com características de libertação da cultura e das tradições populares, através da expulsão das "tradições" importadas do imperialismo. (1970, p.36)

Essa era a visão de um membro da direção da VPR, talvez a da própria organização, mas não necessariamente a de seus quadros. De outro lado, Alex Polari, ex-secundarista que mais tarde chegaria a integrar a direção da VPR, tece comentários sobre a identidade entre os tropicalistas e o impulso também politicamente revolucionário de boa parte de sua geração:

Quando ouvi pela primeira vez o disco *Tropicália* do Caetano Veloso e logo em seguida *Panis et circenses*, senti que alguma coisa importante estava acontecendo, e que essa coisa afinava de uma maneira incrível com a minha sensibilidade. O Tropicalismo e suas diversas ramificações já eram sem dúvida a expressão cultural perfeita para aquilo que incipientemente representávamos [em 1968]. (1982, p.121)

Além da relação complexa entre a indústria cultural e as obras que veicula, pode-se dizer que essa indústria, desenvolvida a partir dos anos 1960, veio colocar muitos artistas em situação de emprego próxima à dos demais trabalhadores. É conhecida a passagem de Marx, no Capítulo VI (1978, p.76), sobre o trabalho tendencialmente produtivo de artistas com o avanço do capitalismo, ainda que ele o considerasse como "forma de transição" (há indícios de que no capitalismo de hoje esses tipos de trabalho não sejam mais meras formas de transição, pois eles se "subsumem formalmente ao capital").

A indústria cultural contemporânea envolve o trabalho de uma multidão para produzir bens materiais, como discos, livros, filmes, seriados de TV, fitas de videoteipe, e também bens imateriais, como espetáculos teatrais, musicais etc. Nesse sentido, certas passagens da obra de Marx ganham vulto: o trabalho de artistas e técnicos é contratado pelo empresário cultural para valorizar um capital por ele empregado; assim, trata-se de trabalho produtivo, gerador de lucro, criador de mais-valia, esteja ele materializado ou não em mercadorias palpáveis. No capitalismo de hoje, cabe perfeitamente incluir grande parte dos artistas e técnicos em artes como potencialmente constituintes da classe dos trabalhadores assalariados modernos, em sua diversidade, sendo mesmo legítimo supor a existência de um proletariado específico da indústria cultural – na definição de Marx, lembremos, proletário é o "trabalhador assalariado, que produz e valoriza capital e que é posto na rua logo que se torna supérfluo para a valorização" do capital (Fausto, 1987, p.234).

Até 1964, havia muito de "artesanato e amadorismo" nas artes, isto é, a produção cultural não estava completamente enquadrada na lógica do capital. Parece que um dos pontos nodais para explicar a agitação das camadas intelectualizadas em todo o mundo em 1968, como apontou Mandel (1979), estava no rápido avanço do capitalismo, que tendia a colocar os profissionais liberais crescentemente sob o jugo direto do capital. As revoltas de 1968 constituíram-se, basicamente, como a rebeldia contra a proletarização por parte daqueles que ainda tinham, ou pretendiam ter, considerável grau de domínio pessoal sobre a própria produção intelectual. Isso foi especialmente relevante no caso dos artistas brasileiros naquele período. Entretanto, alguns viram na comercialização das artes uma modernização inevitável, e passaram até a louvar aspectos dessa modernização na superação de um Brasil arcaico, como foi o caso dos músicos eruditos vanguardistas, dos concretistas e dos tropicalistas, que por isso mereceram a crítica feroz de Roberto Schwarz em 1969, o qual, no combate a essas correntes, deixava em segundo plano a "crítica social violenta" que era obrigado a reconhecer nos trabalhos dos tropicalistas (1978, p.61-92).

Não parece correto identificar os "vanguardistas" como reacionários. Comentando "o problema, vivido por vários grupos da vanguarda de hoje, da relação entre a atividade estética e o empenho social", o crítico literário Alfredo Bosi, insuspeito de qualquer vanguardismo, observa que "não é difícil reconhecer nos poemas concretos o universo referencial que a sua estrutura propõe comunicar: aspectos da sociedade contemporânea, assentada no regime capitalista e na burocracia, e saturada de objetos mercáveis, de imagens de propaganda, de erotismo e sentimentalismo comerciais, de lugares-comuns díspares que entravam a linguagem anemizando-lhe o tônus crítico e criador" (1978, p.535). Heloísa Buarque de Hollanda escreve sobre os vanguardistas, adversários do modelo nacional-popular desde a década de 1950:

> Há também nas vanguardas a crença nos aspectos revolucionários da palavra poética, a integração aos debates a respeito de projetos de tomada do sistema e a militância política de seus participantes, cuja história de vida, em muitos casos, se submetida a um exame, revelaria uma atuação próxima às organizações de esquerda, às quais muitas vezes estiveram integrados; eram pessoas que assumiam socialmente um discurso militante e que, em diversos momentos, foram vítimas da repressão policial. (1981, p.37-8)

Ao contrário dos vanguardistas, outros intelectuais e artistas não suportavam a ideia da indústria cultural, propondo uma ruptura com a ordem capitalista, o que geraria uma efetiva democratização cultural, não a massificação alienante daquela indústria (o comentado artigo de Roberto Schwarz, de 1969, é um dos exemplos mais brilhantes da crítica à indústria cultural, exercida por aqueles que ele mesmo chamou de "anticapitalistas elitários", embora não se reconhecesse como um deles). Todavia, no mais das vezes, a proposta de ruptura revolucionária da ordem não alcançou a modernidade, encastelando-se naquilo que Rouanet chamou de "historismo de esquerda", na defesa verde-amarela do nacional-popular, na negação romântica do capitalismo feita por artesãos da cultura, por uma elite artística e cultural que elegeu o suposto camponês atrasado, o nordestino, no próprio campo ou migrante para as periferias das grandes cidades, como o suporte de defesa da "cultura brasileira" contra a invasão imperialista, numa recusa simultânea, consciente ou não, voluntária ou não, tanto do capitalismo quanto da modernidade, como se ambos fossem necessariamente a mesma coisa.

Havia propostas de recusa à indústria cultural em nome do nacional-popular, bem como aquelas que embarcavam de peito aberto na canoa dessa indústria, na esperança de subvertê-la, pensando com maior ou menor ingenuidade que poderiam "entrar e sair de todas as estruturas" para superar a ordem vigente (Caetano Veloso gritava contra as vaias recebidas num festival musical: "... Nós, eu e ele [Gil], tivemos a coragem de entrar em todas as estruturas e sair de todas, e vocês?..."). As várias propostas, inclusive as adversárias, continham forte elemento anticapitalista que impregnou setores de toda uma geração, especialmente a parcela que tinha acesso maior à cultura. Sabe-se que o anticapitalismo historicista e o anticapitalismo vanguardista acabaram, ambos, sendo incorporados e reelaborados pela indústria cultural, não tendo podido dar o salto qualitativo de ruptura com o capitalismo, até porque essa tarefa estava fora do alcance das atividades estritamente culturais.

A diluição das posições estéticas e políticas contestadoras da ordem social na indústria cultural era uma tendência forte, mas não uma fatalidade. Um desfecho diferente no mundo da cultura só poderia ser dado por uma efetiva revolução social. Alguns o perceberam, contudo, não viram a possibilidade dessa revolução no horizonte imediato, enquanto outros vislumbraram a oportunidade histórica na ação das organizações armadas de combate à ditadura, que se apresentava como a alternativa revolucionária daquele momento conjuntural. Depois do AI-5, "uma fração da intelectualidade contrária à ditadura, ao imperialismo e ao capital vai dedicar-se à revolução, e a parte restante, sem mudar de opinião, fecha a boca, trabalha, luta em esfera restrita e espera por tempos melhores" (Schwarz, 1978, p.91).

Schwarz constatava os dilemas do movimento cultural, "espécie de floração tardia, o fruto de dois decênios de democratização, que veio amadurecer agora, em plena ditadura, quando as suas condições sociais já não existem...". Notava que "se é próprio do movimento cultural contestar o poder, não tem como tomá-lo. (...) Pressionada pela direita e pela esquerda, a intelectualidade entra em crise aguda. O tema dos romances e filmes políticos do período é, justamente, a conversão do intelectual à militância". Ele cita os filmes *Terra em transe* e *O desafio*, respectivamente de Glauber Rocha e de Sarraceni, os romances *Pessach: a travessia*, de Cony, e *Quarup*, de Callado, como típicos da crise moral dos intelectuais. Se a atividade destes, "tal como historicamente se definiu no país, não é mais possível, o que lhe resta senão passar à luta diretamente política?" (1978, p.89).

Sobre a "crise aguda" da intelectualidade "progressista" – da qual o próprio Schwarz fazia parte, e até com proximidade de organizações armadas, segundo depoimentos e conforme a direção para a qual indicava seu clássico artigo de 1969 –, comentava o crítico Décio de Almeida Prado, depois de ver em 1967 a peça *Arena conta Tiradentes*: "O que Boal e Guarnieri parecem não desculpar nos árcades mineiros... é fazerem versos no momento de fazer a revolução. Não haverá por acaso nessas recriminações, por parte dos autores, um sentido inconsciente de autopunição, o resultado daquele sentimento de culpa típico do intelectual de nossa época, que não perdoa a própria atividade literária e artística em face da fome e da miséria de milhões de homens?" (1987, p.171).

Quarup, de Antonio Callado (1967), escrito entre março de 1965 e setembro de 1966, teria sido "o romance ideologicamente mais representativo para a intelectualidade de esquerda recente" em 1969, segundo Schwarz (1978, p.92). O livro apresentava uma visão esperançosa e otimista, típica de certos setores sociais intelectualizados nos anos em que foi escrito, sobre as possibilidades de uma revolução brasileira após o golpe de 1964. Oferece uma perspectiva idílica e redentora da futura guerrilha a ser implantada no campo, tida como capaz de levar o conjunto do povo à sua emancipação econômica, política e social. Mostra, no sentido positivo do termo, a utopia que levou tantos militantes à luta armada. O longo romance retrata a vida do padre Nando (símbolo da nação cristã brasileira? ou do intelectual urbano progressista?), em Recife, no Rio de Janeiro e no Xingu, nos anos 1950 e 1960. O protagonista liberta-se gradualmente de sua formação cristã e conservadora, bem como de todas as repressões, inclusive sexuais, que a Igreja Católica e a sociedade capitalista lhe impõem como indivíduo e como ser social. A libertação se completa no final da história, quando Nando parte para a guerrilha rural a fim de liderar um grupo de camponeses politizados que não se conformou com o golpe de 1964. Nando abraçou a causa da revolução social, instigado por seus amigos camponeses que o chamavam para a luta. Adotou o codinome Levindo, em homenagem a um jovem amigo que fora assassinado pela repressão patronal ainda antes de 1964.

Segundo Schwarz, *Quarup* trata da trajetória de um padre-intelectual que "despe-se de sua profissão e posição social à procura do povo, em cuja luta irá se integrar – com sabedoria literária – num capítulo posterior ao último do livro" (1978, p.92). Ferreira Gullar, importante teórico do modelo nacional-popular (publicou em 1969 sua visão estética em *Vanguarda e subdesenvolvimento*), ficou fascinado com a leitura de *Quarup*, escrevendo, na *Revista Civilização Brasileira*, uma longa e elogiosa resenha crítica sobre o romance, com o título revelador de "*Quarup*, ou ensaio de deseducação para brasileiro virar gente" (1967, p.251-8). Para Gullar, em *Quarup*

> o fundamental é a afirmação, implícita no romance, de que é preciso "deseducar-se", livrar-se das concepções idealistas, alheias à realidade nacional, para poder encontrar-se. Os personagens desse livro são pessoas, com seus sonhos, suas frustrações, sua necessidade de realização pessoal. Mas dentro do mundo que o romance define, a realização pessoal deságua no coletivo. Não se trata de apagar-se na massa, mas de entender que o seu destino está ligado a ela... (1967, p.256)

Quarup passava a perspectiva da possibilidade de uma revolução genuinamente popular no Brasil após 1964, o que, em parte, refletia a vivência pessoal do autor. Há notícia do envolvimento de Callado no esquema guerrilheiro ligado a Leonel Brizola logo após o golpe de 1964. Segundo Flávio Tavares, no movimento de resistência armada de Brizola

> havia várias pessoas ligadas. Eu ficava com uma articulação. Outros: o poeta Thiago de Mello, o *Antonio Callado*, o Otto Maria Carpeaux, figura fantástica. Era o núcleo dos intelectuais do Rio... estavam integrados, eram solidários à tarefa (1985).

Mas a obra do romancista transcendeu o ponto de vista individual, correspondendo às ideias de muitos militantes ou simpatizantes da esquerda na época, sobretudo os das camadas intelectualizadas. Ficam transparentes, no livro, a indignação e a revolta dos que, a exemplo de Nando, tiveram de aceitar impotentes o golpe de 1964, bem como o inconformismo com o fato de um movimento popular tão promissor quanto o do início dos anos 1960 ter acatado passivamente o golpe militar.

O romance de Callado fazia a profecia da aliança entre o povo e os intelectuais, corporificada na guerrilha rural a ser deflagrada, na perspectiva típica daqueles que pegaram em armas contra a ditadura. Talvez hoje se possa dizer, olhando o passado, que essa visão era um tanto idealizada, otimista, utópica, idílica, romântica, enfim, um *whishful thinking* das camadas intelectualizadas de esquerda ou dos guerrilheiros sobre o sentido social do enfrentamento armado proposto. Sabe-se agora que a luta dos grupos guerrilheiros não foi de base e composição social camponesa, ou genuinamente popular, nem logrou reunir sob a mesma bandeira os intelectuais e o conjunto do povo, como se profetizava em *Quarup*. Entretanto, no passado, não havia como ter certeza do percurso da História, que se abria por diversas veredas possíveis: o caminho seria traçado pelos homens que viveram aquele tempo dentro de circunstâncias objetivamente dadas. A utopia libertária presente em *Quarup* é fundamental para entender a adesão, na segunda metade dos anos 1960, de centenas ou milhares de pessoas ao projeto de guerra revolucionária, em suas várias vertentes.

A mesma utopia libertária de *Quarup*, com a proposta de aliança entre os intelectuais e o povo num projeto revolucionário, aparece em uma série de manifestações culturais entre 1964 e 1968. Por exemplo, na música popular brasileira pode ser destacada a proposta de revolução social pela união e identidade entre os artistas e o povo, na canção *Viola Enluarada*, de 1968, de Marcos e Paulo Sérgio Valle:

> A mão que toca um violão/ se for preciso faz a guerra/ mata o mundo, fere a terra... / viola em noite enluarada/ no sertão é como espada/ esperança de vingança./ O mesmo pé que dança um samba/ se preciso vai à luta/ capoeira... / Mão, violão, canção, espada/ e viola enluarada/ pelo campo e cidade/ porta-bandeira, capoeira/ desfilando vão cantando/ Liberdade!

Era "esperança de vingança", no "campo e cidade", daqueles que pelas ruas iam "desfilando" e "cantando" contra os donos do poder, pedindo "Liberdade!". Inúmeras músicas de Vandré no período apresentavam o mesmo espírito, como as reunidas em seu disco de 1968, *Canto geral*, verdadeira apologia à revolução camponesa.

Apesar das diferenças estéticas e políticas, as manifestações artísticas brasileiras nos anos 1960 tinham em comum o impulso para o debate, a luta, a ação criativa. As correntes culturais estavam no centro da mesma dinâmica social, o que faz as diferenças entre elas se esmaecerem relativamente, quando olhadas em retrospectiva. Na década de 1960, a intelectualidade brasileira de esquerda, incluindo os artistas, estava cortada de cima a baixo por aquilo que Berman chamou de "cisão fáustica", a exemplo do que ocorrera na Europa do século XIX. A cisão fáustica caracterizaria os "intelectuais do Terceiro Mundo, portadores de cultura de vanguarda em sociedades atrasadas". Ela seria marcada pela constante tensão entre uma vanguarda cultural moderna e a sociedade subdesenvolvida que a cerca. O predicado "fáustica" faz alusão aos dilemas morais e intelectuais do Fausto de Goethe, portador de uma espécie de "identidade subdesenvolvida", típica do Romantismo (1986, p.44) – muitas vezes, um Romantismo de sinal trocado, porque não mais politicamente conservador nos países subdesenvolvidos da segunda metade do século XX. Trata-se do que Rouanet chamou de "historismo de esquerda" dos defensores do modelo nacional-popular na década de 1960 no Brasil. Contudo, a cisão fáustica vale também para os vanguardistas, adversários declarados dos nacionalistas e muito mais desesperados do que estes para alcançar a qualquer preço a modernidade. A ânsia pelo moderno estava presente nos tropicalistas, por exemplo, que tinham a intenção de entrar nas estruturas da modernidade conservadora, implantadas após o golpe militar, para poder superá-las e sair delas, ao invés de negá-las, entrincheirando-se no passado.

Parecem escritas para os tropicalistas e, paradoxalmente, não distantes dos nacionais-populares – nem, tampouco, dos estudantes e intelectuais de esquerda –, as seguintes linhas, sobre a "incandescência desesperada" dos artistas do Terceiro Mundo:

> O Modernismo do subdesenvolvimento é forçado a se construir de fantasias e sonhos de modernidade, a se nutrir de uma intimidade e luta contra miragens e fantasmas. Para ser verdadeiro para com a vida da qual emerge, é forçado a ser estridente, grosseiro e incipiente. Ele se dobra sobre si mesmo e se tortura por sua incapacidade de, sozinho, fazer a história, ou se lança a tentativas extravagantes de tomar para si toda a carga da história. Ele se chicoteia em frenesis de autoaversão e se preserva apenas através de vastas reservas de autoironia. (Berman, 1986, p.220)

Num excerto do ensaio de 1969 de Roberto Schwarz, ensaio fáustico do começo ao fim, revela-se a cisão do intelectual aludida por Berman: "Falamos longamente da cultura brasileira. Entretanto, com regularidade e amplitude, ela não atingirá 50 mil pessoas, num país de 90 milhões" (1978, p.91). Talvez os números de Schwarz sejam um pouco subestimados, já que apenas a *Revista Civilização Brasileira*, periódico mensal de intelectuais de esquerda, teria em 1967 uma tiragem de 40 mil exemplares, como afirma Carlos Guilherme Mota (1985, p.260). De certa forma, ele também coloca em segundo plano a influência da difusão de ideias tendo como veículo a própria indústria cultural então insurgente, que levava para milhões de pessoas, por exemplo, as canções engajadas nos festivais de MPB transmitidos pela televisão. Mas isso não invalida o cerne de sua asserção, pois só uma escassa minoria de brasileiros tinha acesso à cultura com "regularidade e amplitude".

Também em setores docentes da universidade buscava-se a aproximação entre os intelectuais e o povo. Nos anos 1950 e 1960, vários acadêmicos estudavam "a mentalidade do homem simples", para ajudá-lo a compreender e a transformar a realidade, como apontou Octavio Ianni, num artigo em que destacava o esforço da intelectualidade brasileira engajada, publicado na *Revista Civilização Brasileira* (1968). Exemplo de cientista social engajado era o próprio Ianni, que escreveu, em 1967, o clássico *O colapso do populismo no Brasil*, desmistificando o tipo de representação popular em vigor até 1964 (1975).

A filmografia de Glauber Rocha também expressava as inquietações dos anos 1960. Pelo menos até 1965-1966, havia no cinema de Glauber uma identificação com as lutas dos trabalhadores, especialmente dos camponeses, expressa em filmes como *Barravento* e *Deus e o diabo na terra do sol* – a este, Che Guevara teria atribuído importância tão grande para a cultura latino-americana quanto a de *Dom Quixote* para a cultura espanhola. *Em Terra em transe*, de 1967, Glauber começava a mudar, ao colocar na tela uma visão cáustica do populismo, do qual fora aliado antes de 1964. Mostrava-o como um regime que engana as massas trabalhadoras, apresentando o personagem do intelectual Paulo Martins, de metralhadora nas mãos no final do filme, propondo a luta armada como saída para a libertação popular. Paulo Martins acaba sendo baleado, mas antes de morrer, erguendo a cabeça para o céu, responde quando lhe perguntam o que, afinal, sua morte provava: "A beleza! O triunfo da beleza e da justiça". Outros depois dele, na vida real, também dariam a vida para provar o mesmo. *Terra em transe* revela o romantismo revolucionário, filho da desilusão após o golpe de 1964 e do panorama cultural nacional e mundial no período. Jacob Gorender (1987, p.74-5), Fernando Gabeira (1988, p.31-2) e outros intelectuais interpretaram o filme como uma adesão de Glauber ao vanguardismo militarista das organizações de esquerda armada, hipótese rejeitada pelo cineasta numa entrevista de 1967:

> É, aliás, uma parábola sobre a política dos partidos comunistas na América Latina. Para mim, Paulo Martins representa, no fundo, um comunista típico da América Latina. Pertence ao Partido sem pertencer. Tem uma amante que é do Partido. Coloca-se a serviço do Partido quando este o pressiona, mas gosta também muito da burguesia a serviço da qual ele está. No fundo ele despreza o povo. Ele acredita na massa como um fenômeno espontâneo, mas acontece que a massa é complexa. A revolução não estoura quando ele o deseja e por isso ele assume uma posição quixotesca. No fim da tragédia ele morre. (Hollanda; Gonçalves, 1986, p.48-9)

Em que pesem as divergências relativas nas propostas estéticas e políticas, por exemplo, tanto Chico Buarque de Hollanda quanto Gilberto Gil usaram a metáfora do samba e do Carnaval para anunciar um novo porvir, na segunda metade dos anos 1960. Cantava Chico em *Olê, olá*:

Não chore ainda não/ que eu tenho a impressão/ que o samba vem aí/ um samba tão imenso/ que eu às vezes penso/ que o próprio tempo/ vai parar pra ouvir.

Estamos diante do uso ambivalente da palavra samba numa canção que literalmente consolava os derrotados de 1964 ("não chore ainda não"), pela perda tanto da revolução quanto das origens tradicionais e populares da MPB, crescentemente ameaçadas pelo imperialismo cultural – mas deixa estar, que "o samba vem aí". No Ensaio Geral, Gil cantava:

tá na hora vamos lá/ Carnaval é pra valer/ Nossa turma é da verdade/ e a verdade vai vencer/ vai vencer, vai vencer.

O convite ao engajamento no "Carnaval" popular, guardadas as devidas diferenças artísticas, lembra aquele de Geraldo Vandré, para quem "esperar não é saber/ quem sabe faz a hora/ não espera acontecer". Recitava Gil em *Roda*: "seu moço, tenha cuidado/ com a sua exploração/ se não lhe dou de presente/ a sua cova no chão". Em sentido análogo, Vandré em *Terra plana*: "apenas atiro certo/ na vida que é dirigida/ para minha vida tirar".

Com o Tropicalismo, Gil foi-se afastando da tradição estética e política que o aproximava, por exemplo, de Vandré e de Chico Buarque; mesmo assim, com o parceiro Capinam, logo depois da morte de Guevara em outubro de 1967, já em plena fase tropicalista, louva "o nome do homem morto", que era "louco por ti, América". Esse nome a censura não permitiria pronunciar com todas as letras; só poderia ser dito quando o dia da libertação houvesse arrebentado – o nome de Che Guevara, vale dizer, o próprio "povo":

El nombre del hombre muerto/ ya no se puede decirlo/ quem sabe?/ antes que o dia arrebente/ El nombre del hombre muerto/ antes que a definitiva noite se espalhe em Latino--américa/ El nombre del hombre es pueblo.

Apesar de tudo, era preciso cantar o nome do homem morto, cuja bandeira de luta ficara para o povo, a quem caberia evitar que a noite definitiva se espalhasse pela América Latina. Mesmo com a morte de Che Guevara, sobreviveria seu espírito, encarnado nas lutas populares, imortalizado no próprio povo: "el nombre del hombre es pueblo". Por isso, "um poema ainda existe/ com bandeiras, com trincheiras/ canções de guerra/ quem sabe, canções do mar", numa alusão às lutas dos que levantavam bandeiras e trincheiras, fazendo canções de guerra e de mar, sabendo que um dia iriam morrer "nos braços da camponesa/ guerrilheira, manequim/ ai de mim/ nos braços de quem me queira".

Na sua *Miserere nobis*, de parceria com Capinam, Gil advertia que "já não somos como na chegada/ calados e magros/ esperando o jantar na porta". Evocava o "dia que seja/ para todos e sempre a mesma cerveja/ Tomara que um dia, dia (um dia não, para todos e sempre), metade do pão". Notava a "mesa molhada de vinho e manchada de sangue". (O mesmo sangue que, tempos depois, pediria que dele fosse afastado, com Chico Buarque unido a Gil pelo peso da censura e da repressão da ditadura militar nos anos de chumbo do início da década de 1970, quando já havia passado o furor das tendências político-estéticas adversárias que cada um deles defendera em 1968 e que, de certa maneira, continuam representando até hoje, de modo mais tênue: "pai, afasta de mim esse cálice [cale-se]/ de vinho tinto de sangue"). *Miserere nobis*, música marcante de 1968, termina com um jogo de letras, sílabas e palavras, comumente usado na literatura de cordel e nos métodos antigos de alfabetização, para fugir à censura e expressar o cerne da manutenção da nossa miséria brasileira, *miserere nobis*: "be, re, a = *bra*; ze, i, le = *zil*/ fe, u = *fu*; ze, i, le – *zil*/ ce, a = *ca*; ne, agá, a, o, til = *nhão*/ *ora pro nobis*/ *ora pro nobis*".

A crítica irônica e corrosiva à indústria cultural e à modernização conservadora da sociedade brasileira também estava presente nas canções tropicalistas, por exemplo, nas vozes de Gil, Caetano, Gal Costa e Mutantes, cantando a música de Tom Zé *Parque industrial*. Ela remetia à "redenção" de nossa nação, com o "avanço industrial", em um tempo em que era usual chamar de "redentora" a "revolução de 1964".

> Retocai o céu de anil/ bandeirolas no portão/ grande festa em toda a nação/ despertai com orações/ o avanço industrial/ vem trazer nossa redenção/ Tem garotas-propaganda/ aeromoças e ternura no cartaz/ basta olhar na parede/ minha alegria num instante/ se refaz/ Pois temos o sorriso engarrafado/ já vem pronto e tabelado/ é somente requentar/ e usar/ porque é made in Brazil.

As vaias do público a uma música de Caetano Veloso, num festival de MPB em 1968, geraram inflamado discurso do compositor contra a plateia, onde dizia as famosas frases proféticas: "... Mas é isso que é a juventude que diz que quer tomar o poder? ... Vocês não estão entendendo nada. Se vocês em política forem como são em estética, estamos feitos". Contudo, vista de hoje, fica esmaecida aquela rixa entre o público jovem que vaiava a canção *É proibido proibir* e o compositor no palco, Caetano Veloso. Já não está na ordem do dia a recusa de Caetano e dos tropicalistas de colocarem as artes imediatamente a serviço da revolução social; as transgressões estéticas propostas pelo Tropicalismo foram incorporadas pela MPB de nossos dias, quando os artistas têm de se submeter à indústria cultural para a divulgação de suas obras: portanto, distanciados de 1968, torna-se difícil entender as diferenças entre Caetano e os que o vaiavam. Quando se aborda retrospectivamente o ambiente político e cultural de 1968 de uma perspectiva mais sociológica que estética, vê-se que havia muito em comum entre Caetano e o público indignado que o apupava (supostamente os jovens de esquerda que pretendiam defender a "autêntica" MPB e, também, que queriam tomar o poder pela via guerrilheira). Isso se expressa de forma transparente na letra da própria música vaiada, que se inspirava nas manifestações estudantis e operárias de Maio de 1968 na França:

> os automóveis ardem em chamas/ Derrubar as prateleiras/ as estantes/ as estátuas/ as vidraças/ louças, livros/ sim/ Eu digo sim/ Eu digo não ao não/ e eu digo é proibido proibir/ É proibido proibir.

Ora, a mesma aversão aos "livros", às "estátuas" e às "estantes", que deveriam ser derrubados, permeava com diferentes modulações todo o movimento social de 1968, da contracultura aos artistas engajados, dos *hippies* aos guerrilheiros. O antiteoricismo, a negação da reflexão em nome da ação, foi também marca forte nos grupos de guerrilha urbana. Para estes, a teoria política revolucionária já estava pronta, e não caberia mais perder-se em discussões teóricas intermináveis, estéreis e burocratizantes, que só impediriam a ação revolucionária a ser imediatamente levada a cabo.

Em *Divino maravilhoso*, de 1968, Caetano constatava e repetia que "os automóveis ardem em chamas", pedia "atenção para o sangue sobre o chão". As coisas estavam acontecendo, era preciso "estar atento e forte", sem "tempo de temer a morte", a fim de estremecer a ordem constituída. A rebeldia anticapitalista aparecia em várias canções de Caetano Veloso e dos tropicalistas, como a expressiva *Enquanto seu lobo não vem*, do LP *Tropicália*, gravado em 1968. A letra fala da resistência clandestina ao regime militar. Enquanto Caetano canta a música, ouve-se ao fundo um coro entoando paralelamente um verso de outra canção, de Caymmi, que diz mais do que sugestivamente: "os clarins da banda militar". Eis a letra:

> Vamos passear na floresta escondida/ meu amor/ vamos passear na avenida/ vamos passear nas veredas no alto/ meu amor/ há uma cordilheira sob o asfalto/ A Estação Primeira de Mangueira/ passa em ruas largas/ passa por debaixo da avenida Presidente Vargas/ Vamos passear nos Estados Unidos/ do Brasil [nesse ponto, toca-se ao fundo um trecho do hino da Internacional Comunista]/ vamos passear escondidos/ vamos desfilar pela rua onde

a Mangueira passou/ vamos por debaixo das ruas/ Debaixo das pombas [ou bombas?] das bandeiras/ debaixo das botas/ debaixo das rosas dos jardins/ debaixo da lama/ debaixo da cama/ debaixo da cama.

A canção fala dos que tinham de conviver clandestinamente com o regime militar. Ela poderia ser assinada por qualquer guerrilheiro urbano, exceto pelas palavras finais, que talvez expliquem em parte o ódio de muitos militantes contra o Tropicalismo em 1968, e as vaias recebidas por Caetano no festival: enquanto uma parte da esquerda preparava-se para pegar em armas contra os militares, Caetano vivia a mesma situação propondo irem todos para "debaixo da cama", isto é, refugiar-se da sanha do "lobo", vale dizer, dos militares.

Sabe-se, "O homem é o lobo do próprio homem". A canção libertária do homem, entoada por vozes diversas entre 1964 e 1968, seria calada pela força do "lobo" após o AI-5, e só viria a ser ouvida novamente alguns anos depois, quando o milagre econômico e as ilusões que gerara entravam em franco declínio e reorganizava-se a resistência ao regime militar. Então, Chico Buarque encontrava eco quando propunha que se cantasse novamente a "esperança" e a "alegria", "revirando a noite/ revelando o dia... canta a canção do homem/ canta a canção da vida".

Na conjuntura de 1967-68, herdeira dos efeitos do golpe de 1964 (os quais não foram capazes de murchar imediatamente o florescimento cultural que acompanhara o movimento da sociedade no início da década), as ideias e as ações de rebeldia e de revolução empolgaram muitos que tinham acesso à cultura, principalmente os jovens intelectualizados. A eles abrasava com diferentes intensidades e matizes o ardor revolucionário, o fogo de conhecer a revolução: "como se chama a amante?/ desse país sem nome/ esse tango, esse rancho/ esse povo, dizei-me/ arde o fogo de conhecê-la".

Até 1968, inúmeras músicas, filmes, encenações teatrais, livros e outras manifestações artísticas apontavam, menos ou mais explicitamente, para um caminho: a resistência ao regime militar pela aliança entre os intelectuais e os trabalhadores, ou o "povo". Logo, seria de prever a adesão maciça dos próprios artistas às organizações de esquerda, especialmente as armadas. Alguns deles realmente passaram "para a ação direta e para a clandestinidade". Foi o caso de Heleny Guariba, sobre quem escreveu o crítico de teatro Décio Prado:

> Parecia alguém que marcaria fortemente a sua presença no teatro brasileiro. Heleny... não suportava mais viver em meio à injustiça e preferia arriscar a vida na clandestinidade do que permanecer inerme e inerte. A sua morte foi uma das muitas cercadas pela obscuridade e abafadas pelo silêncio. (1987, p.18)

Como ela, outros passaram à clandestinidade, mas os números já expostos sobre os processados pelo regime militar mostram que não ocorreu a adesão direta e em larga escala de artistas "do palco" às ações armadas. Entretanto, parte da "plateia" dos espetáculos envolveu-se mais diretamente com a luta, sobretudo estudantes e jovens profissionais com escolaridade superior, para cuja formação da mentalidade rebelde e inconformista as artes e os artistas dos anos 1960 contribuíram.

A rápida reversão do quadro político e cultural após o AI-5, com forte censura, tortura, diversas prisões e exílios a que foram submetidos muitos artistas, o refluxo do movimento de massas paralelo ao recrudescimento ímpar da repressão – especialmente contra os opositores armados do regime – tudo isso talvez tenha contribuído para que muitos artistas se solidarizassem com os opositores armados por outra via, que não a própria passagem imediata para a clandestinidade e execução de ações armadas, como a ajuda financeira a organizações de esquerda, por exemplo. Afinal, não era tão simples a cantada passagem dos "versos à revolução", até porque desapareciam rapidamente as bases sociais de toda aquela agitação artística justificadora de uma resistência armada à ditadura, isto é, as manifestações culturais vinham na crista da onda de um movimento popular derrotado em 1964 e dizimado em 1968. Sem contar que a indústria cultural ia dando, à sua maneira, uma resposta aos anseios modernizantes dos artistas e intelectuais rebeldes, chegando a oferecer-lhes vantajosos contratos (1981, p.93).

A partir de 1969, elevou-se acentuadamente o número de ações armadas realizadas por vários grupos de esquerda, caracterizando aquilo que Gorender chamou de "imersão geral na luta armada" (em 1968, as raras ações armadas urbanas estavam restritas à ALN, à VPR e aos COLINA, mais a ALA no final do ano). A ascensão da atividade dos grupos armados esteve na mesma razão do decréscimo das lutas de massas e do correspondente murchar dos movimentos culturais, que não sobreviveram enquanto tais, senão pela resistência individual de um ou outro artista a partir de 1969. Daí um ex-guerrilheiro ter escrito que:

> [a] guerrilha nasceu, portanto, sem uma cultura que a acompanhasse. Nasceu sem artistas, poetas, críticos, romancistas, teatrólogos, dançarinos, terapeutas, escritores. Como tal, nasceu sem raízes em sua própria classe. Quem nasce sem uma cultura, ou quem, com o tempo, não consegue expressar uma representação cultural do dia a dia de sua práxis é porque já nasceu morto, é porque está condenado ao fracasso. (Polari, 1982, p.123)

Talvez haja algo de exagerado nessas asserções, pois, como estamos vendo, os grupos armados nasceram no seio de um movimento social com rica manifestação cultural que empurrava para a resistência ativa à ditadura militar. Contudo, parece verdadeiro que os grupos guerrilheiros não conseguiram expressar "uma representação cultural do dia a dia de sua práxis", uma vez que esta se desvinculava progressivamente de uma atuação inserida nas "lutas de massa", para usar o termo da época.

Trabalhos artísticos também expressaram a marginalização social crescente dos grupos armados a partir de fins de 1969. (Do AI-5 até o fim de 1969, as esquerdas armadas beneficiaram-se numericamente com a passagem à clandestinidade de vários quadros e simpatizantes que atuavam nos movimentos de massas anteriores ao AI-5. Também foi a partir do final de 1969 que se fizeram sentir com mais nitidez os efeitos de recuperação da economia nacional, tornando ainda mais difícil recrutar militantes contra uma ditadura que gerava o desenvolvimento" do país e reprimia barbaramente seus opositores.) Por exemplo, Antonio Callado, que em 1966 decantara a adesão do intelectual à guerrilha em *Quarup* (1967) – romance cuja proposta política e literária era elogiada por Roberto Schwarz ainda em 1969-70 –, em maio de 1970, o mesmo Callado termina de escrever *Bar Don Juan*, romance que expressava um ponto de vista totalmente oposto ao de *Quarup* sobre a guerrilha.

Bar Don Juan (Callado, 1982) foi uma expressão literária do clima político e cultural de 1970, talvez o auge da repressão exercida pelo regime militar. Revelava uma perspectiva cética, desencantada e pessimista com a luta desenvolvida pelos grupos armados, apresentada como reação voluntarista, sem participação popular, trágica e inútil, embora até certo ponto heroica, de grupinhos de esquerda compostos por militantes intelectualizados de classe média alta, frequentadores dos bares da noite, idealistas e ingênuos. Os guerrilheiros seriam um bando de "esquerda festiva" (entendida como o conjunto de boêmios desocupados ou semiempregados, com algum dinheiro, relativamente instruídos e com ideias progressistas), que resolve empunhar a tocha da revolução e trocar pelas armas as noitadas no bar Don Juan e a vida boêmia do bairro carioca do Leblon, para ajudar o Che no seu projeto de revolução continental iniciado na Bolívia. No final da história, passada em 1967, a aventura acaba tragicamente para os guerrilheiros, mortos na maioria. Aos sobreviventes restara a solidão, a frustração e o isolamento numa imensa noite. O romance abordava pejorativamente as ações armadas, apresentando-as como uma luta, para usar palavras da contracapa do livro, "de intelectuais engajados e boêmios em disponibilidade, de cínicos e diletantes movidos a álcool, da 'esquerda festiva' em suma", clientes diários dos bares sofisticados das grandes metrópoles. *Bar Don Juan* é fruto da desilusão do Autor com a resistência guerrilheira, o que em parte talvez tenha caráter pessoal.

Nos depoimentos colhidos, mais de um ex-guerrilheiro apontou o caráter falsificador dado à esquerda armada em *Bar Don Juan*, até por razões pessoais e sentimentais do Autor, como o fracasso do projeto guerrilheiro nacionalista com as prisões na serra de Caparaó, no qual o próprio Callado estaria envolvido. Um dos entrevistados afirmou que Callado teria tido uma desilusão amorosa com uma guerrilheira, projetando-a no romance. Outro disse:

> Eu acho que livros como *Bar Don Juan* são profundamente desonestos. Um cara conversou com algumas pessoas que os latinos-americanos chamam de "whiskierda" e se convenceu que a luta fora isso. Eu acho uma desonestidade, um desrespeito ao que houve. Uma incompreensão profunda.

De qualquer forma, o livro mostra o ideário de desilusão, em 1970, de determinados setores das camadas sociais intelectualizadas, ditos de esquerda (marxista ou não), que, num primeiro momento, haviam participado direta ou indiretamente dos acontecimentos políticos posteriores a 1964 ou acompanhavam de perto o que sucedia. A visão exposta no romance não corresponde ao que foram composição e base social dos grupos de esquerda armada, que não eram integrados apenas, ou principalmente, por uma elite de intelectuais "festivos" (desde o século XIX já havia na composição social dos grupos insurrecionais a participação do que Marx chamou *la bohème*). Talvez o livro represente um voo de imaginação de setores céticos da esquerda sobre o que seria deles se deixassem os bares e partissem para a "utopia" da guerrilha, no sentido negativo do termo. Mas algo em comum parece ter havido realmente entre as esquerdas dos bares e as que empunharam armas na resistência à ditadura: os componentes de ambas eram predominantemente originários das camadas intelectualizadas urbanas e fruto do mesmo processo histórico e cultural. O número enorme de pessoas dessas camadas, politizadas, mobilizadas ou engajadas nos processos de mudança social, dentro da ordem ou contra ela, no final da década de 1950 e no início dos anos 1960, seguiu vários rumos depois de 1964 ou de 1968: alguns, para o exílio, outros, para as lutas de oposição institucional cada vez menos toleradas, como a parlamentar e a estudantil, outros, ainda, optaram pela resistência armada, muitos desistiram de qualquer tipo de luta naquele momento, vários aderiram ao "sistema" implantado e uns tantos encontraram, com a "interrupção do processo histórico", a hora "boa para abrir um bar", ou frequentá-lo, nas palavras de W. H. Auden citadas por Callado na abertura do romance (1982, p.1). Foram os bares que serviram de refúgio a muitos que se sentiram impotentes num tempo de horror político, como o vivido pela sociedade brasileira em

1970. Mas era também nos bares que os setores contentes das camadas médias comemoravam as conquistas pessoais de consumo com o "milagre econômico". *Bar Don Juan* expressa um tempo de amargura e impotência política para as esquerdas, tempo em que "a minha gente hoje anda falando de lado e olhando pro chão", quando Chico Buarque cantava contra o ditador-general de plantão que "apesar de você, amanhã há de ser outro dia", e só lhe restava resistir entrincheirado em seu canto de protesto:

> ninguém vai me acorrentar/ enquanto eu puder cantar/ enquanto eu puder sorrir/ enquanto eu puder cantar/ alguém vai ter que me ouvir

Sinteticamente, em sintonia com os períodos em que foram escritos, correspondendo a diferentes conjunturas e a ideias sobretudo de setores ditos "progressistas" das camadas sociais intelectualizadas, pode-se estabelecer uma relação entre os dois romances de Callado com as seguintes frases, difundidas naqueles anos: "Pátria ou morte. Venceremos!", para *Quarup*, de 1966, publicado em 1967; e "o sonho acabou", para *Bar Don Juan*, de 1970. Tempos depois, em 1976, Callado escreveria outro romance, também revelador da atmosfera social do ano em que foi escrito, para a qual poderia servir a palavra de ordem "a luta continua". Trata-se de *Reflexos do baile* (Callado, 1977), que apresentava uma ótica menos idealizada e menos envolvida sentimentalmente do que seus outros dois romances sobre a guerrilha brasileira. O livro é um mosaico de cartas que escrevem, uns para os outros, embaixadores de diversos países, seus parentes, guerrilheiros-sequestradores, policiais etc. O fio condutor do mosaico é o planejamento do sequestro de um embaixador num baile, com as consequências que gera o fato consumado. O tom crítico, contido e distanciado, assumido pelo Autor no texto, revela, na sua forma epistolar e não linear, um retrato da realidade política brasileira de 1969 a 1973: fragmentada, ditatorial, num clima de medo, segredo e tragédia que caracterizou os chamados "anos de chumbo" para aqueles que ousaram opor-se à ordem vigente. Enquanto, para o restante da sociedade, o regime procurava mostrar o Brasil como uma ilha de tranquilidade e prosperidade. No final do romance, apesar de mortos ou presos os sequestradores, a polícia soltou, por não identificá-lo nem mesmo por meio de torturas, Dirceu, um guerrilheiro a quem era endereçada a maior parte das cartas escritas pelos sequestradores. Com *Reflexos do baile*, Callado fez-se porta-voz artístico de uma luta social de seu tempo: constatava-se que a batalha da guerrilha estava perdida, mas restavam elos e forças, simbolizados pela sobrevivência de Dirceu, que permitiriam dar seguimento à luta contra a ditadura e pela emancipação humana, por setores mais amplos do que a aguerrida elite de esquerda que pegou em armas.

Talvez *Reflexos do baile* encontre uma aproximação no campo da MPB na canção *Pipoca moderna*, música da Banda de Pífaros de Caruaru, recolhida por Gilberto Gil em 1967, na qual Caetano Veloso colocou uma letra anos depois, gravando-a no disco *Joia*, de 1975. Na "noite de negro não" do regime militar, muitos acreditaram que o pipocar de manifestações culturais e políticas, o estouro de centelhas insurrecionais, levaria à revolução. Dizia a canção:

> E era nada de nem/ noite de negro não/ e era 'n' de nunca mais/ e era noite de 'n' nunca/ de nada mais/ e era nem de negro não/ porém parece/ que há golpes de 'p'/ de pé, de pão/ de parecer poder/ e era não de nada nem/ Pipoca ali, aqui/ pipoca além/ desanoitece/ a manhã/ tudo mudou.

Provavelmente, Caetano Veloso pensasse, ao compor a letra de *Pipoca moderna*, na atuação rebelde da "guerrilha cultural" dos tropicalistas no passado, mas a letra cai como uma luva para a atuação dos grupos políticos de guerrilha urbana. O golpe das pipocas estouradas, isto é, das manifestações culturais por toda parte, e das próprias ações armadas, isoladas, abruptas e surpreendentes, geravam uma aparência de poder aos agentes sociais contra a ordem, um "parecer poder" dado pelos festivais de MPB, manifestações de rua, *happenings* culturais e, no caso dos guerrilheiros, pela posse das armas e pela dinâmica das ações. Eram pipocas de luz na noite da ditadura militar, nada além. Foram sinais de vida que não puderam iluminar as trevas. Finalmente, cantava Caetano em meados dos anos 1970, desanoitecia a manhã, e tudo mudara.

Da decantada geração de 1968, que, em parte, aderiu aos grupos armados, "nem tudo se perdeu: ficou o esforço, ficaram gestos de grandeza, preocupações fecundas" e obras de arte "que ainda hoje circulam entre nós e nos emocionam", como se lê num depoimento de Leandro Konder, coletado por Hollanda e Gonçalves (1986, p.91-2). Ao olhar retrospectivamente para os anos 1960, Konder constata, em sentido próximo ao que foi proposto no início deste tópico, ao se acatar uma hipótese de Perry Anderson, que restaram "ruínas arqueológicas de uma cultura dizimada pelo AI-5, pela repressão, pelas torturas, pelo 'milagre brasileiro', pelo 'vazio cultural', pela disciplina tecnocrática e pela lógica implacável do mercado capitalista". Sabe-se que esse mercado viria, com o tempo, a incorporar desfiguradamente elementos tanto das propostas vanguardistas quanto das nacionais-populares dos anos 1960, desenvolvendo-se uma indústria cultural, sem precedentes no país, que oferecia empregos e bons pagamentos aos artistas, inclusive os "revolucionários". Mais por razões objetivas do que por subjetivas, o número de artistas realmente insubordinados tenderia a ficar cada vez mais restrito, conforme avançava também no campo das artes e da cultura a modernização implementada pelo novo regime, sem dúvida uma resposta conservadora a anseios e propostas de modernização que vinham de pressões populares de antes de 1964 ou de 1968. Logo ficariam distantes no passado as perspectivas de guerrilha que haviam embalado tantos sonhos e tantas vidas.

A ESQUERDA ARMADA NOS MEIOS INTELECTUAIS

Dados sobre a esquerda estudantil

Foi notável a presença de estudantes nos grupos de esquerda em geral (906; 24,5% do total de 3.698 processados, com ocupação conhecida, por ligação com grupos de esquerda), e particularmente naqueles que pegaram em armas (583; 30,7% dos 1.897 denunciados por vinculação com organizações guerrilheiras urbanas típicas – Quadro 1). Isso reflete a extraordinária mobilização estudantil, sobretudo nos anos entre 1966 e 1968. Quando se tomam os dados referentes a organizações que atuavam desde antes de 1964, é possível mostrar que o peso proporcional que os estudantes tinham então nessas organizações era muito menor do que aquele que viriam a representar na composição das esquerdas nos anos seguintes (Quadro 3). Nos Grupos de 11 eles compuseram apenas 3,2% do total; no PCB, não passavam de 1,1% em 1964, crescendo para 12,3% em 1965-68 e 11,1% entre 1969 e 1974, diminuindo para 4% entre 1974 e 1976, quando o movimento estudantil ou os seus resquícios já haviam deixado de ter qualquer significação social (organizações como o PCdoB, a POLOP e a AP atuavam antes de 1964, mas os dados do BNM sobre elas nesse período são escassos, motivo por que não são levados em conta aqui).

Os dados sobre o PCB são indicativos de que a adesão às esquerdas foi expressão do conjunto do movimento social de oposição: antes de 1964, o peso relativo do movimento estudantil era pequeno no cômputo geral da mobilização popular; após essa data, ele foi notoriamente mais significativo, o que se refletiu no número de estudantes processados pelo regime militar por ligação com o PCB e, principalmente, por vinculação às organizações de esquerda armada. Foi para estas últimas que acorreram em grande parte os setores mais extremados do movimento estudantil. A proporção em torno de 30% de estudantes (Quadro 1) é uma constante para as organizações urbanas armadas, como também para grupos radicais que se opunham à via armada imediata, caso da AP (30,1%) e da POLOP (26,2%). Alguns grupos apresentam uma percentagem expressivamente além dessa média de 30% (válida para o conjunto das organizações armadas): no caso dos COLINA (26 processados, 51%), tratava-se de uma organização tipicamente estudantil de Minas Gerais, com ramificações no Rio de Janeiro (então Guanabara), que surgiu de uma dissidência da POLOP, no seu Congresso de 1967, e foi uma das pioneiras na execução de ações armadas.

Os dados sobre o MR-8 (74 estudantes, 49,3% dos 150 processados com ocupação conhecida), na verdade, são referentes a *duas organizações distintas* que se denominaram MR-8 nos processos judiciais, sendo por isso seus dados computados em conjunto pelo BNM: tratava-se de duas dissidências estudantis do PCB, a do Estado do Rio de Janeiro (DI-RJ) e a do então estado da Guanabara (DI-GB), que nada tinham em comum, exceto serem dissidências estudantis do "Partidão". A primeira já havia sido desbaratada pela polícia, quando a DI-GB resolveu assumir o nome MR-8, para desmoralizar o governo que anunciava o fim do "MR-8" (DI-RJ); como ambas eram dissidências universitárias estudantis, explica-se o referido número de 49,3% dos processados. Aliás, uma das fontes principais de militantes, senão a fundamental, para as organizações que optaram pela "luta armada" imediata naquela conjuntura, foram exatamente as dissidências universitárias do PCB em todo o Brasil. Outra organização com presença estudantil marcante (40,6%) foi o POC, fruto da união, em abril de 1968, do que restara da POLOP, após o Congresso de 1967, com a DI do PCB no Rio Grande do Sul. O POC era inicialmente crítico das ações armadas naquela conjuntura, mas, a partir de certo momento, acabou envolvendo-se com uma ou outra ação. Também no PCBR, outra dissidência do PCB, o percentual de estudantes chegou quase a 40% (Quadro 1).

Vale notar que duas organizações armadas, para as quais o total de militantes considerados é estatisticamente significativo, têm número de estudantes inferior à média de 30%: a ALA (17,5%) e a VPR (19,7%). Note-se também que os grupos armados nacionalistas quase não contavam com estudantes, casos do MAR, do MNR e da RAN.

A percentagem de estudantes em torno de 30% nos grupos armados, embora alta, provavelmente ainda esteja abaixo de sua presença real nesses grupos, pois muitos deles não se dedicavam ao estudo em tempo integral, trabalhando para, supostamente, poder dar continuidade à sua formação. Presumivelmente também eram estudantes muitos dos que aparecem qualificados nos dados estatísticos em outras ocupações (da mesma forma, por sua vez, é de se presumir que muitos dos qualificados como estudantes tivessem uma atividade profissional, podendo ser classificados empiricamente em outros itens ocupacionais aqui propostos). Sabe-se, por exemplo, do grande número de estudantes-operários dentre os trabalhadores de Osasco que aderiram à esquerda armada, o mesmo podendo ser dito sobre estudantes-bancários, estudantes-professores etc. Entretanto, o fato de ser estudante-trabalhador, apesar da especificidade da situação, não descaracteriza a inserção profissional desses trabalhadores.

Alguns dados sobre a escolaridade e a faixa etária dos processados por qualquer tipo de oposição à ditadura militar sugerem que ia além dos 30% a origem estudantil dos participantes nos grupos armados de esquerda, chegando provavelmente a mais da metade dos militantes o número dos provenientes dos meios estudantis (fossem exclusivamente estudantes ou não, e independentemente da extração social das famílias a que pertenciam). Conforme informação contida na página 3 do tomo III do BNM, temos que, dentre os 4.476 processados pelo regime militar, com nível de instrução conhecida, 24,9% (1.113 pessoas) tinham curso universitário completo e 30,8% (1.378) cursaram parcialmente a universidade. Isto é, 55,7% (2.491) dos denunciados pela ditadura perante a Justiça por atividades de oposição tiveram acesso ao ensino superior. Vão na mesma direção as indicações a seguir, que tomam o total de denunciados, indiciados, testemunhas e declarantes levantados pelo BNM (Quadro 4): 4.619 (58,7%) dentre as 7.871 pessoas que compunham a "população atingida" nos processos, com instrução conhecida, tinham até o terceiro grau completo (sem contar que uma parte menor das "escolas militares", que foram computadas como de segundo grau, são, na verdade, também de ensino superior).

Os dados sobre a faixa etária dos processados por vinculação a grupos de esquerda revelam que 1.276 (51,76%) de um universo de 2.465 supostos simpatizantes ou militantes de organizações armadas de esquerda, com idade conhecida, tinham menos de 25 anos de idade quando processados, 1.857 (75,33%) até 30 anos e 2.117 (85,88%) até 35 anos (Quadro 5). Nota-se que na maioria das organizações predominavam os jovens entre 22 e 25 anos, especialmente nos grupos armados (nesses grupos, 34,56% dos 2.465 processados com idade conhecida estavam nessa faixa etária; 23,57% tinham entre 26 e 30 anos; 15,42% entre 19 e 21; 10,55% de 31 a 35 anos de idade). Algumas organizações contaram com jovens de 19 a 21 anos numa percentagem tão elevada quanto os de 22 a 25 anos de idade, caso, por exemplo, da CORRENTE (25,81% dos processados entre 19 e 21 anos), FALN (30,44%: nesse agrupamento, que realizou algumas ações armadas no campo e que atuava na região de Ribeirão Preto, predominavam os estudantes secundaristas, o que o levou a ser chamado de "jardim de infância das organizações de esquerda do pós-64" – p.220) (Gorender, 1987), entre outros pequenos grupos, como a FLNe, o MEL e o MOLIPO.

Os grupos guerrilheiros nacionalistas tinham, em geral, média de idade superior à de outras organizações. Era o caso de MAR, MNR, MR-26 e RAN, em que a maioria estava na faixa entre 26 e 30 anos, ou de 31 a 35, com uma percentagem razoável de supostos militantes de 36 até 40, ou com mais de 40 anos de idade. Na soma dos dados desses grupos "nacionalistas-militaristas", têm-se os seguintes números: uma pessoa até 18 anos (1,1% dos 93 processados por ligação com esses grupos, com idade conhecida); 4 processados entre 19 e 21 anos (4,3%); 10 entre 22 e 25 anos (10,7%); 28 entre 26 e 30 anos (30,1%); 21 entre 31 e 35 anos (22,6%); 16 entre 36 e 40 anos (17,2%); 4 entre 41 e 45 anos (4,3%); 9 com 46 anos ou mais 9,7%). Pequenos agrupamentos, como o PCR no Nordeste e o PRT no Centro-Sudeste, tinham a maior parte dos seus militantes com idade entre 26 e 30 anos. Na década de 1960, costumava-se dizer: "não confie em ninguém com mais de 30 anos". A grande maioria dos supostos militantes ou simpatizantes das esquerdas, especialmente das armadas, estaria na faixa "confiável": tinham até 30 anos quando foram levados às barras dos tribunais 3.026 dentre os 4.482 processados com idade conhecida por vinculação com as esquerdas em geral (67,52%), e 1.857 das 2.465 pessoas acusadas de ligação com os grupos armados (75,33%).

Ao se reagrupar, em apenas três faixas etárias, os processados por envolvimento com as esquerdas clandestinas, pode-se ter uma visão mais clara da distribuição etária dos supostos militantes de cada organização. Observa-se que a maior parte dos processados dos grupos armados era bem jovem, normalmente em idade escolar: 1.276 (51,8%) dos 2.465 denunciados com idade conhecida tinham até 25 anos no momento em que foram processados. O número de envolvidos com idade entre 26 e 35 anos também é significativo nos grupos armados: 841 (34,1% do total). Mas não se imagine que a resistência armada partiu só dos jovens, pois 348 pessoas, 14,1% dos processados, tinham 36 anos ou mais (Quadro 5).

Organizações com penetração sobretudo no movimento estudantil, armadas ou não, foram as que tiveram maiores percentagens de jovens processados. Alguns grupos chegaram, ou quase, a 60% de supostos militantes com menos de 25 anos de idade, casos de ALA, COLINA, FALN, MR-8, PCBR, POC e POLOP. Outros tiveram por volta de 50% de jovens com até 25 anos de idade: ALN, AP, CORRENTE, DVP, FLNe, MEL, MOLIPO, MRM, PORT, VAR e VPR.

Em três agrupamentos foi marcante a presença de pessoas com mais de 36 anos: os Grupos de 11, o PCB e a DI-DF (pequena dissidência do PCB em Brasília no ano de 1967, próxima da ALN). Os dados relativos ao PCB e aos Grupos de 11, antes de 1964, podem sugerir uma diferença fundamental entre as lutas sociais e o engajamento militante antes e depois do golpe de 1964, especialmente em 1967 e 1968. Antes de 1964, as esquerdas arregimentavam uma percentagem de pessoas proporcionalmente mais velhas do que na conjuntura imediatamente posterior. Os nacionalistas dos Grupos de 11, organizados por Brizola antes de 1964, tiveram 94 processados com idade sabida, dentre os quais, 57 (60,6%) com mais de 36 anos de idade, e 42 (44,7%) tinham 41 anos ou mais.

Os dados sobre o PCB revelam que, em 1964, 4,8% dos processados tinham até 25 anos de idade (7 pessoas); 18,6% estavam entre 26 e 35 anos (27 pessoas); e 76,6% já contavam com 36 anos ou mais (111 denunciados). Dentre os processados do PCB em 1964, 54 tinham mais de 41 anos (57,9%), e 56 deles (38,6%), mais de 46 anos de idade! No período imediatamente seguinte, entre 1965 e 1968, quando o PCB sofreu diversas cisões, assim como entre 1969 e 1974, aumentou bastante a proporção de jovens militantes em relação a 1964: tinham menos de 25 anos 13 processados entre 1965 e 1968 (25,5%), e 43 denunciados entre 1969 e 1974 (18,3%). Se, em 1964, 76,6% dos denunciados do PCB tinham 36 anos de idade ou mais, esse percentual caiu para 47,1% (24 pessoas) entre 1965 e 1968, e para 50,6% (119 pessoas) entre 1969 e 1974. Isso indica que, inclusive dentro do PCB, aumentou sensivelmente o número de jovens militantes entre 1965 e 1974. Passados os anos de efervescência da juventude, isto é, a segunda metade da década de 60 e o início dos anos 70, o número de jovens voltou a baixar no PCB: em 1975 e 1976, só 9 processados (5,2% do total de 174) tinham menos de 25 anos, e 134 (77%) já haviam completado 36 anos ou mais, números percentuais bastante próximos daqueles do PCB nos processos de 1964 (respectivamente, 4,8% e 76,6% em 1964).

Em outras palavras, as evidências são claras: era jovem a maioria dos militantes e simpatizantes das esquerdas após 1964, principalmente das esquerdas armadas, situação contrária àquela anterior ao golpe. Isso não significa que os mais velhos tenham deixado de integrar grupos clandestinos após aquela data. Especialmente militantes veteranos, dissidentes do PCB, tiveram destaque na liderança de grupos guerrilheiros, casos notórios de Carlos Marighella e de Joaquim Câmara Ferreira (ALN), Apolônio de Carvalho e Mário Alves (PCBR), dentre outros, que levaram consigo bases e militantes antigos do PCB. Ao que tudo indica, o PCB ficou com a maior parte dos velhos militantes que continuaram na luta após 1964, mas contou no seu interior com um peso relativamente maior de jovens no mesmo período, embora prevalecessem as pessoas de mais idade. Os mais jovens acorreram preferencialmente para as "novas esquerdas", únicas alternativas visíveis ao PCB, cuja estrutura arcaica e stalinista não era capaz de dar conta da complexidade da sociedade brasileira, nem da novidade dos movimentos sociais dos anos 1960, tampouco da transformação revolucionária da ordem estabelecida – a julgar pelo fracasso da política do Partido em 1964 e, principalmente, pela ausência de resistência do PCB ao golpe, o que abalou moralmente grande número de militantes e simpatizantes, especialmente os mais jovens.

Comparando os dados estatísticos sobre a faixa etária das organizações de esquerda com a distribuição etária da população brasileira acima de 15 anos de idade em 1970 (IBGE, 1970), constata-se que a concentração de jovens nos grupos armados era acentuadamente maior que na população em geral, urbana ou não. Apenas 14,1% dos processados por vinculação com a esquerda armada tinham 36 anos ou mais, enquanto 33,6% dos brasileiros jovens e adultos tinham mais de 40 anos; 73,5% dos acusados de envolvimento com os grupos armados tinham entre 19 e 30 anos, ao passo que quase 38% da população jovem e adulta tinham entre 20 e 34 anos em 1970.

Os partidos clandestinos, antes como depois de 1964, não se caracterizavam intrinsecamente pela arregimentação de quadros mais jovens ou mais velhos. As circunstâncias sociais posteriores ao golpe de Estado favoreceram a mobilização de setores sociais jovens, principalmente estudantis, assim como antes daquela data a composição social das esquerdas refletia uma participação política e social mais diversificada, com a mobilização mais ampla de vários estratos da população, de todas as idades. Os anos de 1967 e 1968 assistiram à mobilização política de amplas massas juvenis, universitárias em grande parte, mas também compostas por secundaristas, bancários e outros assalariados, inclusive operários, especialmente no caso dos jovens revolucionários de Osasco. A destacada militância dos jovens nos partidos de esquerda após 1964 (principalmente nos armados, que surgiam como novas alternativas de luta e intervenção na sociedade) deve ser compreendida em relação direta com a ímpar participação juvenil nos movimentos sociais do período, favorecida pelo clima político e cultural dos anos 1960.

Combinados os dados sobre a faixa etária dos componentes das esquerdas com os referentes à escolaridade, presume-se que, pelo menos, cerca de metade dos militantes das organizações armadas era composta por estudantes universitários, ex-estudantes recém-egressos da escola (tendo completado ou não os estudos) ou, em escala menor, estudantes do ensino médio. Outras fontes confirmam essa asserção. Uma lista da Anistia Internacional, com 1.081 nomes de vítimas da repressão no Brasil entre 1968 e 1972, indica que eram estudantes 39,8% das 565 vítimas com ocupação conhecida, segundo relata Löwy (1979, p.265). Um ex-estudante condenado e encarcerado no início de 1970 conta que, dentre os cerca de 250 presos políticos naquele período no presídio Tiradentes, em São Paulo, "seguramente mais de 50% eram estudantes" (Mendes, 1982, p.90). Com certeza, a origem estudantil dos militantes e simpatizantes foi amplamente majoritária nos grupos de esquerda armada. Portanto, a análise da participação dos estudantes na luta contra o regime militar deve ser considerada peça-chave para compreender as esquerdas armadas urbanas, ainda que elas tenham tido inúmeras facetas sociais além da estudantil, com destaque principalmente à participação dos trabalhadores intelectuais, dos militantes profissionais antigos, rompidos com o PCB, e dos militares subalternos e suboficiais, que também foram componentes muito significativos dos grupos em armas, ao menos qualitativamente (sem esquecer que os estudantes, como categoria social, são também cortados por distintas inserções de classe).

O céu como bandeira

Um dos aspectos fundamentais para a compreensão da ação transformadora do estudante, de certa forma colocado em segundo plano por autores como Marialice Foracchi (1977), foi levantado por João Roberto Martins Filho: "As práticas e as orientações do conjunto da categoria – da 'massa' estudantil, para conservar os termos do movimento – nem sempre se expressam diretamente e sem intermediações nas bandeiras levantadas por sua direção política" (1987, p.30). Ou seja, há que se ter em conta que o estudantado em seu conjunto não se confunde necessariamente com as orientações de sua direção política. "É preciso investigar, em cada caso, quais as reivindicações passíveis de suscitar apoio de massa, como se expressa esse apoio, quais as propostas e as táticas da 'vanguarda' que encontram respaldo na 'massa'" (1987, p.30-1). Não deve ser exagerada a distância entre as lideranças e as bases estudantis nos anos 1960 no Brasil. Tanto que, a médio prazo, fracassou a tentativa do regime militar de desmobilizar os estudantes pela repressão às suas lideranças após 1964. A "subversão" nesse meio era atribuída à ação de minorias ativas que não seriam representativas do estudantado. Essa política governamental mostrou-se equivocada porque, apesar da distinção entre as lideranças e as massas estudantis, cujas relações devem ser analisadas em cada caso concreto, segundo Guilhon Albuquerque,

> era o próprio movimento que se orientava e agia politicamente, não bastando, portanto, simplesmente substituir ou decapitar as lideranças. É isso que explica a dificuldade encontrada pelo governo para modificar a orientação do movimento estudantil através de medidas legislativas ou repressivas. A interdição das atividades políticas no seio dos diretórios significava a

perda da substância dessas organizações oficiais, lançando seus militantes, inevitavelmente, às fronteiras da clandestinidade. (1977, p.137)

Uma vez que o próprio Movimento Estudantil (ME) "se orientava e agia politicamente", estavam dadas quase que naturalmente no meio universitário as condições para que estudantes, principalmente as lideranças e os que eram chamados de componentes da "massa avançada" do movimento, passassem à militância política além das fronteiras das escolas, especialmente em organizações de esquerda – boa parte das quais, armadas, após 1968. Vários depoimentos o atestam. Por exemplo, José Carlos Gianini, que viria a aderir como estudante à ALN, depois ao MOLIPO, destaca que sua politização acentuara-se em 1968, quando fez o cursinho do Grêmio de Filosofia da USP, universidade onde cursaria Ciências Sociais: "Com o AI-5, não se criou mais alternativa. A que existia efetivamente era a *luta armada*, era como se fosse um *desdobramento natural* de quem já tinha uma militância mais efetiva no movimento estudantil". Segundo o estudante carioca Cid Benjamin, que viria a integrar o MR-8, a repressão nas ruas e dentro da universidade, a atração exercida pelas primeiras ações armadas, a insatisfação geral com a ditadura, "tudo isso formava um quadro que realmente [nos] deixava o engajamento nas *ações armadas* como aparentemente a *saída mais natural*" para os estudantes mais politizados.

O movimento estudantil tinha tradição de luta na defesa das liberdades democráticas, das reformas de base, principalmente no sentido da conquista da reforma universitária, que implicava, dentre outras coisas, a extensão do ensino público e gratuito e a cogestão nas faculdades, inaceitáveis pelo regime militar. Essa tradição do movimento, a repressão governamental numa conjuntura de relativa liberdade de ação entre 1965 e 1968, bem como a agitação cultural do período e a crise econômica que se vivia, tudo isso contribuía para que as organizações de esquerda encontrassem público entre os estudantes, que iam aderindo à militância clandestina no correr do tempo, dedicando-se exclusivamente a ela depois do "fechamento" total com o AI-5, que não deixava lugar para a luta nas escolas, nem para as lideranças, nem para as massas universitárias. (A opção pela clandestinidade e o abandono do movimento de massas foi também a escolha de algumas organizações de esquerda, independentemente do AI-5, que só teria vindo a confirmar os prognósticos de que, naquela conjuntura, o único espaço para a luta era a via armada da guerra de guerrilhas, organizada a partir de pequenos grupos, ficando em segundo plano a luta urbana de massas.)

Depois do golpe de 1964, um grande número de entidades estudantis sofreu intervenção governamental, desde centros acadêmicos até a UNE, cuja sede, no

Rio de Janeiro, foi atacada e incendiada por golpistas à paisana no dia 1º de abril. Jean Marc van der Weid, que viria a presidir a UNE e a ser preso e torturado em 1969, contou-nos em entrevista que apoiou ativamente o golpe. Na noite do dia 31 de março, ele e alguns amigos receberam armas privativas das Forças Armadas para defender o Palácio da Guanabara e o governador Lacerda contra possíveis ataques comunistas:

> Quando o oficial da reserva formou uma espécie de brigada para, com dinamite, atacar a rádio Mayrink Veiga, a gente achou que era... um negócio beirando assassinato. A gente se recusou a ir e fomos imediatamente expulsos do local como não confiáveis. Como não tinha condução, devido a uma greve geral que paralisou os transportes no Rio, a gente começa a rodar pela cidade, vendo o que estava se passando do lado de cá da barricada, do lado popular. (...) de repente, vêm as ordens dos oficiais para os soldadinhos abrirem fogo com metralhadoras e os tanques em cima daquela multidão. Foi uma correria enlouquecida [perto do Ministério da Guerra]. Depois, tem fuzilaria na porta do Clube Naval, por onde a gente passa depois, (...) começo a ficar assustadíssimo com a brutalidade, a selvageria e a covardia daquele negócio todo. E, finalmente, perto da UNE eu assisti [à depredação] do outro lado da rua, olhando aquela cena dantesca dos caras, a fascistada toda tacando fogo no prédio da UNE... Daí ficou um troço, por isso eu não fui à Marcha da Família com o pessoal de casa, minha família foi inteira... Daqueles quatro amigos, um ficou no jogo até hoje, é de direita, os outros três, (...) depois, todos viraram de esquerda, não fomos à Marcha da Família embora isso não correspondesse a uma consciência política...[3]

Algumas universidades sofreram ataques físicos logo depois do golpe, principalmente a Universidade de Brasília, "menina dos olhos" do projeto educacional do governo deposto. Vários Inquéritos Policiais Militares, os famosos IPMs, reviraram os meios acadêmicos e as direções do movimento estudantil, em busca de supostos subversivos. "Apenas no IPM da UNE foram indiciadas 750 pessoas", relata Martins Filho (1987, p.83). As perseguições às lideranças estudantis deram-se, para Albuquerque, "de um tríplice ponto de vista. Em primeiro lugar, enquanto dirigentes de organizações dissolvidas [caso da UNE] e em razão de suas atividades no seio do movimento estudantil; em segundo lugar, enquanto membros da coalizão em torno de Jango, em razão de sua ação

---

3 Assim como Jean Marc e seus amigos, muitos outros filhos de famílias estabelecidas e francamente direitistas viriam a aderir às organizações de esquerda, embora não se deva cair no equívoco de imaginar que todos os estudantes que militaram em grupos clandestinos tivessem a mesma origem e trajetória social, que eram relativamente diversificadas. Por exemplo, dentre os vários ex-estudantes que entrevistamos, dezesseis referiram-se à posição política de seus pais: apenas dois vieram de famílias favoráveis ao golpe de 1964; cinco tiveram pais liberais, com distanciamento crítico do golpe; sete eram filhos de gente de esquerda, comunista ou nacionalista; e dois procediam de ambiente familiar despolitizado.

nos sindicatos ou nos organismos de Estado, e principalmente no Ministério da Educação; e, finalmente, enquanto membros de organizações políticas de origem estudantil" (p.136). Num primeiro momento, ao ceifar as lideranças, a ação repressiva afetou profundamente o funcionamento das entidades estudantis.

A ofensiva governamental prosseguia com a Lei n° 4.464, de 9 de novembro de 1964, criada pelo então Ministro da Educação Flávio Suplicy de Lacerda, ficando por isso conhecida como Lei Suplicy (a íntegra da lei, ver Sanfelice, 1986, p.204-7). A lei propunha a criação de Diretórios Acadêmicos em cada faculdade (DAs), de Diretórios Estaduais de Estudantes (DEEs), e de um Diretório Nacional Estudantil (DNE), todos organicamente vinculados às administrações universitárias e ao próprio Ministério da Educação e Cultura (MEC). Pretendia-se substituir as entidades civis dos estudantes (que tinham grande grau de autonomia antes do golpe, apesar de serem reconhecidas pelo governo), como os Centros Acadêmicos (CAs), os Diretórios Centrais (DCEs), Uniões Estaduais (UEEs) e a própria UNE, por entidades controladas pelo governo ou pelas administrações das faculdades. A Lei Suplicy procurava manter o movimento estudantil, mas, comportado e dentro das escolas, apoiando os esforços do novo regime pelo "desenvolvimento nacional", e livre das influências do ativismo de grupos supostamente minoritários e subversivos, que desvirtuariam o movimento. Esperava-se que a implantação do voto obrigatório implicasse a preponderância dos setores "responsáveis" e moderados na direção dos organismos estudantis.

Os estudantes inviabilizaram a aplicação da Lei Suplicy, ao se recusarem a votar nas eleições para muitas entidades artificialmente criadas, mesmo sob ameaça explícita de punições severas. É verdade que em muitos locais foram criados sobretudo DAs ligados às administrações das faculdades, mantendo-se os CAs livres só nas escolas mais combativas. Entretanto, mesmo os DAs acabaram por fugir, na prática, ao controle administrativo superior: a partir de 1965, foram crescentemente eleitas lideranças que tinham posições políticas de esquerda. Fracassada a Lei Suplicy, ela foi formalmente revogada pelo Decreto-lei n° 228, de 28 de fevereiro de 1967, dito Decreto Aragão, nome do novo Ministro de plantão no MEC. O decreto proibiu definitivamente os diretórios nacionais ou estaduais, dando lugar apenas aos DAs e DCEs ligados às direções das faculdades.

A resistência à Lei Suplicy contou com o apoio de entidades estudantis nas quais predominavam direções politicamente de direita moderada, que por isso mesmo não haviam sofrido intervenção em 1964 (ainda que não tivessem apoiado explicitamente o golpe): foi o caso das UEEs de Pernambuco, Minas

Gerais e Paraná, assim como o da União Metropolitana dos Estudantes (UME) da cidade do Rio de Janeiro. Como conta Martins Filho, os estudantes liberais predominaram no movimento estudantil por curto prazo, após a repressão de 1964 (1987, p.89 ss.). No combate às medidas autoritárias contra a universidade e contra a livre-expressão do movimento estudantil, uniam-se momentaneamente os estudantes liberais e os de esquerda em nome da quase totalidade dos universitários – exceto, lógico, os de extrema direita organizados predominantemente em locais como a Universidade Mackenzie e a Faculdade de Direito da USP, em São Paulo.

Passado o trauma do golpe, os estudantes reorganizaram-se e, por volta de 1965, na esteira do combate à Lei Suplicy, as esquerdas universitárias foram-se rearticulando. Pela sua fraqueza orgânica, inserida num quadro nacional em que os setores civis moderados de direita estavam cada vez menos influentes diante da militarização crescente do governo, os estudantes liberais foram logo substituídos na direção das entidades por estudantes de esquerda, que aos poucos retomavam o lugar de destaque ocupado no movimento estudantil desde o final dos anos 1950, perdido principalmente em razão da repressão pós-golpe. As esquerdas ainda estavam pouco articuladas no XXVII Congresso da UNE (Poerner, 1979, p.261), realizado clandestinamente em São Paulo, em julho de 1965, quando foi eleita uma diretoria bem jovem e pouco representativa, segundo Altino Dantas (1980, p.31-47). A partir do XXVIII Congresso, de julho de 1966, em Belo Horizonte, apesar da repressão, os grupos estudantis de esquerda já se tinham refeito, compondo-se, entre eles, a diretoria da UNE, sob liderança dos universitários da AP.

Depois de 1964, foram diminuindo os recursos governamentais para o ensino superior, as verbas do Ministério da Educação "caíram de 11% para 7,7%, de 1965 a 1968, no total do orçamento da União", e as verbas do MEC repassadas para as universidades também caíram proporcionalmente, de modo que as federais tiveram seu orçamento diminuído em mais de 30% (Martins Filho, 1987, p.123). A falta de verbas para a educação e a contenção de investimentos governamentais no ensino superior (que na sua maior parte era público, na época, sendo que mesmo as faculdades privadas eram, em geral, ligadas a entidades religiosas que não visavam lucro, caso das universidades católicas), implicava um congelamento na oferta de vagas nas faculdades, enquanto a procura aumentava drasticamente. Naqueles anos, um problema que mobilizava os estudantes e suas famílias era o dos chamados excedentes, aprovados nos vestibulares com média superior a cinco (em dez possíveis), mas que não podiam frequentar as escolas superiores, pois as poucas vagas disponíveis eram ocupadas pelos alunos com as melhores notas nos exames. Para se ter uma ideia, o número de vagas disponíveis no ensino superior brasileiro em 1964 era de 57.342, tendo passado apenas a 58.752 em 1966, período em que o número de excedentes crescera de 40.139 para 64.627. "Quando, em 1967, procurou-se compensar esta tendência, com um aumento de vagas da ordem de 35%, a grave crise dos excedentes já não pôde ser contornada." Em 1968, havia 89.582 vagas e 125.414 excedentes! (1987, p.125).

O problema dos excedentes, a falta de verbas, a modernização autoritária do ensino acenada com os acordos MEC-USAID e com outras iniciativas governamentais, o arcaísmo das instituições universitárias anterior a 1964, a crise econômica geradora de arrocho salarial e de estreitamento das oportunidades de trabalho até mesmo para os formados, a chamada "crise da cultura burguesa", a política repressiva da ditadura contra os estudantes e suas entidades – tudo isso contribuía para criar uma insatisfação estudantil sem precedentes e para a retomada da antiga bandeira de luta pela Reforma Universitária, ligada ao projeto de ascensão social pela educação, de camadas urbanas nos anos anteriores a 1964. A luta contra os acordos MEC-USAID, por exemplo, unia tanto aqueles setores da liderança estudantil que privilegiavam a luta contra a ditadura, caso da AP (os acordos eram vistos como expressão do imperialismo, representado pela ditadura militar), quanto os setores da vanguarda estudantil, que buscavam a ponte entre as reivindicações específicas e as políticas, bem como boa parte da massa dos estudantes, menos ou mais politizados, que viam nas reformas indicadas pelos acordos uma clara deturpação da Reforma Universitária idealizada.

A ênfase nas reivindicações específicas do estudantado levou as dissidências estudantis do PCB à conquista de entidades como a UME carioca e a UEE paulista, que conduziram os amplos protestos de rua de 1968. Essas dissidências ganharam também um peso ímpar na diretoria da UNE, ainda que o presidente eleito no XXIX Congresso daquela entidade fosse da AP, Luís Travassos. Um dos vice-presidentes da UNE eleitos naquele Congresso, Nilton Santos, conta:

> [a nova diretoria] representou uma virada da UNE pós-64. O Movimento Estudantil que o precede restringia-se aos setores avançados dos estudantes. Isto ocorria por duas razões: a primeira, por um fator objetivo, a inexistência de explosões significativas da massa estudantil; a segunda, porque a política hegemônica no ME e na UNE nesse período, descuidava das lutas específicas dos estudantes. (1980, p.66)

O XXIX Congresso da UNE realizou-se clandestinamente em julho de 1967, em Vinhedo, no interior de São Paulo, em local cedido por setores progressistas da Igreja Católica, com a presença de cerca de 400 delegados de quase todos os Estados. Houve composição consensual de uma chapa única, em que a AP era minoritária. Apesar disso, aquela organização manteve a presidência da entidade, pois Luís Travassos venceu o candidato das dissidências, Daniel Aarão Reis Filho, por escassa margem de votos, no único cargo da diretoria disputado em plenário. O Congresso estabeleceu "a seguinte composição: a corrente que até então detinha o poder hegemônico no movimento estudantil ficaria com quatro elementos na nova diretoria; uma nova força que emerge no movimento estudantil aglutinando diversas tendências... ficaria com três elementos, e um terceiro grupo, com pouquíssima expressão numérica, mas gozando de prestígio, indicaria três elementos", como relata um dos vice-presidentes eleitos, Luís Raul Machado, então ligado à AP (1980, p.57). Vale dizer, a AP tinha quatro membros na diretoria, as várias dissidências do PCB contavam com três representantes e a POLOP (depois POC), com outros três.

A diretoria funcionava em colegiado e esteve à frente do estudantado no ano convulsivo de 1968, que teve em São Paulo, e principalmente no Rio, as maiores manifestações de massa. Nas duas cidades, as entidades estudantis de maior peso estavam ligadas às dissidências do PCB: a direção da UME carioca era da DI-GB, futuro MR-8; a UEE paulista era da DISP (a maior parte da Dissidência Estudantil de São Paulo, DISP, acabaria integrando-se à ALN). A atuação dos estudantes das dissidências foi, em grande medida, responsável pela virada no XXIX Congresso da UNE, que procurou, como relata Nilton Santos:

> resgatar a bandeira das lutas específicas, tentando retirá-las daqueles que procuravam dar-lhes um conteúdo legalista e reformista. Era necessário lutar também contra aqueles que diziam que "a luta específica é reformista e a luta política é revolucionária"... E o Congresso procura, então, representar uma alternativa de condução das lutas específicas, de modo a vinculá-las a uma luta política contra a Ditadura Militar. (1980, p.67)

Segundo Marialice Foracchi, "o movimento estudantil tem na fusão da luta reivindicativa com a luta política o seu estilo característico de luta" (1982, p.49), o que se revelou de forma exemplar no ano de 1968: "As lutas do movimento estudantil de 1968 centraram-se inequivocamente em dois eixos fundamentais: na luta antiditatorial e na campanha pela transformação da universidade", como esclarece Martins Filho (1987, p.143). Aquele ano assistiu, principalmente entre os meses de março e outubro, a uma mobilização estudantil inédita na história do Brasil, que conseguiu levar às ruas milhares de pessoas, inclusive um sem-número de não estudantes de diversas origens sociais. O auge da mobilização foi a "Passeata dos Cem Mil", realizada no Rio de Janeiro em 26 de junho de 1968. Houve greves, passeatas e atos públicos em praticamente todas as cidades brasileiras com escolas superiores. As demonstrações contaram com participação e apoio inédito da população urbana, inclusive com respaldo da maior parte das bases estudantis universitárias, que davam legitimidade à atuação das lideranças. Estas estavam direta ou indiretamente vinculadas a organizações de esquerda, ainda que não se deva pensar mecanicamente essa vinculação, que muitas vezes não implicava militância direta. Havia um forte sentimento anti-burguês e antiditatorial difuso no meio universitário: "Às vezes agíamos como se a revolução estivesse prestes a se desencadear: o poder estava a um passo, a luta armada começava, a ditadura estava com seus dias contados", relata o diretor da UNE em 1968, Luís Raul Machado (1980, p.61). A ligação entre o movimento estudantil e as organizações de esquerda estreitava-se entre 1967 e 1968. Por exemplo, segundo o depoimento de um ex-guerrilheiro, Marighella exercia forte atração sobre a "massa avançada" dos estudantes paulistas, a quem deu "cobertura armada" durante a ocupação da Faculdade de Filosofia da USP em 1968, além de fornecer armas para a "segurança" das centenas de estudantes que foram ao XXX Congresso da UNE em Ibiúna no final daquele ano – armas ineficazes, pois todos os estudantes foram presos no local.

O movimento estudantil procurou avançar em 1967 e, principalmente, em 1968, por entre as brechas abertas no interior do regime militar, que oscilava entre uma "redemocratização" (a política de diálogo e de conciliação de classes) e o "endurecimento" total, com a militarização do aparelho de Estado e a repressão política severa a qualquer esboço de dissenso da ordem vigente. A última alternativa foi vitoriosa, com a promulgação do AI-5 em dezembro de 1968; mas, pelo menos desde agosto, o governo abandonara a ambiguidade em relação ao movimento estudantil. Se no primeiro semestre de 1968 já havia uma tendência à repressão crescente, a invasão da UNB, em agosto, e a prisão de centenas de estudantes no XXX Congresso da UNE, no mês de outubro, indicavam a decisão repressiva inequívoca da ditadura. Com isso, e já tendo alcançado seu limite máximo de expressão social com a "Passeata dos Cem Mil", o movimento estudantil começou a entrar em refluxo, que se fez quase total depois da "queda" do Congresso da UNE.

O XXX Congresso da UNE seria realizado clandestinamente, em outubro de 1968, com a presença de cerca de setecentos delegados estudantis de todos os pontos do país, num sítio em Ibiúna, interior de São Paulo. A polícia prendeu quase todos os presentes, impedindo a realização do Congresso, organizado pela UEE-SP. O fato valeu à UEE paulista pesadas críticas de vários setores estudantis, por exemplo, de lideranças como Luís Raul e Jean Marc do Rio, do gaúcho Nilton Santos, entre outros. A Organização do Congresso é típica do dilema das esquerdas na época: como fazer um movimento de massas sob rígida clandestinidade? A solução encontrada revelou-se um desastre, no dizer de Jean Marc: "A arrogância da 'segurança', que tendia a exigir dos delegados eleitos um comportamento de soldados ou guerrilheiros em campanha, exasperou o conjunto contra a UEE de São Paulo, responsável pela aventura" (UNE, 1980, p.85). Entretanto, mesmo que o Congresso fosse no Conjunto Residencial da USP (CRUSP) ou em outro local, dificilmente escaparia da sanha policial, uma vez que o governo estava decidido a acabar com o movimento estudantil, já em refluxo, e não seria simples esconder mais de setecentos delegados, vindos de todos os cantos do país. Tanto que o XXX Congresso acabou por ser realizado sob rígida clandestinidade meses depois, em abril de 1969, num sítio no Rio de Janeiro, com a presença de no máximo cem delegados, eleitos em congressos regionais, em geral clandestinos, realizados entre novembro de 1968 e março de 1969. As dificuldades então enfrentadas prejudicaram "a troca de experiências, a globalização do debate e a afirmação das tendências e lideranças nacionais, que constituem os eixos do fortalecimento de uma entidade que pretende dirigir um movimento unificado em todo o país", como salienta Jean Marc (UNE, 1980, p.86). A chapa vencedora por estreita margem, com Jean Marc à frente, era novamente da AP, agora com apoio do PCdoB. Os perdedores, das dissidências do PCB que lideravam o movimento no Rio de Janeiro e em São Paulo, já em 1969 "converteram-se às ações armadas e aos grupos de guerrilha urbana, abandonando paulatinamente o Movimento Estudantil", segundo Jean Marc (UNE, 1980, p.87).

    O movimento universitário aprofundou seu refluxo no decorrer de 1969, tanto pela ação da repressão quanto pela postura das "vanguardas", sem contar que a economia já dava sinais de revitalização. Enquanto as dissidências do PCB e outros grupos guerrilheiros abandonavam decididamente os movimentos de massas, até mesmo o estudantil, por considerá-los inviáveis naquela conjuntura, dedicando-se às ações armadas exemplares, a diretoria da UNE, ligada à AP e ao PCdoB, não percebia o refluxo do movimento estudantil e raciocinava em termos anacrônicos, esperando para 1969 a volta dos "ascensos de massa". Não obstante, a direção foi-se dando conta da nova conjuntura: propôs a luta contra o Decreto nº 477 e o AI-5, chegou a pensar em um trabalho mais restrito de educação política, mas no final de 1969 ela já era pouco representativa, totalmente cercada e caçada pela repressão, constrangida à clandestinidade total. Preso Jean Marc em setembro de 1969, assumiu a presidência da UNE Honestino Guimarães. No geral, apesar de tudo, mantinha-se a visão de que "o regime estava aprofundando sua crise e seu isolamento". José Genoíno Neto, então diretor da UNE, fala das dificuldades e das escassas possibilidades de atuação da entidade sob a presidência de Honestino: a entidade marcou presença em um ou outro evento, "mas descaracterizados, não colocando o nosso nome legal e nem o nome da entidade porque daí haveria cerco e novas prisões" (UNE, 1980, p.103). No decorrer de 1970, a influência da UNE restringia-se a um punhado de estudantes clandestinos. A ditadura derrotara o movimento estudantil.

As esquerdas dentro do movimento estudantil

No auge do movimento, em 1968, "difícil era saber para onde aquilo tudo ia, e propor novos passos", segundo o diretor da UNE, Luís Raul (1980, p.61). O guevarismo e o maoísmo foram teorias convenientes para setores estudantis conscientes dos limites da luta especificamente estudantil. O guevarismo, caminho militar de libertação na "sierra" e identificado com os pobres da terra, era ideal para negar a vida acomodada das camadas médias urbanas, sem perspectivas de libertação e ameaçadas pelo empobrecimento constante. A linha maoísta de proletarização dos quadros, inserindo-os na produção, parecia a outros perfeita como negação da cultura, formação e origem "pequeno-burguesa" dos militantes estudantis. A militância em organizações clandestinas, influenciadas pelas ideias de Mao ou Guevara, era o caminho quase que natural dos estudantes mais engajados no movimento. Para Vladimir Palmeira, havia toda uma fração estudantil

> altamente politizada, participando de enfrentamentos. De repente, não há mais possibilidades de luta institucional e, ao mesmo tempo, você tem um chamamento para a ação, e para realização de ações [armadas] vitoriosas, porque a polícia levou algum tempo para se adequar e poder começar a golpear essas organizações. Mas nesta altura centenas de estudantes já haviam ingressado nos quadros das ações armadas. (Moraes; Reis, 1988, p.114)

A proposta de revolução com base na ação impulsionadora do movimento estudantil (ME) – que não chegou a ser colocada explicitamente por nenhuma organização da esquerda brasileira, mas que esteve tacitamente presente na atuação de organizações como a AP, que dirigiu a UNE no decorrer dos anos 1960 – encontra seus limites objetivos na própria especificidade do movimento, da mesma forma que a proposta de revolução baseada na ação sindical também tem seus limites na forma de organização e constituição dos sindicatos, indissolvelmente vinculada a um conteúdo reivindicativo. Os limites, portanto, não estavam especialmente no fato de que o ME fosse composto de pessoas com extração social de classe média, como supunham muitas organizações, e sim na própria estruturação do movimento, no sentido da reivindicação de direitos – o que lhe poderia dar, se quiserem usar a expressão, um conteúdo necessariamente "reformista". Ao procurar superar esses limites, muitas organizações esqueceram que as lutas reivindicativas são, por vezes, passo necessário para a formação de uma consciência transformadora, e acabaram por abandonar a luta dentro do movimento estudantil em nome de "fazer algo mais profundo", que realmente mudasse a sociedade – processo semelhante ao de setores do movimento sindical, como veremos quando for abordada a atuação dos militantes operários de Osasco.

O crescente abandono de participantes do movimento estudantil pela militância exclusiva nas organizações já era uma tendência nos grupos guevaristas em meados de 1968, pois eles viam a guerrilha rural como meta prioritária. O processo acelerou-se com o bloqueio das atividades políticas no interior do ME, imposto pelo AI-5 e, depois, pelo Decreto n° 477. De pronto, parte das lideranças e da "massa avançada" dos estudantes ingressou, então, na militância clandestina para organizar a revolução. Um exemplo: José Roberto Arantes de Almeida, expressão da futura ALN dentro da diretoria da UNE em 1968, mais tarde morreria em combate. Conforme declara Guiomar Lopes Calejas, "as organizações armadas começaram a crescer em função da fuga do Movimento Estudantil, acarretada pelo aumento da repressão mais organizada e também pelos limites da militância no Movimento Estudantil, sem perspectivas. A saída que se encontrou foi entrar para as organizações". A inviabilidade do ME, após 1969, levou também ao afastamento de dirigentes da UNE ligados a organizações não guevaristas, como Dora Rodrigues de Carvalho, da AP ("em meados de 1970 desliguei-me da diretoria em caráter definitivo por exigências maiores de outras tarefas políticas" – p.92), e Genoíno Neto, do PCdoB, que foi embrenhar-se na selva do Araguaia em meados de 1970 ("fundamentei para os companheiros por que saía do ME e por que continuava na luta revolucionária abraçando outras tarefas, outra postura" – UNE, 1980, p.104).

Hoje, sabe-se que os grupos de esquerda, nos quais militaram os estudantes que esperavam superar os limites de classe do ME, não foram por si sós capazes de organizar os trabalhadores, nem de fazer a revolução. A inserção na produção proposta pelos maoístas (e também por alguns trotskistas) não deu os resultados esperados, tendo implicado uma diluição dos militantes na alienação dos operários sob o capitalismo, como se constata no depoimento do militante da AP Herbert de Souza, o Betinho (Cavalcanti; Ramos, 1978, p.67-111). Tampouco os que optaram pelo guevarismo ou pelo PCB puderam encontrar na militância o caminho de organização da classe trabalhadora e a superação dos limites do ME. Aqueles que aderiram aos grupos guerrilheiros deixaram o movimento estudantil para encontrar na militância um inesperado e crescente isolamento e marginalização social.

Em 1968, houve a divisão das correntes políticas principais no movimento estudantil, *grosso modo*, em torno de duas posições: a primeira, capitaneada pela AP, privilegiava as "lutas de rua contra a ditadura", a outra procurava vincular a luta antiditatorial às reivindicações específicas do estudantado. Mas essa dualidade global não deve mascarar a diferenciação no seio do movimento, cujas inúmeras correntes vinham a se aproximar, menos ou mais, de uma ou de outra posição. Luís Raul, líder estudantil, lembra "um levantamento feito por Arantes em meados de 68. Ele dizia que tinha anotado *43 grupos* ou organizações *diferentes*" no movimento estudantil (UNE, 1980, p.61, g.n.). Por exemplo, na oposição à AP estavam englobadas diversas dissidências do PCB, além da POLOP (POC, depois da fusão da POLOP com a dissidência gaúcha do PCB em abril de 1968). Esta última criou, em 1968, praticamente sem o apoio de outros grupos, o Movimento Universidade Crítica (MUC), que não chegou a obter grande repercussão, visando a "uma intervenção de maneira organizada" no ME, no dizer de Nilton Santos (UNE, 1980, p.79). A POLOP via na universidade "revolucionada", com as ocupações estudantis dos prédios de várias faculdades em 1968, "uma trincheira de combate e um exemplo de alternativa ao regime militar" (Reis Filho, 1987, p.800).

Outras forças aliadas dentro do ME contra a predominância da AP eram os estudantes da DISP (a maioria dos quais aderiu à ALN, indo uma pequena parte para a VAR), da DI-GB (futuro MR-8) e de várias dissidências estaduais do PCB. Os estudantes da Corrente Revolucionária, que integrariam o PCBR, tiveram posição equidistante da AP e das demais dissidências do PC, ao menos no XXX Congresso da UNE, quando saíram com candidato próprio, Marcos Medeiros. Algumas organizações atuantes no ME ficaram menos ou mais isoladas, fora dos dois arcos políticos mencionados: por exemplo, os estudantes do PCdoB só se aproximaram mais da AP em 1969 (o PCdoB destacava-se principalmente pela atuação junto ao estudantado cearense: controlava o DCE em Fortaleza e a UEE-CE); o PCB correu o tempo todo em raia própria, quase sem representatividade, sangrado pelas várias dissidências que se autonomizaram do Partido, conseguindo eleger uns poucos delegados para os congressos da UNE, onde suas posições "reformistas" eram marginalizadas. Também os estudantes claramente conservadores ou reacionários não participaram do ME naqueles anos, organizando-se apenas em uma ou outra escola para agir politicamente em prol da ordem vigente. (Ao contrário da "mitologia" estabelecida pelos estudantes de esquerda, o ME nem sempre teve no Brasil um caráter "progressista"; por exemplo, a UNE esteve nas mãos da "direita" entre 1951 e 1955, como aponta, dentre outros, Martins Filho, 1987.)

Mesmo quando as lideranças de esquerda foram predominantes no ME, caso dos anos 1960, não deixou de haver nas faculdades uma direita mais ou menos organizada, além de uma maioria silenciosa com graus diferenciados de politização, que poderia ou não ser mobilizada pelas lideranças do movimento, bem como oscilar politicamente com mais facilidade que os estudantes decididamente envolvidos. Parte dessa maioria silenciosa deixou de sê-lo ao apoiar os líderes esquerdistas, ao menos em dois momentos nos anos 1960, como já salientamos: na greve geral de 1962 pela Reforma Universitária e nas manifestações de 1968.

Apesar da existência de inúmeras correntes no movimento estudantil, não se deve imaginar nem que a organização das esquerdas no meio estudantil era muito sofisticada, nem que a maioria dos estudantes era manipulada pelas lideranças militantes nas organizações clandestinas. Ao que tudo indica, a influência tanto das ideias como dos grupos de esquerda no ME era difusa entre os estudantes, estivessem eles organizados politicamente ou não. Vários agrupamentos futuramente armados, como o MR-8 e os COLINA, chegaram mesmo a praticamente nascer dentro do ME, enquanto dissidências estudantis do PCB e da POLOP, respectivamente. Segundo o líder gaúcho Nilton Santos, as duas principais posições aglutinadoras no seio do ME em 1968, que agruparam as posições de esquerda difusas no movimento, "eram muito mais 'correntes de opinião' dentro do movimento de massa do que algo que existisse de maneira organizada. Essas correntes de opinião, portanto, englobavam mas não organizavam diversas organizações políticas e elementos independentes da vanguarda estudantil" (UNE, 1980, p.79). Para Jean Marc, essas duas posições polarizadoras dos vários grupos, que quase racharam a UNE, tinham, contudo, um ponto fundamental em comum: a "constatação da falência econômica do regime, de seu isolamento político, da exasperação das massas e sua 'explosividade'. Numa e noutra análise só faltava a 'fagulha que incendiaria a pradaria': num caso, os grupos armados, no outro, a vanguarda organizada que puxaria o movimento social" (1980, p.83).

Exemplo típico de origem, no seio do movimento estudantil, de uma organização de esquerda, que viria a pegar em armas em 1969, foi o da DI-GB. Pelo depoimento que nos deu Daniel Aarão Reis Filho, ex-líder estudantil e dirigente daquela organização, constata-se que toda a história da Dissidência estudantil do PCB na Guanabara, futuro MR-8, estava visceralmente ligada à do movimento estudantil carioca. Já no pré-64, teriam surgido os primeiros esboços da Dissidência na Faculdade Nacional de Filosofia e na Faculdade de Direito, onde o setor estudantil do PCB contava com cerca de 150 integrantes, os quais levantavam um certo questionamento dentro do Partido sobre a eficácia da "linha de transição pacífica". Com o golpe, houve grande dispersão, provocando até a perda do contato com o assistente do Comitê Regional do PCB. Foram basicamente calouros que rearticularam, no decorrer de 1964, tanto as entidades estudantis de base quanto o setor estudantil do PCB. No final de 1964, constituiu-se secretamente "o que se chamou na época de Fração da Dissidência, clandestina, de que não tinham conhecimento nem o Partidão, nem as próprias bases estudantis; a Dissidência era integrada por pessoas das Faculdades de Filosofia e de Direito (CACO) e alguns poucos estudantes de outras faculdades", segundo Daniel Aarão, que seria recrutado, em 1965, diretamente para a Dissidência, isto é, para travar a "luta interna" no PCB.

Logo depois da edição do AI-2, no final de 1965, ocorreria, conforme relata Daniel Reis:

> o primeiro gesto de independência que a gente teve em relação ao Partidão, que sempre recomendava o máximo de prudência política. Apesar disso, organizamos uma passeata, que reuniu no máximo 200 pessoas, praticamente só estudantes, e acabou sendo dispersada pelo DOPS. Além desse ato de protesto, só houve um outro no Brasil contra o AI-2, promovido pela AP, em Belo Horizonte. Saiu nos jornais no dia seguinte.

Como se vê, já ocorria aí a simbiose entre as lideranças estudantis, que convocaram o ato de protesto, e uma organização clandestina, originária do próprio meio universitário. O entrelaçamento da DI-GB com o movimento estudantil carioca tenderia a aprofundar-se nos anos seguintes, especialmente durante 1968, quando já havia rompido com o PCB e exercia liderança incontestável no movimento, conduzindo as principais entidades estudantis, como a UME.

Talvez um fator tenha contribuído para o prestígio da Dissidência, na Guanabara, que extrapolava o meio estudantil: as lideranças procuravam não aparelhar politicamente o movimento dos estudantes, isto é, não confundiam a luta estudantil, nas suas peculiaridades e relativa autonomia, com a organização política clandestina de quadros que era a DI-GB. Esta atuava no movimento estudantil procurando dirigi-lo politicamente, porém respeitando as características do movimento. Isso não impedia que, por vezes, houvesse atritos entre a direção da Dissidência e seus quadros que atuavam diretamente junto às massas, como em 1966, quando os militantes intermediários e de base pressionaram a entidade de cúpula – o Comitê Universitário da DI – para que se aproximasse mais dos setores da organização "engolfados no trabalho de mobilização estudantil" – aproximação que, efetivamente, passaria a ocorrer a partir daí, quando Vladimir Palmeira foi eleito presidente do CACO e, depois, da UME, entre 1967 e 1968. Em especial, depois do fracionamento da Dissidência em 1967 (uma parte iria para o PCBR, outra formaria a DDD, uma terceira continuaria como DI-GB), a organização logrou aumentar a vinculação entre seus líderes, seus militantes intermediários, suas bases e as próprias massas estudantis. O contexto de ascensão do movimento estudantil em 1968, sob liderança da UME no Rio, entidade "hegemonizada" pela DI-GB, seria devido, em parte, segundo Daniel Reis, ao fato de a organização ter conseguido "traçar uma linha que rompia com a retórica esquerdista da AP, e também com a retórica esquerdista do foco, procurando as grandes reivindicações da massa estudantil, quer dizer, verbas, laboratórios, melhoria de restaurantes, abolição das anuidades etc.".

Em 1968, a DI-GB tinha "uma direção com três seções: a do ME, a de infraestrutura e a do movimento operário. Mas, na prática, a gente era uma organização estudantil, e mais, uma organização em torno da UME. Quer dizer, quem dava o tom das grandes manifestações, a dinâmica da organização, era a UME. Nos quadros, 80%, ou até mais, estavam voltados exclusivamente para o Movimento Estudantil". Segundo Daniel Reis, haveria, em 1968, entre 200 e 300 militantes na DI-GB, se incluídos os integrantes das OPPs (organizações para--partidárias), entidades de base, já sob o "centralismo da organização, embora não votassem nas suas resoluções".

Para Guilhon Albuquerque, a "origem essencialmente estudantil da maioria das organizações 'terroristas' de após 1968" poderia ser explicada pelo "salto da política estudantil para a política *tout court*", que caracterizou a mobilização ideológica dos estudantes desde o início dos anos 1960, quando se integraram às lutas dos trabalhadores do campo e das cidades, por exemplo, pelo seu engajamento no Plano Nacional de Alfabetização ou na criação de sindicatos rurais (p.135). Essa tese parece parcialmente correta, pois, de fato, a maior parte das organizações de esquerda após 1964 era composta por estudantes, mas seria enganoso supor que os grupos "terroristas" tenham-se originado apenas, ou essencialmente, de tendências políticas estudantis. Realmente, alguns grupos que pegaram em armas, como o MR-8, ou que não optaram pela guerrilha urbana, como a AP, tiveram seu nascimento marcado pela atuação dentro do movimento estudantil. Mas esse não foi o caso de organizações como a ALN, o MNR, a VPR, dentre outras, embora muitas tenham contado com um forte elemento estudantil na sua composição, em muitos casos, desde sua formação como grupo político. Em segundo lugar, se é verdade que a politização da ação de setores estudantis, especialmente durante o governo Goulart, contribuiu para o salto da política estudantil à "política *tout court*" e para a adesão de estudantes às organizações de esquerda, inclusive as armadas, não se pode entender essa adesão e esse "salto" sem o estudo das mobilizações estudantis posteriores a 1964, que sem dúvida têm um elo de continuidade, e também muito de autonomia, com relação ao ME antes do golpe. Além disso, vimos que em 1964 a participação das massas estudantis era bem mais limitada do que viria a ser em 1968. As evidências vão no sentido de que a maior parte dos universitários que aderiram às esquerdas em geral, e às armadas em particular, politizaram-se enquanto estudantes depois do golpe, ainda que vários líderes do ME antes de 1964 tenham tido atuação destacada nas esquerdas, e que a ausência de reação ao golpe militar tenha contribuído para gerar a indignação e a revolta da geração estudantil formada entre 1964 e 1968.

Entre 1966 e 1968, a UNE e outras entidades estudantis foram representativas, senão do conjunto dos estudantes, ao menos dos amplos setores que participaram do ME, com maior ou menor empenho. Parece acertada a afirmação de Jean Marc, segundo a qual "a UNE liderou a oposição à ditadura porque era a única entidade nacional de combate ao regime com fortes raízes nas suas bases" (1980, p.83). Nessas bases estavam, em certa medida, assentados os grupos de esquerda que floresciam no meio universitário, dentre os quais, aqueles que seguiram o caminho das ações armadas contra o regime militar. Pode-se dizer que as organizações armadas urbanas representaram, num determinado momento, os anseios de uma parte dos estudantes, principalmente do Rio e de São Paulo, radicalizados sobretudo em 1968. Não se pode afirmar que elas representaram o conjunto dos estudantes, nem a totalidade daqueles envolvidos com o ME, pois dentro deste a ampla corrente radical capitaneada pela AP era francamente contrária às ações armadas urbanas, sem contar as posições reformistas dentro do movimento, como a do PCB. Mas, inegavelmente, as propostas relativamente diferenciadas das organizações em armas atingiram uma parcela considerável do estudantado, que acorreu para a militância nos grupos guerrilheiros especialmente a partir do final de 1968, quando o ME entrou em refluxo e a ditadura reprimiu sem clemência os que insistiram em organizar o movimento. Então, desligados de suas bases, por opção ou porque não tivessem mais espaço político para atuar devido à repressão, os ex-estudantes entraram em outra dinâmica, a da militância clandestina em grupos de esquerda, tomada por eles como o caminho para a ruptura com o caráter e os limites pequeno-

-burgueses do movimento estudantil. Já em 1969, eles não eram mais representativos sequer de uma parcela do movimento estudantil, que deixara de existir. Como expôs César Benjamin:

> Na época, o Movimento Estudantil do Rio canalizou muito a vida da cidade; por exemplo, eu me lembro que, em 1968, se havia um problema nos ônibus, a referência política dos rodoviários era o pessoal estudantil. Os partidos, MDB e ARENA, não conseguiam expressar isso, havia uma crise de representatividade política muito grande. De outro lado, havia um movimento significativo de resistência ao governo, que tomava o rumo do Movimento Estudantil, que cumpriu certas funções de partido na época, não no sentido orgânico, mas no sentido de formar opinião pública, de ser uma referência de quadros. E os grupos políticos que tinham hegemonia dentro dos movimentos acabaram colhendo, um pouco, os resultados dessa influência social, que foi o que alimentou especificamente a organização [MR-8] na época do refluxo. Então, já em 69, a organização perdeu capacidade de se reciclar, não conseguia mais novos quadros, mas tinha um longo caminho, pois, apesar do refluxo e da desorganização dos movimentos de massa, ainda podia contar com vários quadros, forjados nos movimentos sociais de 1967 e 1968, especialmente no estudantil.

Com a reforma tecnocrática da universidade e a repressão aos que dela discordassem, concomitantes ao desenvolvimento do "milagre econômico", a partir de 1969, o regime conseguiu desmobilizar temporariamente o movimento estudantil, onde as esquerdas haviam encontrado sua principal fonte de recrutamento. Sabe-se que o "poder jovem", a rebeldia estudantil dos anos 1960, foi aos poucos desfigurada e moldada à ordem capitalista e à indústria cultural, que tratou à sua maneira o lema dos jovens franceses, "a imaginação no poder".

Na década de 70, uma canção de Belchior fez grande sucesso na voz de Elis Regina:

> Hoje eu sei que quem me deu a ideia/ de uma nova consciência e juventude/ está em casa, guardado por Deus/ contando o vil metal/ minha dor é perceber/ que apesar de termos feito tudo o que fizemos/ ainda somos os mesmos e vivemos/ ainda somos os mesmos e vivemos/ como nossos pais.

Apesar de tudo, a indústria cultural, a reforma do ensino, o capitalismo e a ditadura militar não teriam condições de eliminar completamente as contradições sociais expressas nas utopias e na ação transformadora dos estudantes e dos jovens. A mesma canção constatava que "eles venceram, e o sinal está fechado para nós, que somos jovens". Mas a metáfora do sinal servia, também, para assinalar sua provisoriedade.

Rebeldia e inserção social do estudante

Como já indicamos, é evidente que uma luta social mais ampla, em que o movimento estudantil se radicalize sem ser acompanhado por outros setores e classes sociais, não tem base para obter êxito, mesmo considerando a heterogeneidade social no interior do estudantado. Segundo Michael Löwy, "abandonados a si mesmos, os intelectuais e estudantes estão, em última análise, condenados à esterilidade, ao impasse, à derrota – e ao desencorajamento e desmoralização que seguem", pois "a liberação do proletariado será obra do próprio proletariado", na formulação clássica de Marx (1979, p.270-1). Também é possível constatar que a maioria dos componentes das organizações brasileiras de esquerda armada era de estudantes ou de outras camadas intelectualizadas. Porém, essas evidências não implicam a concordância com um certo tipo de análise, corrente nos meios de esquerda, que precisa ser problematizado e pode ser assim resumido: os grupos em armas eram integrados sobretudo por estudantes, com origem de classe pequeno-burguesa, tipicamente oscilante e sem posição política própria viável; logo, os estudantes transfeririam para as esquerdas armadas os desvios de sua classe de origem, levando-as necessariamente ao fracasso. É como se a vitória fosse inevitável, em sendo "proletárias" a composição, as bases sociais, a teoria e a prática dos partidos de esquerda (como é difícil comprovar esse caráter proletário, abrem-se brechas para a "autocrítica" dos "desvios pequeno-burgueses" das esquerdas), deixa-se em segundo plano a questão da representatividade política desses partidos, suas dificuldades e possibilidades, para se tornarem canal de mediação da classe trabalhadora na relação com e contra seu outro.

Da perspectiva aqui adotada, as "contradições, ambiguidades e vacilações" do movimento estudantil não devem ser buscadas apenas no "comportamento político de sua classe de origem", a "classe média ascendente", como propõem vários autores, dentre os quais, João Roberto Martins Filho (1987, p.27-8). Antes, devem ser compreendidas na especificidade da situação de estudante, transitória entre as classes de origem dos universitários e as classes que ajudarão a constituir depois de formados. Isto é, as lutas estudantis em seus caminhos e descaminhos são abordadas no movimento da sociedade de classes, em sua expressão diversificada e contraditória, que extrapola o meio estudantil e também o corta por todos os lados, fazendo dele, em determinadas conjunturas, um indicador dos problemas da sociedade como um todo, com as contradições que encerra. Em certa medida, isso vale também para os próprios grupos de esquerda.

Para entender na sua complexidade a inserção social do estudante, é preciso tomar simultaneamente três momentos: a origem, o período de transição na universidade e o lugar que a sociedade promete ao futuro profissional diplomado. Quanto à origem, a maior parte daqueles que chegavam à universidade nos anos 1960 pertencia a setores sociais que não estavam dentre os mais desfavorecidos. Antes, pelo contrário. Por exemplo, o citado estudo de Foracchi no início dos anos 1960 sobre os estudantes da USP, a mais tradicional e tida como a melhor e mais concorrida universidade do país, revela que aquela instituição já não era reduto apenas da antiga "aristocracia", decadente ou não, nem apenas dos setores emergentes das classes dominantes. A USP abrigava grande número de pessoas recrutadas "nos estratos médios da população global", filhos de trabalhadores urbanos não operários, relativamente privilegiados economicamente, que Foracchi chamou de "classe média ascendente", revolucionária à sua maneira. Ela cita vários documentos em que "os estudantes reconhecem-se como integrantes das classes ascendentes" (1977, p.266). Numa revista dos estudantes da Faculdade de Filosofia da USP, de março de 1967, lê-se que "somos privilegiados mas estamos para deixar de sê-lo. Queremos que todo o povo tenha a oportunidade que nós tivemos. Que não lhe sejam barradas as portas dos estabelecimentos escolares" (Sanfelice, 1986, p.122).

Com certeza, na década de 1960 estavam na universidade também os filhos da burguesia industrial, dos executivos das empresas nacionais e multinacionais, dos banqueiros e comerciantes, dos grandes proprietários de terras, dos setores decadentes da "aristocracia" rural que viam no ensino superior um meio de manter uma posição social privilegiada etc. (26% dos estudantes da USP, no início dos anos 1960, estavam dentre os que foram chamados de pertencentes ao "estrato socioeconômico A" – Foracchi, 1977, p.12-3). A expansão das vagas no ensino superior, a partir dos anos 1950, não tomou o lugar desses grupos, mas abriu as escolas à mobilidade de camadas ascendentes, não necessariamente de classe média. Alguns filhos das famílias burguesas ou tradicionais, decadentes ou não, menos ou mais ricas, tomaram parte no movimento estudantil. Alguns, ovelhas desgarradas, aderiram a posições de esquerda, chegando mesmo a integrar os grupos armados. Outros defendiam suas classes de origem, por exemplo, ao formar entidades paramilitares de direita, como o Comando de Caça aos Comunistas, o conhecido CCC, que realizou inúmeros atentados e tinha bases, em São Paulo, na Universidade Mackenzie e na Faculdade de Direito da USP.[4]

---

4 Além do CCC, havia outras entidades paramilitares de direita presentes no meio estudantil, como o MAC (Movimento Anticomunista) e a FAC (Frente Anticomunista). Entretanto, a extrema direita era minoritária até mesmo no Mackenzie, onde encontrava apoio notório da direção da universidade. Segundo José Dirceu, então presidente da UEE-SP, em 1968 houve "uma suposta briga entre o Mackenzie e a Filosofia, que nunca existiu. A direita do Mackenzie era minoritária lá dentro e eles

Os filhos das famílias mais humildes, se quase nunca conseguiam atingir o ensino superior, muitas vezes lutavam para chegar lá, e estavam envolvidos na mesma dinâmica ideológica de ascensão social pelo ensino incentivada nos anos de populismo e que seria retomada de outra forma pelo regime militar, principalmente a partir de 1968. Ainda que a seguinte observação de Ernest Mandel seja mais aplicável aos países capitalistas centrais, parece que ela também tem significação no caso da sociedade brasileira: com a modernização do capitalismo, "as famílias operárias começavam cada vez mais a ver no prolongamento dos estudos dos filhos o único meio de lhes garantir um futuro que escapasse à miséria do subemprego, ao subemprego periódico e à existência de um subproletariado marginal (*drop out*)" (1979). Entretanto, não caberia exagerar a amplitude do número de "filhos de operários industriais que entraram na Universidade", ainda "extremamente reduzido" nos países capitalistas, mesmo nos desenvolvidos. Nesses países, "o alargamento da oferta da força de trabalho intelectual afectou sobretudo as camadas privilegiadas do proletariado e camadas camponesas, filhos e filhas de empregados de escritórios, técnicos e pequenos funcionários", segundo Mandel (1979, p.72).

Sobre a difusão da ideologia de ascensão social pelo ensino no meio das famílias operárias, é exemplar o depoimento de Célia, ex-militante de esquerda nos anos 1960, que aponta também para a diversidade de origens sociais dos universitários: filha de um operário e de uma empregada doméstica de origem rural, Célia conseguiu levar adiante os estudos superiores, incentivada pelos pais. Chegou a ser presa por envolvimento com tendências estudantis de esquerda, fato que a família não aceitou, comprometendo-se com a polícia para afastar a filha do convívio com "subversivos". Assim que Célia voltou para casa, seu pai chegou a ameaçá-la de entregar seus amigos esquerdistas à polícia, se voltassem a procurá-la (Costa, 1980, p.257-8).

O caso mais conhecido de radicalização do movimento estudantil brasileiro, proveniente de setores da população mais pobre, nos anos 1960, foi o dos estudantes secundaristas que se reuniam no refeitório e centro estudantil chamado Calabouço, na cidade do Rio de Janeiro. Esses estudantes estavam longe do divulgado estereótipo de "estudante de classe média", e dentre eles se encontrava Edson Luís, paraense de 16 anos, residente no Rio, assassinado

---

vieram contra 90% dos estudantes de Filosofia da USP". No mesmo sentido aponta Lauro P. de Toledo Ferraz, na época, presidente do Diretório Acadêmico da Faculdade de Direito do Mackenzie, que ressalta a união das esquerdas naquela universidade, contra os elementos de direita, ligados à polícia e à diretoria do Mackenzie. (Os depoimentos citados estão em Santos, 1988, p. 219-24 ss.)

pela polícia em 28/3/1968 no Calabouço, morte que desencadeou uma enorme onda de protestos de rua em todo o país. Os estudantes do Calabouço criaram uma entidade que chegou a se organizar nacionalmente, a Frente Unida dos Estudantes do Calabouço (FUEC), que "sempre teve uma relação difícil com o movimento universitário", no dizer de Daniel Reis (1987, p.236). Luís Raul Machado, um dos vice-presidentes da UNE em 1968, escreve num depoimento que, em 1967,

> o ponto mais crítico era o restaurante Calabouço, perto do aeroporto Santos Dumont. Ali, estudantes de várias escolas, na sua maioria secundaristas ou do ensino técnico, se organizaram intensamente em cursinhos, lojas de prestação de serviços diversos e se encontravam duas vezes por dia no restaurante, onde faziam suas assembleias. Ali se constituiu a Frente Unida dos Estudantes do Calabouço, que, sob a presidência de Elinor Brito e com uma liderança intermediária ativa e numerosa, organizou os estudantes numa das mais fortes e combativas entidades da época. Com a realização de uma reunião do Fundo Monetário Internacional no Museu de Arte Moderna do aterro do Flamengo em setembro de 67, o governo viu ameaças na proximidade do Calabouço e começou uma investida que encontrou uma resistência incrível por parte dos estudantes (UNE, 1980, p.58).

Elinor Brito, o líder secundarista do Calabouço, declarou sobre a composição social dos estudantes que lá faziam suas refeições, na maior parte constituída por "secundaristas e vestibulandos":

> cerca de 90% eram estudantes que trabalhavam: bancários, *boys*, comerciários, escriturários. Trabalhavam de dia e estudavam de noite. De modo geral, eram também originários do interior ou de outros estados do Brasil, procuravam o Rio para tentar mudar de vida, atraídos pela cidade grande, com mais oportunidades de estudo e trabalho. Havia também operários, ou filhos de operários, mas com expressão pouco significativa. E um pequeno percentual, aí em torno de 5% de estudantes, morando em favelas: Jacarezinho, Praia do Pinto, Ladeira dos Tabajaras etc. (...) (p.156) boa parte das lideranças do Calabouço foram recrutadas pelas organizações políticas de vanguarda – Ação Libertadora Nacional (ALN), Dissidência do PCB, Partido Comunista Brasileiro Revolucionário (PCBR), Ação Popular (AP), entre outras. Ora, todos estes grupos ou partidos políticos subestimavam a luta dos estudantes, consideravam-na em plano secundário. (Moraes; Reis, 1988, p.164)

Outras lutas de estudantes secundaristas, supostamente mais pobres que os universitários, ocorreram no período. Por exemplo, em agosto de 1967, milhares de secundaristas baianos agitaram Salvador por uma semana contra a instituição de anuidades em escolas públicas, conforme o testemunho dos ex-diretores da UNE, Luís Raul Machado e Nilton Santos (1980, p.58-9, 69).

Entretanto, deve-se considerar que os estudantes de origem mais humilde estavam empenhados num projeto de ascensão social pela educação colocado nos marcos de uma ideologia que se poderia chamar de pequeno-burguesa, ou mesmo burguesa. Nesse sentido, seria preciso ampliar a ideia de autores como Foracchi e Martins Filho, para os quais o movimento estudantil esteve marcado pela "luta dos setores médios pela 'abertura' da universidade" (Martins Filho, 1987, p.204). Segundo eles, o acesso à universidade seria parte do projeto de ascensão social dentro da ordem capitalista, projeto de classe média, ou pequeno-burguês. Ora, pode-se até assim qualificá-lo, como fazem muitos estudiosos de formação marxista, por oposição a um projeto "proletário" de transformação radical da ordem capitalista. Porém, é preciso deixar claro que a ilusão da ascensão social pelo estudo tende a ser compartilhada por todos os segmentos sociais despossuídos, inclusive pelos operários em sentido estrito. A visualização da possibilidade de mobilidade social, em tudo que tem de real e de ilusória, é requisito fundamental para a manutenção do domínio da ideologia burguesa no conjunto da sociedade. A ordem social capitalista é a única que os despossuídos conhecem – nada mais legítimo que procurem ascender dentro dela. Mas, quando a luta pela ascensão social assume caráter coletivo, como foi o caso do movimento estudantil brasileiro nos anos 1950 e 1960 na briga pela reforma do ensino, já há um esboço de ruptura com a ordem vigente, ainda que os objetivos visados fiquem na órbita da ideologia dominante (pois as mudanças propostas reproduziriam a hierarquia social capitalista). Não se trata mais da tentativa isolada de ascensão social pela educação de indivíduos menos ou mais pobres que, cada um por si, buscariam ingressar e ascender no sistema educacional estabelecido. Ao contrário, procurava-se conjuntamente a mudança no sistema escolar, ainda que ela não implicasse ruptura com o capitalismo. Aquela luta fazia parte da aspiração dos despossuídos por direitos de cidadãos integrais.

Às vezes, quando se fala nas lutas das classes médias pela ascensão social, tem-se a impressão de que os operários não estão contagiados pela ideologia de ascensão social pela educação, como se estivessem isentos da influência da hegemonia burguesa. Trata-se, no fundo, de uma idealização da classe operária, suposta guardiã dos ideais revolucionários. Critica-se a luta específica das classes médias pela reforma do ensino, como se essa luta fosse totalmente alheia aos interesses imediatos dos trabalhadores. Do ponto de vista aqui adotado, bom número do que muitos pesquisadores chamam de "camadas médias ascendentes" pode ser tomado como parte tendencialmente constituinte da classe trabalhadora, mesmo que não se trate de proletários propriamente ditos. Sabe-se que as lutas populares por mudanças econômicas, políticas, educacionais e sociais em geral, dentro da ordem capitalista, não são necessariamente revolucionárias, mas fazem parte do processo de constituição da classe trabalhadora. As conquistas sociais só se efetivam com organização e luta dos interessados na transformação da sociedade. Assim, pode haver muito de mistificação ao se falar em aspiração de acesso ao ensino superior da parte das camadas médias. Tal aspiração é do conjunto dos trabalhadores na busca de direitos integrais do cidadão. (Naturalmente, a identificação de cada um como cidadão e sujeito de direitos tem um caráter ocultador da divisão da sociedade em classes, mas, por sua vez, especialmente numa sociedade como a brasileira, implica a consciência de que educação, saúde, transporte, lazer, moradia, liberdade de associação e reunião, entre outros direitos, não podem ser privilégio de poucos: eis o caráter subversivo da democracia.)

O que realmente parece ter mobilizado as massas estudantis, nos anos 1960, foi a frustração das perspectivas criadas durante os governos populistas, isto é, o aparente bloqueio de suas perspectivas de ascensão social, mas também de manifestação cultural e política. Quaisquer que fossem as origens de classe dos universitários, eles estavam em sua maioria empenhados em levar adiante, para usar termos caros a Foracchi, um projeto de carreira fortemente marcado por uma ideologia de ascensão social que poderia ser chamada de "pequeno--burguesa", uma vez feitas as ressalvas expostas. A frustração das expectativas de ascensão social fica evidente, por exemplo, no seguinte trecho de um número, dedicado aos calouros, da revista *Revisão*, do Grêmio Estudantil da Filosofia da USP, publicado em março de 1967:

> Ser universitário é ter escolhido uma carreira profissional que lhe proporcionará estabilidade econômica e desenvolvimento pessoal no seu campo de trabalho, mas na Filosofia fica reduzido a simples aquisição de diploma, tais as dificuldades encontradas pelos formados para simplesmente arranjarem emprego. (Sanfelice, 1986, p.122)

A atuação política do estudante universitário também é marcada pelo lugar que deverá ocupar na sociedade. *Grosso modo*, retomando uma proposição de Mandel, pode-se dizer que os acadêmicos não terão o mesmo destino profissional: alguns desistem do curso superior antes de terminá-lo, integrando-se ao mercado de trabalho como assalariados, potencialmente constituintes da classe trabalhadora na sua multiplicidade; outros, embora concluindo a universidade, também tendem a tornar-se assalariados que exercem funções produtivas ou socialmente úteis, "implicando conjunções objetivas com os interesses da classe operária" (p.152); uma parte dos estudantes comporá futuramente uma classe média, típica do capitalismo moderno, que não se confunde com a antiga pequena-burguesia, nem com a soma indiferenciada dos trabalhadores improdutivos, por exemplo, chefes e diretores de empresas, altos funcionários públicos etc.; finalmente, um certo número de universitários, uma vez formados, ou herdam os negócios dos pais e se tornam burgueses propriamente ditos, ou serão profissionais liberais que trabalham por conta própria e acumulam capitais, em virtude de seus rendimentos elevados. Evidentemente, seria equivocado "estabelecer uma coincidência mecânica entre a função social e o nível de consciência, quer dos estudantes, quer dos intelectuais que concluíram os estudos universitários" (Mandel, 1979, p.153). Contudo, a diversidade do futuro profissional do estudante acentua a existência de heterogeneidade no meio estudantil universitário.

Entre sua origem e o futuro de classe que para ele se desenha, vive o estudante uma situação intermediária, ou transitória, que tem sua especificidade, por exemplo, no tocante ao trabalho em tempo parcial ou integral, exercido por uma infinidade de universitários, sobretudo pelos que frequentam cursos noturnos. Alguns desses trabalhos são necessários ao bom desenvolvimento do próprio curso, caso dos estudantes de direito que fazem estágios. Todavia, é grande o número de estudantes que trabalha para sustentar os estudos em áreas que nada têm a ver com seu curso específico. É comum, por exemplo, encontrarem-se muitos bancários nas faculdades mais diversas.

Marialice Foracchi dá alguns dados sobre os estudantes da USP em 1963: 59% deles trabalhavam (sendo que 33% do total da amostragem frequentavam curso noturno); 36% eram mantidos pela família; 2% comissionados e 3% tinham bolsas de estudo. Dos 59% que trabalhavam, 34% o faziam "em atividades que consideravam relacionadas com o curso" e 25%, em atividades que não eram assim consideradas (1977, p.124). "Como se vê, o trabalho absorve o tempo disponível do estudante obrigando-o a uma conciliação difícil entre estudo e trabalho, quando não a um acúmulo de atividades." Sendo assim, constata-se que o estudante brasileiro, "predominantemente recrutado nos estratos médios da população global... não representa, em termos socioeconômicos, uma camada privilegiada e sim uma camada em mobilidade ascensional que acumula recursos para afirmar-se socialmente", ainda mais que 76% dos entrevistados "correspondem, em termos das suas respectivas famílias, à *primeira geração universitária* (1982, p.53). Diga-se de passagem que esses dados e observações sobre a necessidade do trabalho do universitário para manter os estudos, mesmo para quem frequenta o ensino público e gratuito, põem em questão a tese de Foracchi sobre a origem estudantil de classe média, pois uma efetiva classe média tem condições de manter os filhos com dedicação exclusiva à universidade. Parece que Foracchi sinonimiza classe média a estratos médios, quando talvez fosse mais correto ver nos "estratos médios", de onde vem a maioria dos universitários, diversos componentes de classe, inclusive o de uma efetiva classe média, composta por assalariados, encarregados de funções como as de controle e de organização da produção em nome do capital.

Como se caracterizaria o trabalho do universitário para manter seus estudos? Seria um "trabalho assalariado de classe média, no qual o indivíduo não participa diretamente da elaboração do produto, e no transcorrer do qual não detém qualquer parcela de influência sobre o processo social da produção", na visão de Foracchi (1977, p.166). Por certo, o trabalho assalariado estudantil não é, em geral, ligado diretamente à produção, não sendo propriamente proletário num sentido estrito. Mas isso seria suficiente para caracterizá-lo como "de classe média"? Ao contrário, é factível supor que parte dos estudantes-trabalhadores é potencialmente constituinte da classe dos trabalhadores assalariados (Fausto, 1987, p.201-86). Entretanto, essa condição de trabalhador assalariado pode ser provisória, vislumbrando-se para o universitário uma possível alteração nas suas condições de trabalho, uma vez obtido o diploma. Como diria Foracchi:

> O estudante não vive a situação de trabalho como totalidade, isto é, ele não se encontra profundamente tomado pelos seus efeitos porque só pode vivenciá-la como estudante. Nessa medida, ele a vivencia parcialmente, elaborando os aspectos que envolvem, diretamente, a sua condição particular, ao contrário do operário, por exemplo, que tem sua vida totalmente definida em termos da sua situação de trabalho... Ainda que, eventualmente, esteja identificado com aquele que vende sua força de trabalho, embora por um instante a situação vivida por ambos pareça assemelhar-se, o jovem estudante não coloca, nesse ato, o seu objetivo, nem realiza, nele, a condição vital da sua existência. O seu envolvimento nessa posição é periférico, transitório e parcial. O acorde vital da sua existência está, por assim dizer, contido na sua formação profissional, no projeto de carreira que definiu para si. (1977, p.216-7)

O caráter transitório do trabalho assalariado subalterno dos estudantes deve ser levado em conta, bem como sua ideologia de ascensão social por meio de um projeto de carreira. Mas isso não tira o caráter objetivo do seu trabalho enquanto tal, que pode vir a modificar-se ou não no futuro, como se viu anteriormente nas quatro possibilidades levantadas por Mandel para caracterizar, *grosso modo*, o trabalho a ser exercido pelos estudantes depois de deixarem a universidade. Portanto, muitos estudantes são possíveis constituintes da classe trabalhadora, ainda que, por vezes, temporariamente. Com efeito, a condição transitória de trabalhador-estudante é repleta de ambiguidades. A ilusão com a ascensão social pela educação, com um padrão de carreira mistificado e com uma certa ética do sacrifício pessoal para atingir o ensino superior e "subir na vida" pode tornar o estudante-trabalhador tão ou mais acomodado à ordem estabelecida que os universitários que não precisam trabalhar. Contudo, nas épocas de crise econômica, política ou ideológica, quando a sociedade capitalista não é capaz de permitir sequer a visualização segura, por parte dos formandos, de que encontrarão um lugar na sociedade, pondo-se em dúvida a concretização dos acalentados projetos de carreira, então parecerá a muitos estudantes-trabalhadores que seu sacrifício pessoal está sendo em vão, que há poucas alternativas para a modificação de sua situação. Criam-se condições para que os estudantes-trabalhadores se revoltem, quer no sentido de rebelião para concretizar seus sonhos frustrados de ascensão, quer, no limite, transformando a insatisfação num ímpeto revolucionário que os irmanaria aos demais trabalhadores, no sentido da superação da ordem capitalista e da hierarquização social que ela supõe.

Acima de tudo, a situação transitória na universidade – tanto dos estudantes que trabalham para se sustentar como dos que trabalham por exigência de estágio do próprio curso que frequentam, além dos que não trabalham – implica o ato de estudar, que não deixa de ser um tipo de trabalho, exercido num meio muito peculiar, no interior da instituição universitária. Pelo menos até os anos 1960, esta era herdeira de uma tradição cultural burguesa europeia, marcada por valores humanistas que poderiam ser resumidos no lema da Revolução Francesa, de 1789: "liberdade, igualdade e fraternidade". Ora, na conjuntura brasileira de 1967-68, esses valores universitários contrapunham-se a duas dinâmicas: em primeiro lugar, no aspecto mais geral, à dinâmica de uma sociedade miserável, subdesenvolvida, repleta de injustiças e desigualdades, em que a maioria da população não tem acesso aos direitos básicos de cidadania consagrados pela ideologia burguesa, dominante também nas faculdades; com a modernização conservadora e socialmente excludente, imposta pelo regime civil-militar a partir de 1964, exacerbou-se ainda mais a "cisão fáustica" de uma parcela dos universitários, cuja consciência crítica, cultivada desde os anos de populismo, não podia admitir o novo modelo político e econômico, que parecia estancar o desenvolvimento econômico e democrático do país, aguçando ainda mais a miséria e as diferenças sociais. Em segundo lugar, no aspecto mais específico, os valores humanistas do meio acadêmico chocavam-se com os métodos governamentais no tratamento das questões universitárias. Eles impunham a implantação de um novo tipo de universidade: paga, tecnocrática, empresarial, "racionalizada" em seus "custos e benefícios", voltada para suprir o mercado de mão de obra especializada para o emprego assalariado, além de cumprir a função de massificar o ensino, dando ilusões a uma crescente parcela da população de que seria possível a ascensão social pelo estudo. Essa reforma do ensino superior contrapunha-se aos valores de autonomia intelectual da universidade pública e gratuita, como instituição formadora de profissionais liberais e de livres-pensadores comprometidos apenas com os ideais acadêmicos de liberdade, justiça, igualdade de direitos etc.

A política governamental também impunha a repressão direta, e até física, a alunos e professores discordantes de seus atos, em geral, e da reforma autoritária do ensino superior, em particular. A repressão não poupava sequer os "territórios livres" das faculdades, cujo espaço tradicionalmente de autonomia e liberdade de pensamento deixava de existir, violado em sua "sacralidade" pelas invasões policiais, por exemplo. O regime afrontava os direitos de cidadania de uma elite cultural que, normalmente, os teve reconhecidos; as universidades deixavam de ser ilhas de liberdade e de direitos em meio à selvageria da sociedade mais abrangente. Assim, estavam dadas as condições para que explodissem revoltas nos meios acadêmicos, mais ou menos extremadas; em especial, se levarmos em conta que, além das especificidades sociais brasileiras naquela conjuntura, havia um mal-estar mundial nas universidades, uma "crise da cultura burguesa" em todos os cantos do globo, com a qual tomavam contato também os estudantes brasileiros, pelo seu acesso privilegiado à formação e informação política e cultural.[5]

A revolução dos trabalhadores intelectuais

Além dos "estudantes", foram considerados como parte das "camadas médias e altas intelectualizadas" os seguintes agrupamentos ocupacionais: "artistas", "empresários", "oficiais militares", "religiosos", "professores" e outros "profissionais liberais ou com formação superior" (Quadro 3). As camadas intelectualizadas – que se pode supor terem relativos privilégios de acesso à educação, saúde, nível de renda etc., e poder no exercício profissional – foram amplamente majoritárias na composição dos grupos de extrema esquerda: elas constituíram pelo menos 57,8% dos processados por envolvimento com os grupos de guerrilha urbana. Esse percentual seria ainda mais elevado, se também considerássemos como integrantes das camadas intelectualizadas alguns dos processados classificados como "autônomos", "empregados", "funcionários públicos", "mili-

---

5 O choque entre os valores tradicionais acadêmicos e a lógica selvagem do capitalismo no Brasil, especialmente após 1964, evidencia-se, por exemplo, em vários depoimentos do livro *Maria Antônia: uma rua na contramão*. (Santos, 1988)

tantes" e "técnicos médios", enquadrados estatisticamente como "camadas de transição", uma parte dos quais, provavelmente, teve acesso ao ensino superior.

No geral, apenas dez empresários foram processados por envolvimento com a esquerda brasileira, sendo que só quatro deles eram acusados de ligação com grupos armados. Foram tão poucos que caberia um estudo de cada um dos casos específicos para entender essa vinculação, o que não se pretende no âmbito deste livro, pois eles se constituíram em claras exceções individuais. Não é possível dizer que qualquer segmento empresarial estivesse realmente comprometido com as lutas de esquerda nas décadas de 1960 e 1970, mesmo que muitas organizações clandestinas contassem com a "burguesia nacional", ou ao menos com algumas de suas frações, para fazer a "revolução democrática".

Constata-se pelos dados que relativamente poucos "oficiais militares" foram processados, em 1964 e após essa data, por atividades de oposição ao regime militar (119 oficiais entre 7.365 denunciados judicialmente, 1,6% desse total). Dos 119 oficiais processados, apenas 32 o foram por supostas ligações com organizações de esquerda (30, se excluídos os nomes repetidos nos processos referentes a cada organização), dentre os quais, 14 por vinculação com grupos guerrilheiros urbanos. Apesar do destaque de alguns ex-oficiais na chamada luta armada contra a ditadura civil-militar, caso notório do capitão Lamarca, do coronel Cardim e do major Cerveira, não se pode dizer que os oficiais expulsos das Forças Armadas aderiram em número significativo às organizações guerrilheiras. Em outras palavras, após 1964 rompeu-se a tradição das esquerdas brasileiras, especialmente a do PCB (originada na época do tenentismo), de contar com participação razoável de oficiais e ex-oficiais nas suas fileiras. As organizações de esquerda não atraíram o grande número de oficiais legalistas reformados ou cassados na sequência do golpe de 1964, quando só foram mantidos nas Forças Armadas aqueles que explicitamente aderiram aos golpistas. Em 11 de abril de 1964, o *Diário Oficial da União* publicou a expulsão formal de 122 oficiais das Forças Armadas, e outras tantas expulsões viriam naquele mesmo ano. Além disso, muitos oficiais "foram notificados de que, em virtude do seu 'débil' sentimento revolucionário, não obteriam nenhuma outra promoção, o que constituiu uma tentativa deliberada de pressionar os oficiais dissidentes para que se reformassem. Por tais meios, as Forças Armadas conseguiram, efetivamente, desembaraçar-se dos oficiais antirrevolucionários", segundo Alfred Stepan, que também apresenta dados estatísticos, atestando sua afirmação (1974, p.263 ss.). O número de oficiais atingidos pelos Atos Institucionais n°s 1, 2 e 5, entre 1964 e 1980, a maioria dos quais punidos logo depois de 1964, chegou a 391, pelos dados coletados por Maria Helena Moreira Alves (1985, p.132). A quantidade seria provavelmente bem mais alta, se computados todos os oficiais dissidentes, direta ou indiretamente levados a pedir afastamento da ativa. Como se vê, uma pequena minoria dos oficiais dissidentes aderiu aos grupos guerrilheiros, em particular, e às esquerdas organizadas, em geral.

Com o termo genérico "religiosos", foram classificados aqueles cuja qualificação ocupacional nos processos coletados pelo BNM revelava ligação institucional com igrejas, a saber: eclesiásticos, freis, freiras, padres, pastores, religiosos, sacerdotes, ex-seminaristas e ex-padres. Se é verdade que boa parte das igrejas, sobretudo a maioria da alta hierarquia da Igreja Católica Apostólica Romana, deu apoio ao golpe de 1964, também é sabida a crescente resistência, principalmente de amplos setores da Igreja Católica, à ditadura militar depois de 1964. Esse fato nos fez destacar estatisticamente a ligação dos "religiosos" com as lutas das esquerdas brasileiras. Nos dados gerais do BNM, aparecem 88 "religiosos", correspondentes a 1,2% do total de 7.365 denunciados pelo regime militar. Dentre eles, 33 foram acusados de envolvimento com as esquerdas, 24 dos quais com a ALN. Excluídos os nomes que aparecem repetidos nos processos referentes às diversas organizações, observa-se que apenas 20 "religiosos" foram acusados de envolvimento com as esquerdas, e se distribuíram assim, conforme o Quadro 1, anteriormente apresentado: ALA, 3 "religiosos" (2,6% do total de processados dessa organização); ALN, 11 (2,4%); AP, 3 (0,7%); FALN, 1 (2,4%); PCdoB, 1 (0,4%); e VAR, 1 (0,4%). A conhecida resistência de setores da Igreja Católica ao regime e sua defesa dos direitos humanos parece ter ocorrido sobretudo nos marcos institucionais. Os dados revelam que a perseguição judicial a seus membros não foi quantitativamente tão relevante como se poderia supor, e que a ligação orgânica de "religiosos" com as esquerdas foi esporádica e, provavelmente, a título de opção individual.

Para um escritor católico, "seria faltar com a verdade histórica dizer que a maioria do clero e dos católicos não aderiu ao golpe de 1º de abril de 1964" (Castro, 1984, p.80). Mas essa adesão foi-se tornando cada vez mais problemática, uma vez que o regime não fazia as reformas sociais que muitos fiéis esperavam, desrespeitando os direitos humanos de seus adversários, e mesmo de setores oposicionistas ligados à Igreja Católica. Estes tinham ligações com o movimento estudantil, tanto que várias reuniões e congressos dos estudantes, locais, regionais e até nacionais – como dois congressos clandestinos da UNE, de 1966, em Belo Horizonte, e de 1967, em Vinhedo –, tiveram lugar em estabelecimentos católicos, o que valeu perseguições e pesadas críticas do regime e de seus aliados aos que acolheram os universitários. A repressão feroz às manifestações estudantis e a setores católicos de oposição, especialmente em 1968, levou a que não só religiosos, mas a própria Igreja como instituição, participassem, em junho daquele ano, da Passeata dos Cem Mil no Rio de Janeiro, embora a Igreja sempre mantivesse uma posição conciliadora, pacifista e pretensamente apolítica, que nem sempre era a mesma dos padres e fiéis de suas bases, radicalizados como outros segmentos sociais na conjuntura de 1968. O representante do clero na "comissão dos cem mil", recordando a indignação diante do massacre da "sexta-feira sangrenta", admitiu ter vivido a maior revolta da vida, tendo chegado a pensar em se armar para lutar "ao lado do povo", contra "a selvageria da repressão" (Hollanda; Gonçalves, 1986, p.82).

Na década de 1960, houve adesões de padres e outros religiosos à luta guerrilheira na América Latina, mais como homens do que como padres vinculados à Igreja. É conhecida a participação do padre Camilo Torres na guerrilha colombiana, o que gerou sua morte em fevereiro de 1966. No Brasil, por exemplo, o padre Alípio de Freitas teria sido das Ligas Camponesas antes de 1964 e, mais tarde, aderido à AP e ao PRT, depois de desligar-se da Igreja. Com maior organicidade, foram dois os casos de ligação de "religiosos" com grupos de esquerda: o envolvimento de frades dominicanos com a ALN de Marighella, relatado por Frei Betto em *Batismo de sangue*, e a influência de pensadores e de movimentos católicos na constituição da AP, que, sem se tornar um grupo guerrilheiro urbano típico, viria a procurar distanciar-se de suas bases teóricas cristãs no decorrer dos anos 1960, abraçando o maoísmo.

Eram frades da ordem dos dominicanos alguns dos mais engajados socialmente na segunda metade dos anos 1960, o que se revela, por exemplo, na encenação, em seu convento paulistano, da peça *Paixão segundo Cristino*, com músicas de Geraldo Vandré, retratando o sacrifício de um dentre os milhões de "cristos" que compõem a base da sociedade brasileira. Em agosto de 1967, depois da repressão contra os religiosos que ajudaram à realização clandestina do XXIX Congresso da UNE, o frei dominicano Eliseu Lopes declarava, revoltado, ao *Correio da Manhã*: "num País em que a defesa dos direitos da pessoa humana for crime, há justificativa para a revolução, de acordo com a *Populorum Progressio* do Papa Paulo VI". O frei Ives Congar, da mesma ordem, declararia ao *Jornal do Brasil* que foi preciso eliminar Hitler, sendo necessário no caso brasileiro "talvez ir a extremos de novo", conforme relata Poerner (1979, p.291). O oposicionismo dos dominicanos estava inoculado em toda a ordem, mas parece que os mais engajados nas lutas sociais eram os jovens frades universitários, dentre os quais, frei Tito – que se suicidou na amargura do exílio –, como se depreende da leitura do referido texto de Frei Betto, um dos dominicanos condenados por vinculação com a ALN: "O grupo de estudantes dominicanos comungava os impasses e as opções de uma expressiva parcela de nossa geração universitária" (1983, p.18).

Segundo Frei Betto, entre os dominicanos, não chegaram a se constituir células da ALN ou de outra organização:

> Acolhíamos pessoas filiadas a tendências políticas diversas que, por se colocarem em oposição no regime, eram perseguidas. Esse apoio caracterizava-se sobretudo em guardá-los em locais seguros, transportá-los de uma cidade a outra e tranquilizar suas famílias. Dentro de nossas possibilidades e de nossa condição de religiosos, ajudávamos pessoas sob o risco de prisão, de tortura e de morte. (1983, p.50)

Mais tarde, quando Frei Betto se deslocou para o Rio Grande do Sul, passou a ajudar na retirada de perseguidos pelo regime, a pedido pessoal de Marighella e com a colaboração de outros frades: "Seria uma ajuda a todos que precisassem deixar o país, independentemente de siglas políticas, e não um serviço exclusivo à ALN. Aceitei o pedido, ciente de que ele se adequava à tradição da Igreja de auxílio a refugiados políticos" (p.57). Com efeito, o estudo do período comprova que "os dominicanos eram vistos, no meio estudantil, como uma espécie de guarda-chuva ao qual se recorre quando em hora de tempestade" (p.59). Ou, ainda, que nos "momentos de inquietação e desamparo é que militantes clandestinos recorriam também aos dominicanos como a uma tábua de salvação" (1983, p.71).

Se os dominicanos davam apoio a quaisquer perseguidos que os procurassem, por outro lado, o livro de Frei Betto denota uma grande simpatia e solidariedade, dele e de alguns companheiros, especificamente com Marighella e com a ALN, que contava com os frades em seu esquema de tirar quadros clandestinos do país e em outras tarefas. Tanto assim que a obra de Frei Betto é também uma análise autocrítica da ação da ALN, a que ele e outros religiosos estavam de alguma forma ligados, embora – na versão de Frei Betto – não se considerassem uma célula política de militantes propriamente ditos, tal como os viam os integrantes da ALN.

Apesar de não se envolverem com ações armadas, o fato é que alguns dominicanos faziam parte do esquema de Marighella, como demonstrou Jacob Gorender no livro *Combate nas trevas* – excluindo-se, contudo, a ligação institucional "da Igreja Católica e da Ordem dos Dominicanos com a ALN". Gorender e outros entrevistados atestam que os frades dominicanos da ALN, além de esconderem e tirarem do país perseguidos políticos, colaboraram na tarefa de encontrar pontos no campo para o lançamento da guerrilha rural, tendo inúmeros encontros com líderes da ALN – e tiveram mesmo participação direta no episódio que levou a polícia a emboscar e matar Carlos Marighella, com quem os militantes dominicanos tinham contatos frequentes, segundo a sólida argumentação de Gorender, baseado em documentação e vários depoimentos (1987, p.171-8).

Foram considerados estatisticamente como "professores" aqueles assim denominados pelos dados do BNM, a saber: professores primários, secundários, universitários, de madureza, professores estaduais, auxiliares de ensino etc. Os professores poderiam ter sido classificados como "profissionais com formação superior", e é de se supor que boa parte deles fosse constituída de funcionários públicos e de estudantes de nível universitário. Sua participação, no entanto, foi registrada à parte, devido ao peso relativamente grande que tiveram na composição social das esquerdas (319 acusados, 8,6% do total), sobretudo das esquerdas armadas, que contaram com 178 professores dentre os 1.897 processados com ocupação conhecida, perfazendo 9,4% do total de denunciados por ligação com os grupos armados urbanos (Quadros 1 e 3).

Houve cerca de 10% de professores dentre os processados por ligação com cada um dos vários grupos de esquerda armada, alguns com participação percentual pouco maior (caso da ALA e do POC, com cerca de 17% de professores), outros pouco menor (como o MR-8 e o PCBR, com cerca de 5%). De qualquer forma, é expressivo o número de professores nos grupos de esquerda, especialmente nos armados. Pode-se sugerir algumas hipóteses para explicar a prevalência do elevado percentual. Em primeiro lugar, cabe considerar a proximidade dos professores com o meio estudantil, mobilizado e politizado nos anos 1960. Aproximação que ocorre quer pela própria atividade profissional do professor, que o coloca em contato direto com os alunos, quer porque o magistério é frequentemente exercido no ensino médio por estudantes que precisam trabalhar para sustentar parcial ou integralmente a própria educação. Além disso, dar aulas também é uma opção de trabalho para estudantes recém-egressos da faculdade, tanto por escolha consciente como por encontrarem, no magistério, uma atividade temporária até obterem colocação melhor no estreito mercado de trabalho. Assim, as motivações e a politização dos professores nos anos 1960 têm grande proximidade com o que foi exposto sobre o movimento estudantil, numa atmosfera política e cultural especialmente agitada, nacional e internacionalmente, que atingia em cheio o meio intelectual, do qual os professores fazem parte por excelência. No caso da ALA, por exemplo, a elevada percentagem de professores processados, ainda maior que nos outros grupos armados (19 professores foram acusados de vinculação com a ALA, 16,7% dos seus denunciados), talvez, em parte, se explique porque a organização montou um curso de madureza em Santo André para fazer contatos com operários. De acordo com Antônio de Neiva:

> Fizemos uma pesquisa por região, para ver qual delas tinha mais operários das principais indústrias e, então, montamos um curso de madureza, tipo supletivo hoje, em Santo André. Atingia a classe operária lá; tínhamos estudantes das principais indústrias do ABC: Volks, Mercedes, Eternit, Phillips, Rhodia etc. Os professores eram dois militantes da ALA, homens, inclusive eu, e cinco mulheres, simpatizantes da organização – isso talvez demonstrasse um certo machismo, porque não havia muita diferença política ou de disposição entre a gente. Os alunos não nos entendiam bem, sacavam que éramos pessoas interessantes, desprendidas, e tal, que tínhamos algo contra o governo, mas que não lhes entrava na cabeça direito. Eu era até mais contundente do que o restante dos professores, procurava abrir mais, fiz propaganda de algumas ideias de esquerda. Mas, na prática, a gente passava um pouco como assistente social. Quase todos os outros professores tinham outro emprego e iam para lá dar aula durante a noite por um preço que não justificava. A gente só cobrava para pagar o aluguel da sede e outras despesas.

Uma experiência educacional anterior ao golpe marcou a simultaneidade da função de professor com a de estudante: a alfabetização de adultos pelo método Paulo Freire, sobretudo no interior de Pernambuco. Segundo Roberto Schwarz:

> Este método, muito bem-sucedido na prática, não concebe a leitura como uma técnica indiferente, mas como força no jogo da dominação social. Em consequência, procura acoplar o acesso do camponês à palavra escrita com a consciência de sua situação política. Os professores, que eram estudantes, iam às comunidades rurais, e a partir da experiência viva dos moradores alinhavam assuntos e palavras-chave – "palavras geradoras", na terminologia de Paulo Freire – que serviriam simultaneamente para discussão e alfabetização. Em lugar de aprender humilhado, aos trinta anos de idade, que o vovô vê a uva, o trabalhador rural entrava, de um mesmo passo, no mundo das letras e dos sindicatos, da constituição, da reforma agrária, em suma, dos seus interesses históricos. Nem o professor, nesta situação, é um profissional burguês que ensina simplesmente o que aprendeu, nem a leitura é um procedimento que qualifique simplesmente para uma nova profissão, nem as palavras e muito menos os alunos são simplesmente o que são. Cada um destes elementos é transformado no interior do método – em que de fato pulsa um momento da revolução contemporânea: a noção de que a miséria e seu cimento, o analfabetismo, não são acidentes ou resíduo, mas parte integrada no movimento rotineiro da dominação do capital. Assim, a conquista política da escrita rompia os quadros destinados ao estudo, à transmissão do saber e à consolidação da ordem vigente. (1978, p.68-9)

Sabe-se da frustração da experiência após o golpe de 1964, com a severa perseguição aos que implementavam o método, dos quais alguns aderiram às organizações de esquerda. No final da década, o governo militar tentou reutilizar o método de outra forma, despolitizando-o na criação do MOBRAL, movimento que supostamente erradicaria o analfabetismo no Brasil. A médio prazo, resultou num malogro de seus propósitos explícitos e conscientes, embora tenha cumprido o papel de legitimar temporariamente a política educacional do governo para as chamadas classes populares, as quais supostamente encontrariam seu lugar, "subindo na vida", seguindo a "corrente pra frente" por meio da educação.

Outro fato a ser considerado para explicar a relativamente alta adesão de professores aos grupos de esquerda é a própria natureza da atividade que, apesar de geralmente mal-remunerada e extenuante, tende a oferecer certa autonomia intelectual, maior que em outras ocupações de nível superior – estas, cada vez mais submetidas aos ditames do capital, num processo que logo depois subjugou também o magistério, principalmente com a proliferação dos cursinhos privados, supletivos, de madureza, ou de preparação para o vestibular, bem como de faculdades particulares (em 1973, "mais de 50% das matrículas em cursos superiores no Brasil foram feitas em estabelecimentos particulares" – Prandi, 1978, p.121). Seguindo a pista de Marx, a transformação do ensino num negócio para o capital permite pensar mesmo o trabalho produtivo de setores do magistério: "Um mestre-escola que é contratado com outros para valorizar, mediante seu trabalho, o dinheiro do empresário da instituição que trafica com o conhecimento, é trabalhador produtivo" (1978, p.76). Se Marx não dedicou mais atenção a esse tipo de trabalho, que considerava pouco relevante numericamente e uma "forma de transição", não se pode mais dizer o mesmo nos dias de hoje, quando ele está amplamente difundido, abrindo-se a possibilidade de pensar a presença de setores intelectualizados, como o dos professores, na constituição da classe trabalhadora.

O trabalho de professor talvez parecesse uma forma de resistência, ou ao menos de refúgio ou de adiamento da submissão do aprendiz de intelectual, recém-egresso da universidade, às engrenagens do capital. Isso talvez explique, em parte, a opção pela profissão de tantos jovens críticos da ordem estabelecida. Muitos professores de renome foram perseguidos pelo regime militar, mas, ao que tudo indica, foram os jovens professores, principalmente do ensino médio, que aderiram às organizações de esquerda após 1964. Até aquela data, era relativamente reduzida a percentagem de professores supostamente ligados às esquerdas, como revela o número daqueles processados do PCB e dos Grupos de 11 em 1964, que mal chegavam a 1% do total (Quadro 3). A opção pela extrema esquerda de vários deles, após o golpe de 1964, deve ser entendida no clima geral de radicalização dos setores oposicionistas intelectualizados mais politizados, principalmente os dos professores mais jovens.

Cabe observar, ainda, que professores de todos os níveis e idades rebelaram-se contra: o golpe e o regime militar, a reforma educacional imposta, a modernização conservadora da economia, a proletarização do trabalho intelectual e a mediocridade da cultura burguesa nos anos 1960. Muitos foram perseguidos, cassados, alijados de seus empregos, presos ou forçados ao exílio já em 1964 (mas, principalmente, após o AI-5). Alguns, mais jovens, aderiram a grupos de esquerda armada. Todavia, não se pode dizer que o conjunto dos professores posicionou-se contra o regime, em especial depois de 1968, quando os resultados do "milagre brasileiro" fizeram-se sentir na área da educação. É verdade que houve resistência nas universidades públicas, por exemplo, mas a maioria dos seus professores acatou passivamente as ordens do novo regime, que oferecia salários relativamente bons, bolsas de estudo e uma perspectiva mais aberta de carreira acadêmica, com o fim da cátedra e a instituição dos cursos de pós-graduação, além de criar amplo mercado de trabalho nas escolas privadas, em crescimento constante. Sem contar os acadêmicos que colaboraram ativamente com o regime, chegando a ocupar ministérios. Vale insistir que não se trata apenas de uma condenação moral dos que se ajustaram à nova situação, mas de captar a dinâmica de reordenação provisória da ordem colocada pelo movimento do capitalismo, assegurado pelo regime militar, depois do que Gorender chamou de "fracasso das esquerdas" em 1964, reafirmado em 1968 e 1969 (1981).

Finalmente, foram enquadrados nos dados estatísticos, como parte das "camadas médias e altas intelectualizadas" vinculadas às esquerdas, os "profissionais liberais ou com formação superior". Trata-se de um extenso conjunto de ocupações que poderia ser subdividido em profissões liberais tradicionais (advogados, engenheiros, médicos); outras ocupações de nível superior (agrônomos, economistas, físicos, sociólogos etc.); administradores de empresa (gerentes, diretores etc.); políticos e ex-políticos (vereadores, deputados, prefeitos etc.). A grande maioria dos processados classificados como "profissionais liberais ou com formação superior" era composta de pessoas ocupadas nas profissões liberais tradicionais e outras de nível superior, sendo bem menor o número de políticos e ex-políticos e, principalmente, de administradores.

Observe-se a tendência de mudança na caracterização dos "serviços" desses profissionais no capitalismo de hoje, quando eles passam crescentemente a ser assalariados das grandes empresas, produtivos ou improdutivos. O profissional é cada vez mais escravo da empresa e cada vez menos senhor dos objetivos de seu trabalho intelectual, tendendo a se tornar um técnico bem-qualificado a serviço das empresas, sem qualquer autonomia intelectual. Como salientou Fernando Henrique Cardoso, os assalariados do setor terciário da economia, com ou sem formação superior, são, hoje,

> categoria numericamente dominante – não devem ser categorizados como se constituíssem uma "pequena burguesia", nem pode-se imaginar –, dadas as peculiaridades técnicas e organizativas da produção moderna – que o corte entre assalariados "white-collars" e "blue collars" esteja dado de antemão, sendo os últimos "proletários" e os primeiros "pequenos-burgueses". Num certo sentido, segmentos dos "white-collars" na indústria e no terciário produtivo podem ser "proletários", mas para alcançar esta identidade é preciso considerar a representação que eles formam sobre suas funções na sociedade e a própria ação política prática que desempenham, sem deter a análise no nível das simples relações de produção. (1982, p.27)

Aqueles agrupados como "profissionais liberais ou com formação superior" foram 599 (16,2%), dentre os 3.698 denunciados com ocupação conhecida por participação em organizações de esquerda, mantendo-se a percentagem em torno de 15% para a maior parte de cada um dos grupos de esquerda. O mesmo percentual aplica-se às esquerdas armadas, mais ou menos "massistas" ou "militaristas", que no total contaram com 284 profissionais de nível universitário (15% de um total de 1.897 com ocupação conhecida – Quadros 1 e 3).

Pode-se sugerir que a presença marcante das camadas médias e altas intelectualizadas nas organizações de esquerda é uma evidência política da emergência de uma nova classe média na sociedade brasileira, concomitantemente ao desenvolvimento capitalista, a partir dos anos 1950 e 1960. Constituía-se uma nova classe em busca de representação, ainda que não se deva confundir a nova classe média com o conjunto das camadas sociais médias. Não se está afirmando que as organizações armadas se restringiam a uma tentativa de representação da classe média, nem que esta buscasse representação apenas naquelas organizações. Mas parece plausível pensar a militância nos grupos de extrema esquerda como sintomática da emergência política de uma nova classe média; não se tratava do conjunto diversificado dessa classe. Por exemplo, nas organizações clandestinas quase não havia administradores de empresas, gerentes, capatazes e controladores de produção. Tratava-se principalmente de um novo setor, em expansão a partir do período populista, adentrando nos anos 1960 e 1970: a classe média ligada à apropriação coletiva do fundo público. (Ver sobre a caracterização das classes médias, operando a articulação entre o público e o privado, Oliveira, 1988.)

Os setores de classe média vinculados à apropriação realmente coletiva do fundo público são aqueles originados pelos gastos sociais do Estado como saúde, educação e cultura para a população globalmente considerada. Esses setores de classe média tiveram espaço democrático no fim dos anos 1950 e princípio dos 1960, no Estado populista do bem-estar tropical que se esboçava na sociedade brasileira. Eles perderam direitos e espaço durante o período de ditadura, quando o fundo público passou a ser empregado cada vez mais no financiamento da acumulação de capital. Contudo, se o fundo público passou a ser crescentemente privatizado, o regime militar não deixou de desenvolver programas sociais com esse fundo para financiar a reprodução da força de trabalho, investindo em áreas como ensino, saúde, cultura, habitação e transportes. Ainda que parcial e perversamente, no Estado brasileiro do mal-estar social dos anos 1960 e 1970, são válidas as palavras de Francisco de Oliveira sobre a apropriação coletiva do fundo público no Estado europeu do bem-estar: "no terreno marcadamente da cultura, da saúde, da educação, são critérios antimercado os que fundamentam os direitos modernos" (1988, p.20). Porém, no caso brasileiro, esses eram não direitos: uma parcela dos setores de classe média ligados à apropriação coletiva do fundo público insurgiu-se contra esses não direitos, contra a decisão, pelo alto, da aplicação do fundo público, cada vez menos destinado aos assalariados e despossuídos, cada vez menos encarado como um direito de todos os cidadãos. Ao passo que grupos de classe média, articuladores da apropriação privada do fundo público, e outros que concentravam nas mãos a decisão "de cima para baixo" da aplicação dos gastos sociais estatais davam apoio expresso ou velado aos militares, associando-se a eles na gestão dos negócios de Estado.

Embora quase 60% dos componentes das esquerdas em armas fossem originários de camadas sociais intelectualizadas, não se pode dizer que essas organizações políticas fossem compostas por intelectuais propriamente ditos, que não se confundem com o conjunto dos trabalhadores intelectuais (por oposição aos manuais). Os intelectuais seriam a parte "criativa" dos trabalhadores intelectuais em geral, "os *produtores diretos* da esfera ideológica, os criadores de produtos ideológico-culturais", tais como "escritores, artistas, poetas, filósofos, sábios, pesquisadores, publicistas, teólogos, certos tipos de jornalistas, certos tipos de professores e estudantes etc.", como escreveu Michael Löwy, numa tese que procura entender a adesão de intelectuais à luta revolucionária pela análise da "evolução política de Lukács até o ano de 1929, no quadro de um estudo sobre a *intelligentsia* radical na Alemanha e na Hungria no início do século" (1979, p.X, 1).

Se tomarmos estritamente a intelectualidade brasileira de esquerda, veremos que não foi propriamente de seu seio que saiu a maioria dos militantes dos grupos armados, tampouco houve envolvimento direto da maior parte dos intelectuais com as organizações clandestinas, que recorriam ao ideário produzido por alguns deles para fundamentar teoricamente sua luta – casos de Celso Furtado e de Caio Prado Júnior, dentre outros, que nada tinham a ver organicamente com os grupos armados. Os dados expostos sobre a relação dos artistas com as organizações de extrema esquerda confirmam a escassa participação direta da intelectualidade propriamente dita nessas organizações, ainda que ela produzisse obras visceralmente críticas da ordem política, econômica e social vigente, obras que acompanhavam a radicalização de parte das camadas de trabalhadores intelectualizados e estudantes, não só na sociedade brasileira, mas também em todo o mundo. Das dezenas de oposicionistas extremados do meio artístico e intelectual do Rio de Janeiro, nominalmente citados no livro sobre o ano de 1968, do jornalista Zuenir Ventura (1988), raros aderiram diretamente às esquerdas em armas, embora boa parte deles se posicionasse a favor da guerrilha e da revolução no decorrer de 1967 e 1968. Outro exemplo: muitos alunos e mestres da Faculdade de Filosofia da USP, na rua Maria Antônia, empolgaram-se com as ideias revolucionárias dos anos 1960, como as de Althusser, Sartre, Marcuse, inclusive as de Debray, como se depreende da leitura do livro *Maria Antônia: uma rua na contramão*, coletânea que contém depoimentos de professores e estudantes que viveram aqueles anos na Faculdade. Contudo, ainda que vários dos intelectuais mais significativos da Maria Antônia tenham-se contagiado teórica e emocionalmente, em maior ou menor escala, pelo revolucionarismo da década de 1960, raros deles aderiram aos grupos armados de esquerda (Santos, 1988, p.210-6).

Normalmente, o acesso privilegiado à cultura e ao ensino superior cria uma camada de trabalhadores intelectuais que estará pronta para ocupar papéis centrais nos partidos políticos da ordem, nas universidades, nas igrejas, nos vários órgãos do aparelho de Estado, enfim, nas instituições de produção ideológica. Entretanto, por diversas vias, uma parcela das camadas sociais intelectualizadas pode assumir posição anticapitalista, ou mesmo aderir a uma visão de mundo socialista, como demonstrou, por exemplo, Michael Löwy (1979). O acesso preferencial aos bens culturais, à formação superior e à informação, teoricamente, tende a dar melhores condições para que integrantes das camadas sociais intelectualizadas ocupem postos de destaque também nas organizações políticas contra a ordem capitalista. Ou seja, as camadas médias intelectualizadas tendem a fornecer um contingente sempre disponível para a atuação política de qualquer matiz: contra a ordem ou, geralmente, dentro da ordem, tanto que o oficialato das Forças Armadas, os partidos burgueses, o próprio Parlamento, o poder Judiciário, a Igreja Católica e outras instituições, direta ou indiretamente políticas, são majoritariamente compostas de integrantes dos estratos médios da população, com acesso privilegiado à educação e à cultura.

A presença de membros das camadas sociais intelectualizadas nas organizações de esquerda tem sido uma constante histórica desde os tempos de Marx, conquanto nem sempre nas elevadas proporções que assumiu nos grupos guerrilheiros brasileiros nos anos 1960 e 1970. Por exemplo, a Liga Comunista, a que Marx pertenceu em meados do século XIX, tinha cerca de metade de seus membros originários das camadas sociais intelectualizadas – mas a Liga, que era pequena, pretendia ser uma "sociedade de propaganda" das ideias comunistas, não um grupo conspirativo que substituiria a ação revolucionária dos trabalhadores, segundo Claudin (1975, p.71, 92, 372-3). Especialmente nos partidos leninistas, o papel reservado à formulação teórica no processo revolucionário tende a atrair intelectuais, estudantes e trabalhadores intelectuais em geral, indispostos com a ordem capitalista. Um exemplo típico, dado por Löwy:

> a composição social da delegação bolchevique ao V Congresso do Partido Operário Social-
> -Democrata Russo de 1907: 36,2% de operários, 11,4% de empregados, 12,4% de profissionais liberais, 14,3% de escritores, 4,8% de estudantes, 3,8% sem profissão conhecida e... 17,1% de "revolucionários profissionais". Os intelectuais, estudantes e trabalhadores intelectuais somam portanto mais de 42%; provavelmente mais de 50%, se se considerar que pelo menos a metade dos revolucionários profissionais são originários destas categorias. (1979, p.265)

Entretanto, na tradição da esquerda comunista brasileira, pelo menos até o final dos anos 1960, os intelectuais propriamente ditos raramente gozavam de posição orgânica de destaque no interior do grupo político, como indica o exemplo de Caio Prado Júnior, que, apesar de ser um dos maiores intelectuais brasileiros e de militar por muitos anos no PCB, jamais ocupou lugar destacado na vida do Partido. Este contava com a simpatia e mesmo com a participação de vários intelectuais, os quais dificilmente tinham importância maior no seu interior e na formulação da política partidária.[6] Especialmente na década de 1960, a

---

6 Os órgãos dirigentes do PCB entre 1930 e 1964 teriam sido compostos sobretudo por integrantes das camadas médias intelectualizadas, e também por oficiais militares dissidentes, conforme estudo de Leôncio Martins Rodrigues, para quem o "esquerdista típico", pós-1930, "foi o jovem intelectualizado

posição antiteoricista das organizações de extrema esquerda dificilmente atrairia intelectuais de peso para a militância mais direta nas suas fileiras. (Lembrem-se que os grupos mais extremados nem sequer pensavam em teorizar sobre a realidade brasileira; o importante naquele momento seria a "ação" prática, o desencadeamento da "luta armada".) Até mesmo o MR-8 (DI-GB), considerado um dos grupos armados mais intelectualizados nos anos 1960, que tinha uma certa preocupação com a formação política e teórica de seus quadros, também compartilhou do voluntarismo antiteórico da época, como indica Fernando Gabeira:

> As tarefas teóricas praticamente não existiam no horizonte das ocupações cotidianas. Eram vistas com desconfianças, apesar do nível geral ser muito baixo. Nenhum de nós havia lido *O Capital*, nenhum de nós conhecia, profundamente, a experiência revolucionária em outros países, nenhum de nós, enfim, problematizava algum aspecto do marxismo, ou mesmo inventara um campo novo para pesquisar. Tendíamos a uma concepção muito estreita do movimento e muitos achavam, mesmo, que a ação era tudo. (1988, p.124)

O clima de desconfiança das esquerdas armadas com os intelectuais em sentido estrito revela-se, por exemplo, no "Diário de Carlos Lamarca", de meados de 1971:

> Glauber Rocha declarou-se autoexilado em Londres, também falou... que a ditadura institucionalizou a violência. Declarou ainda ser impossível trabalhar no Brasil, que a revolução é inevitável e que é um dos precursores dela (sic) – a intelectualidade é sempre assim, para no caminho: "já deu tudo", ou seja, nada. (1987, p.B-10)

Portanto, foi uma parte das camadas médias intelectualizadas, compostas sobretudo de jovens e estudantes – e não a intelectualidade propriamente dita –, que aderiu em maior número às organizações guerrilheiras. Essa adesão representava para elas a recusa de assumir sua condição, presente ou futura, de trabalhadores intelectuais "pequeno-burgueses", ao se proporem a tarefa de tornar-se soldados da "revolução proletária", democrática ou já socialista, que supostamente aboliria a distinção entre trabalho intelectual e trabalho manual. Vicente Roig, por exemplo, contou-nos que conheceu duas pessoas que abandonaram a universidade no último ano: não fizeram as provas de conclusão de curso porque

---

de família tradicional decadente dos Estados pobres". Segundo Leôncio, até 1964, "a penetração do PCB entre a *intelligentsia* brasileira foi muito ampla. O número de intelectuais que esteve alguma vez (geralmente na juventude) ligado ao Partido é bem elevado. Porém, nenhum grande nome da intelectualidade brasileira chegou à cúpula do PCB..." (1981, p.412).

a obtenção de um diploma supostamente acarretaria uma vinculação indesejada com o mercado de trabalho – eles pretendiam tornar-se revolucionários profissionais, não acadêmicos ou profissionais liberais.

Como ressaltou Eder Sader, não foi fundamentalmente pela racionalidade política que se motivaram os jovens intelectualizados que integraram as organizações de extrema esquerda:

> É preciso ter vivido aquele tempo de infâmia para saber por que teses revolucionárias as mais delirantes nos atraíram tanto. Mais do que no campo da racionalidade política, é no campo dos impulsos de quem queria reagir àquela realidade opressiva que devemos buscar os motivos que sustentaram os nossos enganos políticos daqueles anos. (Santos, 1988, p.166)

Esses impulsos libertários poderiam ser chamados de mediações ético-culturais e político-morais no processo de radicalização de alguns intelectuais e também de parcelas das camadas médias intelectualizadas, para usarmos uma terminologia de Michael Löwy (1979, p.4-7).

Em determinadas conjunturas, o universo mercantilista do capitalismo choca-se com os valores democráticos, socialmente arraigados na tradição humanista ocidental, "jacobina", de "liberdade, igualdade e fraternidade", incorporada por setores das camadas sociais médias. Esses valores são incompatíveis com a realidade concreta das sociedades burguesas, que na década de 1960 revelavam abertamente sua natureza bárbara e coisificadora, por exemplo, com a ação norte-americana na Guerra do Vietnã. No cotidiano das camadas médias intelectualizadas, o capitalismo também revelava sua selvageria inata pelo processo mundial de proletarização do trabalho intelectual, cada vez menos independente e mais submetido aos ditames empresariais. Nos anos 1960, os exemplos da Revolução Cubana, da Revolução da Argélia, da Guerra do Vietnã e da Revolução Cultural Chinesa forneciam polos catalisadores para "cristalizar o anticapitalismo difuso e amorfo dos intelectuais" e de parcelas dos estudantes e dos trabalhadores intelectuais em geral, atraindo-os "para o lado do proletariado" (1979, p.9).

Na sociedade brasileira, além dos fatores que marcaram internacionalmente uma crise da cultura e dos valores burgueses, o golpe militar de 1964 seria o principal "traumatismo ético-cultural" para uma parte das camadas intelectualizadas politizadas à esquerda nos anos de democracia populista que via aumentar a distância entre seus ideais radicalmente democráticos e a realidade do regime civil-militar. O acesso privilegiado das camadas intelectualizadas aos direitos de cidadania – de que é tradicionalmente excluída a maioria dos brasileiros – tendia a fazer surgir, no seio dessas camadas, um setor revoltado contra as arbitrariedades do regime instaurado, cujos métodos ditatoriais também atingiam, direta ou indiretamente, os estratos sociais intelectualizados. A frustração do projeto desenvolvimentista e democrático, com a implantação da modernização conservadora do capitalismo brasileiro após 1964, aprofundou a "cisão fáustica" de certos meios intelectualizados que estavam, por um lado, dilacerados pela consciência de seus privilégios relativos, num país subdesenvolvido e de população majoritariamente miserável, e, por outro, ameaçados pela indústria cultural e pela modernização capitalista, cuja lógica quantitativa da produção de valores de troca necessariamente subjugaria cada vez mais os valores de uso, qualitativos, do trabalho intelectual, até então regido com relativa autonomia, tanto pelos artistas como por setores de profissionais liberais ou com formação superior.

A crise econômica e o arrocho salarial que atingiram os trabalhadores até 1968, inclusive as camadas médias, também tendiam a fermentar a revolta no seio dessas camadas, acostumadas aos direitos e vantagens provisoriamente conquistados nos anos de populismo. Além disso, como a repressão após o golpe foi muito mais feroz sobre os trabalhadores simples que estavam organizados politicamente do que sobre os meios intelectualizados das camadas médias, estes tiveram melhores condições de sobreviver politicamente e de reorganizar-se, tanto que o movimento social mais amplo e destacado no período foi o estudantil, de onde as esquerdas tiraram a maior parte de seus quadros. Considerável parcela dos estudantes radicalizados em 1967 e 1968 não viveu conscientemente o processo político de 1964, quando era ainda muito jovem. Esses estudantes seriam, porém, herdeiros imediatos daquele processo, pois que foram gerados politicamente pelo florescimento cultural tardio do meio artístico e intelectual, entre 1964 e 1968. Seus valores jacobinos, como acadêmicos e cidadãos – marcados por influências nacionais e internacionais, das tradições democráticas mais remotas às recentes manifestações políticas e culturais libertárias em todo o mundo –, tinham um elo de continuidade com os ideais dos antigos estudantes do início da década. Esses valores eram continuamente aviltados pela ação ditatorial em geral e, em particular, pela imposição da reforma conservadora do ensino e pela atividade policial, que não respeitava sequer os "territórios livres" do espaço universitário, invadidos constantemente para reprimir manifestações estudantis. Portanto, especialmente dentre as camadas jovens e intelectualizadas, havia terreno ético-cultural e político-moral para que prosperassem os projetos de revolução armada contra a ordem estabelecida pelo regime civil-militar brasileiro, projetos que pretendiam ir além da luta por liberdades democráticas. Mas, como veremos, não foi só nos meios intelectualizados que as organizações armadas encontraram suas bases sociais.

OBSCUROS HERÓIS, SEM VEZ E SEM VOZ:
A INSERÇÃO DAS ESQUERDAS ARMADAS NAS BASES DA SOCIEDADE

AS ESQUERDAS DENTRE OS TRABALHADORES

Neste capítulo, pretende-se abordar as relações das esquerdas armadas com os trabalhadores simples, que dão base de sustentação à sociedade. Classificamos estatisticamente como integrantes das "camadas sociais de base" os processados judicialmente por envolvimento com grupos de esquerda, nas décadas de 1960 e 1970, que poderiam ser qualificados como "lavradores", "militares de baixa patente" e "trabalhadores manuais urbanos". Considerando apenas esses processados como parte da base de sustentação da pirâmide social, os grupos armados de esquerda contaram com 311 integrantes das "camadas de base", 16,39% do total de 1.897 processados das esquerdas em armas com ocupação conhecida (Quadro 3). Entretanto, esse número seria mais elevado se ao menos uma parcela dos estratos sociais estatisticamente classificados como "camadas de transição" fosse computada também dentre as "camadas sociais de base": é plausível supor que certo número de trabalhadores "autônomos", "empregados", "funcionários públicos" e "técnicos médios" seja constituinte da base da sociedade, da classe trabalhadora em sentido amplo e, em alguns casos, mesmo em sentido estrito. (Dentre os processados por vinculação com as esquerdas em armas, 4,6% eram "técnicos médios"; 6,9%, "autônomos"; 3,6%, "funcionários públicos"; e 9,7%, "empregados".)

Uma lista de mais de cem profissões simples foram agrupadas como de "trabalhadores manuais urbanos", que compuseram 11,6% do total de processados por vinculação com organizações armadas de esquerda (220 dentre 1.897 denunciados com ocupação conhecida). Nem todos os enquadrados nessa rubrica foram operários no sentido usualmente dado ao termo, isto é, de trabalhador *blue collar*, imediatamente produtivo, empregado nas indústrias; por isso, evitou-se a classificação desse grupo ocupacional como "operário". Contudo, muitos dos qualificados como "trabalhadores manuais urbanos" provavelmente eram operários, a julgar pela denominação da maioria das profissões listadas nos processos, como as de apontadores de produção, caldeireiros, ferramenteiros, funileiros etc.

Seria possível conjecturar que a participação de "trabalhadores manuais urbanos" nos grupos de esquerda, em torno de 10%, poderia dever-se à política de algumas organizações de deslocar seus quadros originários das camadas intelectualizadas para trabalhar nas linhas de produção das indústrias; porém, esse "processo de proletarização" não ocorreu senão como exceção. Os casos mais representativos dessa diretiva foram os da AP e do PORT, dentre os grupos não armados, e o da ALA, dentre os armados. De 13% a 18% dos processados dessas organizações seriam "trabalhadores manuais urbanos", percentuais próximos aos da média das outras organizações. Dentre os 220 "trabalhadores manuais urbanos" denunciados por envolvimento com os grupos armados, apenas 17 o foram por vinculação com a ALA. Dos 498 trabalhadores desse tipo processados por ligação com as esquerdas em geral, 98 seriam da ALA, da AP ou do PORT, o que indica que a presença de trabalhadores simples nas organizações clandestinas não se deve fundamentalmente à linha de "proletarização" dos quadros, adotada por algumas delas (Quadros 1 e 3).

Numa passagem que constatava o tipo de relação da maioria das esquerdas com a classe trabalhadora, dizia um documento da POC, de 1968, sobre o recrutamento de operários pelas organizações revolucionárias:

> só pode dar resultado quando não é visto como atividade isolada ou independente da atuação política no seio da classe. O recrutamento deve resultar da intervenção do Partido na luta operária. Uma organização que pretenda limitar sua atividade ao recrutamento individual não passará da fase amadora, nem obterá os resultados esperados. (Reis Filho; Sá, 1985, p.183)

O fato é que as organizações de esquerda em geral, mesmo as que, como o POC, não pretendiam "limitar sua atividade ao recrutamento individual" de operários, tiveram um relacionamento difícil com os trabalhadores, no mais das vezes exterior à sua luta imediata, sem poder converter-se numa autêntica representação de classe. Até o "recrutamento individual" de operários era raro, mesmo para o POC, que, apesar do discurso obreirista, só teve quatro "trabalhadores manuais urbanos" denunciados, 3,3% de todos os seus processados, número próximo daquele da POLOP, que contou com três trabalhadores manuais julgados, 3,7% do total (Quadro 1). Especialmente após a edição do AI-5, que dificultava ainda mais qualquer atividade política junto aos trabalhadores, os vínculos das esquerdas com eles tornaram-se mais frágeis.

Antes de 1964, as esquerdas – notadamente o PCB – conseguiram certa penetração junto aos trabalhadores, em especial no meio sindical. Entretanto, enfatizava-se a organização de cima para baixo, por exemplo, com a criação do Comando Geral dos Trabalhadores (CGT), ficando em segundo plano a solidificação de uma estrutura política que organizasse os trabalhadores pela base, conquanto alguns passos tenham sido dados nesse sentido. Como observou, dentre outros, Lucília de Almeida Neves Delgado, no seu livro sobre o CGT no Brasil entre 1961 e 1964, o movimento operário desses anos tinha sua dinâmica marcada por um sindicalismo "de cúpula", ligado à esquerda nacionalista e ao PCB, mas com significativa liderança sobre as massas trabalhadoras:

> o CGT é uma entidade que conta na sua prática preferencialmente com uma liderança politizada de grande penetração junto à massa, mais do que com lideranças intermediárias ou organizações de base capazes de sustentar o movimento sindical na ausência de seus principais líderes. É exatamente a falta desta base que contribui para o esfacelamento dos sindicatos logo após o golpe de abril, quando seus principais dirigentes são presos. (1986, p.70)

Mas as deficiências de organização pela base não devem esconder que uma parte das massas trabalhadoras politizava-se crescentemente no início dos anos 1960. Daniel Reis escreveu, com propriedade, sobre o movimento dos trabalhadores urbanos no pré-64:

> a principal conquista do movimento foi, sem dúvida, a de ter subido decididamente ao palco da vida e da luta política brasileira. Em nenhum outro momento da história da República os trabalhadores terão dado passos tão importantes para se tornarem cidadãos integrais. E pelo fato de se terem tornado interlocutores de pleno direito no debate político é que talvez tenham exasperado tanto a reação das classes dominantes e provocado a adesão das camadas médias da população à pregação do golpe militar. (1987, p.33)

Acima de tudo, a pronta e severa intervenção governamental nos movimentos de trabalhadores no pós-64 foi decisiva para desarticulá-los. Segundo Gorender:

> De 1964 a 1970, o Ministério do Trabalho destituiu as diretorias de 563 sindicatos, a metade deles de trabalhadores da indústria. Das seis confederações de empregados, quatro sofreram intervenção. Nos anos 64-65, concentraram-se 70% das intervenções ministerialistas. Ao mesmo tempo, o governo Castelo Branco pôs em vigência legislação quase proibitiva do direito de greve (somente as greves contra atrasos de pagamento terão alguma tolerância) e revogou conquistas importantes de categorias profissionais como os ferroviários, portuários e estivadores, marítimos e petroleiros. (1987, p.141)

Os governos brasileiros após o golpe de 1964 caracterizaram-se, conforme análise praticamente unânime dos que trataram do assunto, pelo "empenho em modernizar o capitalismo brasileiro" (Gorender, 1985, p.73). O golpe de 1964 foi uma "contrarrevolução em defesa da modernização dependente e da regeneração dos costumes e da ordem", como diria Florestan Fernandes (1976, p.338). Por trás da crise institucional que culminou com a intervenção militar de 1964, segundo Fernando Henrique Cardoso,

> está o fenômeno muitas vezes designado como auge do processo de substituição de importações. De fato tratava-se da necessidade de recompor os mecanismos de acumulação e de recolocar esta última num patamar mais alto capaz de atender ao avanço verificado no desenvolvimento das forças produtivas. Esse processo requereu, entre outras políticas, a de contenção salarial e desmantelamento das organizações sindicais e políticas que, no período populista, haviam permitido que os assalariados lutassem e conseguissem diminuir os efeitos negativos que a acumulação inicial exerce sobre os salários. (1972, p.51)[1]

Entre 1964 e 1968, contudo, não se fizeram sentir os resultados da política econômica do governo, que perdeu apoio junto às camadas médias da população e aos pequenos empresários e comerciantes, prejudicados pela recessão, sem contar a maioria dos trabalhadores, submetidos ao arrocho salarial e à ameaça virtual de desemprego. Começaram a ressurgir lentamente os movimentos sociais de oposição, no interior dos quais procuravam inserir-se, como podiam, as organizações de esquerda, já marcadas pela ideologia da guerrilha rural. No caso da ALN, como relata Paulo de Tarso Venceslau,

---

1 A política econômica dos governos militares nas décadas de 1960 e 1970 – administrada por tecnocratas como Bulhões, Campos, depois Delfim Neto e Simonsen – calcada no arrocho salarial (seletivo, pois maior para os de baixo) e na superexploração da força de trabalho, que ampliou as desigualdades na distribuição de riquezas e pauperizou grande parte dos trabalhadores brasileiros, foi apontada nos seus aspectos sociais, legais, políticos, econômicos e ideológicos em diversas obras, que contêm inclusive material estatístico, por exemplo, nas de Singer (1972, 1974, 1976), Oliveira (1975), DIEESE (1975), Simões (1986), Pereira (1973), Baer (1978), Arroyo (1978), Alves (1985), Humphrey (1982, p.41-53), Cardoso (1975, p.49-50), Covre (1982, p.255-305) e outras.

já em 1968 a gente começou a ter uma experiência, aqui em São Paulo, muito curiosa, que era a formação de comitês populares de apoio ao movimento estudantil. E aí tinha operários, donas de casa, artistas. Criamos o comitê popular grandão e começamos a criar pequenos comitês que eram frentes de massas. Tinha muito militante nos comitês; havia, por exemplo, um cara do Marighella fazendo esse trabalho, que já abria as bases sociais, embora com uma organicidade precária.

Paulo de Tarso Venceslau, falou também da dificuldade da Organização para enquadrar os trabalhadores no seu projeto político:

> Não havia uma estrutura predeterminada na ALN, ela foi sendo montada a partir dos contatos e amarrações que foram sendo feitos em torno de Marighella. Por exemplo, estava-se amarrando o setor operário, para depois dar uma estruturação a ele. No momento de sua articulação, a ALN tinha muitos contatos no movimento operário, mas não tinha uma política que permitisse militância mais regular, como num partido. Acabou sendo mais absorvido o pessoal operário que se encaixou em determinadas estruturas, como produção de armas, informações sobre pagamento da fábrica etc. (...) A posição nessa época era evitar qualquer participação sindical que aparecesse como expressão de liderança de massa. Os quadros deveriam procurar influir sobre as lideranças e sobre o movimento de massa, sem se expor. A preocupação maior não era construir o movimento de massa, que se avaliava já ter adquirido uma dinâmica. O que faltava era um grupo ousado de companheiros que pegasse em armas e, através de ação, mostrasse o caminho a ser seguido... tanto que na época se comentava assim: "deixa o pessoal da AP, do PCdoB, fazer o trabalho de massa, depois a gente vai ganhar esse pessoal mesmo, porque eles não vão oferecer a alternativa, não vão partir para a luta armada", que era tida como a única alternativa viável para se sair do impasse que vivia a sociedade brasileira.

Entretanto, a ALN sempre manteve um setor operário, em grande parte levado por Marighella para a organização, logo depois da ruptura com o PCB. "Chegou um momento em que a rede de apoio de classe média – que era maioria – estava profundamente atingida, e foi o setor operário que acabou sustentando a organização", segundo Venceslau. Os dados estatísticos apontam 1968 "trabalhadores manuais urbanos" acusados de pertencerem à ALN (14,8% dos processados da organização), número que se elevaria a 168 (36,6%), em sendo computados também os "autônomos", "empregados" e "técnicos médios" (Quadro 1). Conforme a avaliação de Aton Fon Filho, "a ALN não tinha uma política de massas. A organização estabelecia contatos pessoais apenas, ou contatos com entidades etc. Havia uma despreocupação com as questões políticas, na formação teórica dos quadros, na sua inserção dentro do movimento de massas". Para a ALN, na interpretação de Pedro Rocha,

> trabalho de massa todo o mundo fazia e continuaria fazendo; o que se colocava, então, era dar um salto de qualidade, passar para a ação armada... Marighella tinha vinculações com o

movimento operário, mas a ALN não tinha tarefa para esse pessoal, naquela visão de que o fundamental era a luta ideológica, que, no caso, era a luta armada. O máximo que o pessoal podia fazer era dar tiros, integrando-se nos grupos armados, ou dar dicas para ações.

Refletindo teoricamente sobre a experiência das greves operárias de Osasco e Contagem, e sobre as greves estudantis de 1968, Carlos Marighella inseria as "greves e interrupções do trabalho" nas tarefas do guerrilheiro urbano, a quem caberia "preparar a greve e não deixar pistas ou vestígios que permitam identificar os dirigentes da ação".

> A greve triunfa quando é organizada através da ação de pequenos grupos, se se tem o cuidado de a preparar em segredo e na mais completa clandestinidade. Armas, munições, "cocktails molotov", engenhos de destruição e de ataque de fabricação artesanal, tudo isso deve ser fornecido com antecipação para afrontar o inimigo. (...) As interrupções de trabalho ou de estudos, se bem que não durem muito tempo, causam graves prejuízos ao inimigo. Basta que se produzam em locais e setores diferentes desse lugar, perturbando a vida cotidiana, para se transformar num movimento interminável, numa autêntica tática guerrilheira [que poderia ou não incluir incursões e invasões para fazer reféns, prisioneiros, emboscadas], o essencial é que o inimigo tenha baixas e prejuízos materiais e morais que o enfraqueçam. (1974, p.89)

Na sua última entrevista, Marighella esclarecia sobre a relação da guerrilha urbana com o movimento de massa, praticamente restrita a um apoio armado:

> Nas últimas manifestações de rua, tanto no Rio como em São Paulo, estudantes morreram. A polícia atirou e eles só tinham para se defender pedaços de pau ou nada. Da próxima vez será diferente; se os operários ocuparem as fábricas estarão armados de antemão. Aliás, é assim que vejo a conjunção da guerrilha urbana e do movimento de massa. Aliás, os operários podem muito bem sabotar as máquinas, fabricar armas em segredo, destruir material. Para homens casados, pais de família, é a única forma de guerrilha atualmente possível. (...) A classe operária, é preciso reconhecer, ainda está pouco presente na luta. Isto se deve a circunstâncias históricas próprias do Brasil. (Carone, 1984, p.66-7)

Nem todos os grupos de esquerda armada tinham visão idêntica à da ALN sobre a vinculação com as lutas de massa, como foi o caso do MR-8 (DI-GB). Daniel Reis contou-nos que, na trajetória dessa organização até 1971, sempre houve insistência na necessidade do trabalho de massa e de discussão política:

> Nós fazíamos parte da esquerda armada, inegavelmente, mas tínhamos aquela formação que nos distinguia radicalmente dos quadros da VPR e da ALN, que eram quadros realmente de ações práticas e que não estavam a fim de discussão. No entanto, em termos externos, práticos, a gente fazia o que eles faziam e nunca conseguíamos formular uma alternativa radical a eles.

Acrescentou que, em 1968, a DI-GB tinha "pouquíssimos contatos e nenhum militante operário", apesar de ter

> um grupo de 3 ou 4 quadros saídos do movimento estudantil para se dedicar ao movimento operário, quer dizer, fazer levantamento das fábricas da área industrial do Rio de Janeiro, panfletagens e pichações nos bairros, nos trens, portas de fábricas, por exemplo. (...) A gente não conseguiu herdar qualquer tipo de contato operário do velho Partidão. Coisa que não aconteceu com nenhuma outra dissidência – a DI de Niterói teve mil contatos, a DISP teve em função do Marighella ter permitido, a do Rio Grande do Sul também teve.

A relação da organização com os trabalhadores era de exterioridade total. Em 1969, o MR-8 (DI-GB) estava estruturado em três seções: frente de trabalho armado, frente de trabalho com as camadas médias e um setor de trabalho operário, que se deslocava constantemente para as favelas e para as fábricas. Segundo Daniel Reis,

> a gente começou, nessa época das panfletagens, a ter alguns contatos operários, e eles nos davam informações: por exemplo, numa fábrica, o dedo-duro é tal pessoa. Na semana seguinte, a gente ia lá, pichava as portas da fábrica, identificava o dedo-duro, dizia para ele que, caso se comportasse mal, a gente ia matá-lo. Isso criava um "auê" incrível nas fábricas. Os operários adoravam. Então, a gente começou a fazer muito esse trabalho, dezenas de pequenas ações desse tipo: íamos às favelas, distribuíamos panfletos, advertíamos as pessoas que aterrorizavam as favelas. E a frente de trabalho armado, enquanto isso, fazia ações importantes de expropriação, bancos, armas.

Vale dizer, a ativa frente de trabalho operário do MR-8 praticamente restringia sua atividade a "ações de propaganda armada operária". Após o sequestro do embaixador americano, de setembro de 1969, o MR-8 vislumbrou a possibilidade de ampliar sua atuação no meio operário, conforme nos relatou Daniel Reis:

> Depois do sequestro, a organização tinha crescido muito de prestígio, mas, ao mesmo tempo, tinha ficado acuada. Tinha dado um salto em termos de adesão à luta armada, mas, ao mesmo tempo, nossa margem de manobra tinha diminuído muito. Porém, abriram-se grandes perspectivas de trabalho com outras organizações – a ALN, por exemplo. Marighella abriu para nós as bases operárias. A perspectiva era transferir cinco, seis, mais quadros, a fim de aproveitar todas as possibilidades de trabalho operário em São Paulo: o Gabeira foi em primeiro lugar.

Nas memórias de guerrilheiro de Fernando Gabeira (1988, p.126-37), ele refere-se ao grupo operário com que teve contato político e pessoal no período que passou em São Paulo, para onde foi deslocado a fim de fugir do cerco policial aos participantes do sequestro do embaixador norte-americano no Rio de Janeiro. A experiência duraria pouco, pois logo Gabeira seria preso, desarticulando-se também o setor operário com que tinha contato. O autor não sabe precisar o número de operários envolvidos no trabalho da ALN. Vários deles já estavam fora das fábricas, atuando como revolucionários profissionais na "frente de massas". Reclamavam da pouca atenção dada a essa frente pela ALN, concentrada na "montagem do foco guerrilheiro".

Conforme Daniel Aarão Reis Filho, diante dos impasses do movimento armado pelo recrudescimento da repressão, já no início de 1970, a direção do MR-8 (DI-GB) entendeu que "tinha de romper o cerco da repressão, organizando bases na classe operária e transferindo quadros para outros estados, para o campo ou para o exterior", como foi o caso de Gabeira, deslocado para São Paulo, e de outros quadros mandados para desenvolver um trabalho na Bahia. Daniel disse-nos:

> Em 1970, a Organização fez aqui no Brasil um documento, que nunca mais encontrei, sobre como desenvolver um trabalho molecular numa fábrica, a experiência viva de como organizar uma rede clandestina de operários, como se faz uma panfletagem, uma propaganda, como se excita uma pequena greve. Nós chamávamos isso de montar uma rede de "trabalho tartaruga". Esse documento era uma prova de que a gente tinha um trabalho operário. Muito pequeno, mas que na época...

Para César Benjamin, esse embrião de trabalho no meio operário teria garantido a sobrevivência do MR-8:

> já em 1970, mesmo com a Organização em processo de destruição, ela manteve um trabalho operário que foi a base de reconstituição do futuro MR-8 – desse que está aí até hoje. É curioso como a DI-GB e o MR-8 nunca foram destruídos completamente pela repressão. Mesmo nos momentos em que a Organização está mais baqueada, ela se reconstrói. Parece que isso se deve, pelo menos em parte, ao fato de que nunca ela esteve inteira no trabalho armado, ela não se chocou inteira com a repressão.

Diferentemente da DI-GB, o primeiro MR-8 (DI-RJ) herdou trabalhadores do PCB fluminense. Por exemplo, ao romper com o Partido no final de 1966, a DI-RJ levou consigo quase todas as bases partidárias no setor operário naval de Niterói, "embora elas estivessem em processo de desarticulação nessa época", segundo Humberto T. Lima, que acrescentou que "nós então ainda não tínhamos uma estrutura bem-definida, mas, na direção geral, havia por volta de cinco companheiros originários do movimento estudantil e uns três de origem operária". Todavia, não há indícios de continuidade do trabalho político da DI-RJ no meio operário, pois a organização voltou-se inteiramente para a preparação da guerrilha, durante sua curta existência. Os dados estatísticos sobre o MR-8, envolvendo tanto os processados da DI-RJ como, e principalmente, os da DI-GB, apontam apenas sete "trabalhadores manuais urbanos" (4,7% do total de acusados de pertencerem a essas duas organizações), número que subiria para modestos 39 (26%), mesmo se também fossem computados, como trabalhadores simples, os classificados como "autônomos", "empregados", "funcionários públicos", "lavradores", "militares de baixa patente" e "técnicos médios".

O próprio PCBR – difusor de um discurso que privilegiava a mobilização das massas trabalhadoras, paralelamente à luta armada – não conseguia inserção satisfatória no meio operário: por exemplo, eram "trabalhadores manuais urbanos" 19 dos processados do PCBR (9,4%). Porém, como nos explicou Apolônio de Carvalho, não era relevante para o PCBR e para os demais grupos armados o fato de sua composição social não ser majoritariamente operária: "isso não era tão decisivo para nós. Tínhamos contingentes operários muito pequenos – os estudantes, a intelectualidade, os profissionais liberais, uma parte dos militares, funcionários públicos, eram um contingente fundamental na composição das organizações de guerrilha". O decisivo teria sido, segundo Apolônio, que "nós partimos para a ideia de conquistar a grande massa dos trabalhadores para as altas formas de luta num momento em que elas tinham sido terrivelmente reprimidas, batidas em sua organização, tinham sido dispersas e ficado sem suas lideranças sindicais e políticas. Então, não era um momento fácil para ganhá-las para as altas formas de luta", isto é, para a luta armada. Após o AI-5, o PCBR carioca também adotaria a propaganda armada como forma principal de relação com o operariado. Segundo Álvaro Caldas,

> o objetivo era formar os grupos e recrutar novos quadros para a luta armada... ficava pensando em ter aqueles operários todos na revolução, conscientes de sua força. Pronto o levantamento, era só marcar o dia para a propaganda armada: enquanto um grupo distribuía panfletos e outro fazia a segurança, um orador gritava nervosamente através do megafone palavras de ordem incendiárias – tudo muito rápido, para durar cinco minutos no máximo. Ações deste tipo foram feitas em portas de fábricas e em algumas das maiores estações suburbanas da Central do Brasil e da Leopoldina. (1982, p.88-9)

A ALA também teve alguns militantes operários, por exemplo, no Sindicato dos Metalúrgicos de São Bernardo do Campo, "depois, a maior parte deles – os irmãos Carvalho – saiu para formar o MRT. Tinha também o Coqueiro, que morreria num tiroteio no Rio. A ALA tinha gente também no Sindicato dos Bancários de São Paulo, mas a maioria dos militantes era das universidades, no Rio, Minas,

Espírito Santo, Brasília, Rio Grande do Sul", conforme declarou Antônio de Neiva, para quem "as organizações que tinham cinco ou dez operários tinham muito. Eles eram postos para dar tiro, tipo Coqueiro, irmãos Carvalho". Segundo Vicente Roig, "havia uma coisa que incomodava a ALA e as outras organizações: todas elas entendiam que o palco da luta era o campo, mas se intitulavam a vanguarda do proletariado. Então, a gente não sabia muito bem o que fazer com a classe operária, inclusive com os poucos operários que integravam cada organização". Roig também afirmou que a ALA tinha trabalhadores na Zona Leste paulista, "remanescentes do PCB e do PCdoB, outros que eram metalúrgicos. Mas o tipo de política, as concepções daquele momento eram marginalizadoras dessas pessoas. Em geral, esses militantes eram fracos politicamente, muito mais próximos do campesinato que do operariado propriamente. Houve como ocupá-los já no processo de militarização: havia pessoas de extração abaixo de classe média, mais pobres, que apareceram com destaque nas ações armadas, porque nelas encontraram um espaço que não tinham nas discussões teóricas". Num trecho do documento de autocrítica da ALA sobre sua atuação entre 1967 e 1973, lê-se:

> tentamos mobilizar os militantes do chamado "setor operário" para levar a agitação para dentro das fábricas e sindicatos; como esse trabalho era sustentado apenas pelas diretrizes gerais, "preparação para a luta armada", em nada mais resultou... o resultado que se obteve foi a progressiva desorganização do chamado "setor operário" oriundo do Partido Comunista do Brasil. É preciso levarmos ainda em conta que os militantes desse setor não só dispunham de baixo nível político e ideológico como também tinham a perspectiva imediatista e aventureira da luta armada, razão mesma de sua adesão ao P(AV), além de, em sua maioria, trabalharem em fábricas sem importância ou mesmo em atividades de subemprego – vendedores, biscateiros. (Frederico, 1987, p.314-5)

Ora, nota-se que mesmo os militantes de "extração popular" não estavam imunes à "perspectiva imediatista e aventureira da luta armada", em detrimento de um sólido trabalho de massas a longo prazo; o mesmo se deu com os líderes metalúrgicos de Osasco que aderiram à VPR, como veremos adiante. A ALA teve 17 "trabalhadores manuais urbanos" processados (14,9% do total), boa parte deles da família operária dos Carvalho:[2] Daniel, Derly, Devanir, Jairo e Joel, alguns dos quais romperiam com a organização para criar, com outros comunistas esparsos, o MRT, um pequeno grupo paulista, dos mais militaristas.

---

2 Outras famílias de "extração popular" conhecidas pela adesão ao "militarismo" foram as dos Seixas e dos Lucena. Ver, sobre esses e outros casos de penetração da esquerda armada nas camadas mais pobres, por exemplo, o livro de Patarra (1992, p.350-73-92, 404ss.).

Pelo depoimento que nos deu André Guerra, "tinha gente de classe média no MRT, mas a maioria vinha da classe operária. O próprio Devanir fora operário, se não me engano, na Volks; o Joaquim Seixas trabalhou na Petrobras (talvez como técnico); tinha o Juraci, que não chegava a ser operário, mas de origem humilde, além do Domingos, que vinha do campo, entre outros". Sobre as discussões teóricas e políticas no MRT, André Guerra observou que havia, "mas não sistematicamente. Eu mesmo conversava muito, inclusive porque tinha uma origem mais intelectualizada em relação ao resto do grupo, porque eu estava fazendo faculdade e a maior parte do pessoal não tinha formação intelectual. A própria dificuldade de leitura deles era maior".

O fato de o pequeno MRT ter uma composição de "extração popular" não o impediu de ser um dos grupos mais ativos militarmente, sem maiores preocupações de realizar um trabalho de massas. O mesmo se deu com a REDE, outra pequena organização militarista, composta fundamentalmente por "trabalhadores manuais urbanos" (11, dentre 23 processados). André Guerra reproduziu uma conversa que teve na época com Bacuri, em que o líder da REDE expressava seu ponto de vista – próximo ao de Marighella – sobre os caminhos da revolução brasileira: "Ele dizia: 'cada grupinho está num lugar. Temos que formar centenas, milhares de grupos, aqui e em todo o Brasil; cada um fazendo sua parte. No fim, vai acabar juntando num grande movimento que vai levar à revolução. O processo vai acabar aglutinando o pessoal' ". O fato é que não aglutinou, e as esquerdas armadas não conseguiram ser mais que uma série de pequenos grupos, relativamente maiores ou menores, compostos por uma gama diferenciada de estratos sociais – apesar do predomínio numérico dos setores mais intelectualizados –, grupos que jamais puderam chegar efetivamente a romper com a fragmentação social, que é imposta pelo funcionamento da sociedade capitalista, para constituir uma unidade globalizante como representação da classe trabalhadora na sua múltipla diversidade.

Segundo José Carlos Gianini, "o pessoal do MOLIPO viria a ter uma proposta mais clara, de querer vincular-se mais ao trabalho de massa, de fazer ações mais políticas, mas nunca conseguiu efetivamente; a premência da luta pela sobrevivência era muito grande". Era o dilema das esquerdas, especialmente no início da década de 1970, que pode ser traduzido no título de uma peça teatral dos anos de chumbo, intitulada "Se correr o bicho pega, se ficar o bicho come", de Vianinha e Ferreira Gullar. No caso, as ações armadas urbanas e a propaganda armada não podiam estabelecer a vinculação desejável com os trabalhadores, as organizações que promoviam tais ações tenderam crescentemente a aprofundar o círculo vicioso de executar assaltos para manter as estruturas clandestinas de atuação, sofrendo prisões que implicaram novos assaltos, e assim por diante, isolando-se socialmente cada vez mais. Ao passo que o trabalho de massas convencional também estava extremamente dificultado pela repressão política, aliada à recuperação econômica, a partir do final da década de 1960, como indicam os exemplos das organizações que procuraram viabilizar esse tipo de trabalho, casos da AP, PCB, VAR, PORT, POLOP etc.[3] A marcha dos acontecimentos revelou que não lograram seus objetivos: nem aqueles que pretendiam atuar junto aos trabalhadores por meio dos sindicatos oficiais; nem aqueles que negavam, parcial ou totalmente, o sindicalismo oficial, propondo formas alternativas de atuação junto às massas (comitês de fábricas, por exemplo); nem os que privilegiavam o "trabalho armado" em detrimento da inserção nos movimentos de massas. A resistência dos trabalhadores à política econômica do regime – que só ficaria visível a partir de 1978, depois de quase dez anos, primeiro no ABC paulista, depois em todo o território nacional – ressurgiu com uma dinâmica quase integralmente alheia à atuação das organizações de esquerda, as quais, na primeira metade dos anos 1970, praticamente não conseguiram atuar no meio operário.

O PCB logrou manter-se discretamente presente nas atividades sindicais, pelo menos até o início dos anos 1970, mas com escassa representatividade; por vezes, seus ativistas tomavam posições que pouco os distinguiam dos líderes sindicais considerados pelegos. Um documento autocrítico de P. Torres, militante operário da AP nos anos 1960, sintetiza a posição das esquerdas ditas revolucionárias sobre a postura do PCB perante os trabalhadores:

> As direções políticas do trabalho na fábrica devem ter claro o porquê da organização. Não cair na perspectiva do Partidão que sempre gritava: "companheiros, vamos organizar primeiro, vocês estão passando o carro na frente dos bois" etc., e não apresentam alternativas concretas para a sua crítica. Era fácil falar em "vamos organizar" sentado em escritórios ou poltronas do sindicato. (Frederico, 1987, p.289)

---

3 Celso Frederico juntou documentos de organizações como o PCB, a POLOP, a AP e o grupo trotskista 1º de Maio, para descrever suas respectivas posições quanto à luta do operariado, desde o PCB, que procurava atuar dentro da estrutura sindical oficial, até os trotskistas, que a ignoravam, para atuar paralelamente a ela; ao passo que grupos como a AP e a POLOP também incentivavam as organizações trabalhistas paralelas, sem abandonar totalmente a luta sindical. A coletânea de Frederico indica a ocorrência de lutas operárias no interior das indústrias brasileiras, apoiadas ou não nos sindicatos, geralmente com organizações de esquerda presentes nos movimentos, de 1964 a 1971. "Foi somente em 1971 que o cerco se fechou e o movimento operário foi desmantelado"; até então, a imprensa clandestina registrou "a ocorrência de pequenas greves e paralisações durante todo o ano de 1969 e 1970". Algumas greves, operações-tartaruga, protestos, pressões e paralisações, especialmente na Grande São Paulo até 1971, são citados em documentos transcritos por Frederico (1987, p.245, 261, 266, 270ss.).

Embora tenha sobrevivido com um trabalho molecular em algumas fábricas, depois de 1964, o PCB jamais recuperou o prestígio de que gozara em certos meios operários antes do golpe militar.

Nas duas greves operárias de 1968 com repercussão nacional, em Contagem e em Osasco, as organizações de esquerda estiveram presentes na cúpula dos movimentos, especialmente alguns grupos armados, como a CORRENTE e os COLINA, em Contagem, e a VPR, em Osasco. Conforme nos declarou Jorge Nahas, "havia militantes dos COLINA que trabalhavam no movimento operário" e participavam, "em conjunto com militantes de outras organizações", como a CORRENTE e a AP, das greves de Contagem em 1968, as primeiras depois do golpe de 1964.

> Nós achávamos que uma organização, necessariamente, teria que ter uma guerrilha rural; mas teria que ter suas ligações com o movimento de massa. A guerrilha era o motor, o impulsor, mas deveria carregar atrás de si toda a mobilização urbana, não somente de greves e movimentações, mas até de luta armada. (...) Os COLINA tinham um trabalho pequeno no meio operário em Contagem, grande no movimento estudantil de Belo Horizonte. Só que a repressão nos apertou a um ponto que tivemos de abandonar esse trabalho, pois era um ponto de debilidade de segurança para a organização. Ela foi-se afastando desse trabalho de massa e se isolando, se encastelando.

Os COLINA contaram com apenas três processados que eram "trabalhadores manuais urbanos" (5,8% do total). Mesmo se somados como supostamente despossuídos todos os classificados nas "camadas de base" e nas "camadas de transição", os COLINA tiveram apenas 15 processados de "extração popular" (menos de 30%). Situação um pouco diversa de outra organização sediada em Belo Horizonte: a CORRENTE teve 12 "trabalhadores manuais urbanos" indiciados (16,2% dos seus supostos integrantes) e 14 funcionários públicos (18,9%), dados indicativos de sua presença junto dos trabalhadores de Contagem e dos funcionários municipais de Belo Horizonte (Quadros 1 e 2).

Sobre a relação das esquerdas com as greves de Contagem de 1968, escreveu Antônio Roberto Espinosa que, naquela cidade mineira, a exemplo de Osasco, os efeitos do golpe de 1964 "foram menos profundos que em outras regiões... Em 1966 já era evidente a presença de organizações políticas nas fábricas de Contagem e na oposição sindical. (...) A ausência de uma hegemonia clara de qualquer delas parece ter contribuído para manterem um relacionamento pouco competitivo e sem grandes atritos na oposição sindical", cuja atividade conseguiria crescente respaldo de massas, principalmente com a criação de "comissões de fábrica", num clima social deteriorado pelos atrasos de pagamento e por cortes de pessoal, em um processo que acabaria desembocando na eleição de uma chapa de oposição para o Sindicato dos Metalúrgicos de Contagem.

> A impugnação dos principais nomes da Chapa Verde, por um lado, não impediu a chegada da oposição à diretoria do Sindicato; por outro lado, devolveu ao trabalho de fábrica, junto às bases, as principais lideranças operárias da região. Ao fazer isso, permitiu não só uma dinamização da atividade sindical – que passou a ser regida por métodos democráticos – mas provocou também uma quase subordinação do Sindicato aos grupos de trabalho de fábrica... Durante a campanha [da Chapa Verde, de oposição sindical] evidenciou-se ainda mais a presença das organizações políticas, todas de composição basicamente estudantil. (...) De forma inicialmente espontânea, mas logo a seguir propagandeada pelas organizações de esquerda, começaram a surgir as comissões de empresas. (...) todos eram convidados a formar grupos de cinco que se coordenassem entre si para que, brevemente, partissem para a greve. (...) A greve de Contagem eclodiu a 16 de abril [de 1968], na trefilaria da Belgo Mineira (1.200 trabalhadores) [ocupada pelos operários por dois dias]. A partir do terceiro dia, começaram as adesões: SBE, Mannesmann, Belgo de João Monlevade, Acesita, até um total aproximado de 16 mil grevistas. (Cadernos do Presente, 1978, p.39-41)

Eles pretendiam um aumento de 25% nos salários, e depois de negociações com a presença do próprio ministro do Trabalho, Jarbas Passarinho, conseguiram um abono de 10%. Só no dia 2 de maio as fábricas "voltaram a funcionar normalmente". Em 1968, no mês de "outubro (quando o movimento estudantil já se desagregava) ocorreria uma segunda greve, preparada quase que exclusivamente e detonada a partir das organizações que atuavam na região. Só durou um dia. Foi totalmente dissolvida pela polícia. E o sindicato sofreu intervenção" – o Sindicato recusava-se a assumir qualquer responsabilidade pelas greves, expediente que dera resultado para evitar a intervenção governamental por ocasião da primeira greve de Contagem (Cadernos do Presente, 1978, p.45).

Vemos que as organizações de esquerda atuaram nos movimentos sociais posteriores a 1964, mesmo nos operários. Especialmente no caso dos grupos que propunham a luta armada imediata, a ligação com os movimentos de massas, teoricamente, ocupava lugar subalterno e era voltada, sobretudo, para a "tarefa estratégica" de preparação da guerrilha rural, e também da urbana. Isso não impedia a tentativa de vincular as lutas das massas trabalhadoras à guerrilha, embora, para certos grupos, essa vinculação ficasse restrita ao recrutamento individual de militantes dos movimentos de massa. As organizações tentavam penetrar como podiam nos sindicatos de operários, bancários e outras categorias, ou entrar nas oposições sindicais paralelas, nas entidades estudantis etc., ainda que não tivessem elaborado precisamente o lugar que seria ocupado pelos movimentos de massas urbanos no processo revolucionário a ser iniciado no campo. O exemplo mais significativo de ligação do movimento operário com a esquerda armada foi o que se deu em Osasco, por isso merece destaque.

REVOLUCIONÁRIOS DE OSASCO E OUTROS ATIVISTAS

A história da cidade de Osasco, na Grande São Paulo, foi marcada, nos anos 1950 e 1960, pelas lutas para a emancipação política do município, crescentemente populoso e industrializado, mas sem infraestrutura. Osasco tornou-se autônoma da capital paulista num plebiscito realizado em 1962, graças ao esforço conjunto de diferentes parcelas da população, especialmente das camadas médias e altas que habitavam o centro da cidade. Em 1962, apareceria um movimento de estudantes secundaristas ponderável, a União dos Estudantes de Osasco (UEO), enquanto nas fábricas surgia a Frente Nacional do Trabalho (FNT), entidade que procurava aplicar a política operária da Igreja Católica. O PCB também atuava na região, apoiando, em 1963, a primeira diretoria eleita no recém-criado Sindicato dos Metalúrgicos, da qual fazia parte um membro da FNT. O sindicato inseriu-se na perspectiva nacional de luta política pelas reformas de base, mas, pelas próprias circunstâncias de sua criação, não deixou de lado os problemas específicos dos trabalhadores das indústrias locais e do município.

A situação política de Osasco tinha suas peculiaridades por ocasião do golpe de 1964, que não atingiu as raízes dos movimentos sociais da cidade. É verdade que o Sindicato dos Metalúrgicos sofreu intervenção e a UEO foi extinta, porém, operários e estudantes viriam a reestruturar rapidamente seus movimentos, contando com a adesão de vários novos agentes. Os secundaristas criaram o Círculo Estudantil de Osasco (CEO), em 1965, e, ainda em julho de 1964, os antigos dirigentes sindicais cassados já dirigiam assembleias de operários, "sem objeções da interventoria", que se esforçava para ser aceita pelos trabalhadores. Para Orlando Miranda, no movimento operário e estudantil de Osasco quase não houve o sentimento de "impotência ou aniquilamento" após o golpe de 1964, pois as "vitórias e conquistas anteriores e recentes sobrepujam o clima de abril" (1987, p.126).

Com o fim da intervenção no Sindicato dos Metalúrgicos (a maioria dos trabalhadores osasquenses era de metalúrgicos), foi eleita uma nova diretoria para um mandato de julho de 1965 até julho de 1967, composta majoritariamente de operários sindical e politicamente inexperientes. A distância das bases e o fracasso em conseguir melhorias para a categoria acarretaram diminuição no número de sindicalizados. Ao passo que, na empresa Cobrasma – que empregava cerca de metade dos metalúrgicos do município –, havia uma forma de participação operária, a Comissão de Fábrica, criada como canal de mediação entre os trabalhadores e os patrões, que se tornaria cada vez mais politizada a partir de meados de 1965, com a eleição de novas lideranças (algumas com vínculos no meio estudantil). Segundo o depoimento que nos concedeu Antônio Roberto Espinosa:

> o trabalho do Weffort sobre Osasco tem muitos furos, mas conseguiu perceber uma coisa singular em Osasco, o fenômeno do operário que também era estudante. Era o caso de Ibrahim, Roque, Barreto, e o meu mesmo, que em 1967 já não estava ligado à produção, mas fazendo o curso de Filosofia na USP.

De fato, os críticos de Weffort têm razão, ao indicar que seu estudo peca essencialmente por atribuir características espontâneas ao movimento operário de Osasco. Tendo-se originado no sindicato e nas comissões de fábrica, o movimento operário osasquense foi estruturado e mobilizado politicamente pelo "grupo de esquerda" operário-estudantil, mais ou menos ligado à VPR, além da atuação de outras organizações de esquerda no local. Portanto, "as greves de 1968 foram espontâneas na medida em que não podem deixar de sê-lo os movimentos de massa" (Gorender, 1987, p.145). Entretanto, como compreendeu Weffort:

> No caso de Osasco, o movimento estudantil não pode ser considerado como exterior ao sindicato e à classe operária local. (...) a própria modernização das empresas havia levado em Osasco como em outros lugares à formação de um novo tipo social, os estudantes operários, e vários deles, a começar pelo próprio José Ibrahim, ocupavam posições de liderança no sindicato. Além disso, o CEO já se havia praticamente dissolvido dentro do sindicato. Assim, as linhas de diferenciação entre estudantes e operários se faziam ainda mais tênues. (1972, p.76)

Com o prestígio granjeado pela sua atuação na Comissão de Fábrica da Cobrasma, o operário-estudante de 21 anos de idade José Ibrahim foi eleito presidente do Sindicato dos Metalúrgicos de Osasco, em julho de 1967, apoiado pela FNT, a esquerda católica que compunha o restante da chapa vencedora, e cujo dinamismo era dado pelo chamado "grupo de esquerda", ou "grupo de Osasco", que Ibrahim representava (essa convivência diversificada no Sindicato logo traria divergências internas na atuação da diretoria). Segundo Espinosa:

> a expressão "grupo de Osasco" foi apenas uma forma posteriormente criada para designar o conjunto de operários, operários-estudantes e estudantes que viviam em Osasco e atuavam nos movimentos locais. As relações que uniam o grupo eram informais, ou seja, ele não tinha qualquer caráter partidário. Um conjunto de concepções vagas, entretanto, dava-lhe certa

unidade: defesa do socialismo, recusa das práticas conciliatórias de classe e privilegiamento da participação e ação das bases. (...) também havia no grupo uma evidente simpatia pela Revolução Cubana e pela luta armada. Exceto em alguns momentos de maior mobilização – quando eram criadas coordenações –, o grupo não possuía qualquer direção regular. (...) Em 1966, quando a UNE propunha o voto nulo, o grupo adotou uma posição singular: anular os votos para deputado e senador, mas participar ativamente da campanha eleitoral no âmbito municipal. Apoiou um candidato do MDB à prefeitura, Guaçu Piteri, e lançou candidato próprio (pela legenda da oposição) a vereador; também fez propaganda de dois outros candidatos a vereador. Todos foram eleitos. (...) [em 1968] enquanto uma parte do grupo passava a se posicionar em favor da guerrilha rural, os outros membros dos grupos foram se retraindo e desmobilizando. Inúmeros integrantes do grupo foram, um a um, sendo recrutados [pela VPR]. (Cadernos do Presente, 1978, p.42)

A trajetória do "grupo de Osasco" foi retomada por José Ibrahim numa entrevista à revista *Unidade e Luta* em 1972, em que evidencia como a opção pela luta armada nasceu no seio da jovem liderança operária de Osasco, em consonância com a pregação das organizações de extrema esquerda que se dirigiram para atuar politicamente em Osasco em 1968, especialmente a VPR. Já antes de 1964, Ibrahim e alguns companheiros da Cobrasma eram próximos de um setor divergente no seio do PCB, atuante em Osasco, na Braseixos.

[O] grupo de esquerda foi se constituindo num processo. Primeiro, os companheiros da Braseixos, depois nós, do comitê clandestino da Cobrasma, a seguir, esses companheiros de esquerda das demais fábricas e, quando vimos já formávamos um grupo maior... a base principal de apoio, a retaguarda da esquerda em Osasco, era a Cobrasma... nós nos reuníamos de forma clandestina e acompanhávamos, também, a luta político-ideológica da esquerda. Recebíamos materiais e mantínhamos contatos com várias organizações: grupo dos sargentos, IV, AP, POLOP, depois POC – a maioria das quais não existiam em Osasco. Mas continuávamos mantendo nossa independência porque não víamos nenhuma alternativa... o sindicato é um órgão limitado, o importante é a organização pela base, os comitês dentro das fábricas – legais, ou clandestinos, de acordo com a situação específica – entretanto, desde que se tenha bem claro suas limitações, o sindicato é um instrumento válido, que pode servir ao objetivo principal, a organização independente da massa. Nós considerávamos válida a nossa participação, mas éramos contrários à diluição do grupo de esquerda no sindicato. Por isso, mais uma vez eu fui o único do grupo a sair como candidato... Dos 25 membros da chapa, sete compunham a diretoria efetiva, que tinha direito a voto. Destes sete, eu era o único do grupo de esquerda. Havia ainda dois independentes, que estavam próximos a nós e os quatro restantes pertenciam à Frente [FNT]. (...) Nossa concepção era de guerrilha rural. A maioria de nós tinha a ambição de sair do movimento operário para fazer a guerrilha no campo. Minha vontade, por exemplo, era ir para o campo, partir para formas mais avançadas de luta. Nós éramos uma liderança do movimento de massas, que tinha apoio das massas, mas que estava sendo absorvida pelas concepções partilhadas por amplos setores de esquerda. (Unidade e luta, 1972, p.12-4, 17, 29)

Empossada no segundo semestre de 1967, a nova diretoria do Sindicato dos Metalúrgicos de Osasco – eleita graças à vitória esmagadora na Cobrasma, já que a chapa foi derrotada nas demais indústrias – passou a centrar sua ação "em dois pontos principais: implantar Comissões de Fábrica, estimulando e dando respaldo às suas reivindicações; externamente, conectar setores dispostos a ações conjuntas que não se deixassem bloquear pela legislação vigente" (Miranda, 1987, p.155). A nova gestão conseguiu ampliar o número de sindicalizados e mobilizar os trabalhadores. Por sua vez, integrou-se ao Movimento Intersindical Antiarrocho (MIA), entidade moderada politicamente, composta, em 1967, por vários sindicatos que, conjuntamente, faziam reivindicações salariais e procuravam conciliar-se com as autoridades, no velho estilo sindical-populista. Os metalúrgicos de Osasco, apoiados pelas oposições sindicais, minoritárias no resto do estado de São Paulo, trataram de empurrar o MIA para uma atuação mais combativa, que pouco interessava à maior parte dos sindicalistas que compunham aquela entidade de cúpula. Cortado por dissensões internas, o MIA seria "sepultado" no comício de 1º de maio de 1968 na Praça da Sé, quando uma pequena multidão de estudantes, de militantes das esquerdas armadas (VPR e ALN) e, sobretudo, de operários vindos de Osasco e da região do ABC (onde a AP tinha penetração nas oposições sindicais)[4] decidiram escorraçar do palanque os dirigentes sindicais considerados pelegos e o governador do estado, Abreu Sodré, que fora convidado pela direção do MIA para falar aos trabalhadores.

> Após discursos inflamados, os manifestantes incendiaram o palanque e se dirigiram em passeata até a Praça da República. No meio do caminho, o Citibank foi depredado e a multidão exaltada dava vivas ao exemplo heroico do povo vietnamita e gritava o *slogan*: "só a luta armada derruba a ditadura". (Frederico, 1987, p.57)

Antes do 1º de maio de 1968, conforme relatou Espinosa, apenas dois ou três integrantes do grupo de Osasco haviam entrado na VPR, inclusive José Campos Barreto. Depois daquela data, o processo acelerou-se:

> entrávamos individualmente, sem negociar nada, sem cargo nenhum dentro da VPR, que era muito desestruturada até meados de 1968, quando surgiram algumas coordenações: a

---

4 Sobre a presença ativa da AP nas fábricas do ABC (onde participou de várias pequenas greves, paralisações e operações-tartaruga na segunda metade dos anos 1960), na formação do MIA e na manifestação de 1º de maio de 1968 na Praça da Sé, ver os depoimentos de José Barbosa Monteiro (Cavalcanti; Ramos, 1978, p.113-43, Cadernos do Presente, 1978, p. 23-8) e, ainda, os documentos da AP e trechos de autocrítica de P. Torres, coletados por Celso Frederico (1987, p.117-38 e 266-313).

logística, a de campo e a urbana (operária e estudantil). É evidente que a coordenação operária acabou ficando fundamentalmente conosco, inclusive, recrutamos alguns operários da região do ABC (Santo André, São Bernardo): não éramos a Meca só das organizações de esquerda, as oposições sindicais também giravam em torno do Sindicato dos Metalúrgicos de Osasco[5]

Conforme nos contou João Quartim, a VPR herdou seus contatos em Osasco de dois ou três ex-militantes da POLOP: "quando eu cheguei à direção, tratei de levar comigo esse grupo de Osasco, para organizar o setor operário da VPR". A maioria do grupo de Osasco, segundo Quartim, só viria a aderir à VPR após a greve de 1968:

> Quando houve a greve, a repressão foi muito forte. Acontece que, para escapar da prisão, de espancamento, eles foram obrigados a passar para a clandestinidade. Foi aí que houve a adesão em massa desses caras que ainda não eram da VPR, inclusive o Ibrahim, presidente do sindicato. Quando Ibrahim entrou, a gente podia recrutar quem quisesse, só não recrutava mais para não inchar a organização. A gente tinha três ou quatro células de operários, onde punha alguns estudantes, para não dar um caráter corporativo dentro da organização. Então, cresceu muito o setor urbano da VPR.

Em 1968, as principais fábricas de Osasco encontravam-se mobilizadas, algumas bases e o próprio "grupo de esquerda" estavam impacientes com a lentidão do processo político e extremavam-se, enquanto o PCB e a FNT alarmavam-se com o crescimento do "vanguardismo", segundo Miranda:

> Os que condenam o enfrentamento não conseguem desenvolver linhas de atuação capazes de se constituir em um projeto alternativo; e os que favorecem o confronto também não

---

5 A formação de oposições sindicais constituiu uma tentativa de organização alternativa dos trabalhadores que não encontraria grande repercussão. Num documento de 1971, elaborado por uma organização paulistana trotskista, as oposições sindicais eram descritas como "os organismos por onde os trabalhadores se organizaram para lutar contra os pelegos nos sindicatos, contra o regime, o governo e sua política de arrocho, expressando principalmente através delas seu descontentamento. Saídas das chapas de oposição aos pelegos, estas oposições sindicais aglutinavam os elementos jovens, os mais combativos de sua categoria, para lutar dentro e fora dos sindicatos, porém não conseguindo traçar satisfatoriamente um programa de luta para os trabalhadores. Caracterizavam-se como oposições, por estarem desatreladas dos aparelhos pelegos governamentais, por sua contestação aos interventores, ao PCzão e audácia ante a ameaça policial. Aglutinavam elementos de várias tendências, desde os que tinham uma concepção sindicalista, que colocavam a tomada do sindicato como objetivo, misturando-se até aos que jamais confiaram na classe operária, nas massas, aos esquerdistas, dos quais muitos pertenciam ou foram recrutados pelos grupos guerrilheiros e terroristas" (Frederico, 1987, p.142-3). Ver também o depoimento de José Barbosa Monteiro sobre as oposições sindicais, de que fez parte (Cavalcanti; Ramos, 1978, p.130-6).

esclarecem quais os objetivos a que atingiriam, nem as formas de seu desenvolvimento. Numa situação complexa, de impasse e pouca clareza, as divergências derivam e transparecem nas dissensões internas que passam a afligir a atuação sindical durante todo o primeiro semestre. (1987, p.161)

A suspensão por 15 dias, imposta a Ibrahim pelo Ministério do Trabalho, com ameaça de cassação e intervenção no sindicato, após os eventos de 1º de maio de 1968 em São Paulo, reunificou as diversas correntes na defesa do Sindicato.

A ideia de fazer uma greve em Osasco, com diferentes perspectivas, desenhava-se pelo menos desde o início de 1968, e fora reforçada pelo êxito relativo da greve de Contagem em abril, bem como pelo sucesso de uma paralisação espontânea no final de maio na Barreto Keller, em Osasco, cujos 300 operários conseguiram um abono salarial e a legalização de uma comissão de fábrica. A greve foi planejada para deflagrar-se em novembro, na data-base para reajuste salarial da categoria, quando, em tese, haveria maiores possibilidades de conseguir a adesão de trabalhadores de outros municípios, com dissídios coletivos na mesma data-base. Mas ela acabou sendo antecipada para julho, por exigência "das bases, de elementos do grupo de Osasco e da Frente", além da VPR, segundo Espinosa (Cadernos do Presente, 1978, p.45). A greve estava marcada por uma "concepção insurrecional", nas palavras de Ibrahim. Imaginava-se que, a partir do exemplo de Osasco, as indústrias de São Paulo tenderiam a aderir ao movimento, enfrentando abertamente a ditadura militar, que estaria socialmente isolada. A greve pouco teve de espontânea, foi planejada, segundo Ibrahim, pelos operários "da comissão, do comitê clandestino e do setor mais avançado da fábrica, que somavam ao todo uns duzentos homens". O plano era ter toda Osasco em greve depois de três dias, estendendo o movimento para São Paulo. Eles haviam "planificado, detalhadamente, todo esquema de ocupação" da Cobrasma (*Unidade e Luta*, 1972, p.22).

Os grevistas não esperavam ser reprimidos imediatamente, ganhando tempo para expandir o movimento. Eles chegaram a ocupar a Cobrasma e a paralisar a maioria das fábricas de Osasco, mas a polícia não permitiria que fossem muito longe: atacou já no primeiro dia de greve, desocupando a Cobrasma, espancando e prendendo muitos trabalhadores. A greve ainda sobreviveu alguns dias, mas estava condenada ao esvaziamento. Vários trabalhadores foram despedidos, as comissões de fábrica extintas, muitos passaram a ser procurados como subversivos pela polícia. Nesse momento, várias lideranças que já eram próximas da VPR aderiram de vez à organização. Sobre a presença da VPR no movimento operário, eis um trecho esclarecedor da entrevista que Espinosa nos concedeu:

Como é que uma organização armada, guerrilheira, foquista, vai conseguir simpatias e adesões numa cidade onde se tratava o movimento de massas mais avançado da época? Eu acho que essas coisas estão relacionadas, porque, embora se levasse um trabalho de massas relativamente grande – o maior no Brasil após o golpe, até o movimento do ABC em 1978 –, nós tínhamos uma consciência prática, latente, de que aquilo não teria jeito. (...) O movimento de massa entraria numa fase de descenso muito rápida, em função da repressão, e a saída seria a luta armada. Antes do ingresso na VPR, tínhamos uma visão meio insurrecionalista, meio espontânea. (...) Não se era apenas sindicalista autêntico, queríamos o socialismo, apesar das discordâncias profundas com os dois PCs, acusados de não terem preparado a resistência armada ao golpe e de incapacidade de autocrítica.

Após os eventos de 1º de maio de 1968 na Praça da Sé, [o grupo de Osasco] começou a achar que a única forma viável de luta armada seria a saída guerrilheira. Como tínhamos o movimento de Osasco em mãos, tratava-se de radicalizá-lo ao máximo, para clarear a natureza de classe do regime, do Estado. Agora, a coisa não se passava assim, tão conscientemente, fruto de uma análise fria, (...) porque não se era um partido enquanto grupo de Osasco. Aliás, a própria VPR não tinha uma visão clara; uma das razões pelas quais a VPR nos ganhou é que ela também não tinha uma política para o movimento operário, enquanto outras organizações tinham essa política, que nós considerávamos estreita, incapaz de acionar a classe operária – era o caso da AP, do que havia sobrado da POLOP, que viria a dar no POC. Já a VPR estava com a luta armada, com Guevara, Fidel e a Revolução Cubana, não tinha uma orientação burocrática de cima para baixo, dizendo como é que tinha que ser o movimento operário. Uma das razões que nos levou para a VPR é que era a saída possível para desencadear a luta armada. Poderia ter sido também a ALN, mas considerávamos a VPR mais séria, pelas suas ações e pela presença de militares – a ALN tinha quadros bastante fracos em Osasco, que haviam rachado com o PCB, e com quem a gente tinha uma divergência anterior. (...) Osasco era uma espécie de Meca da esquerda. Todas as organizações de esquerda reivindicam a "propriedade" sobre o movimento de Osasco e, de fato, vieram para cá a partir de meados de 1967, após a conquista do Sindicato. Algumas organizações chegaram a travestir estudantes de operários, todas mandaram três, quatro quadros para fazer ligações. É claro que tínhamos contato com todas elas, que queriam nos "ganhar". No caso da VPR – que ainda não tinha esse nome, recebido só no final de 1968 – a organização mandou dois caras que, diferentemente dos outros, não vieram para nos catequizar. Eles se juntaram aos trabalhadores todos que nós tínhamos, aceitavam aquilo que a gente fazia e se juntavam conosco em cima disso – não vinham apenas buscar quadros, nem impor uma visão.

As palavras de Espinosa são confirmadas num ensaio, intitulado "El movimento de Osasco. Sus luchas, sus actores", escrito no exílio por um dos militantes que a VPR mandou para Osasco. Jacques Dias, pseudônimo do Autor, indicava que o acerto da VPR em Osasco teria sido agir em razão das necessidades do movimento operário, e não diretamente de sua presença como tendência política em busca de inserção no meio operário. O que explicaria o sucesso da oposição sindical em Osasco foi que ela atuou como "frente de massas", ao passo que, nos outros lugares, ela se constituía praticamente como célula partidária, sem amplitude suficiente para ganhar as massas, restringindo-se a um "espírito de seita" que "surge justamente quando uma organização partidária atua no movimento de massas, não no sentido das necessidades do mesmo, mas em razão de suas próprias necessidades enquanto tendência", que atuaria para criar suas bases no movimento operário, não para estruturar "organismos de massa" suprapartidários (1972, p.15).

O respeito da VPR à dinâmica do movimento operário de Osasco, num primeiro momento, deve-se em parte às peculiaridades do grupo em 1968, que era uma pequena organização paulistana, recém-criada, com elementos diferenciados na sua composição, ainda sem uma linha política claramente definida, exceto no que se referia à opção pela guerra de guerrilhas. Isso permitia que cada um dos setores que compunha a organização delineasse sua política, no decorrer da própria luta, num método quase espontâneo de acerto e erro, de construir o caminho armado na prática cotidiana. A posição não sectária dos militantes da VPR em Osasco (alguns deles atuantes desde antes de 1964 na cidade, quando eram da POLOP), aliada à força do exemplo das armas, foi fundamental para a aproximação com as lideranças operárias do grupo de Osasco, radicalizadas num processo político peculiar ao município, mas, ao mesmo tempo, sintonizado com as lutas sociais nacionais e internacionais dos anos 1960. Para José Ibrahim, à aproximação do grupo de Osasco com a VPR corresponderiam:

> a honestidade desses companheiros conosco, desde antes de 64, e o respeito pelo trabalho que realizávamos. Eles não nos ofereciam nenhuma perspectiva definida para nossa atuação concreta junto à classe, porque não a tinham. Mas achavam bom o que estávamos fazendo e tinham uma atitude como quem diz: "Vocês entendem desse trabalho, se querem fazer assim, têm o nosso apoio". Em segundo lugar, nós éramos partidários da luta armada. Nós vínhamos do movimento de massas e nele atuávamos, mas na medida em que nosso nível de consciência foi se elevando, começamos a nos colocar o problema da luta política. Percebemos que era preciso pensar no desdobramento daquela luta que travamos em Osasco. E na fase de 66 a 68 a única alternativa de desdobramento que se apresentava eram os grupos pró-luta armada. Os companheiros que vieram formar a VPR falavam em luta armada e estavam realizando ações. Esse foi o critério fundamental que determinou que nos aproximássemos deles. (*Unidade e Luta*, 1972, p.28)

Além de tudo, não se deve esquecer que foi a VPR a organização armada que estava materialmente presente para oferecer refúgio aos sindicalistas quando eles foram jogados na clandestinidade, logo após a repressão à greve de Osasco. Só então, alguns líderes do grupo de Osasco decidiram militar na organização, juntando a vontade à necessidade do momento. Referindo-se às relações da VPR com o movimento operário de Osasco, observou Jacques Dias:

> Não é muito simples determinar como e quando se iniciou a ação organizada da VPR no movimento de Osasco, pois, embora os dissidentes da POLOP dispusessem de contatos com ativistas do movimento desde antes de que se desse a cisão (setembro de 1967), a decisão de exercer uma ação política direta no movimento operário somente foi tomada no final de 1967, ou seja, depois da derrota da guerrilha boliviana, e tinha a intenção de dar uma resposta aos problemas ali colocados. A existência desses contatos possibilitou a formação imediata de uma célula da organização em Osasco. Porém, o núcleo de Osasco não tinha uma infra-estrutura clandestina, nem dispunha de fundos de reserva ou de uma imprensa. (...) a VPR respeitou a democracia interna do movimento, e nos referimos ao fato de que, quando levou sua proposta estratégica e tática – através de cursos de formação política – aos ativistas do movimento, seu objetivo principal era a ampliação e consolidação da estrutura do núcleo frentista. Pois bem, a progressiva hegemonia política que iria exercer a VPR no movimento deveu-se a vários fatores, dos quais realçamos os seguintes: 1) A célula inicial da VPR em Osasco, ainda que reduzida, era muito importante politicamente pela presença de dois dos líderes do movimento. 2) A radicalização dos ativistas do movimento os fazia sensíveis ao proselitismo das organizações guerrilheiras. 3) A VPR levou propostas concretas para o desdobramento posterior do movimento, buscando consolidá-lo, e sem ter como objetivo principal o recrutamento de quadros. (1972, p.32)

A repressão à greve e aos movimentos sociais de Osasco ocorreu no sentido de liquidá-los. O Sindicato dos Metalúrgicos foi rigidamente enquadrado na legislação trabalhista vigente, isto é, "como órgão de representação, virtualmente deixa de existir". Tampouco a Comissão de Fábrica da Cobrasma e outras iniciativas do gênero sobreviveram à repressão depois da greve. Vários operários foram suspensos, demitidos, perseguidos, aberta ou veladamente, enquanto os mais engajados viram-se obrigados a entrar para a clandestinidade, a fim de não serem presos. "O Círculo Estudantil extingue-se praticamente sem deixar traços. Os estudantes dispersam-se, em São Paulo, na luta clandestina, em seus projetos pessoais." A FNT manteve presença discreta e moderada, sempre sob pressões e ameaças; o PCB praticamente dispersou-se de vez. Enfim, os trabalhadores de Osasco passaram a viver um clima de terror e intimidação, segundo Miranda (1987, p.192-6). "Muitos (a grande maioria), pelos motivos mais diversos, eram contrários à tentativa de resistência armada ao regime. Quase todos, também pelas mais diferentes razões, que iam desde o confinamento e a prisão, até terem pura e simplesmente se alienado, reduziam-se à inatividade política." (1987, p.217)

Entretanto, a parcela mais aguerrida e politizada do "grupo de Osasco" aderiu à VPR. Esta também teria tido responsabilidade pelo fim do movimento no interior das fábricas, já afetado pela repressão governamental. Nas palavras de José Ibrahim,

> o que destruiu mesmo a organização interna nas fábricas de Osasco foi a política das organizações armadas – principalmente, no caso, da VPR e depois da VAR-Palmares – de tirar os melhores elementos, do trabalho no movimento de massas, consumindo-os na dinâmica interna da organização. *Nós já vínhamos nos aproximando dessa posição no desenrolar do trabalho em Osasco e quando nos ligamos à VPR esse desvio se aprofundou.* Fomos paulatinamente nos afastando do trabalho dentro da classe, absorvidos pela dinâmica da luta armada, na qual as ações substituíram a luta de massas. (...) No refluxo, a repressão desencadeada em Osasco teve importância, mas não foi o decisivo na desarticulação de todo o movimento. (Unidade e Luta, 1972, p.30-1, g.n.)

Ainda que Ibrahim minimize, talvez em demasia, o peso da repressão na desarticulação do movimento de Osasco, suas palavras apontam para as lacunas e equívocos da direção do movimento, que caminhava para uma posição voluntarista, na tentativa de superar o mecanicismo da política de setores de esquerda para o movimento operário, ainda presos ao modelo populista de representação dos trabalhadores. Como apontou Jacques Dias, a VPR destacara-se, inicialmente, por colocar-se no interior do movimento operário em razão da dinâmica própria deste, mas essa posição viria a se modificar. A dinâmica do movimento de Osasco – tendente a uma radicalização local que não encontrava correspondência no movimento operário estadual, e muito menos no nacional – empurrava para o enfrentamento com a ordem vigente, para o qual a única via imediatamente visível era a da guerra de guerrilhas, cuja preparação já se dava pela VPR e pela ALN, por meio de ações armadas urbanas. No balanço feito por Jacques Dias:

> a VPR só foi capaz de compreender parcialmente o significado e o alcance da experiência de Osasco, constatando a existência de uma frente de massas e a necessidade de ampliá-la. Em consequência, e ainda que creiamos que se possa dizer que a VPR respeitou a democracia interna do movimento, sua ação tendeu a transformá-lo em um organismo parapartidário, o que realmente iria suceder depois da greve de julho. (...) [Depois desta] o movimento já não dispunha dos instrumentos organizacionais legais que haviam permitido criar e desenvolver a frente de massas. A reorganização do movimento se faria através de núcleos clandestinos de caráter parapartidário, com claro predomínio da VPR, organização que exercera maior influência política sobre o movimento e que o havia sustentado materialmente por ocasião do recuo. Na raiz desses antecedentes, a VPR recrutou a maioria dos melhores quadros ali formados, incluídos seus principais dirigentes. (...) [Ainda que] a VPR propusesse a organização através de comitês de fábrica, de caráter frentista, apoiados em comitês clandestinos que servissem de núcleos da frente, (...) [estes] eram, na realidade, organismos parapartidários. (...) a VPR seria duramente atingida pela repressão nos primeiros meses de 1969,

repressão que comprometeu sua própria sobrevivência e, em consequência, foi desarticulado quase totalmente o trabalho político que a organização realizava no movimento de massas. Assim, o movimento de Osasco era, uma vez mais, reprimido e desorganizado, e já não teria condições de participar das eleições sindicais de 1969. O ciclo iniciado em 1965 através da Comissão da Cobrasma estava, definitivamente, encerrado. A oposição sindical de Osasco passava a estar constituída por núcleos classistas de caráter parapartidário e, nessa nova situação, a constituição dos organismos de massa apresentaria as mesmas características e problemas das outras oposições sindicais existentes. (1972, p.32, 37)

Em outras palavras, estava posta a tendência de partidarizar os núcleos operários de ativistas, isolando-os do conjunto dos trabalhadores. Essa tendência seria reproduzida na prática da VAR-Palmares (que foi integrada pelos militantes remanescentes da VPR em meados de 1969), com suas "uniões operárias", criadas com base na experiência no Rio Grande do Sul, como formas alternativas de organização operária pela base – embora não se recusasse de todo a participação nos sindicatos oficiais. Fernando Pimentel contou-nos, a respeito da relação entre a VAR e os operários, que:

no Sul, a VAR-Palmares era basicamente um grupo de estudantes, liderado por um advogado trabalhista muito carismático, o Carlos Franklin Paixão de Araújo, que nos dava acesso a trabalhadores especializados e operários. E começamos a organizar alguma coisa nessa área. Nós editávamos um jornal chamado *União Operária*. (…) Nós tentamos, como pudemos, algum tipo de inserção no movimento de massas. Hoje, com uma visão *ex post*, era muito precário. Por exemplo, eu me reunia à noite com cinco ou seis operários, trabalhadores metalúrgicos, especialmente. Lembro de dar curso para eles de materialismo histórico; mas, lá pela terceira ou quarta aula, não sobrava nenhum, pois o cara não tinha saco para trabalhar o dia inteiro e, à noite, ir escutar uma aula de materialismo histórico, dada por um estudante de 18 anos de idade, que tentava falar uma linguagem acessível e provavelmente não conseguia. Nós tentávamos chegar, mas era difícil, realmente não tínhamos dimensão de trabalho político de massa. Por outro lado, o fechamento, a repressão era muito grande: qualquer tentativa de trabalho de massa na fábrica gerava risco de demissão e prisão aos operários participantes. Nós editávamos um jornal que era distribuído nos banheiros das fábricas – aquilo tinha uma receptividade muito pequena, mas durou. Foi uma tentativa…[6]

Os dados estatísticos sobre a VAR (Quadro 1) indicam que foram processados, por vinculação com a organização, 18 "trabalhadores manuais urbanos"

---

6 É possível que parte dos operários presos no Rio Grande do Sul fosse ligada à VAR. Índio Vargas fez um levantamento sobre a composição dos que estavam presos com ele na Ilha do Presídio, no Rio Grande do Sul. "Entre os 46 presos havia dez operários", citados nominalmente por Vargas. Havia, ainda, pelo menos, 21 estudantes – alguns trabalhavam, por exemplo, quatro deles eram bancários, outros oito eram formados em Filosofia ou estavam no último ano (1981, p.150 ss.).

(7,5% dos indiciados da VAR), 14 "técnicos médios" (5,8%), 16 "autônomos" (6,6%) e 19 "empregados" (7,9%). Espinosa, dirigente da VAR nos anos de chumbo, disse-nos sobre a ligação da organização com os trabalhadores:

> a VAR definiu a união operária como forma de organização alternativa ao sindicato, e até colocamos que se poderia participar dos sindicatos, fortalecendo as uniões operárias. A união operária era uma organização tipo oposição sindical, mas trabalharia também como entidade clandestina político-militar, que faria pequenas ações. Por exemplo, chegou a cortar o bigode do chefe de seção tirânico, tinha seu jornalzinho próprio que denunciava o dia a dia nas fábricas, chegou a invadir fábrica com apoio de grupo armado. A união operária foi mais atuante no Rio Grande do Sul, mas ela chegou a participar da chapa de oposição ao Sindicato dos Metalúrgicos de São Paulo. Aqui, em Osasco, havia umas quatro uniões operárias, com umas dez pessoas em cada uma. Mas, nem sempre os integrantes das uniões sabiam da existência da VAR-Palmares. Depois, o POC também acabou participando das uniões.

Não se tem notícia de que as uniões operárias tenham prosperado organicamente, a própria VAR já não existia em meados da década de 1970.

A parcela de militantes que rompeu com a VAR para recriar a VPR, em setembro de 1969, entendia ser urgente deflagrar a guerrilha rural, de uma vez por todas; e, para isso, deveria abandonar as esperanças e a atuação nos movimentos de massas nas cidades, na "primeira fase da revolução".[7] O trabalho com as oposições sindicais, por exemplo, seria infrutífero, como revelara a experiência de Osasco. Na melhor das hipóteses, os movimentos de massa levariam a um clima insurrecional, sem condições de vitória militar contra as forças do regime. Estas só poderiam ser combatidas de modo eficaz pela guerra de guerrilhas, para a qual deveriam convergir todas as forças de esquerda revolucionária, que estariam perdendo energias, ao permanecer nas cidades. Em "A vanguarda armada e as massas na primeira fase da revolução" (Reis Filho; Sá, 1985, p.233--47), Jamil Rodrigues teorizava, em nome da VPR, sobre a posição a ser assumida pelas organizações guerrilheiras no seu relacionamento com as massas: considerava inviável qualquer trabalho tradicional de politização dos trabalhadores na conjuntura posterior a 1969, e constatava as dificuldades organizacionais da VPR para manter sua estrutura, rígida e necessariamente clandestina, que não comportaria aumento no número de militantes. Os esforços deveriam

---

7 Os dados sobre as duas VPR (Quadros 1 e 2) indicam a presença de 13 "trabalhadores manuais urbanos" processados (10,6% do total), 24 integrantes das "camadas de base" (19,7%) e 29 das "camadas de transição" (23,8%).

concentrar-se na realização de ações armadas urbanas e na preparação imediata da guerrilha rural. A integração das massas na luta só viria numa segunda fase, depois da deflagração da guerrilha. Até então, os liames com as massas urbanas ocorreriam pela "propaganda armada" e de "contatos" no meio de trabalhadores e estudantes (Reis Filho; Sá, 1985, p.238-42).

Apesar de ser uma tentativa de racionalização e teorização sobre a experiência de luta desenvolvida pelas esquerdas armadas por quase dois anos de ação, procurando concentrar os esforços na realização do "objetivo estratégico", que era a deflagração da guerrilha rural, a teoria jamilista da VPR, conscientemente ou não, era justificadora e legitimadora da prática armada das esquerdas a partir de 1969, crescentemente isolada. O militarismo extremo da VPR e dos textos de Jamil foram criticados asperamente por outras organizações em armas – talvez por espelhar, de forma até certo ponto caricatural mas reveladora, as atividades de todos os grupos armados, enredados nas suas próprias fantasias teóricas e retóricas de enraizamento popular. As esquerdas armadas já não tinham, a partir de 1969, praticamente nenhuma representação popular: haviam perdido suas raízes nos movimentos sociais e não eram mais sequer esboços de mediação na relação dos trabalhadores com e contra seu outro, as classes dominantes e o Estado, corporificado no regime militar. Voluntariamente ou não, com maior ou menor consciência de sua ação, transformavam-se crescentemente em agentes-substitutos da classe trabalhadora, sem serem por ela reconhecidas, cada vez mais eram isoladas socialmente, perdendo o apoio com que inicialmente contavam em certos meios sociais. No processo de luta clandestina contra a ditadura, desprendiam-se das raízes sociais que lhes deram vida. Essa dinâmica é cristalinamente visível nos trabalhos de Jamil, que para manter a operacionalidade e a sobrevivência da VPR na luta armada – tida como única forma possível de oposição política naquela conjuntura – tratou de teorizar o isolamento político com que se defrontavam os grupos guerrilheiros, visto como fase necessária para o desenvolvimento da revolução brasileira. Mesmo que outras organizações armadas condenassem a teoria jamilista – que levava às últimas consequências os postulados comuns a toda esquerda armada –, a atuação política dessas organizações, associada à repressão ditatorial e à recuperação capitalista da economia nacional, acabaram por levá-las ao isolamento social, considerado necessário pelos trabalhos de Jamil. Estes forneciam, a despeito do crescente isolamento social, justificativa teórica para a continuidade das ações armadas e dos pesados sacrifícios que exigia, inclusive de vidas humanas.

A teoria jamilista da VPR tinha outra característica exclusiva, combatida pelo restante das esquerdas: o papel revolucionário atribuído às "massas economicamente marginalizadas". Estas seriam "a imensa faixa da população em desemprego, em subemprego, em pequenas e micropropriedades agrícolas improdutivas, em empregos de biscate, enfim toda a população que o capitalismo monopolista exclui do processo econômico, e que *somente poderá encontrar seu lugar nesse processo suprimindo o sistema*". Haveria um "peso decrescente do proletariado" no capitalismo de hoje, especialmente nos países subdesenvolvidos, como o Brasil, de modo que a revolução deveria contar com a ação revolucionária dos camponeses e, nas cidades, dos "marginalizados", ainda que permanecesse o papel dirigente e ideológico do proletariado minoritário na organização e direção da luta dos despossuídos (Jamil Rodrigues, 1970, p.19-32).

Como se nota, Jamil não estava entre aqueles que viam funcionalidade para o capital dos supostos marginais. Nisto acompanhava vários teóricos internacionais da "marginalidade" nos anos 1960, sendo influenciado principalmente pelas ideias de Frantz Fanon e dos revolucionários argelinos, com os quais conviveu durante sua estada na Suíça entre 1964 e 1968, onde Jamil trabalhava e estudava economia. Na década de 1960, estava difundida em vários meios intelectuais a noção da perda de importância do proletariado industrial no capitalismo de hoje, bem como a do crescente poder revolucionário dos marginais no sistema produtivo capitalista, ainda que a noção de marginalidade variasse. Por exemplo, os marginais podiam ser tomados no sentido clássico que Marx deu ao lumpem-proletariado ou incluir os trabalhadores ligados ao setor informal da economia.[8]

Na visão da VPR,

> sem esperanças no campo, sem esperanças na cidade, para onde ela aflui perigosamente, esta massa é objetivamente antiimperialista, se bem que não sofra a exploração burguesa direta, e não conheça fisicamente o seu inimigo. É objetivamente antiimperialista. Na medida em que as forças de repressão são seu inimigo pessoal mais bem-identificado, repercute profundamente entre eles o nosso combate e a luta da vanguarda pode se transformar num símbolo de esperança. (Jamil Rodrigues, 1970, p.31)

Nesse trecho, a noção de "massa economicamente marginalizada" está mais próxima do conceito de lumpemproletariado do que dos amplos setores sociais que supostamente englobaria, uma vez que é para o lumpemproletariado que "as forças da repressão são seu inimigo pessoal", jamais para os desempregados,

---

8 Ver sobre o papel supostamente revolucionário dos marginais, dentre outras, as obras escritas nos anos 1960 por Fanon (1979), Marcuse (1979), Nicolaus (1972) etc. Autores como Oliveira (1975) e Prandi (1978) demonstrariam, na década de 1970, que o setor informal da economia não é efetivamente marginal, mas fundamental para o desenvolvimento capitalista no Brasil.

subempregados, empregados domésticos ou pequenos proprietários de terras que produzem para subsistência. A teoria do papel revolucionário das massas marginais foi típica da VPR após setembro de 1969, e pouco influenciou outras organizações, tendo servido até de pretexto para críticas severas às ideias de Jamil e da VPR. Isso não deve esconder que a teoria de Jamil era uma racionalização da prática das ações armadas até então, justificadora e legitimadora da ação de grupos armados cada vez mais isolados socialmente, crescentemente marginalizados (Ridenti, 1987).

Apesar da notória influência sobre Jamil das ideias internacionais sobre o papel transformador dos marginais, não parece que se esteja diante da aplicação de "ideias fora do lugar" à realidade brasileira. Pelo contrário, tratava-se de uma racionalização teórica, informada por ideias de difusão internacional, sobre a experiência de luta dos grupos armados brasileiros. Estes não conseguiam sair das cidades para fazer a guerrilha rural, nem se enraizar no campesinato, como pretendiam, com diferentes nuanças; os grupos guevaristas ou maoístas tampouco conseguiam dar sequência à escassa penetração no meio operário. Ao mesmo tempo, refluíam os movimentos de massa de 1968, principalmente o estudantil, onde as esquerdas encontravam apoio e adesões.

A marginalização progressiva das supostas vanguardas da revolução, a partir de 1969, passou a ser entendida pela VPR de Jamil como "primeira fase necessária da revolução". As massas trabalhadoras seriam incorporadas à luta só num segundo momento, como já expusemos. Constatando a escassa repercussão da "luta armada" junto a camponeses ou operários, a VPR apelava para a ideologia do apoio das massas supostamente marginais às ações armadas. Conscientemente ou não, buscava-se outra base social para o empenho das vidas de tantos militantes na luta armada, pois "não estaríamos dando a vida se fosse para conquistar liberdades burguesas" (1970, p.33). O papel revolucionário dos marginais talvez fosse uma justificativa racionalizadora para a continuidade da "ação revolucionária", cada vez mais desenraizada socialmente, após 1969. A defesa do papel transformador dos marginais poderia ser, no fundo, a defesa da marginalização dos próprios grupos armados. Também por isso, os trabalhos de Jamil podem ser tomados como referenciais para o estudo do conjunto das esquerdas armadas a partir de fins de 1969, quando se acelerou seu isolamento social.

Pode-se argumentar, com razão, que o "jamilismo" era um espelho deformante, verdadeira caricatura do conjunto dos grupos em armas. Mas essa caricatura não teria uma força reveladora? Não seria uma racionalização que espelharia, de forma transparente demais para ser aceita, aspectos de um isolamento e de um impasse que, independentemente de divergências teóricas, eram comuns a todos os grupos armados após 1969? Ao exacerbar teoricamente o voluntarismo, o militarismo, o vanguardismo, o blanquismo das organizações em armas como fase necessária da revolução, Jamil não estaria revelando ângulos fundamentais que caracterizaram o desdobrar daquela luta, independentemente das intenções conscientes dos agentes? Parece que a teoria da VPR foi uma caricatura extremista, "purificação química do militarismo revolucionário", isenta de "conciliações ecléticas", conduzindo "à ideia da organização revolucionária como seita de pouquíssimos, mas selecionados e eficientes guerrilheiros", como diria Gorender (1987, p.138-9). Mas essa "purificação química" não espelharia, ainda que deformadamente, aspectos fundamentais da luta dos grupos armados em seu isolamento social crescente? Parece que ela o fazia melhor do que qualquer outra ideologia que tentasse justificar as ações armadas isoladas. Às vezes, o espelho deformante pode ser mais revelador do que qualquer outro.

Na aplicação prática da formulação sobre o papel revolucionário das massas economicamente marginalizadas, houve o recrutamento de bandidos comuns como militantes da VPR no Rio de Janeiro, conhecidos internamente como "proletas". Só que, ao acatar os conselhos de Fanon sobre o potencial revolucionário do lumpemproletariado, a VPR parece ter deixado de levar em conta ambiguidades que se revelavam no próprio texto de Fanon, para quem o "colonialismo vai encontrar igualmente no *lumpenproletariat* uma massa de manobra considerável..., utilizará com rara felicidade a inconsciência e a ignorância, que são as taras do *lumpenproletariat*" (1979, p.112).

As ambiguidades na atuação de alguns militantes da VPR, vindos do lumpemproletariado, são, em parte, reveladas nos depoimentos publicados por ex-militantes daquela organização no Rio de Janeiro, Alfredo Sirkis (1983, p.186-7 e 263) e Alex Polari (1982, p.194-201). A organização tinha contato, em 1970, com um grupo de subempregados na Guanabara e Baixada Fluminense, que compunha uma "respeitável quadrilha", integrada à VPR num momento de extrema debilidade organizacional, após várias "quedas" de militantes capturados em abril de 1970. O grupo dos "proletas" era liderado por Ruço, "um sujeito parrudo de uns 40 anos, louro de olhos azuis, que vivia de transas mil pelo Grande Rio" (Sirkis, 1983, p.186). Além dele, estavam no grupo: Magro, Buscapé, Índio, Coruja Baleada, Carlinhos Bolão, Joãozinho Trinta e Oito e Careca, como conta Polari (1982, p.195). Eles exerciam uma espécie de banditismo social – não tão "social" assim, como logo se descobriu. Esse grupo montou uma pequena infraestrutura logística em conjunto com a VPR, "oficinas de armas e explosivos e uma área de treinamento nas serras de Campo Grande na zona rural". Além disso, foram feitas algumas ações nas quais ficavam cada vez mais evidentes o "oportunismo", o "mercenarismo" e o "radicalismo de boca" dos "proletas", muito mais interessados no dinheiro e vantagens materiais adquiridos com as ações armadas, conforme o relato de Polari.

A ligação da VPR com esse grupo findou com o episódio da traição arquitetada por Ruço. O mesmo Ruço que "dizia que o negócio deles era mesmo a revolução, que já tinha ouvido falar no capitão Lamarca e que tavaí firme pra mandar chumbo nos homis e nos ricos que exploravam o povo" (Sirkis, 1983, p.186). Um dos dois responsáveis da VPR pela coordenação dos "proletas" após a morte de Juarez de Brito, que fora o primeiro coordenador, era justamente Alex Polari, que deveria ter sido entregue à polícia pelo bando como traficante. O grupo de marginais pretendia se apossar de uma soma em dinheiro dada a eles por Polari para a compra de armas. Ambiguidade: um marginal do bando, inconformado com a "traição", avisou Polari a tempo, salvando-o, sem no entanto ter rompido com a liderança de Ruço; disse que havia convencido Ruço a se apoderar do dinheiro sem fazer a delação. A própria trajetória de Ruço como militante foi carregada de ambivalência entre banditismo e revolucionarismo, pelo que se pode deduzir do depoimento de Alex Polari: tinha três filhos, chamados Marx, Engels e Lenin; cultivava amizade próxima com Polari, inclusive recebendo-o no seio da família, mas estivera pronto para delatá-lo por dez mil cruzeiros; consta que foi responsável posteriormente por uma série de "quedas" no PRT, mas teria desaparecido na prisão, onde era constantemente ameaçado por um sargento torturador, que havia-se infiltrado na própria família de Ruço, "namorando, 'a serviço', a irmã deste, por quem depois se apaixonara". O fato é que Ruço teria deixado "órfãos: Marx, Engels e Lenin" (Polari, 1982, p.201). No final das contas, "daquele bizarro grupo da baixada fluminense, sobrara apenas o Careca, um guerrilheiro autêntico", que era salva-vidas profissional em Copacabana (Sirkis, 1983, p.263).

Devido ao *boom* da economia brasileira após 1969, o regime civil-militar pôde obter êxito provisório no atender, ainda que desigualmente, os interesses contraditórios do capital e do trabalho (acumulação de capital pelas empresas, criação de empregos para os trabalhadores), como salientou Francisco de Oliveira, dentre outros (1987, p.133). Alguns dos atores políticos de esquerda dos anos 1960 que entrevistamos, especialmente os que são economistas, salientaram o mesmo aspecto, isto é, que apesar do arrocho salarial e do tolhimento às liberdades democráticas, o "milagre brasileiro" dava empregos aos trabalhadores. Segundo Antônio de Neiva, "o Brasil, de 68 a 74, funcionou praticamente a pleno emprego; hoje eu sei disso, até por opção profissional, como economista, mas era um dado que as esquerdas não conseguiam perceber". Para Paulo de

Tarso Venceslau, "apesar da repressão e do arrocho salarial, havia emprego, o que foi um elemento determinante de um certo acomodamento do movimento operário .. Esse fator, ligado à baixa consciência e ao baixo nível de organização, tornava difíceis as condições de mobilização".

Não se trata da ideia corrente de que a classe média e a classe trabalhadora, também contagiada pela ideologia pequeno-burguesa, venderam-se para o consumismo do "milagre econômico", abdicando de suas reivindicações. Os trabalhadores em geral adaptaram-se à nova ordem, que lhes dava empregos e ilusões de subir na vida. Não se trata fundamentalmente de um problema moral, mas de compreender o lado integrador da dinâmica do modo de produção capitalista, especialmente nos períodos de ascensão econômica, já que a ordem não pode ser mantida só pela ideologia e pela força bruta, embora elas joguem seu papel. Após 1969, havia um contexto de repressão feroz aos que ousassem questionar a nova ordem social, política e econômica que se estabelecia e ia-se firmando, com a "legitimação" do "milagre" que dava lugar, à sua maneira, para distintos grupos sociais *dentro* do sistema. Naquele contexto, tendiam a desaparecer as condições que geraram os protestos de 1968 e levaram agentes de diferentes origens sociais a aderir aos grupos de esquerda armada.

O aparente conformismo da maioria dos trabalhadores mesclava-se com uma certa resistência passiva ao projeto autoritário de modernização econômica e social imposto pelos governos posteriores a 1964, como apontou, por exemplo, Marilena Chauí (1987). Os trabalhadores não estavam tão apáticos politicamente, ainda que quase não participassem dos partidos políticos, institucionais ou não:

> Quando a força do adversário é percebida como onipotente, ainda que se saiba de onde ela provém – pois todas as falas, ao prosseguirem, deixam claro que se sabe que o poder dos governantes vem do poder dos grandes ou dos ricos –, não só é preciso que os fracos estejam "todos unidos", mas também que seu anseio de mudança não seja causa de carnificina e destruição. O que se busca é a Justiça e não a morte. (1987, p.81)

E a morte era mais ou menos certa para os que ousassem opor-se à ordem vigente, em especial entre 1969 e 1973.

O espaço para a atuação de qualquer grupo de oposição, principalmente dos mais radicais, era quase inexistente depois do AI-5. Não só os grupos armados de esquerda, mas também os desarmados, tendiam a se isolar socialmente cada vez mais, marginalizando-se. Esse fato independia, em grande medida, da posição política assumida pelos diversos grupos que, apesar das suas divergências, tinham em comum não se darem conta do processo de recuperação econômica e política que estava acontecendo. Aqueles que, já praticamente desprovidos de bases sociais, insistiram no enfrentamento aberto ao regime, logo foram dizimados. A repressão tampouco poupou os que não julgavam conveniente pegar em armas naquele momento, como a AP, o PORT e o PCB – este atingido em larga proporção em 1974, depois de eliminados os adversários que o regime considerava mais perigosos. Mas o auge econômico era passageiro – o regime militar não podia, pela repressão ou pela ideologia, eliminar os antagonismos da sociedade de classes. O potencial integrador do capitalismo traz em si a virtualidade de sua desintegração, que depende da ação dos despossuídos, dos grupos e das classes sociais numa certa conjuntura, conforme condições objetivamente dadas. Não se podia impedir para sempre as lutas sociais, elas logo viriam a irromper em outras conjunturas e de outras formas, talvez distantes daquelas imaginadas pelas esquerdas dos anos 1960.

AS MULHERES FORAM À LUTA

A existência de diversas raízes sociais na origem dos grupos armados de esquerda evidencia-se, por exemplo, na entrevista que nos deu Maria do Carmo Brito:

> Em termos de quadros, a VPR tinha gente do povão mesmo. Por exemplo, quando fomos exilados os 40 para a Argélia, em troca do embaixador alemão, o Pedro, o Portuga e os demais (de origem humilde) não conseguiram entender absolutamente nada do que o pessoal intelectualizado do MR-8 dizia – vinham pedir tradução depois.

A diversidade social no interior das organizações também se revela nos depoimentos de exilados políticos sobre seu cotidiano no exterior, como Leta de Souza Alves, por exemplo, que conta das dificuldades enfrentadas pelos trabalhadores exilados no Chile, os quais seriam discriminados pelos que "participavam da roda dos doutores" (Costa et al., 1980, p.179).

Também o depoimento de Eny Carvalho, esposa de Derly, um dos irmãos Carvalho que militaram na ALA, atesta as dificuldades dos deserdados que tiveram de exilar-se:

> Meu primeiro trabalho aqui [na França] foi fazer limpeza em fábrica. É duríssimo. (...) meu marido ganhava muito pouco, dava para pagar aluguel e comer. (...) Comecei a buscar outro trabalho melhor. Uma amiga chilena arrumou para mim nessa fábrica onde estou.

Ganho um pouco mais... Trabalho numa máquina muito quente, a caloria te mata porque te põe nervosa... (Costa et al., 1980, p.221-2).

Melhor sorte parecem ter tido os trabalhadores simples que se exilaram em países socialistas, especialmente em Cuba, como Damaris de Oliveira Lucena. Aos 43 anos, ela pôde prosseguir os estudos, iniciando do primário até chegar ao superior (Costa et al., 1980, p.235).

Aliás, a julgar por depoimentos contidos nas *Memórias das mulheres do exílio* (Costa et al., 1980), a maioria das mulheres presas e exiladas de extração mais pobre foi incriminada por serem mães, irmãs ou esposas de guerrilheiros – e não por participarem diretamente de atividades consideradas subversivas, ao contrário das jovens intelectualizadas processadas, as quais, em geral, participaram ativamente nas esquerdas armadas. Os dados estatísticos sobre a ocupação das mulheres processadas judicialmente por vinculação com as organizações clandestinas confirmam essa asserção (Quadro 7). Tanto que apenas 10 das mulheres processadas eram trabalhadoras manuais, rurais e urbanas (1,7% do total de 578 denunciadas, com ocupação conhecida, por ligação com as esquerdas em geral). Especialmente nos grupos armados não houve trabalhadoras manuais envolvidas – nenhuma processada –, contrastando com a média em torno de 13% de trabalhadores manuais urbanos e rurais no total dos acusados de ambos os sexos por envolvimento com as organizações armadas. Entretanto, 28 mulheres processadas por ligação com grupos em armas (8,3%) eram donas de casa. A esmagadora maioria das denunciadas das esquerdas compunha-se de estudantes (186; 32,2%), de professoras (133; 23,0%) ou de outras profissionais com formação superior (103; 17,8%), perfazendo um total de 422 mulheres (73%), que poderiam ser classificadas como de camadas médias intelectualizadas; ao passo que 51,6% dos processados de ambos os sexos poderiam ser considerados integrantes dessas camadas sociais. Mesmo em se considerando apenas os dados dos grupos armados urbanos típicos, a percentagem de mulheres dos estratos sociais mais intelectualizados chegaria praticamente a 75% (251 de um total de 336 mulheres processadas, com ocupação conhecida), contra quase 58% (1.096 processados) do total de 1.897 homens e mulheres.

Deve-se ter em conta, ainda, as diferenças sociais existentes entre as mulheres das camadas médias intelectualizadas, como expressa uma passagem do diálogo entre duas exiladas políticas, uma se dizendo de "classe média alta", privilegiada em termos de oportunidades culturais; a outra se "classificava como pequena-burguesia baixa, porque vivia economicamente na merda, tendo que trabalhar para estudar" (Costa et al., 1980, p.241).

As organizações de esquerda eram compostas por ampla maioria masculina nos anos 1960 e 1970, ainda que algumas organizações contassem com razoável número ou percentagem de mulheres. No total de 4.124 processados das esquerdas, 3.464 eram homens (84%). Já os grupos armados urbanos no seu conjunto tiveram percentagem um pouco mais significativa de mulheres na sua composição: 18,3%. Os grupos nacionalistas, em geral, contaram com poucas mulheres em suas fileiras, antes ou depois de 1964, fossem eles armados ou não: nenhuma mulher foi processada por ligação com os Grupos de 11 em 1964, tampouco houve acusadas de pertencerem a organizações armadas nacionalistas como MNR, MR-21 e MR-26. (O MAR teve apenas uma processada, e a RAN constituiu-se em exceção significativa dentre os grupos nacionalistas, pois teve 13 mulheres denunciadas, 34,2% do total; entretanto, a RAN não era um grupo voltado exclusiva ou principalmente para ações armadas.) A presença feminina era insignificante em organizações tipicamente nordestinas: somados os dados referentes à FLNe e ao PCR, houve apenas uma mulher dentre 43 processados. Também no PCB, em 1964 ou depois, poucas mulheres estavam presentes, a julgar pelo número de processadas: apenas 32, ou 4,7% do total de 687 (Quadro 6).

Na grande maioria dos grupos armados urbanos, o percentual de mulheres denunciadas ficou entre 15% e 20% do total. Pode parecer pouco, mas não tanto, se forem levados em conta alguns elementos. Em primeiro lugar, as mulheres ocupavam posições submissas na política e na sociedade brasileira, pelo menos até o final dos anos 1960. A norma era a não participação das mulheres na política, exceto para reafirmar seus lugares de "mães-esposas-donas-de-casa", como ocorreu com os movimentos femininos que apoiaram o golpe militar de 1964. A média de 18% de mulheres nos grupos armados reflete um progresso na liberação feminina no final da década de 1960, quando muitas mulheres tomavam parte nas lutas políticas, para questionar a ordem estabelecida em todos os níveis, ainda que suas reivindicações não tivessem explicitamente um caráter feminista, que ganharia corpo só nos anos 1970 e 1980, em outras conjunturas.[9] Não obstante, a participação feminina nas esquerdas armadas era um avanço para a ruptura do estereótipo da mulher restrita ao espaço privado e doméstico, enquanto mãe, esposa, irmã e dona de casa, que vive em função do mundo masculino.

Em segundo lugar, a opção dos grupos guerrilheiros implicava uma luta militar que, pelas suas características, tendia a afastar a integração feminina, pois historicamente sempre foi mais difícil converter mulheres em soldados.

---

9 Várias das primeiras lideranças feministas brasileiras, nos anos 1970, eram mulheres de esquerda retornadas do exílio (Moraes, 1990).

É surpreendente a presença numérica relativamente significativa do chamado "sexo frágil" em organizações tipicamente militaristas, como a ALN (76; 15,4% do total) e a VPR (35; 24,1%). Em terceiro lugar, a participação feminina nos grupos armados era percentualmente mais elevada que nas esquerdas tradicionais, como revelam os dados sobre as mulheres processadas por integração ao PCB, antes e após 1964 (cerca de 5%). Outros dados confirmam tal asserção; por exemplo, Leôncio Rodrigues observou, em um artigo sobre o PCB, que eram mulheres 9,3% dos delegados ao IV Congresso do PCB, realizado em São Paulo, em novembro de 1954 (Rodrigues, 1981, p.420). Cabe considerar ainda que, embora o total percentual de 18,3% de mulheres nos grupos armados estivesse bem abaixo da proporção de mulheres no total da população brasileira em 1970 – que chegava a 50,3%, pelos dados do censo demográfico –, a participação relativa feminina nas organizações de esquerda armada era próxima do percentual de mulheres na composição da população economicamente ativa no Brasil em 1970, em torno de 21% (IBGE, 1970).

A insurgência das mulheres na contestação à ordem, entre 1966 e 1968, deu-se sobretudo no movimento estudantil, que forneceu a maioria dos quadros para os grupos de extrema esquerda. Segundo Poerner, dos 300 delegados estudantis que, apesar da repressão e da perseguição policial, conseguiram chegar ao local clandestino de realização do Congresso da UNE de 1966, em Belo Horizonte, cerca de 30 eram do sexo feminino (1979, p.270). Como podemos observar, as mulheres organicamente mais vinculadas ao movimento universitário em 1966 perfaziam em torno de 10% do total de delegados, percentagem pouco menor que a das processadas por envolvimento com grupos guerrilheiros urbanos nos anos seguintes, quando a presença feminina no movimento estudantil também parece ter crescido, a julgar por depoimentos. Ao que tudo indica, a composição social das esquerdas em armas era relativamente equivalente à do conjunto dos movimentos sociais mais atuantes no período, até mesmo no tocante à participação por sexo.

Muitas mulheres tentavam romper, em diversos aspectos, com séculos de submissão, ao entrarem para organizações clandestinas de esquerda.[10] Mas não seria correto identificar a ação política das mulheres nos anos 1960 apenas com a luta pela ruptura da ordem vigente. Afinal, é óbvio que também o sexo feminino está cortado pelas contradições da sociedade de classes. Isso nos leva a destacar, rapidamente, a ação conservadora de um sem número de mulheres naqueles anos.

---

10 Ver, por exemplo, a trajetória de Iara Iavelberg, relatada em *Iara, reportagem biográfica* (Patarra, 1992).

Em certa medida, eu já tinha sentido no Brasil, durante o golpe, o papel negativo que as mulheres podem jogar como força de contenção do movimento revolucionário. E pude sentir no Chile, com uma estranha força, como as mulheres podem servir como massa de manobra para paralisar qualquer processo democrático. E são uma força terrível, terrível mesmo! (Costa, 1980, p.60)

O relato da dirigente do PCB nos anos 1950 e 1960, Zuleika Alambert, é revelador da atuação das associações de mulheres para criar bases sociais e uma certa "legitimação" para o golpe de 1964 no Brasil (assim como, posteriormente, para a queda do governo constitucional de Allende, no Chile). Seguindo pistas abertas por Dreifuss (1981), Solange de Deus Simões (1985) demonstrou o lugar fundamental ocupado pelas mulheres no golpe militar de 1964, associadas ao "complexo IPES/IBAD", que "patrocinou uma campanha de desgaste do governo Goulart e do nacional reformismo", procurando, em seguida, legitimar o poder das forças golpistas. "É a 'mulher-mãe-dona-de-casa-brasileira' que anuncia à nação, com grande estardalhaço, sua disposição de deixar a proteção do lar e se lançar às ruas e praças públicas" (1985, p.26-7). Foram criados grupos femininos conservadores para "arregimentar a opinião pública para o golpe militar de 1964", nos principais estados e cidades do país. Esses grupos revelariam grande capacidade mobilizadora, por exemplo, por ocasião das "Marchas da Família com Deus pela Liberdade" que, lideradas pelas mulheres na sua fachada, arrastaram milhares de pessoas às ruas de todo o país, antes e logo depois do golpe, contando com a adesão de religiosos, de governos estaduais e municipais, bem como do empresariado, inclusive com dispensa do serviço e facilidades de transportes. Isso explica parcialmente a participação maciça, naqueles eventos, de camadas sociais médias diferenciadas e até de operários, ligados à Igreja.

Não há como negar a eficiência mobilizadora das classes dominantes, que souberam canalizar politicamente a insatisfação com a alta da inflação e do custo de vida, apelando para a religiosidade anticomunista arraigada em amplos segmentos da população. Interessava fazer a intervenção militar aparecer como fruto de um chamamento popular contra a ação dos "comunistas" e dos "corruptos", até para convencer a oficialidade legalista da necessidade do golpe para salvar a pátria. Mesmo assim, a maioria dos que foram às ruas pleiteava "uma intervenção militar que, como em 1945 ou 1954, atuasse temporariamente para 'restabelecer a ordem' e logo fizesse os militares retornar aos quartéis" (Simões, 1985, p.109). As associações femininas desempenharam papel de destaque no processo de mobilização, reiterando os padrões conservadores vigentes sobre a função da mulher na sociedade.

Depois do golpe, as entidades femininas passaram a atuar no sentido de legitimar o novo regime. Porém, na medida em que se perpetuava e crescentemente se militarizava, sem solucionar imediatamente a crise econômica, exacerbando seu caráter repressivo, o regime tendia a perder suas bases de apoio popular. Assim, as associações de mulheres golpistas ficavam cada vez mais isoladas e suscetíveis a cisões internas desagregadoras. Na crise de 1967-68 ainda se fazia ouvir a voz dessas mulheres, já sem grande repercussão social. Por exemplo, um grupo de senhoras católicas paulistas dirigiu-se, em agosto de 1967, ao comandante do Exército local para afirmar que: "O Exército pode contar com a compreensão da mulher paulista, para todas as atitudes que seja obrigado a tomar, mesmo passando por cima de privilégios e títulos, e até mesmo das imunidades de algumas batinas..." (Dale, 1986, p.34). Caráter muito distinto teve a adesão de mulheres aos grupos de esquerda após 1964.

Como evidenciam, por exemplo, os vários depoimentos coletados em *Memórias das mulheres do exílio* (Costa, 1980), foi só no exterior que a maioria das mulheres das organizações de esquerda nos anos 1960 e 1970 passaram a adquirir uma consciência explicitamente feminista, da especificidade da condição de mulher na luta política e cotidiana, questionando um certo machismo no interior das próprias organizações políticas (machismo cujo grau variava conforme a organização). Conta Maria do Carmo Brito, que foi dirigente dos COLINA e, mais tarde, da VPR:

> É claro que havia muito machismo na organização, mas para mim, francamente, dentro do Brasil nunca fez diferença nenhuma o fato de ser mulher. Suponho que a maioria das mulheres tinha problemas, mas eu não tinha, não posso dizer que tivesse, não posso realmente, era uma situação muito especial. Quando saí do Brasil, fazia parte do Comando da VPR. (Costa, 1980, p.79)

Diz a ex-militante Angelina:

> Durante muito tempo eu não tive consciência de que existia uma opressão das mulheres dentro dos grupos políticos. Hoje, eu vejo que essa opressão existia muito marcada pelo tipo de estrutura de poder, pelas relações de poder que existiam nas organizações em geral. (Costa, 1980, p.249)

No mesmo sentido, fala Maria Nakano:

> Foi no meu novo país de exílio que tomei consciência mais clara da condição de inferioridade da mulher. Nunca pensava antes na minha situação como mulher, embora achasse importante as outras mulheres na luta política, sobretudo as operárias. Não via então que nos organismos que definiam as linhas políticas, que tomavam as decisões, o número de mulhe-

res era mínimo. Mesmo nós, que vínhamos da Universidade, tínhamos uma participação insignificante a este nível. Mas naquela época não me dava conta disso. (Costa, 1980, p.316)

O machismo nas organizações comunistas dos anos 1960 revela-se num trecho do romance autobiográfico, deliberadamente escrachado, do então militante da ALN carioca, Reinaldo Guarany, intitulado *A fuga* (1984), no qual faz considerações sobre a beleza (ou a falta de) e sobre o comportamento das mulheres de diversas organizações de esquerda:

> naquela época não se falava de feminismo, e as mulheres da esquerda, que estavam rompendo com montões de dogmas e tabus ao mesmo tempo, precisavam de um braço peludo para as horas de desamparo. (1984, p.31)

Entretanto, é preciso salientar que "a teoria que pairava era que mulheres e homens são iguais. A gente era militante, soldado da revolução, e soldado não tem sexo!", como diria Sonia (Costa, 1980, p.248). No seu depoimento, é perceptível que havia certa insubordinação feminina nas organizações armadas:

> eu já sentia alguns problemas como mulher; por exemplo, os companheiros achavam que as mulheres não tinham muita condição de participar das ações. (...) Então, algumas vezes a gente era levada a fazer certas coisas, movida muito mais por uma necessidade de afirmação como mulher dentro daquele grupo do que por um ideal político. Esse troço eu sentia. Era qualquer coisa do gênero: vocês partem do princípio de que todo o mundo é igual, então vamos demonstrar! Agora, é claro que na orientação política da organização a influência das mulheres era muito menor do que a dos homens. (Costa, 1980, p.248-9)

Outra exilada, Vânia, reconhece que "a mulher deixou de ser virgem, o homem deixou de ser macho, lava pratos, faz comida, é bom cozinheiro". Contudo, para ela, "isso não era o fundamental. As análises, as grandes análises, a estratégia e a tática, isso era o que importava. E isso eram eles que faziam" (Costa, 1980, p.113).

Vera Sílvia Magalhães falou-nos sobre as dificuldades de ser mulher na direção de uma organização e, depois, num comando armado, compostos quase só por homens – ainda que a DI-GB, futuro MR-8, fosse um dos grupos mais liberais nos costumes. Afirma ter sido afastada da direção da organização, em 1969, por ser considerada instável emocionalmente:

> os homens que diziam isso eram os que eu namorava na direção (a gente teorizava e praticava: a monogamia seria uma proposta burguesa, conservadora). E eu perguntava: por que eles não saem? Por que só eu sou instável emocionalmente?

Então, Vera foi transferida para um grupo de ações armadas, cargo valorizado, onde fazia "levantamentos com o papel de mulher que a sociedade me atribuía". Por exemplo, ela se fingiu de empregada doméstica, fez amizade com o chefe de segurança do embaixador norte-americano, arrancando dele, como quem não quer nada, todas as informações para o sequestro, realizado em setembro de 1969. Vera Sílvia destaca, ainda, que admitia ter medo durante as ações, ao contrário dos homens, que não assumiam o medo que sentiam.[11]

Não se deve imaginar, contudo, que as mulheres eram totalmente submissas nos grupos de esquerda, em geral, e nos armados, em particular. Isso, aliás, está implícito nos próprios depoimentos já citados. Algumas mulheres chegaram a ocupar cargos de direção, embora esporadicamente; as tarefas caseiras eram divididas; caíra o tabu da virgindade; havia questionamento da monogamia; assumia-se no discurso a total igualdade entre os sexos etc. A perspectiva era a da criação de homens (e mulheres) novos, não da liberação específica da condição feminina, proposta que não se colocava explicitamente naquela época na sociedade brasileira. Vale reafirmar o equívoco dos que analisam as lutas sociais passadas, esquecendo da conjuntura específica em que se deram. Dizia Regina, numa conversa entre exiladas que recuperavam sua memória:

> Naquele momento a gente pensava em mudança política e social e a gente queria ser o "homem novo", mas não tínhamos muito claro o que questionar a nível do nosso cotidiano e vida pessoal. No Brasil, porque eu tinha uma atividade política e profissional muito intensa, esse questionamento, mesmo difuso, ainda existia. O Chile para mim foi uma volta atrás... (Costa, 1980, p.416)

No mesmo diálogo, outra exilada afirmava, fazendo um balanço, que a militância das mulheres nas esquerdas dos anos 1960 "implicou a ruptura com a família, com valores". Tentava-se um "mínimo de inserção da política no cotidiano", buscava-se "romper com a virgindade, tentando desmistificar o casamento. Mas não vivenciamos isso tudo enquanto movimento feminista". Para ela, em parte, não deixava de haver uma ruptura, mas essencialmente "continuávamos reproduzindo todos os valores da nossa educação" (Costa, 1980, p.416).

As relações entre homens e mulheres, sobretudo nos grupos de esquerda armada, parecem ter rompido com uma série de preconceitos e práticas, ainda que, vistas retrospectivamente pelas feministas de hoje, aquelas rupturas sejam relativamente tímidas. Sem dúvida, parece ter havido avanços para as mulheres das

---

11 Um trecho longo desse depoimento encontra-se no artigo "As mulheres na política brasileira: os anos de chumbo", cujo conteúdo está aqui exposto mais sinteticamente (Ridenti, 1990).

novas esquerdas, se comparadas às da esquerda tradicional do período stalinista, como se depreende, por exemplo, do depoimento da líder comunista nos anos 1940, 1950 e 1960, Zuleika Alambert (Costa, 1980, p.48-68). A ruptura das militantes de extrema esquerda com o papel de "dona-de-casa-mãe-esposa" evidencia-se nas reportagens da grande imprensa na época, que criou o mito da diabólica e, paradoxalmente, atraente "loira dos assaltos", transgressora das regras sociais de comportamento feminino. Uma das primeiras mulheres que a imprensa estereotipou como "a bela do terror", pois haveria outras "belas", declarou que os jornais não publicavam sua efetiva ou suposta participação em ações armadas específicas, apenas sua foto, com a legenda "bela do terror". Conclui que, por ter sido uma das primeiras guerrilheiras a serem descobertas pela polícia e pela imprensa, "a acusação contra mim era ser mulher" (Costa, 1980, p.208).

Finalmente, cabe lembrar que nem toda oposição feminina à ordem vigente após 1964 foi tão extremada quanto a das mulheres que aderiram às novas esquerdas, nem política nem pessoalmente. Sabe-se, por exemplo, dos movimentos de mães, esposas e irmãs que protestavam contra a repressão a seus familiares. Décio Saes dá notícia da intervenção de setores politicamente liberais do "movimento feminino", como a paulista União das Mães contra a Violência, nos protestos estudantis de 1968 contra o regime. Contudo:

> se para o movimento estudantil o combate à ditadura e à militarização se definia como o elemento tático de uma estratégia global de luta revolucionária popular e antiimperialista, para o "movimento feminino" e para os profissionais liberais esse combate constituía a condição de instauração – valeria mais dizer restauração – de um regime democrático puro que pudesse dotar as "elites culturais" do país de uma influência determinante sobre o processo nacional de tomada de decisões. (1985, p.206)

EX-MILITARES SUBALTERNOS: PÁTRIA E MORTE

Os militares de baixa patente também são aqui estatisticamente considerados dentre as "camadas de base" da sociedade; eles constituem um agrupamento de "extração popular", como demonstrou, por exemplo, Heloísa Fernandes (1979), apesar da especificidade e da ambiguidade de sua função em instituições repressoras dos movimentos populares.[12]

---

12 Consideraram-se estatisticamente (Quadros 1 e 3) como "militares de baixa patente" ou "subalternos" os qualificados nos processos coletados pelo BNM como soldados, cabos, marinheiros, fuzileiros navais,

A ambiguidade de classe e o dilaceramento existencial da condição de soldado evidenciam-se num filme brasileiro marcante nos anos 1960, *Os fuzis*, de Rui Guerra, que narra a história de uma patrulha militar que acompanha o carregamento de caminhões de mantimentos numa cidadezinha paupérrima do sertão nordestino, a fim de evitar assaltos de retirantes. No filme, segundo relato de Roberto Schwarz,

> soldados passeiam pela rua a sua superioridade, mas para o olho citadino, que também é seu, são gente modesta. São, simultaneamente, colunas da propriedade e meros assalariados, montam guarda como poderiam trabalhar noutra coisa – o chofer de caminhão já foi militar. Mandam, mas são mandados; se olham para baixo são autoridades, se olham para cima são povo também... O chofer, que está passando fome e já foi militar, faz o que também para os soldados estava à mão; tenta impedir o transporte dos mantimentos. Caçado pelo destacamento inteiro, é apanhado finalmente, pelas costas, e varado por uma carga completa de fuzil. O excesso frenético dos tiros, assim como a sinistra alegria da perseguição, deixam claro o exorcismo: no ex-soldado os soldados fuzilam a sua própria liberdade, a vertigem de virar a bandeira. (1978, p.30-1)

O fato é que, na sociedade brasileira do início dos anos 1960, não poucos subalternos ousaram virar a bandeira, contra a esmagadora maioria dos militares, que viriam a cumprir seu papel repressivo por ocasião do golpe de 1964. Na conjuntura anterior ao golpe, parte dos militares era especialmente atingida pelo dilaceramento existencial da condição de soldado, retratado no filme de Rui Guerra e no artigo de Schwarz. De certa forma, esse dilaceramento encontra paralelo na "cisão fáustica" das camadas sociais intelectualizadas, abordada em outro capítulo: militares de baixa patente e trabalhadores intelectualizados, politizados nos anos 1950 e início dos 1960, formavam ponderável massa humana, crítica da ordem estabelecida, uma pequena parcela da qual chegaria ao extremo de pegar em armas contra a ditadura.

Um manifesto lançado pelo movimento dos sargentos, em 1963, revela o dilaceramento da condição de subalterno militar, a um tempo agente das forças da ordem estabelecida, repressora dos movimentos populares e, também, originária dos estratos sociais mais carentes:

---

grumetes, sargentos, subtenentes etc. Ou seja, enquadraram-se na mesma qualificação tanto os praças como os suboficiais, pois este livro não pretende senão apontar para um estudo histórico e sociológico sobre a participação política dos subalternos nos anos 1960, ou teria de matizar mais detalhadamente as diferenças no interior dos movimentos dos militares de baixa patente naquela época.

somos oriundos das camadas mais sofridas da população e, apesar de vestirmos fardas, somos cidadãos sujeitos a sofrer e a refletir as consequências sociais como qualquer outro cidadão... advertimos as forças da reação e do golpismo para que não tentem reviver 1954 e 1961, porque se isto fizerem terão desta vez que nos encarar de frente como vanguarda e sentinela que somos do nosso povo. A este povo afirmamos: quando a ameaça de um golpe tentar concretizar-se no país, aí então iniciaremos a nossa marcha e o rufar dos nossos tambores confundir-se-á com o material das oficinas, e a canção da nossa luta será inspirada no chorar desesperado das crianças famintas do nordeste... (Delgado, 1986, p.171)

A ambiguidade dilacerante da condição de soldado não desapareceu para os que permaneceram nas fileiras militares depois do golpe, já devidamente expurgadas de centenas de "subversivos". Só os menos politizados permaneceram na ativa e, mesmo para eles, o regime fechou os canais institucionais de expressão política. Não por acaso, os antigos soldados de *Os fuzis* aparecem como operários da construção civil em *A queda*, filmado na década de 1970. Tome-se ainda – como exemplo do dilaceramento da condição de militar subalterno, especialmente do não politicamente engajado – o depoimento do ex-sargento Amadeu Felipe a um jornal, segundo o qual, no período em que estava preso por atividades guerrilheiras na serra de Caparaó:

O estado de espírito com o qual eles levavam a soldadesca naquela época era tão sério, tão violento, que um soldado que dava guarda a mim matou-se na minha frente. Deu um tiro no próprio peito. Ele era proibido de falar comigo, jogava e recolhia a minha comida como se eu fosse um animal, e acabou não suportando essa situação. (Folha de Londrina, 1983, p.13)

Outro exemplo, dado na entrevista que nos concedeu Ladislau Dowbor:

conheci um militar que estava na luta armada porque, um dia, se meteu numa briga: um menino foi pego roubando um sanduíche num bar; juntou-se um grupo de pessoas para chutar o menino, dentre os quais, alguns militares; meu conhecido ficou fulo da vida, solidarizou-se com o menino, e bateu nos agressores. A partir daí, arrebentou com sua própria situação dentro do Exército.

Particularmente depois do golpe, com a repressão governamental e a desorganização dos movimentos populares, criaram-se circunstâncias para que uma parcela dos subalternos politizados, afastados à força de suas funções e de qualquer meio institucional de manifestação política, não só se identificassem com as causas populares como também viessem a arvorar-se em agentes substitutos da ação política revolucionária da classe trabalhadora. Entretanto, o vanguardismo e o militarismo dos subalternos, que viriam a estar presentes em organizações como o MNR e a VPR, tinham suas raízes num momento anterior ao golpe, o que se revela, por exemplo, no trecho citado do manifesto dos sargentos de 1963. Como nos disse em entrevista Amadeu Felipe, avaliando o movimento dos militares de baixa patente antes de 1964:

> talvez o grande erro do movimento dos sargentos, dos marinheiros, foi que eles não estavam mais na retaguarda do movimento operário, tentaram ser sua vanguarda. Era comum naqueles dias visitar CNTI, CGT, PUA e encontrar um sargento fardado do exército, daqui a pouco chegava um sargento fuzileiro, um marinheiro. Tinha sargento que dormia na UNE, conversava com os estudantes.

Algumas análises políticas, como a de Stepan (1974), apontam que o golpe de 1964 foi consequência direta da quebra da disciplina e da hierarquia militar. Este teria sido "o motivo imediato e mais importante para o golpe", segundo Tilman Evers (Krischke, 1982, p.94). Seria por demais estreito pensar o golpe de 1964 em função principalmente da dinâmica interna das Forças Armadas; contudo, é inegável que o movimento político dos militares de baixa patente, como parte da ascensão popular mais ampla no pré-64, esteve no centro da cena política nos anos, nos meses e mesmo nos dias que antecederam a "redentora", constituindo-se no estopim detonador do golpe. Este ocorreu após uma tumultuada assembleia da Associação dos Marinheiros e Fuzileiros Navais no Rio de Janeiro em 25 e 26 de março de 1964, seguida por uma solenidade da Associação de Sargentos e Subo ciais da Polícia Militar carioca, na qual o próprio presidente Goulart esteve presente, fazendo discurso que desagradou profundamente a o cialidade. Ao ouvir o discurso, o general Mourão iniciou o levante em Minas Gerais, no dia 31 de março.

Os principais movimentos de subalternos no princípio da década de 1960 foram, em primeiro lugar, os dos sargentos das três armas e de algumas polícias estaduais, em relativo declínio em 1964, quando o centro da cena era o movimento dos marinheiros e fuzileiros navais. Já na crise institucional de 1961, especialmente os sargentos gaúchos e do Distrito Federal haviam tido papel importante na luta pela posse do vice-presidente da República, João Goulart, que a maioria da oficialidade não admitia, após a renúncia de Jânio Quadros. Por exemplo, o futuro comandante da "guerrilha de Caparaó", Amadeu Felipe, então sargento em exercício, contou-nos que foram sargentos da Aeronáutica, chefiados por Prestes de Paula, que inviabilizaram o desenvolvimento da "operação mosquito", organizada por oficiais que pretendiam derrubar o avião que conduzia João Goulart para tomar posse. No Rio Grande do Sul, segundo Felipe, os sargentos do 18º Regimento de Infantaria do Exército jogaram sua força na manutenção da legalidade:

Nós tínhamos uma oficialidade reacionária muito consequente nos seus propósitos. Ela pressionou o Comando para ficar a favor do golpe e nós, sargentos, decidimos em assembleia, dentro da unidade, com uns 180 sargentos, que ficaríamos pela posse do vice-presidente eleito. O governador Brizola comandava a rede da legalidade pelo rádio. Cercamos militarmente o Comando e a oficialidade. Os oficiais acabaram não tendo outro caminho senão negociar em plena madrugada para aderir à legalidade. Mas houve uma quebra da disciplina e da hierarquia muito séria. Quando, no início de 1962, encabeçamos um memorial de solidariedade a um general preso por apoiar a encampação da ITT feita pelo governador Brizola, a maneira que encontraram de nos desmobilizar foi dispersar as lideranças dos sargentos pelos quartéis nos recantos mais remotos do país.

Os movimentos de sargentos cresciam em 1962 e 1963 por todo o Brasil, politizando-se cada vez mais. Reivindicava-se maior participação política (direito de subalternos serem votados nas eleições para o poder Legislativo), além de mudanças nos regulamentos militares, melhores vencimentos e condições de trabalho, e ao mesmo tempo empunhavam-se as bandeiras nacionalistas e reformistas mais gerais, difusas socialmente. Sério revés ao movimento acarretou a sublevação de sargentos da Aeronáutica e da Marinha em Brasília, que tomaram grande parte dos órgãos públicos em 12 de setembro de 1963, para exigir a posse do sargento Aimoré Cavaleiro, eleito deputado estadual no Rio Grande do Sul, mas cassado por uma sentença do Supremo Tribunal Federal. Era inconstitucional a eleição de subalternos das Forças Armadas, o que invalidava qualquer pretensão eleitoral de sargentos e praças, os quais já haviam conseguido candidatar vários integrantes de seus movimentos, elegendo alguns deles. O Exército acabou com a rebelião, comandada por Prestes de Paula, prendendo centenas de subalternos, ao passo que eram impostas transferências e punições internas para desmobilizar os sargentos em todo o país. Seu movimento estaria praticamente desarticulado organicamente por ocasião do golpe de 1964.

Os marinheiros e fuzileiros navais, que haviam fundado sua Associação no Rio de Janeiro em março de 1962, viram seu movimento crescer rapidamente até as vésperas do golpe, com características politicamente ainda mais extremadas que o movimento dos sargentos, talvez como contrapartida à submissão a severos códigos disciplinares e salários irrisórios. Paulo Schilling conta que, certa feita, foi um custo para os líderes nacionalistas demoverem a marujada de bombardear o Ministério da Marinha no Rio de Janeiro, a partir de alguns torpedeiros ancorados (1979, v.II, p.58 ss.).

Talvez o movimento dos marinheiros tenha encontrado seu momento mais dramático numa assembleia de sua Associação, realizada no dia 25 de março de 1964 no Sindicato dos Metalúrgicos do Rio de Janeiro, com mais de mil pessoas presentes, dentre as quais o ministro da Justiça, representando Goulart, e João Cândido, o "comandante negro" da Revolta da Chibata em 1910, que, segundo declarou um participante do evento, teria falado à plateia sobre sua experiência:

> Ele disse assim: "eles nos enganaram com falsas promessas de anistia e reformas, voltamos e entregamos o navio, fomos presos, expulsos, torturados, e passei não sei quantos anos na cadeia, naqueles buracos na Ilha das Cobras". Quando ele disse isso, a marujada não queria negociação.

O clima da assembleia era tenso, devido às prisões, ocorridas pouco antes, de alguns dos dirigentes da Associação dos Marinheiros e Fuzileiros Navais. Ficou pior ainda com a informação do encarceramento de marinheiros que ficaram nos navios enquanto se desenrolava a assembleia, que decidiu transformar-se em assembleia permanente e duraria até libertarem os presos. Parte do contingente enviado para prender os subalternos entrincheirados no Sindicato dos Metalúrgicos acabou aderindo ao movimento. O episódio resultou na renúncia do ministro da Marinha e, em seguida, na anistia presidencial aos insubordinados. Estes, no entanto, não lograriam reintegrar-se à Marinha, devido à ação dos oficiais que, na semana seguinte, desfechariam o golpe militar.

Em 1964, a perseguição dos vencedores aos militares de baixa patente insubordinados foi implacável. Quase todos foram presos, processados e expulsos das instituições armadas, as quais, concomitantemente à repressão, trataram de aumentar os soldos e melhorar um pouco as condições de existência dos subalternos que permaneceram em suas fileiras, procurando evitar futuros problemas. Os dados do BNM apontam que 10,9% de todos os processados pela ditadura eram militares de baixa patente, perfazendo o total de 803 pessoas, a maioria das quais seria denunciada em 1964 e posteriormente condenada.[13] Guerrilheiros urbanos presos na Ilha Grande em 1969 e 1970, como Daniel Aarão Reis

---

13 Ver o resumo dos "38 processos que atingiram membros das Forças Armadas e Auxiliares" – 30 dos quais instaurados em 1964, 4 ainda em 1963 e outros 4 em data posterior a 1964 – In: Arns, 1988, p.120-46. Os números do BNM ficam aquém da real extensão das punições aos militares dissidentes. Por exemplo, pelo levantamento de Maria Helena Moreira Alves, houve 1.414 militares de baixa patente punidos com base nos Atos Institucionais nos 1, 2 e 5 entre 1964 e 1980 (quase todos em 1964), sendo 911 sargentos e oficiais subalternos e 503 cabos, soldados e marinheiros. Outras punições teriam atingido pelo menos 4.707 marinheiros e cabos da Marinha, principalmente em 1964 (os dados estatísticos completos estão em Alves, 1985, p.132-3).

Filho, contam que lá encontraram uma série de subalternos que cumpriam pena desde 1964, e que temiam dali não mais sair devido ao desencadeamento das ações armadas a partir de 1968, com as quais não tinham qualquer relação. De fato, dos 803 militares de baixa patente indiciados pelo regime, apenas 125 o foram por vinculação com grupos de esquerda, armados ou não, em que compunham apenas 2,6% dos 4.854 processados. (Excluídos os nomes repetidos nos processos, eles foram 118 dentre 4.124, 3,2% dos processados com ocupação conhecida – Quadro 1.)

Pode-se concluir que apenas uma parte mais extremada dos militares subalternos, politizados no pré-64, envolveu-se com as esquerdas depois do golpe. O peso percentual desses militares não excedia 3% dos processados da maioria dos grupos armados urbanos, embora qualitativamente eles tenham desempenhado papel relevante nas ações armadas. A principal exceção foi o MNR, que era constituído fundamentalmente por ex-subalternos (11 pessoas; 64,7% do total de processados). Além dele, tiveram participação um pouco maior de ex-subalternos (Quadro 1): a VPR (9; 7,4%) e a VAR-Palmares (11; 4,6%), agrupamentos para os quais seguiram muitos militantes do MNR, depois de extinta sua organização. (Mas não se suponha que os subalternos processados do MNR, da VPR e da VAR eram as mesmas pessoas: conferindo a lista dos indiciados, verifica-se que só um ou outro ex-militar aparece como processado por ligação com mais de uma dessas organizações. Isso se explica, por um lado, por que os dados do BNM são parciais – englobam parte significativa, mas não todos os processos movidos por atividades contra o regime civil-militar – e, por outro lado, por que nem todos os militantes das esquerdas foram processados: especialmente no caso do MNR, só há dados do BNM referentes ao processo dos envolvidos com a preparação da "guerrilha de Caparaó", catalogado com a senha BNM 24, quando se sabe que a militância no MNR ia muito além do número de envolvidos naquele processo.)

No caso específico dos militares de baixa patente indiciados por vinculação com o PCB, conforme os dados colhidos, quase todos foram processados em 1975 e 1976, portanto, fora do período que está sendo abordado. Apenas um subalterno foi processado entre 1964 e 1974 por suposto envolvimento com o PCB. Apesar da confiança pecebista no "dispositivo militar" de João Goulart contra os golpistas, e também da tradição partidária de recrutamento de militares, os dados indicam pouca penetração do PCB nas Forças Armadas. Quer entre praças e suboficiais, quer entre oficiais, a presença direta do PCB era praticamente nula pouco antes ou depois de 1964 (Quadro 3). Durante o governo Goulart, segundo Gorender:

em contato com as várias correntes de esquerda, os sargentos e marinheiros foram atraídos principalmente pelo nacionalismo belicoso de Brizola, com o qual estabeleceu relações estreitas. Já o PCB aparecia como força pacifista de pequena aceitação. (1987, p.49)

Também o PORT desenvolveu algum trabalho com os subalternos antes de 1964, os quais constituíram 18,4% dos processados dessa organização, isto é, 26 pessoas indiciadas entre 1964 e 1966.

Em entrevista a um jornal, Amadeu Felipe declarou que ele e outros ex-sargentos, afastados de suas funções após o golpe, organizaram "aparelhos" clandestinos para abrigar subalternos recém-saídos da cadeia em virtude do:

> relaxamento de suas prisões preventivas sabíamos que na sequência seriam realizados julgamentos e que haveria condenações... Esse grupo procurava arrumar emprego para os que pudessem ter vida legal... Depois que muitos já estavam soltos, foi possível realizar-se uma reunião no Rio, com a participação de cerca de 50 pessoas (a grande maioria, sargentos do Exército), para definir-se o próximo passo político. (Callado, 1977)

Tal passo seria, no dizer de Felipe ao repórter, "iniciar a fase de organização da luta guerrilheira no campo brasileiro". Alguns membros do grupo foram destacados para fazer contato com Leonel Brizola, que articulava as oposições no exílio uruguaio. "Brizola concordou com nosso plano de guerrilha, mas insistiu que haveria a possibilidade, antes, de se tentar a insurreição no Rio Grande do Sul", convencendo os emissários dos ex-sargentos. Estes passaram a conspirar pela insurreição, estabelecendo até mesmo ligações com a oficialidade da ativa, segundo Felipe (Folha de Londrina, 1983).

Do plano insurrecional dos exilados e dos subalternos nacionalistas também participaram, direta ou indiretamente, organizações como a POLOP (que cederia a área para a guerrilha de Caparaó) e a AP. De acordo com o líder da AP exilado no Uruguai, Herbert José de Souza, o Betinho, a organização entendia que "a única política viável é a das armas e da força. Com esse modelo você tem o período da AP até 68" (Cavalcanti; Ramos, 1978, p.80). Logo depois do golpe de 1964, a exemplo dos nacionalistas ligados a Brizola, a AP mandou quadros para Cuba, alguns dos quais teriam estado presentes na reunião da OLAS em 1967 (segundo Gorender, em 1965, "exilados da AP e de outras procedências passaram pelo treinamento guerrilheiro em Cuba, porém daí nada resultou de concreto" – Gorender, 1987, p.124). A proximidade fugaz da AP com os nacionalistas e ex-subalternos militares fica explícita no livro de memórias do nacionalista gaúcho, Índio Vargas, que cita a participação de Aldo Arantes e de Betinho, ambos da AP, na conspiração no exílio uruguaio (Vargas, 1981, p.13, 14, 18).

A presença da AP no projeto insurrecional brizolista aparece tacitamente nas seguintes palavras de Betinho:

> Nas discussões no Uruguai duas estratégias estavam aí explícitas. Uma, a estratégia do levantamento, da insurreição. Só que essa insurreição supunha o sigilo, a surpresa, uma série de fatores que nunca se davam. Então, após se marcar umas 200 datas para a insurreição, sempre você tinha a chance de que um dos fatores não funcionava. E a outra estratégia que nasceu deste período foi a guerra de guerrilha, daí a serra de Caparaó. A linha alternativa da AP era uma versão da segunda estratégia. (Cavalcanti; Ramos, 1978, p.81)

Os planos insurrecionais, marcados por pequenos incidentes, acabaram indo paulatinamente por terra, sem qualquer concretização, apesar dos contatos que Brizola estabelecia no exílio com quase todos os setores de oposição ao regime. Por exemplo, o líder do "Grupo Armado do PTB" em Porto Alegre, índio Vargas, relatou em livro os inúmeros contatos de Brizola no Brasil, especialmente entre 1964 e 1965, inclusive com altos oficiais e proprietários rurais do interior gaúcho, com os quais Vargas chegou a tratar pessoalmente da insurreição, como emissário de Brizola (Vargas, 1981, p.11-36). Em abril de 1966, o Exército descobriu ramificações do plano de levante dentro das casernas, efetuou prisões de oficiais e desvendou a trama conspirativa: "Conta Amadeu Felipe que os envolvidos conseguiram safar-se do violento esquema traçado para prendê-los... 'A nossa sustentação começou a ficar difícil. Fomos obrigados a recuar'". Indo novamente ter com Brizola no Uruguai, Felipe disse a ele que "estavam esgotadas as nossas possibilidades de levante e que o próximo compromisso dele era financiar a guerrilha. E ele concordou" (*Folha de Londrina*, 1983).

Antes de partir para a guerrilha em Caparaó, ex-militares subalternos estiveram envolvidos em pelo menos mais dois esboços frustrados de luta armada. O primeiro ocorreu logo depois do golpe, quando articulações entre eles e a POLOP foram descobertas pelos militares, que prenderam os conspiradores em Copacabana, daí o episódio ter ficado conhecido como "guerrilha de Copacabana". Contou-nos Maria do Carmo Brito, sobre o projeto de guerrilha da POLOP e dos subalternos:

> Quando veio o golpe, ficou mais ou menos combinado que a gente ia começar o processo de guerrilha. A seção carioca da POLOP tinha uma série de contatos com a sargentada toda, tanto que a fuga do Anselmo quem fez foi a POLOP. Só que muitos contatos estavam presos; tentava-se soltar os nossos futuros guerrilheiros, que eram Amadeu, Araken e companhia, que acabaram fazendo Caparaó posteriormente. Como a polícia infiltrou gente no nosso meio, conseguiu derrubar o chamado "foco de Copacabana", que caiu em julho de 1964. Quase

todo mundo foi preso, uns quatorze... Na nossa visão era possível e urgente criar um enfrentamento com a ditadura. (...) Para montar guerrilha rural você precisa ter alguns milicos, a gente estava esperando os rapazes saírem da cadeia para iniciá-la e, ao invés deles saírem, nós é que entramos na prisão.

Outro esboço de levante, supostamente vinculado ao plano insurrecional de Leonel Brizola, foi a chamada "Coluna Cardim": em março de 1965 o coronel do Exército Jefferson Cardim, no comando de 22 homens, em geral ex-militares de baixa patente, cortou o Rio Grande do Sul e Santa Catarina até o Paraná, na esperança de engrossar as fileiras dos insurretos durante o percurso, o que não conseguiu. Seu grupo foi dispersado no dia 27 de março, após a troca de tiros com uma tropa do Exército, como informa Gorender (1987, p.123). No entanto, Brizola nega que estivesse vinculado à Coluna Cardim: "Não sabia de nada, tomei conhecimento de tudo pelo rádio, apesar disso o coronel Cardim, ao ser preso, disse na Polícia que fui eu quem mandou idealizar o golpe. Isso não é verdade" (Rebello, 1980, p.163).

Fracassadas as tentativas insurrecionais, os nacionalistas e os ex-subalternos partiram para o projeto guerrilheiro. Este não seria propriamente o de criar um foco, como no exemplo cubano; teria suas peculiaridades, conforme nos relatou Paulo Schilling. Segundo ele, pretendia-se lançar cinco frentes de combate: uma na divisa de Minas Gerais com Espírito Santo, na serra de Caparaó (que teria dois comandos, em pontos diferentes), as outras no Mato Grosso, no Rio de Janeiro (serra do Mar), na fronteira do Rio Grande do Sul com Santa Catarina, e uma quinta, no sul do Maranhão. Brizola entraria no país pelo Rio Grande do Sul quando os cinco movimentos eclodissem, supostamente com apoio popular. Das frentes projetadas, apenas a de Caparaó chegou a ser preparada – e com um único comando, em vez dos dois previstos. A entidade organizadora da guerrilha, ligada a Brizola e composta sobretudo por ex-militares cassados, especialmente por subalternos, ganhou o nome de Movimento Nacionalista Revolucionário (MNR, conhecido também como MORENA). O MNR tinha apoio de Cuba, inclusive financeiro, embora modesto. Alguns ex-militares de baixa patente chegaram a ir treinar na Ilha para a guerrilha brasileira. O MNR estava ligado ao projeto revolucionário continental iniciado no centro da América do Sul por Che Guevara, em campanha na Bolívia desde o final de 1966.

Segundo depoimento de Amadeu Felipe, eis o destino de algumas das frentes guerrilheiras planejadas pelo MNR: para o sul de Santa Catarina deslocaram-se o ex-sargento Ornier e sua esposa, que compraram um sítio e viviam legalmente, fazendo contato com a organização por intermédio do ex-sargento Jelci Rodrigues

Correa. O casal, procurado pelo Exército por atividades anteriores, acabou sendo descoberto e preso pela polícia que, por acaso, dirigira-se para a área a fim de resolver um conflito entre famílias locais. Assim, frustrou-se a frente guerrilheira planejada para a região, embora o projeto geral do MNR não tenha sido descoberto durante as investigações. Diz Felipe que também se esboçou um foco no norte de Mato Grosso, quase na fronteira com a Bolívia, tendo à frente o vice-presidente da extinta Associação dos Marinheiros e Fuzileiros Navais, Marco Antônio da Silva Lima. Teriam ocorrido preparativos também no sul do Maranhão, na região do Araguaia, sob comando do ex-marinheiro Antônio Duarte dos Santos. Ambos os esboços de guerrilha teriam sido desativados por problemas de organização, sem contar as prisões que estariam sendo feitas, prejudicando os planos. A própria instalação em Caparaó quase não se efetivou, devido à prisão do ex-sargento Manoel Raimundo Soares, que nada disse a seus inquiridores sobre os intentos guerrilheiros, o que lhe valeu torturas inomináveis e a morte por afogamento no rio Guaíba, em Porto Alegre (Folha de Londrina, 1983). Assim se referiu Leonel Brizola à sua participação nos preparativos guerrilheiros nacionalistas:

> No caso da Guerrilha de Caparaó, tive oportunidade de colaborar com o que estava ao meu alcance... no exílio decidimos contribuir para a derrubada do sistema político então vigente no Brasil, com a criação de um movimento civil-militar que pudesse levar à insurreição popular militar, com base na Revolução de 1930. É bom deixar claro que insurreição é sempre luta armada. (...) conspiramos porque, primeiro, tínhamos direito de o fazer, pois fomos tocados de nossas casas com violência por um regime reacionário que se voltou contra um povo desarmado e indefeso. (Rebello, 1980, p.162, 165)

Grupos de militantes do MNR, quase unicamente ex-subalternos das Forças Armadas, foram chegando à serra de Caparaó no final de 1966, compondo uma coluna de 14 integrantes, chefiados por Amadeu Felipe da Luz Ferreira, que relatou a experiência da "guerrilha de Caparaó":

> A miséria era absoluta, aliada a muitos conflitos [na região]. Entendíamos que a guerrilha teria que ser um continuamento das lutas camponesas. Ali, contávamos com a vantagem de ser um Parque Nacional. E, seguindo uma orientação que havia a nível continental, arrendamos uma área pequena, ao sopé da serra, e montamos uma entrada legal. Conseguimos, sem problemas, colocar ali todas as pessoas iniciais, incluindo alguns companheiros nossos que tinham recebido treinamento em Cuba. (...) Levamos cerca de um ano de preparação, a partir da instalação da entrada legal: era preciso preparar e armar todo o pessoal. Todo o treinamento era feito na própria selva: tínhamos exercícios básicos de caminhada, que duravam 13 a 14 horas, com até 60 quilos nas costas. (...) De vez em quando um companheiro nosso descia a serra, com roupa civil, para trazer aquilo de que necessitávamos e também

para manter contatos na região, junto a pessoas que, sabíamos, eram politicamente progressistas. (...) Na própria serra fizemos um documento que conseguimos fazer chegar às mãos de Brizola, em Montevidéu, dizendo que no nosso entender deveríamos agir imediatamente para tumultuar a própria posse de Costa e Silva... [Brizola teria argumentado que qualquer ação isolada em Caparaó não encontraria respaldo popular, propondo a Felipe a montagem de um novo foco no Nordeste.] Eu não podia mais descer a serra. Já estava sendo muito procurado. E achava que dificilmente conseguiríamos passar mais tempo despercebidos das Forças Armadas. (...) Deveríamos agir enquanto tivéssemos forças. (...) Nesse intervalo, também, surgiram alguns problemas de debilitamento físico no contingente. [A situação ia ficando física e moralmente insustentável, pelas dificuldades materiais e pela ausência de ações armadas. Também começavam a ocorrer prisões de elementos que desciam a serra] escalamos uma pessoa – Amarantho – para ir buscar medicamentos. Mas ele também foi preso quando retornava. Até então não sabíamos disso. Nós estávamos mal estacionados, perto de uma trilha. (...) Ocorreu, de fato, o que eu mais temia – fomos surpreendidos [pela Polícia Militar mineira] num momento que não nos era propício e num local adverso. (...) Eu estava de vigia naquela manhã e cabia a mim decidir pelo choque ou não. Achei que se resistíssemos, seríamos todos [os oito guerrilheiros] trucidados. Disse então ao comandante: "Nós vamos nos entregar, com o compromisso de respeito às nossas integridades físicas e morais". (*Folha de Londrina*, 1983)

No dia 31 de março de 1967, a coluna guerrilheira desceu a serra, capturada sem iniciar suas ações e sem dar qualquer tiro. O Exército ainda prendeu no local, no início de abril de 1967, o responsável pelo apoio logístico e de organização do MNR à guerrilha, Amadeu Rocha, que estava na região com outros companheiros que deveriam incorporar-se à guerrilha, sem saber que ela já fora desestruturada. Em seguida, seria preso um dos comandantes políticos do MNR no Rio de Janeiro, o professor Bayard Boiteux. O total de processados chegou a 18: 16 guerrilheiros, mais Boiteux e Brizola, julgado à revelia. Todos foram condenados, exceto um dos guerrilheiros, que encontrou a morte na prisão antes do julgamento: Milton Soares de Castro. Mesmo presos, alguns guerrilheiros mantiveram a disposição de continuar na luta armada quando saíssem do cárcere, em fuga ou após cumprir a pena. Tanto que muitos dos envolvidos em Caparaó, depois, engrossariam as fileiras dos mais diversos grupos de guerrilha urbana. No entanto, outros participantes de Caparaó, como Amadeu Felipe, retiraram-se da política das armas, como declarou o então guerrilheiro Hermes Machado ao repórter Gilson Rebello, de *O Estado de S. Paulo*, que escreveu um livro sobre *A guerrilha de Caparaó* (1980, p.45). O próprio Brizola deixou de lado o projeto armado, conforme expôs:

> Não tínhamos experiência, nem condições e também ambiente limitado. Depois de sucessivos fracassos, decidimos, e isto decorridos dois anos, parar, chegando a levar esta ideia para os que estavam mais próximos. (...) vinham ocorrendo, com muita frequência,

diversas prisões de companheiros no Brasil. E, então, já no quadro de frustração ao final das nossas atividades, resolvi não mais defender a ideia da guerrilha, por sua inviabilidade, mas continuaria sendo solidário aos que se dispunham a lutar contra a ditadura por outra forma. (1980, p.162)

A experiência frustrada de Caparaó esfacelou o MNR, que se manteve relativamente estruturado apenas em São Paulo, comandado pelo ex-sargento Onofre Pinto. Essa ala do MNR viria a integrar-se ao grupo paulista dissidente da POLOP, para formar em 1968 a VPR, organização que no mesmo ano ganharia a adesão do grupo operário de Osasco. Os dados do BNM sobre a VPR – que incluem as duas versões da organização, antes e depois da fusão com a VAR – não indicam presença numérica tão expressiva dos militares de baixa patente na organização (9 ou 7,4% dos processados pela VPR). Contudo, qualitativamente, o peso dos subalternos era decisivo, especialmente na primeira VPR, onde quem mandava de fato era Onofre. Um episódio banal, relatado na entrevista concedida por João Quartim de Moraes, revela quem detinha o poder na organização:

> No tempo em que a direção era composta por mim, por Jamil e por Onofre, ele começou a chegar atrasado para as reuniões. Ele fez isso umas três vezes seguidas. Na terceira, eu estava meio irritado e disse: "O companheiro chegou atrasado". Onofre respondeu só assim, sem alterar a voz: "Cheguei atrasado três vezes, e daí?". E aí eu falei: "Realmente, e daí?". Pronto: ele era o homem forte, era mesmo. Essas pequenas cenas do cotidiano são ilustrativas. Ele não quis me humilhar, é como um pai que diz ao filho, "não me amola!".

Conforme nos relatou Antônio Roberto Espinosa, dois subalternos do MNR que haviam ido treinar em Cuba, ao retornar, entraram em contato com Onofre e subiram a serra do Mar para começar a guerrilha. Encontrando dificuldades, resolveram descer provisoriamente para participar de ações armadas urbanas, das quais acabaram não saindo. O grupo dos sargentos comprou ainda um sítio no vale do Ribeira, que mais tarde seria usado pela VPR como campo de treinamento de guerrilheiros comandados pelo ex-capitão Carlos Lamarca. Membros do MNR e depois da VPR, como Bacuri (que mais tarde criaria a REDE), teriam viajado pelo Brasil para pesquisar áreas rurais a fim de deflagrar a guerrilha. A VPR também tinha uma célula dentro do quartel do II Exército em Quitaúna, no município de Osasco, articulada pelo sargento Darcy Rodrigues, da qual faziam parte o cabo Mariane e o soldado Carlos Roberto Zanirato, além do famoso capitão Lamarca. Esses militares saíram às pressas do quartel no dia 24 de janeiro de 1969, levando consigo "63 fuzis FAL, três metralhadoras INA e alguma munição", depois da prisão de militantes da VPR fora do quartel, que articulavam uma fuga mais espetacular para o dia 26, com uma série de ações armadas concomitantes: até o Palácio dos Bandeirantes seria bombardeado (José; Miranda, 1984, p.36-8).

Também os COLINA contaram com a adesão de militares de baixa patente, como os ex-sargentos João Lucas Alves, Severino Viana Colon e José de Sá Roriz, mortos nos aparelhos de repressão (grande parte dos ex-militares envolvidos com as esquerdas armadas acabaram sendo mortos). Não é surpreendente que os ex-militares subalternos, especialmente os remanescentes do MNR, aderissem à VPR em São Paulo e aos COLINA em Minas e na Guanabara: tanto a VPR como os COLINA eram dissidências da POLOP, organização que tinha ligações antigas com os militares cassados. Além do envolvimento conjunto na "guerrilha de Copacabana" e dos contatos com Brizola no Uruguai, a POLOP teve liames com o projeto de Caparaó: "A POLOP não deu apoio à guerrilha, mas simplesmente cedeu a área porque não tinha condições de explorá-la. Eles tinham um trabalho já feito lá...", conforme entrevista de Amadeu Rocha (Rebello, 1980, p.184). O contato da POLOP com os sargentos teve início antes de 1964; por exemplo, a organização deslocou militantes para Brasília por ocasião do levante dos sargentos em setembro de 1963, dentre os quais Juarez Brito, futuro integrante dos COLINA, da VAR e da VPR (Gorender, 1987, p.57). Os dados do BNM indicam que 16 dos 80 processados da POLOP (20%) eram militares de baixa patente.

Depois de extinto o MNR, ex-subalternos integraram ainda outras organizações nacionalistas menores, como o MAR (composto até por ex-integrantes do MNR fugidos da Penitenciária Lemos de Brito, no Rio de Janeiro) e a FLN, comandada pelo ex-major Joaquim Pires Cerveira. MAR e FLN tiveram vida curta, foram logo infiltrados e desbaratados pela polícia. Os ex-militares que escapavam das sucessivas ondas de prisões tendiam a ingressar em outros grupos armados, como o PCBR:

> Após o desmantelamento do MAR, um pequeno núcleo de subalternos das Forças Armadas ingressou no PCBR. Entre eles, Antônio Prestes de Paula, Marco Antônio da Silva Lima e Avelino Capitani. A presença desses ex-militares só fez incrementar a pressão pela luta armada imediata. (Gorender, 1987, p.154-5)

O voluntarismo humanista e violento dos militares dissidentes foi componente visceral da esquerda armada, marcada a um tempo pela "cisão fáustica" das camadas sociais intelectualizadas e pelo dilaceramento existencial da condição de soldado, que se expressam cristalinamente num pensamento escrito em seu diário por um filho de sapateiro, o ex-capitão Lamarca, no interior do sertão baiano, em agosto de 1971, pouco antes de ser morto:

Ontem morreu uma criança, a mãe deu graças a Deus publicamente – detalhe, hoje pariu outra – temos, e vamos mudar isto, custe o que custar – não importa nada. (Lamarca, 1987, p.B-7)

SONHO DE GUERRILHA CAMPONESA NUMA NOITE DE VERÃO DO DIABO

O princípio da década de 1960 ficou marcado na história da sociedade brasileira, dentre outras coisas, pela presença de movimentos dos trabalhadores do campo. Inicialmente, emergiram as Ligas Camponesas. A primeira delas surgira ainda nos anos 1950, no engenho Galileu, fundada para reivindicar terra e caixão para enterrar os lavradores mortos. As Ligas expandiram-se sob a liderança do advogado Francisco Julião, conseguindo certa expressão no Nordeste, sempre reivindicando direitos democráticos dos camponeses. Julião criou, em 1962, o MRT, com o intuito de dar unidade política e partidária nacional à experiência local e fragmentada das Ligas. Não obteve êxito. Empolgado pelo exemplo da revolução cubana, ele superestimava as forças das Ligas: conta Paulo Schilling que, em agosto de 1961, pouco antes da renúncia do então presidente da República, Jânio Quadros, Julião garantira a Brizola que tinha cem mil camponeses armados no Nordeste, e que seria capaz de ocupar quatro estados daquela região em apenas seis dias. Logo depois, os fatos desmentiram Julião: por ocasião da resistência comandada pelo governador Brizola no Rio Grande do Sul, para garantir a posse do vice-presidente João Goulart, foi montado um dispositivo militar para levar Julião até Pernambuco, a fim de comandar a luta na região pela posse de Jango. Desconcertado, Julião refugiou-se num convento paulistano até passar a crise. Para Schilling, ele "blefara todo o tempo" (1979, p.137). Por ocasião do golpe de 1964, a organização das Ligas já estava em declínio, por fatores como o vanguardismo de Julião na criação do MRT, por divergências nas cúpulas do movimento e, principalmente, pela penetração do sindicalismo no campo, favorecida pelo governo federal, e pela eleição de Arraes em Pernambuco, inclusive com atuação na organização de sindicatos rurais tanto de setores do clero como das esquerdas (PCB, AP, PORT etc.).

No Rio Grande do Sul, impulsionado pela ação dos nacionalistas ligados ao governador Brizola, surgiu um movimento destinado a organizar os trabalhadores rurais sem-terra na luta pela reforma agrária, denominado Movimento dos Agricultores Sem Terra (MASTER). Como era fortemente articulado com o governo do estado, o movimento declinou drasticamente com a derrota do Partido Trabalhista Brasileiro (PTB) na sucessão de Brizola. Ildo Meneghetti, o novo governador gaúcho, não hesitou em reprimir o MASTER, que não se revelou capaz de subsistir autonomamente, estando já praticamente desorganizado por ocasião do golpe de 1964.

O I Congresso Nacional dos Trabalhadores Rurais, realizado em Belo Horizonte entre 15 e 17 de novembro de 1961, exigiu a reforma agrária "na lei ou na marra", e marcou "o início da absorção do movimento rural de massas pelos partidos políticos de esquerda e as organizações sindicais paralelas em aliança com o populismo". Segundo Décio Saes:

> 1963 marca o declínio definitivo das formas espontâneas e locais de ação, das quais as ligas camponesas do Nordeste constituíram a expressão mais pura, assim como a absorção do movimento rural de massas, pela via do sindicalismo nascente, no movimento nacionalista. (1985, p.129-30)

Logo depois do golpe de 1964, aumentou ainda mais a repressão civil e militar sofrida secularmente pelos lavradores. Especialmente os líderes dos trabalhadores rurais foram punidos com prisões, torturas e mortes – nem sempre registradas, pela falta de comunicação entre o campo e aqueles que ainda preservavam requisitos mínimos de cidadania nas metrópoles. (A repressão ao homem do campo, pouco antes e principalmente depois de 1964, está vivamente expressa, por exemplo, no filme-documentário de Eduardo Coutinho, *Cabra marcado para morrer*.) O governo Castelo Branco chegou a legalizar o Estatuto da Terra, elaborado ainda antes de 1964, com propostas moderadas de reforma agrária. Mas o Estatuto tornou-se letra morta. A modernização conservadora da economia e da sociedade brasileira também atingiria a zona rural nos anos 1960 e 1970. Como já apontou, por exemplo, José César Gnaccarinni, o poder de Estado induziria a transformações nas relações sociais no campo, criando condições gerais propícias ao desenvolvimento do capitalismo, embora com a ressalva de que "o poder dissolvente do regime de trabalho assalariado sobre as relações pré-capitalistas é, por si só, relativo" (1980, p.174). Em sentido próximo, estão, dentre outros, os textos sobre capital e trabalho no campo que se encontram numa coletânea organizada por Singer. Esses trabalhos indicam que a crescente penetração do capitalismo na agricultura brasileira após 1964 redundou na "transformação da maioria dos colonos, parceiros e moradores em trabalhadores diaristas ou 'volantes'", em vez de assalariados fixos nas fazendas, pois o trabalho do boia-fria seria o mais conveniente para a valorização do capital que, entretanto, também é compatível com outras formas de sociabilidade, como o colonato e a parceria (Singer, 1977, p.2).

Por sua vez, os escritos dos grupos que pretendiam fazer a guerrilha rural no Brasil não apresentavam uma análise mais consistente das relações de trabalho no campo, e muito menos se davam conta das transformações econômicas por que passava toda a economia, em particular no que tange ao avanço diversificado e acelerado do capitalismo no campo. (Porém, vale observar que, à exceção de alguns trabalhos pioneiros, só na década de 1970 os próprios meios acadêmicos passaram a produzir obras de conhecimento sistemático das relações de produção no campo.) Alguns grupos armados começaram a esboçar uma discussão mais aprofundada do tema já nos anos 1970, mas a repressão feroz não lhes deu tempo para ir adiante. Por exemplo, declarou-nos César Benjamin:

> Não conheci pessoalmente o Lamarca, mas troquei muitas cartas com ele, logo que veio para o MR-8. Ele estava colocando elementos novos na discussão. Para dar uma ideia, a primeira vez que ouvi falar em boia-fria foi numa carta dele, apontando as modificações que estavam havendo no campo brasileiro com a concentração de trabalhadores rurais na periferia das cidades do interior: o papel do gato, o declínio do colonato. É pena que não haja registros escritos desse debate, da autocrítica que se fazia no MR-8.

O MR-8 e outros grupos foram abatidos pela repressão antes que pudessem aprofundar qualquer conhecimento da sociedade de classes em geral, e das relações no campo em particular – e é pouco provável que o conseguissem, enquanto estivessem aferrados às premissas teóricas da guerra de guerrilhas, assumidas como dogmas inquestionáveis.

Classificamos como lavradores os que aparecem nos processos do BNM como: agricultores, camponeses, chacareiros, horticultores, lavradores, mestres rurais, trabalhadores agrícolas etc. São trabalhadores do campo em geral, totalmente despossuídos ou não, que se presume viverem do próprio trabalho. O censo de 1970 apontava 52,6% da população economicamente ativa no "setor primário" (Cardoso, 1975, p.89), enquanto 43,6% dos brasileiros viviam na zona rural (Araújo, 1982, p.30). Mas só de 2% a 3% dos processados por várias razões pelos governos militares eram lavradores, mantendo-se essa mesma percentagem de participação nos grupos de esquerda em geral, inclusive nos que propunham fazer a guerrilha rural. A luta das esquerdas brasileiras, incluindo as armadas, foi sobretudo urbana, ainda que muitas vezes se pretendesse camponesa, tivesse episódios no campo e contasse com lideranças rurais.

Os dados do BNM não permitem distinguir claramente a função exercida pelos trabalhadores rurais arrolados nos processos judiciais, não informam se eles eram ou não proprietários, assalariados, meeiros, posseiros etc. Daí a denominação vaga "lavradores" que atribuímos ao conjunto desses trabalhadores.

A pouca significação numérica dos lavradores nas organizações clandestinas era notável: um total de apenas 88, ou 2,4% dos 3.698 denunciados por ligação com as esquerdas, com ocupação conhecida (Quadro 1). Pode-se alegar, com razão, que a ausência quase completa de direitos de cidadania no campo levou à perseguição e morte de inúmeros lavradores direta ou indiretamente ligados às esquerdas, de modo que eles nem chegaram a ser processados ou mesmo a ter suas mortes registradas, e ficaram de fora das estatísticas do BNM – como também daquelas referentes ao número de mortos por conflitos no campo entre 1964 e 1976: por exemplo, o livro *Assassinatos no campo, crime e impunidade, 1964-1986* (Movimento dos Trabalhadores Rurais Sem Terra, 1987) praticamente, só registra mortos na zona rural a partir de 1976, época da chamada abertura política, pois a principal fonte de estatísticas foi a imprensa escrita, que esteve sob forte censura, especialmente em 1964 e entre 1969 e 1975. Além disso, há notícias de que algumas bases camponesas de organizações como a AP e o PRT não foram detectadas pela polícia, não entrando, assim, nas estatísticas do BNM. Contudo, mesmo levando em conta essas observações, sabe-se por outras fontes que a participação de lavradores nas esquerdas foi relativamente modesta, e não muito maior do que apontam os dados do BNM. Fazendo a análise desses dados, nota-se que três organizações destacaram-se por um número absoluto e percentual um pouco mais elevado de lavradores processados: a AP (17 lavradores; 4,2% de seus denunciados), VAR-Palmares (16 lavradores; 6,6%) e as FALN (9; 22%).

No caso da AP, dos 17 processados como lavradores, 4 o foram em Goiás, em 1967 (processo catalogado pelo BNM com o número 15, que apurava atividades do Regional goiano da AP e seu trabalho junto aos camponeses), 2 em Pernambuco, em 1969 (BNM 507, referente à atuação clandestina da AP na região de Recife), e 11 no Maranhão, em 1969 (BNM 215, que junta dois processos concernentes à ação "subversiva" da AP junto a camponeses em Pindaré Mirim, comandada pelo legendário Manoel da Conceição). Esses dados revelam que havia trabalho de organização da AP junto com os homens do campo, ainda que tímido nas suas proporções, especialmente para essa organização, cuja linha dava relevância ímpar às lutas no campo. Consta que na fase pré-maoísta da AP, em 1967, quando os setores castristas ainda tinham força no grupo, chegou a haver preparação para a tomada de cidades no interior do Maranhão. Haveria cerca de 200 lavradores, liderados por Manoel da Conceição, prontos para entrar em ação. Entretanto, como não vinha a esperada ordem da direção da AP para o ataque, o projeto frustrou-se.

Os nove lavradores das FALN foram processados em São Paulo, em 1969, no único processo movido contra aquela pequena organização, logo destruída pela polícia. O BNM 65 trata da atuação das FALN, grupo que se preparava para ações armadas na região de Ribeirão Preto, procurando recrutar trabalhadores rurais. Pelo menos cem pessoas foram presas e 49 processadas na apuração das atividades das FALN. Conta o historiador Gorender que a organização, cisão local do PCB, "tinha trabalhadores rurais entre seus adeptos, como o sofrido e encarquilhado Mário Bugliani, mas predominavam os secundaristas" (1987, p.220). Apesar da expressão meramente local das FALN, e da fugacidade de sua existência, parece que o grupo constitui bom exemplo do que revolucionários como Marighella esperavam que acontecesse por todas as partes do Brasil: o surgimento mais ou menos espontâneo de um número incontável de grupos revolucionários autônomos.

Quanto à VAR-Palmares, cinco dos seus 16 lavradores foram processados no Paraná, em 1970 (BNM 125, que tratava da estruturação de uma base da VAR no interior do Paraná, onde vivia um grupo que cuidava da fazenda que deveria servir como base de refúgio da organização e também para o desenvolvimento de trabalho político junto aos trabalhadores rurais da região), outros cinco em Pernambuco, no ano de 1971 (BNM 124 e 370, referentes à estruturação e às ações da VAR no Nordeste, incluindo o recrutamento de remanescentes das Ligas Camponesas), dois denunciados no Ceará, em 1972 (BNM 196, que apurava a tentativa da VAR de estruturar-se no Ceará, a partir da iniciativa de militantes de fora do estado, com o objetivo de deflagrar uma futura guerrilha na chapada do Araripe), dois no Distrito Federal, em 1971 (BNM 351, "processo contra dois lavradores acusados de serem membros da VAR e terem vindo do sul para se implantar em Imperatriz (MA) e Itaguatins (GO), adquirindo propriedade rural para a VAR, efetuando treinamento de guerrilha na área, montagem de aparelho, contato com a VAR de outros estados etc.", tomo II, Quadro 7, 1985). Aparece ainda um lavrador no processo BNM 57 e outro no BNM 193, referentes à estruturação da VAR-Palmares. Como fica evidente no resumo dos processos, os lavradores da VAR estavam ligados ao trabalho de implantação de uma base no campo, para exercitar guerrilheiros e para deflagração da futura guerrilha rural. Um dos primeiros passos era a compra de terras, com alguns militantes destacados para delas tomarem conta.

A inserção no campo, não só da VAR, mas do conjunto das organizações armadas urbanas, caracterizou-se muito mais pela preocupação com a implantação de um núcleo rural, possível embrião da futura guerrilha, do que com a organização dos trabalhadores do campo. Por exemplo, conta Humberto Trigueiros Lima que a DI-RJ (MR-8) definiu para iniciar a guerrilha uma área no sudoeste do Paraná, que na época era uma grande área florestal, com muitos conflitos de terra. Deslocamos a maioria do nosso comando para a região, onde tínhamos alguns contatos. A organização começou a fazer trabalho de implantação na área, bem como trabalho de apoio no Rio, São Paulo e Curitiba. O pessoal que foi ao campo, umas sete pessoas, comprou uma parcela de terra e montou um sítio, que passou a servir de base de apoio para o reconhecimento político e geográfico militar da região.

Enquanto isso, a dinâmica das ações armadas já em andamento nas cidades também exerceu influência sobre a DI-RJ, que inicialmente pretendia concentrar-se apenas na implantação do foco rural, mas acabou criando um comando militar urbano que participou de algumas ações, em frente armada com outras organizações. Em meados de 1969, a polícia descobriu e desbaratou o setor de campo da DI-RJ no Paraná, iniciando um processo de "quedas" que desorganizaria o grupo também nas cidades.

Era comum as organizações mandarem militantes viajarem pelo Brasil à procura de locais propícios para instalar o "embrião do Exército Revolucionário", como evidenciam vários depoimentos colhidos nesta pesquisa. Dentre outras, a ALA mandou gente ao campo para "fazer levantamento de área, buscar algum tipo de inserção social", num trabalho que não teve maiores desdobramentos, embora teoricamente a organização privilegiasse a guerrilha rural, conforme nos relatou Antônio de Neiva (um casal da ALA chegou a ser preso no interior de Pernambuco). Aliás, parte dos fundadores da ALA era de ex-militantes das Ligas Camponesas com passagem pelo PCdoB, alguns treinados militarmente na China. Em sua maioria, eles haviam sido quadros dirigentes das Ligas, não trabalhadores do campo propriamente ditos, como nos asseverou Vicente Roig.

Sobre a ALN, comentou Takao Amano que "a morte de Marighella desmontou uma série de contatos. Até hoje, pouco se sabe exatamente acerca do que havia de preparação no campo. Sem dúvida existia, tanto que estávamos todos preparados para nos deslocarmos para o campo". Segundo Gorender:

> a direção da ALN preparava a transferência dos combatentes do primeiro GTA paulista para o sul do Pará. De acordo com o plano previsto, a região devia ser o ponto de convergência de ações guerrilheiras simultâneas que iam partir de áreas rurais do norte do Paraná, Dourados (Mato Grosso), Chapada Diamantina (Bahia) e Guapiassu, no oeste de São Paulo. Na sua trajetória, cada uma das colunas faria ocupações de povoados e vilas, e nelas realizaria a queima de cartórios, o ataque aos latifúndios e a distribuição de gêneros alimentícios à população pobre. (1987, p.155)

Em meados de 1969, Marighella já anunciava publicamente o início próximo da guerrilha rural. Segundo Paulo de Tarso Venceslau, não se tratava de mera intenção, nem de lance de guerra psicológica. Só as sucessivas "quedas" de militantes da ALN a partir do final de setembro, que culminariam no assassinato de Marighella em 4 de novembro, teriam impedido o início das operações no campo:

> A ideia era recuar o pessoal da guerrilha urbana, que estava enfrentando dificuldades com a repressão: uma parte iria para o exterior, outra, para áreas já preparadas no interior do Brasil. Marighella planejava, então, o início de deflagrações de pequenas ações armadas no campo, com deslocamento rápido, como o justiçamento de jagunços e de grandes latifundiários. O grupo que faria as ações armadas não se basearia numa região especificamente; o pessoal que tinha alguma atividade na região é que capitalizaria politicamente as ações. Isso teria de se dar simultaneamente em várias regiões do Brasil. (...) Com a morte de Marighella, muita coisa se perdeu, pois ele centralizava as informações. Nunca mais se soube de pessoas seguramente deslocadas para o campo, muitos contatos perderam-se totalmente. Havia um bocado de gente envolvida no projeto, em 1969: o cara que ia montar uma farmacinha, que ia ser vendedor ambulante, ou comprar umas terrinhas. Iam para regiões nas quais Marighella já tinha algum contato desde o tempo em que foi do PCB.

Conta Pedro Rocha que "quem supostamente herdou os contatos do Marighella no campo foi o 'grupo dos 28', que estava treinando em Cuba. O grupo rompeu com a ALN e veio ao Brasil tentar retomar esses contatos, perdidos depois da morte de Marighella". Chegando ao país em 1971, o "grupo dos 28" guerrilheiros juntou-se ao setor dissidente da ALN paulista para fundar o MOLIPO, rumando em seguida para a zona rural: "Jeová foi buscar contatos de Marighella no norte de Goiás, o Lauriberto em outro lugar, e assim por diante, mas o fato é que não conseguiram retomá-los. Foram todos mortos".

Quanto ao PCBR, relata Gorender que a organização comprou dois sítios no Paraná, deslocando gente de outros estados para atuar junto com militantes da região, buscando "organizar assalariados agrícolas e camponeses dentro das fazendas, com pequenos resultados iniciais", que, no entanto, não prosperaram (1987, p.156).

Recriada como dissidência da VAR no final de 1969, a VPR partia da constatação de que "éramos um movimento urbano com vocação e ambições rurais. Como é que a gente sairia disso?", nas palavras do depoimento de Ladislau Dowbor. A resposta encontrada foi restringir o recrutamento de quadros nas cidades, deixando temporariamente de lado qualquer trabalho de massas: a prioridade da organização seria deflagrar, o quanto antes, a guerrilha rural. Assim, a primeira providência da nova VPR foi deslocar imediatamente parte dos quadros para o campo de treinamento militar, num sítio no vale do Ribeira. O plano era, futuramente, deslocar os guerrilheiros treinados "para fazendas já compradas no Maranhão e no Rio Grande do Sul, destinadas à preparação de futuras bases de irradiação da luta armada no campo" (Gorender, 1987, p.155). O projeto foi abortado com a descoberta do sítio de treinamento guerrilheiro, que foi cercado a partir de 21 de abril de 1970 por uma enorme operação do Exército, dando início ao episódio que ficou conhecido como Guerrilha do Ribeira. Na verdade, ela não passou da tentativa dos guerrilheiros, chefiados por Lamarca, de furar o cerco militar imposto pelo Exército, feito que acabaram conseguindo. Após 40 dias de perseguição, dos 17 militantes que se encontravam no sítio quando ele foi cercado, apenas quatro foram presos, os demais lograram escapar. Mas a sorte da VPR estava selada; logo depois a organização sofreu inúmeras "quedas", sobrevivendo a duras penas até praticamente esfacelar-se, em meados de 1971, após o término do sequestro do embaixador suíço.

O MR-8 (DI-DG) fez sua tentativa de implantação no campo a partir do final de 1970, deslocando quadros para o sertão da Bahia, na região do Buriti Cristalino, município de Brotas de Macaúbas. Segundo o então dirigente da organização, César Benjamin, "a nossa ideia não era a de um foco guerrilheiro, da guerrilha sendo plantada de fora numa certa área do campo. Não tínhamos uma ideia clara amarrada, mas a guerrilha seria fruto de um processo de trabalho político de massas de anos". O MR-8 não teria tempo de amarrar melhor suas ideias, pois, no segundo semestre de 1971, a repressão localizou suas bases rurais na Bahia, onde se encontrava desde o final de junho o ex-capitão Lamarca, que deixara a VPR. Numa carta de 11 de agosto de 1971, Lamarca afirmava não ser possível a deflagração da guerrilha a curto prazo: "daqui a dois anos (sou otimista) deflagraremos a luta" (José; Miranda, 1984, p.148). O MR-8 instalou-se no sítio do lavrador José Barreto, pai dos militantes Otoniel, Olderico e também de Zequinha, que em São Paulo havia passado pela VPR e pela VAR, antes de aderir ao MR-8, no qual encontraria a morte ao lado de Carlos Lamarca, fugindo da polícia no interior da Bahia. No dia 17 de setembro de 1971, eles foram alvejados por um oficial do Exército, enquanto descansavam à sombra de uma árvore. Não tiveram oportunidade de aprofundar qualquer trabalho político com os lavradores do local, embora o "Diário de Carlos Lamarca", de 29 de junho a 16 de agosto de 1971, publicado pelo Folhetim da *Folha de S.Paulo*, em 10 de junho de 1987, registre ter havido contatos e discussões com camponeses, inclusive com a organização de um "teatrinho" (Lamarca, 1987).

Como nos relatou um militante da esquerda armada nos anos 1960, "vários grupos tentaram implantar-se no campo, sem sucesso, pois, na verdade, a dinâmica e a lógica dos movimentos no campo a gente não conhecia, não entendia e não era possível isso, era uma ficção da nossa cabeça, você não implanta uma coisa de fora para dentro". A penetração dos grupos armados no campo foi praticamente nula, quer na organização dos trabalhadores rurais, quer na efetivação de uma base guerrilheira. A adesão dos homens do campo foi ínfima, tanto em termos absolutos (era pequeno o número total de lavradores nos grupos de esquerda) quanto em relativos, se compararmos o trabalho político feito no campo com aquele realizado nas cidades. A presença das esquerdas junto dos operários, dos estudantes e das camadas médias urbanas, restrita no contexto social e político nacional, foi quantitativa e qualitativamente mais significativa que sua inserção social no campo.

A experiência guerrilheira mais desenvolvida na sociedade brasileira dos anos 1960 e 1970, a única que realmente merece o nome de guerrilha rural, foi a do PCdoB na região do Araguaia, sul do Pará. Desde 1966 o Partido já tinha militantes vivendo na região. A partir de 1967, especialmente depois da promulgação do AI-5 em dezembro de 1968, foram chegando novos "moradores" do PCdoB ao local, geralmente pessoas muito procuradas nas cidades pela polícia, por vinculação ao movimento estudantil. Teoricamente, o PCdoB discordava do foquismo inspirado na Revolução Cubana, era crítico dos grupos de esquerda que negavam a ideia do partido na condução da guerrilha rural, bem como das atividades da guerrilha urbana. O não envolvimento do PCdoB com as ações armadas nas cidades permitiu que a organização se preservasse relativamente das investidas policiais, o que lhe deu melhores condições de realizar o sonho de tantos outros grupos: deflagrar a guerrilha rural.

No início de 1972, pouco mais de sessenta militantes do PCdoB estavam instalados na região do Araguaia. O Partido dava importância ímpar à deflagração da guerrilha, tanto que boa parte do Comitê Central (CC), e da própria Comissão Executiva do CC, deslocou-se para a área. No topo da hierarquia no Araguaia ficava a comissão militar, composta por membros da direção nacional do PCdoB. A comissão militar coordenava três destacamentos, cada qual com seu comandante, dentre os 21 integrantes. Por sua vez, cada destacamento subdividia-se em três grupos de sete militantes, dentre os quais, um chefe e um subchefe para cada grupo. As normas disciplinares e de segurança procuravam ser rígidas, de modo que os guerrilheiros só conheciam os companheiros de seu próprio destacamento, ignorando as atividades dos demais.

A preparação da guerrilha não era conhecida pela população do Araguaia. Os guerrilheiros assentavam-se como moradores comuns, que procuravam ser solícitos e solidários com os vizinhos, habitantes de uma área de "povoamento recente, baixo nível de conflitos sociais e insignificância econômica", com escassa presença policial; "era rotineira a chegada de gente nova numa região de fronteira agrícola" (Gorender, 1987, p.208). Eles integraram-se ao cotidiano dos demais trabalhadores rurais, labutando na terra de sol a sol, sem desenvolver atividade política, num meio que não apresentava qualquer tipo de organização dos trabalhadores. Desenvolviam ainda algumas atividades assistenciais, como o atendimento médico e sanitário aos moradores do local. Portanto, foi uma surpresa quando, em abril de 1972, o Exército chegou procurando os "terroristas" infiltrados na região: pareceu estranho àquela gente que os moradores "paulistas", tão confiáveis, fossem "subversivos".

A guerrilha já estava para ser iniciada quando a presença do PCdoB, na área, foi descoberta pelos órgãos repressivos, fato que obrigou os guerrilheiros a antecipar um pouco seus planos, deflagrando a guerrilha imediatamente. O Exército levaria quase dois anos e três campanhas militares para liquidar os combatentes. A primeira delas, de abril a junho de 1972, envolveu milhares de homens, na maioria recrutas comuns, e não conseguiu dar cabo da guerrilha, pelo contrário. Os guerrilheiros infligiram algumas perdas às hostes governistas e pânico entre as tropas, o que lhes valeu uma vitória moral e obrigou as Forças Armadas a recuarem, para melhor organizar uma segunda investida. Essa se deu em setembro e outubro daquele mesmo ano, em moldes similares aos da primeira campanha, e não foi mais feliz, para surpresa dos comandantes militares que não conseguiam destruir a guerrilha, embora lhe tenham imposto 18 baixas entre abril e outubro.

Por ocasião da segunda campanha, no dia 24 de setembro de 1972, apareceu em *O Estado de S. Paulo* a única notícia da guerrilha a conseguir burlar a vigilância da censura (o regime militar sempre fez de conta que a guerrilha do Araguaia não existiu; apesar da crítica dos jornais, das revistas e da mídia eletrônica às ações "terroristas" urbanas, como o sequestro de embaixadores, as meras notícias das ações, destacadas na imprensa brasileira, não deixaram de atrair certa simpatia popular aos que ousavam desafiar o regime militar. Por isso, foi posteriormente proibida a divulgação da guerrilha do Araguaia pelos meios de comunicação; mesmo carregadas de ideologia anticomunista, as notícias da resistência poderiam estimular a ação dos opositores silenciosos, desconhecidos do regime, mas de cuja existência ele não duvidava).

Em novembro de 1972, os militares trataram de recuar taticamente, para reelaborar seus passos antes de desfechar a campanha de "cerco e aniquilamento" definitivo da guerrilha. Trocaram a presença de milhares de recrutas pela de um número menor e mais eficaz de soldados experientes, armados e treinados especialmente para combater guerrilheiros, incrementando a tática de levar para a população da região algumas atividades assistenciais, como as de médicos e dentistas, paralelamente à habitual repressão.

Somente a partir do final de 1972, após ter sobrevivido à segunda campanha do Exército, é que os guerrilheiros começaram a desenvolver rudimentos de um trabalho político com a população local, que desde a primeira campanha sofrera barbaramente nas mãos dos "especialistas" militares que a julgavam cúmplice efetiva ou potencial dos comunistas, como apontou o conjunto de reportagens do jornalista Fernando Portela, publicado em 1979 pelo *Jornal da Tarde* e, depois, em livro (Portela, 1979). Os guerrilheiros fundaram na região vários núcleos da ULDP (União pela Liberdade e pelos Direitos do Povo), que elaborou um Programa de 27 Pontos, bastante moderado, propondo reformas sociais democráticas para resolver os problemas concretos enfrentados pela população local (o Programa consta de algumas publicações, como a apresentada por Moura, 1979, p.75). Os guerrilheiros não tiveram muito tempo para aprofundar seu trabalho político. Conseguiram alguma participação popular na ULDP, além de certa simpatia e uma ou outra adesão à guerrilha. Consta que, após a resistência a dois ataques maciços do Exército, a população passou a achar a guerrilha indestrutível, e a considerar como um homem de "corpo fechado", imortal, o comandante negro Osvaldo Orlando da Costa (Osvaldão). Isso teria implicado que os corpos dos guerrilheiros mortos, principalmente o de Osvaldão, fossem exibidos nos lugarejos da área, para liquidar o mito e para que ninguém ousasse repetir o exemplo. A respeito da criação dos núcleos da ULDP, o comando da guerrilha estabelecia que: "a) deviam ter de três a cinco membros, com um responsável; b) os componentes de um núcleo não deviam conhecer a organização de outros núcleos; c) as tarefas dos núcleos deviam ser: colher informação, fazer propaganda da guerrilha entre os moradores, ajudar a guerrilha com alimentação, defender os interesses do povo da região", nas palavras do Relatório Arroyo, que indica a criação de 13 núcleos da ULDP (Pomar, 1980, p.262).

As ações militares da guerrilha, que contavam com poucas e velhas armas, foram escassas e em geral defensivas, tais como emboscadas a perseguidores militares. Mas não faltou uma ou outra ação diferente, como o julgamento sumário e a execução de um dos homens mais odiados e temidos pela população local, o pistoleiro Pedro Mineiro. Segundo o dirigente comunista Ângelo Arroyo, embora as ações militares "fossem relativamente poucas, mostraram eficiência. Ocorreram três assaltos, três ações punitivas, cinco operações de fustigamento e quatro choques casuais com o inimigo" (1979).

No final de 1972 e no início de 1973, a repressão governamental atingiu profundamente a estrutura do PCdoB nas cidades, com várias prisões e as mortes de quatro membros do CC, três dos quais da Comissão Executiva. Na ocasião, logrou ainda cortar os contatos entre o Partido e a guerrilha, que se tornou completamente autônoma no seu devir (o PCdoB só pôde se recuperar organicamente nas cidades, em grande parte, devido à adesão da maioria da AP, que viria a fornecer cerca de metade dos componentes do novo CC do Partido).

Na região do Araguaia, em outubro de 1973, o Exército desfechou sua terceira campanha militar de cerco e aniquilamento: conseguiu acuar os guerrilheiros, obtendo sucessivas vitórias. A decisiva foi no final de dezembro, com a destruição da comissão militar, órgão que, instalado no meio da selva, dirigia as atividades guerrilheiras. Os sobreviventes ao ataque dispersaram-se pela mata, formando cinco grupos independentes de cinco guerrilheiros cada. Então, a história resumiu-se a uma caçada com requintes de crueldade. Até meados de 1974, todos os guerrilheiros haviam desaparecido, seus corpos enterrados em locais até hoje ignorados – permanece o segredo militar, dito de segurança nacional, sobre os acontecimentos do Araguaia.

A análise política do PCdoB, fundamento de sua atuação no Araguaia, tinha características similares aos pontos de vista de outras organizações armadas urbanas. Dentre as premissas comuns a essas organizações, já apontadas noutro capítulo, o PCdoB só não concordava com a ideia de fazer ações armadas nas cidades. Sua atenção tendia a voltar-se cada vez mais para o início da guerrilha no campo. Isto é, o PCdoB compartilhava da visão segundo a qual o imperialismo no Brasil, assegurado provisoriamente pela violência da ditadura militar, vivia uma crise irreversível, entravando o desenvolvimento da economia nacional, mantendo relações de produção atrasadas no campo, de modo que estariam dadas as condições objetivas para a revolução brasileira, só faltando as subjetivas. Então, a "vanguarda do proletariado" deveria mostrar-se decidida a iniciar a luta armada, por intermédio do lançamento da guerrilha rural. Por exemplo, no número de março de 1969 do jornal do PCdoB, *A Classe Operária*, afirmava-se: "Por mais que os generais fascistas procurem fazer boa cara ao mau tempo, as dificuldades com que se defrontam e a crise em que se debatem não podem ser superadas. Ao passo que a resistência das massas é inevitável e tende a crescer até tornar-se avalanche. Nada salvará a ditadura" (p.168). Outro número do mesmo jornal reafirmava, em agosto de 1969, a linha contida no documento "Guerra Popular – Caminho para a Luta Armada no Brasil": "é preciso voltar-se mais e mais para o interior do país, para as vastas regiões do campo, que propiciam melhores condições ao desenvolvimento seguro das ações revolucionárias" (Pomar, 1980, p.175).

Entre 1968 e 1972, os artigos do periódico *A Classe Operária* sempre batiam na mesma tecla: a ditadura militar estaria cada vez mais fraca e isolada, apesar do recrudescimento da repressão, o que só fazia aumentar a certeza da viabilidade da luta armada guerrilheira naquela conjuntura (ver uma seleção de artigos desse jornal em Pomar, 1980, p.167-248). Logo depois de finda a luta no Araguaia, o PCdoB ainda mantinha a mesma análise política, por exemplo, num artigo de Arroyo que, apesar de tudo, reafirmava a existência de condições objetivas para a revolução, para o desencadeamento da guerrilha rural que se transformaria em guerra popular: "Nosso partido é de opinião de que existem, no Brasil, condições objetivas favoráveis ao surgimento das ações armadas, que é ponderável o sentimento em favor da revolução e que, sem esse tipo de luta, jamais o povo alcançará a vitória" (Arroyo, 1979).

Como já apontou, dentre outros, Jacob Gorender: "Paradoxal foi que a guerrilha do Araguaia, planejada para desfechar a guerra popular prolongada segundo o modelo maoísta, reproduzisse, no essencial, a tática do foquismo castro-guevarista. Ou seja: nenhum trabalho político prévio, início da luta por um núcleo guerrilheiro com autonomia de comando etc." (1987, p.211). Essa interpretação já estava implícita na autocrítica de uma ala do CC do PCdoB, formulada por Pedro Pomar, que não foi levada adiante porque o Exército prendeu ou matou os integrantes do CC presentes a uma reunião no bairro paulistano da Lapa, em dezembro de 1976. A intervenção de Pedro Pomar no debate interno sobre a guerrilha do Araguaia, divulgada pelo jornal *Movimento* em 1979, e também no livro de Vladimir Pomar (1980, p.291), pretendia que o Partido admitisse a derrota no Araguaia e buscasse suas causas.

Pelos argumentos de Pedro Pomar, concluiu-se que a política do PCdoB tinha muito em comum com as ideias foquistas; por exemplo: a subordinação do "fator político" ao "militar", com a autonomia de comando da Comissão Militar (apesar da existência de um partido); a luta iniciada por um núcleo implantado de fora numa determinada área rural, sem ter desenvolvido um trabalho político prévio (embora tivesse havido uma convivência assistencial e de vizinhança com a população local); a proposta de incorporação das massas rurais só num segundo momento da luta; o campo como local privilegiado para deflagrar a revolução, em detrimento da organização nas cidades etc. Pedro Pomar apontava como erros do PCdoB na experiência do Araguaia, dentre outros: má avaliação da conjuntura nacional no início de 1972; ausência de análise sobre a dinâmica do movimento camponês; falta de uma política adequada de incorporação das massas à guerrilha; subordinação do Partido e dos fatores políticos às questões de cunho militar; a preparação da luta armada como tarefa de alguns especialistas, não de todo o Partido; ausência de organização do Partido na área da guerrilha – embora em seu discurso o PCdoB destacasse o papel do Partido e das massas no desenvolvimento da "guerra popular". Apesar de contar com a maioria do CC na reunião de dezembro de 1976, desbaratada pela polícia, a posição de Pedro Pomar – morto naquela reunião – acabou sendo derrotada depois que o CC do PCdoB se reconstituiu.

Documentos preparados pelo dirigente Ângelo Arroyo, que esteve no Araguaia e que viria a ser assassinado na reunião de 1976 na Lapa, restringiram a autocrítica a deficiências táticas da guerrilha, como as de armas e comunicação. Na velha prática de transformar, no discurso partidário oficial, as derrotas em vitórias históricas, "gloriosas jornadas de luta" do partido-guia da classe operária, o PCdoB buscava manter o mito da infalibilidade do Partido, que não suportaria uma autocrítica profunda: "No fundamental, a vida... mostrou ser correta a nossa concepção sobre a luta armada, embora se revelassem insuficiências, lacunas, despreparos, erros, que precisam ser examinados". A guerrilha do Araguaia seria "o marco de um novo caminho, início de uma nova etapa na luta do nosso povo, a luta armada, sob direção do Partido do proletariado" (Arroyo, 1979).

Segundo Arroyo, inicialmente, o PCdoB pensava em "criar várias frentes de luta. (...) Sempre se admitiu que, se houvesse gente disponível, devia-se preparar *três, cinco, dez frentes iguais ao Araguaia*. No começo da execução da tarefa especial, contava-se com três frentes: uma em Goiás, [outra] no Maranhão e a do Araguaia. Acontece que a de Goiás desmantelou-se (o responsável, além de erros que cometera, desistiu de desenvolver o trabalho já avançado); a do Maranhão ficou ameaçada de ser denunciada por um elemento que fraquejou e conhecia pistas que poderiam afetá-la; ficou apenas a do Araguaia" (g.n.).[14] Não por acaso, a frase citada em itálico lembra a palavra de ordem guevarista que incitava à criação de um, dois, mil Vietnãs. A mesma invocação aparecia no documento oficial do PCdoB que avaliou a experiência do Araguaia, Gloriosa Jornada de Luta:

> Não basta um só Araguaia, *são necessários diversos araguaias*. Se a luta ali surgida se tivesse multiplicado por outros rincões do interior, contando com apoio popular, então seria muito mais custoso ao inimigo concentrar forças no combate à guerrilha, esta teria maior liberdade de movimento, de arregimentação e mobilização de massas. Condições objetivas para isso existem. (Pomar, 1980, p.15, g.n.)

Os acontecimentos no Araguaia guardam semelhanças profundas com os planos de implantação da guerrilha rural formulados por grupos como VPR,

---

14 O documento de Arroyo, "Um grande acontecimento na vida do país e do partido", foi publicado em 1979 no n. 222 do jornal *Movimento*. Esse texto, assim como o factualmente detalhado "Relatório sobre a luta no Araguaia", também de Arroyo, estão no livro de Vladimir Pomar (1980, p.249-90).

VAR, ALN, ALA, DI-RJ, DI-GB, dentre outros, cujas tentativas de guerrilha rural se frustraram. Daniel Aarão Reis Filho contou-nos que ficou empolgado quando soube, no exílio, da deflagração da guerrilha do Araguaia: "tudo que eles fizeram lá era exatamente o que pretendíamos fazer. O que o Lamarca estava fazendo na Bahia era exatamente o que se fazia no Araguaia: um quadro chega, instala-se, aproxima-se dos camponeses da área, faz amizade, presta assistência médica, por exemplo; vai-se estabelecendo e desenvolvendo um trabalho. E quando as condições ficassem maduras, começariam as ações armadas". Daniel falou de gente do MR-8 que chegou a estudar enfermagem para um possível engajamento na luta guerrilheira do PCdoB. Contudo, essa posição não era majoritária:

> curiosas essas rivalidades entre as organizações, porque quando saiu o foco do Araguaia, todos os militaristas deveriam agrupar-se em torno dele. O PCdoB inclusive assumiu uma atitude ampla, chamando as pessoas e tal, mas 90% daqueles que ainda se mantinham militaristas lá em Santiago do Chile não aderiram, muitos alegando que se tratava de mero exercício de propaganda do PCdoB. (...) Eu, pessoalmente, só não me aproximei do PCdoB por um problema psicológico, orgânico, sentimental, um troço visceral qualquer que me indispunha com aquele partido, mas tinha a maior simpatia pela guerrilha do Araguaia.

O depoimento de Daniel atesta como era equivocada a ideia difundida na época, segundo a qual a organização que iniciasse a guerrilha rural agregaria ao seu redor o conjunto das esquerdas revolucionárias. Além disso, não houve muito tempo e oportunidade para que aquela experiência guerrilheira estruturasse organicamente as simpatias que gerava, quer pela pronta ação da repressão governamental, quer pela censura rígida que impediu que as notícias sobre a própria existência da guerrilha saíssem de um círculo muito restrito. Sem contar que as demais esquerdas armadas já estavam praticamente fora de combate no Brasil, com sobrevivências no exílio.

No livro *Araguaia: o partido e a guerrilha*, de 1980, Vladimir Pomar, ex-dirigente do PCdoB, retomou as autocríticas formuladas por Pedro Pomar. Pela análise exaustiva de documentos, ele demonstrou a dualidade de posições no interior do PCdoB, unidas no combate tanto ao "pacifismo" do PCB, quanto ao "foquismo extremado" dos grupos guerrilheiros urbanos, dois dos quais foram dissidências do PCdoB: a ALA e o PCR. As correntes que conviviam no PCdoB depois das cisões tendiam: uma, a privilegiar o trabalho político de massas, prévio ao desencadeamento de qualquer luta armada; outra, a priorizar a preparação da guerrilha rural, que ganharia as massas no decorrer do processo de luta. Essa última proposta era majoritária no interior do Partido.

Num documento do PCdoB de dezembro de 1969, exemplar de suas ambiguidades, intitulado "Responder ao banditismo da ditadura com a intensificação das lutas do povo", primeiro aparecia uma crítica ao "foquismo":

> os grupos radicais de tendência "foquista" que atuam no país seguem o caminho das ações isoladas. Embora várias destas ações tenham caráter revolucionário, elas não conduzirão o povo à vitória. Nessa atividade expressa-se o revolucionarismo pequeno-burguês, que não leva em conta que a revolução é feita pelo povo. Tais ações não tendem a mobilizar e organizar as massas e, por mais numerosas que sejam, não abalam, no fundamental, o aparelho de repressão da ditadura e muito menos as Forças Armadas, base principal do regime. O único caminho da libertação do povo brasileiro é o da guerra popular, apontado pelo Partido Comunista do Brasil. (p.128-9)

Entretanto, poucas linhas abaixo, o documento afirmava, contraditoriamente:

> A guerra popular, no seu início, não será um movimento armado de grandes proporções. Pode partir de pequenas ações revolucionárias que, expressando os anseios das massas, tenderão a se multiplicar e desenvolver. É possível desencadear com êxito tais ações nos mais diferentes recantos do país. (Pomar, 1980, p.129)

Ora, primeiro condenavam-se as pequenas ações dos grupos guerrilheiros, "por mais numerosas que sejam"; depois propunham-se "pequenas ações" que se multiplicariam no campo. O documento criticava o "isolamento" das massas atribuído aos "foquistas", mas não aclarava como as "pequenas ações" armadas do PCdoB poderiam "mobilizar e organizar as massas". A tônica do questionamento estava no suposto desprezo dos "foquistas" pelo papel revolucionário do Partido, bem como na sua prática de ações armadas urbanas, que os distanciariam das massas (diga-se de passagem que algumas organizações em armas também admitiam a necessidade do Partido na organização da guerrilha, e que a maioria delas propunha a aproximação com os movimentos de massas). Assegurada a presença do Partido e o não envolvimento em ações armadas nas cidades, a visão do PCdoB pouco se diferenciava daquela de outras esquerdas armadas. O Partido também estava cortado internamente pelos mesmos dilemas dos demais grupos em armas, dividido entre "massistas" e "militaristas", as duas alas defendiam a luta armada pela guerra de guerrilhas.

Como observou José de Souza Martins na apresentação de *A guerrilha do Araguaia* (Dória, 1978), esse confronto militar foi expressão da luta de classes na sociedade brasileira, colocando-se a problemática dos liames, do grau de identidade entre os "grileiros-fazendeiros" e os militares, por um lado, e, por outro, dos "posseiros-lavradores" com os guerrilheiros que se pretendiam seus representantes políticos:

> O conflito contrapõe num cenário único dois atores em graus variáveis estranhos à realidade imediata na qual se desenvolveu. Do ponto de vista político esse é seguramente o aspecto mais complicado da guerrilha do Araguaia... [Mas] os personagens dessa guerra não foram apenas os guerrilheiros e os militares... Eles foram apenas a contrapartida necessária, nas circunstâncias, do verdadeiro conflito subjacente ao seu confronto: o conflito de classes entre posseiros-lavradores e grileiros-fazendeiros. (...) Ocorre que por sob a guerra havia uma questão mais ampla e mais fundamental – havia e há ainda uma crescente e grave questão política, econômica e social. (Dória, 1978, p.6-12)

Segundo um oficial do Exército atuante no Araguaia, "o povo gostava deles. Então o povo achava que devia dar proteção" (Portela, 1979, p.177). Um morador da região conflagrada, onde a população sofreu nas mãos dos "especialistas militares", declarou:

> Ninguém nem sabia o que era terrorista. E ninguém acreditava que os *"paulistas"* fossem nada daquilo que os homens falavam. Aí todo mundo pensou que a gente estava apanhando por causa dos grileiros que queriam tomar a terra da gente. E ficou todo mundo com muita raiva da polícia e do Exército, porque a gente nunca pensou que o Exército (a polícia não, todo mundo já conhecia...) se prestasse a fazer defesa de grileiro. E aí todo mundo deu razão aos *"paulistas"* que diziam muito que só a gente podia salvar a gente mesmo, que quem tivesse farda ou tivesse dinheiro estava contra a gente... E todo mundo ficou *torcendo* para não pegarem os *"paulistas"*. (Portela, 1979, p.48, g.n.)

Um dos raros sobreviventes da guerrilha – por ter sido preso bem no início da primeira campanha repressiva –, José Genoíno Neto, afirmou que, das pessoas do local que "estiveram presas comigo nos buracos, uma minoria tinha alguma ideia do que estava acontecendo" (Portela, 1979, p.50). Esse e os outros depoimentos citados indicam que membros da população da área chegaram a dar "proteção" aos "paulistas", gesto de simpatia, de solidariedade humana, de quem estava "torcendo" pelos guerrilheiros, não de quem se identificava politicamente com sua luta, ainda que haja notícia da adesão de um ou outro lavrador às fileiras da guerrilha em 1973.

Genoíno declarou-nos sobre a relação entre os guerrilheiros e os lavradores no Araguaia:

> A relação... foi de conhecimento, de vizinhança, de trabalho... não mediada pela política, porque ninguém da população sabia que a gente estava lá para fazer guerrilha. Só depois

que a guerrilha foi desencadeada, em abril de 1972, é que se começou a dizer à população quais eram seus objetivos. Mas, então, ela se tornava vulnerável militarmente. Ao tentar fazer o trabalho político que não foi feito antes, ela perdia a força principal da guerrilha que é o ataque de surpresa, não ser percebida pelo Exército e só combater na hora que quiser. Havia uma contradição entre trabalho político e trabalho militar, que nunca foi equacionada na concepção do PCdoB. Mesmo a guerrilha e os guerrilheiros sendo conhecidos pela população, uma coisa era conhecer e gostar, outra coisa aceitar o projeto político. (...) Além disso, o próprio movimento camponês na região não tinha vivido uma experiência de desenvolvimento das suas lutas ao nível político e sindical, capaz de assimilar que a forma de luta armada fosse a necessária naquele momento. Isso sem levar em conta a existência de uma conjuntura desfavorável para a sobrevivência da guerrilha.

Vale dizer que os guerrilheiros funcionaram como agentes substitutos dos trabalhadores do campo, não chegaram senão a uma "vontade de representação de classe", na expressão de Francisco de Oliveira sobre a atuação da esquerda brasileira (1987, p.125). Os lavradores simpatizavam com *eles*, os "paulistas", tidos como vizinhos bons e solidários, porém elementos estranhos, com os quais não se identificavam politicamente (no momento em que ficou explícita a proposta guerrilheira). A convivência de anos no local fez dos futuros guerrilheiros homens, à primeira vista, semelhantes aos camponeses na vida cotidiana. Mas a similitude surgida desse tipo de inserção na vida da população local era a de batatas agrupadas em um saco – para usar a metáfora de Marx no *Dezoito Brumário* sobre o campesinato parcelar francês de meados do século XIX. Assim, uma vez instaurada a luta armada, praticamente não houve espaço para que a guerrilha se constituísse na mediação política da população local contra seu outro, os fazendeiros e o Estado.

Não foi possível obter os dados específicos sobre a procedência dos processados por vinculação com cada uma das diversas organizações de esquerda particularmente. Entretanto, o trabalho do BNM forneceu dados acerca da naturalidade e da residência do conjunto dos denunciados por fazerem oposição ao regime militar entre 1964 e 1978, dentre os quais bem mais da metade foi processada por suposta ligação com grupos de esquerda até 1974, armados ou não. É de se supor que os números globais do BNM sejam válidos para a naturalidade e o domicílio dos supostos militantes das organizações de esquerda em geral, bem como, *grosso modo*, para os grupos que pegaram em armas nas cidades. (Pelo menos 4.854 pessoas, 65,9% do total de 7.367, foram processadas por vinculação com as organizações de esquerda entre 1964 e 1974, dentre as quais no mínimo 2.668 pessoas estiveram supostamente ligadas aos grupos armados urbanos, perfazendo 36,2% do total.) (Ridenti, 1989)

Enquanto 3.572 processados brasileiros com naturalidade conhecida eram nascidos no interior de diferentes unidades da Federação (66,1% do total), apenas 1.832 (33,9%) nasceram nas capitais; os números se invertem, porém, quando se aborda o local de residência dos processados: 68,8% deles foram denunciados nas capitais (4.077 de um total de 5.944 com residência sabida), contra 31,2% processados no interior (1.849 pessoas). Esses números são compatíveis com o acelerado processo de urbanização e de concentração populacional nas metrópoles, assistido no Brasil já a partir dos anos 1940. A exceção flagrante sobre a naturalidade dos processados foi o atual estado do Rio de Janeiro, onde a maioria (71,5%) nascera mesmo na capital, cidade do Rio, considerada como a mais politizada do país, e antiga capital da União (o Rio foi a cidade-estado da Guanabara até ser integrado ao estado do Rio de Janeiro, no governo Geisel). O Rio de Janeiro também atraiu uma infinidade de oposicionistas de outros estados: 1.574 foram processados nos antigos Rio e Guanabara, enquanto 768 denunciados nasceram ali (Quadro 8).

Ao reagrupar os processados por naturalidade e residência, conforme diferentes conjuntos de unidades da Federação, nota-se que 32,98% dos denunciados com origem conhecida eram naturais dos estados de São Paulo e Rio de Janeiro, enquanto 51,75% dos acusados com domicílio sabido foram processados nesses estados, que atraem migrantes de todo o Brasil, especialmente nas respectivas capitais: 36,63% do total moravam na cidade do Rio de Janeiro ou na de São Paulo quando levados às barras dos tribunais. Depois de Rio e São Paulo, destacou-se o conjunto dos estados de Minas Gerais e Rio Grande do Sul, onde nasceram 24,4% dos denunciados e foram processados 16,5% dos denunciados. Vem a seguir o grupo de Bahia, Ceará e Pernambuco, locais de nascimento de 16,72% dos acusados e onde 12,55% foram processados. Em Goiás, Distrito Federal e Paraná, somados, moravam 10,3% dos denunciados. Pode-se dizer que a resistência à ditadura militar concentrou-se em ordem decrescente nos grupos de estados mencionados. Mas isso não quer dizer que nos demais tenha deixado de haver resistência, armada ou não, à ditadura; por exemplo, em Espírito Santo, Mato Grosso, Mato Grosso do Sul, Santa Catarina, Alagoas, Maranhão, Paraíba, Piauí, Rio Grande do Norte e Sergipe, além de Acre, Amapá, Amazonas, Pará, Roraima e Rondônia, foram processadas 508 pessoas, ou 8,55% do total com residência sabida. Essas unidades da Federação destacaram-se, entretanto, mais pelo número de acusados nascidos em seu território: 972 pessoas, 17,4% do total com naturalidade conhecida (Quadro 8).

Pelos dados, pode-se concluir sinteticamente que a maior parte dos processados veio do interior dos estados para as capitais, principalmente para as grandes metrópoles, onde atuavam politicamente nos diversos movimentos sociais do período. Além disso, evidencia-se que no eixo Rio–São Paulo, centro da economia brasileira, esteve aglutinada a resistência à ditadura militar, inclusive a armada, embora ela se estendesse principalmente para Minas Gerais e Rio Grande do Sul, e também para os demais pontos do território nacional.

A essa altura, já se pode fazer algumas asserções sobre as razões de um movimento urbano, composto sobretudo por camadas sociais intelectualizadas, como foi o das esquerdas armadas, ter assumido um discurso que propunha o campo como cenário principal da revolução brasileira.

Em primeiro lugar, cabe lembrar que a própria tradição de análise política do PCB, mais ou menos herdada por vários grupos armados, permitia implicitamente a conclusão de que os camponeses poderiam ser uma das forças principais da revolução. De acordo com essa análise, o Brasil seria um país marcado ao mesmo tempo por relações de produção capitalistas, sobretudo nas cidades, e por relações feudais ou semifeudais no campo, colocando-se a necessidade de uma revolução nacional burguesa. Ora, numa revolução democrática e antifeudal, naturalmente, o campesinato desempenharia um papel central.

Em segundo lugar, os exemplos mais vivos de revolução na década de 1960 eram os de países onde a luta no campo fora fundamental: casos de Cuba, Vietnã e Argélia, sem contar o paradigma um pouco anterior da Revolução Chinesa. Quando se esfacelou o projeto de revolução pacífica e democrática do PCB em 1964, com a crise geral em que submergiram as esquerdas, era de se esperar que os comunistas dissidentes buscassem modelos vitoriosos em outros países como fontes de inspiração para a revolução brasileira – e esses modelos, em geral, privilegiavam a luta armada pela guerrilha rural. Castro, Guevara, Debray, Gunder Frank, Fanon, Mao, Lin Biao, Ho Chi Minh, Giap, dentre outros teóricos da revolução política, econômica, cultural e militar a partir do campo no "Terceiro Mundo", eram fonte de inspiração obrigatória das esquerdas nos anos 1960. Não se tratava, necessariamente, de transpor mecanicamente certos modelos de revolução à realidade brasileira, mas de encontrar elementos teóricos e práticos alternativos que conduzissem à transformação social radical, que suprissem as lacunas políticas e analíticas das esquerdas, sua falta de conhecimento da sociedade brasileira (aliás, essa falta de conhecimento não era peculiaridade das esquerdas, mas característica da sociedade como um todo, até da universidade).

Em terceiro lugar, embora a maioria dos integrantes das esquerdas armadas morasse em capitais, eles eram originários do interior, presumivelmente haviam tido certo contato com os homens e os problemas do campo, sem contar que provavelmente eram filhos ou netos de gente com raízes rurais, pois a urbanização em maior escala na sociedade brasileira ocorreu a partir dos anos 1950. Então, pode-se conjecturar que, após a derrota imposta pelo golpe de 1964 ao projeto de reformas modernizantes e democráticas, alguns setores sociais vencidos passaram a identificar no urbano, conscientemente ou não, a modernidade da revolução autocrática e burguesa. A modernização conservadora usurpava a identidade recém-constituída de camadas sociais que haviam ascendido nas cidades, do pós-guerra até 1964, à condição de sujeitos de direitos, de cidadãos integrais. Essa condição, inédita na história do Brasil, perdeu-se quase por completo com o golpe em 1964 e, de vez, com o AI-5 em 1968. A estratégia de revolução pela guerrilha rural e de privilegiar, nela, o papel do homem do campo, fazia parte de um movimento mais amplo de negação da cidade, espécie de volta às raízes rurais da sociedade brasileira, a um imaginário paraíso perdido. Isso se evidencia, por exemplo, na defesa da cultura brasileira em suas raízes camponesas, realizada por artistas e intelectuais que se posicionavam contra a modernização conservadora que estabeleceu a indústria cultural nos anos 1960 e 1970. Essa defesa materializou-se em várias obras de arte, como já apontamos noutro capítulo.

Pode-se sugerir, ainda, que a proposta de revolução rural tinha vínculos com o processo de trabalho imposto aos profissionais liberais pelo avanço do capitalismo, uma dinâmica de proletarização e ausência de domínio sobre o próprio trabalho intelectual: a maioria dos militantes das esquerdas armadas era de estudantes ou de jovens profissionais com formação superior. Eles buscavam revolucionar a sociedade, construir o futuro, o homem novo, mas, significativamente, elegiam o homem do campo como modelo e ator principal da cena revolucionária; o camponês identificado a uma situação passada, anterior à modernização conservadora do país, na qual era outra a posição social dos profissionais diplomados.

Finalmente, a proposta de guerrilha rural, formulada por grupos tipicamente urbanos – que poderia ser identificada como um romantismo revolucionário[15] "fáustico" –, era oportuna para setores de esquerda do movimento estudantil, preocupados em negar sua origem supostamente pequeno-burguesa. O guevarismo ou o maoísmo, caminhos militares de libertação na *sierra* e de identidade com os pobres da terra, eram ideais para negar a vida acomodada

---

15 A busca de um ideal anticapitalista moldado, conscientemente ou não, num passado mítico imaginário, além da crença na coragem, na disposição, na vontade de transformação, em detrimento da teoria, caracterizaram o romantismo revolucionário, derrotado no Brasil e na América Latina, com exceção de Cuba, que demonstrou que nem sempre um movimento político romântico está fadado à derrota.

das camadas médias urbanas, sem perspectivas de libertação, ameaçadas pelo empobrecimento constante.

Talvez seja possível esboçar uma figura-síntese que, enquanto indivíduo, tenha encarnado o processo social diversificado em que se enraizou a oposição armada ao regime militar na segunda metade dos anos 1960: filho de pequeno proprietário-lavrador, nascido no sertão baiano, ex-seminarista, migrante em São Paulo, serviu ao Exército como soldado – pretendia ser sargento, mas não lhe permitiram seguir carreira militar –, estudante secundarista, presidente do Círculo Estudantil de Osasco, jovem líder operário, ativista sindical, principal orador no comício alternativo de 1º de maio de 1968 no centro de São Paulo, torturado e preso por 98 dias pela participação destacada na greve dos metalúrgicos de Osasco, militante das esquerdas clandestinas, José Campos Barreto encontraria a morte em setembro de 1971, depois de voltar para o sertão baiano, na tentativa de organizar politicamente a gente que o viu nascer e no meio da qual seria morto pelo Exército, paradoxalmente isolado, fisicamente em frangalhos, durante a fuga que empreendia, acompanhado de Carlos Lamarca.

LUTA, CONSPIRAÇÃO E MORTE

A ILUSÃO DA PERMANÊNCIA REPRESENTATIVA

Os grupos e lideranças de esquerda, depois de 1964, parecem ter sido marcados por um processo que poderíamos chamar de "ilusão da permanência representativa", para usar uma expressão de Giannotti (1983, p.55). Quaisquer que sejam as formas de representação – em partidos, sindicatos ou outros movimentos, institucionais ou não, e até mesmo a própria representação no Estado, como síntese da sociedade civil – elas tendem a trazer em si a ilusão de sua própria perenidade enquanto formas de representação, como se a representação social do presente fosse eterna, e a realidade não estivesse em movimento contraditório de transformação. O sindicato, o partido e o próprio Estado, que se supõem imbuídos de um papel intrínseco e imutável de representação, podem estar, por vezes, sem se aperceberem, desvinculando-se do movimento real dos representados. Estes podem não mais se identificar com seus supostos representantes, deixar de reconhecê-los como tais. Por exemplo, em *O dezoito brumário de Luís Bonaparte*, Marx indica a trajetória do Partido da Ordem, mostrando como, de representante por excelência da burguesia francesa no Parlamento por volta de 1850, o partido enredou-se na trama política, perdendo, sem perceber, tal representação. Apoiado em bases falsas, crente na posse de uma representação que já não exercia, o Partido da Ordem foi varrido pelo golpe napoleônico, capaz de garantir a ordem para o progresso de que a burguesia francesa tanto necessitava. Esta abria mão do exercício direto do poder, delegando-o a Luís Bonaparte e ao Exército, os quais, "ao protegerem seu poder material, geram novamente seu poder político [da burguesia]".[1]

Na sociedade brasileira, no princípio da década de 1960, líderes populistas nacionalistas, como Goulart e Brizola, movimentos sindicais, as Ligas Camponesas, o próprio PCB e outras entidades eram, de alguma forma, representantes das massas trabalhadoras. O golpe foi dado quando tal representação ameaçou sair dos marcos da ordem capitalista, com a tendência crescente das massas irem superando seus antigos representantes, para constituírem propriamente uma classe. Os representantes do "povo" no pré-64 não se revelaram capazes de dar um salto na qualidade de sua representação, conduzindo uma resistência ao golpe, que poderia ter alterado a História. Jango e assessores civis e militares, Brizola e nacionalistas, trabalhistas e comunistas, porque não pudessem ou porque não quisessem, não tentaram o salto de representantes das "massas", do "povo", para representantes da classe trabalhadora; isso teria exigido a resistência imediata, que não houve, para surpresa dos golpistas.

É irresistível a tentação de usar, para caracterizar a derrota de 1964, as palavras de Marx, em *O Dezoito brumário*, sobre o partido social democrata na França em meados de 1849, cujos representantes no parlamento haviam sido eleitos com o voto operário e pequeno-burguês:

> Os representantes, por sua vez, ludibriaram a pequena burguesia, pelo fato de que os seus pretensos aliados do exército não apareceram em lugar nenhum. Finalmente, em vez de ganhar forças com o apoio do proletariado, o partido democrático infetara o proletariado com sua própria fraqueza e, como costuma acontecer com os grandes feitos dos democratas, os dirigentes tiveram a satisfação de poder acusar o povo de deserção, e o povo a satisfação de poder acusar seus dirigentes de o terem iludido. (1974, p.358)

Essa passagem irônica evidencia também que não cabe acentuar, isoladamente, nem a atuação dos representantes partidários, nem a ação dos representados: elas são tomadas em conjunto, no movimento contraditório do social, que também impõe limites objetivos às ações dos homens.

---

1 A abordagem sobre as relações da burguesia francesa "dentro do parlamento" e "fora" dele, isto é, entre a "massa extraparlamentar da burguesia" e seus representantes políticos, em meados do século passado, está em Marx (1974, p.378-92). Para uma discussão sobre o tema, ver o livro de minha autoria, *Classes sociais e representação* (Cortez, 1994).

As raízes da derrota política não devem ser buscadas só nos "erros" dos partidos, nem apenas na ação, ou falta de ação, dos que neles se representam. Se isso for correto, a derrota em 1964 não pode ser atribuída só à ação das esquerdas, nacionalistas e comunistas, ou apenas à "passividade do povo". A derrota foi de um projeto político de representação que envolveu e iludiu a todos, as massas populares e as esquerdas, representados e representantes, que foram tragados, no mesmo processo, pela roda-viva da História, cujo devir também dependia da ação das classes dominantes e da dinâmica objetiva do capitalismo brasileiro.

O sentimento social pela derrota do projeto político de representação popular, em vigor até 1964, foi poeticamente tratado, por exemplo, na letra da música Roda Viva, de Chico Buarque de Hollanda, de 1967. A canção expressa o espanto, a impotência e o desespero de ver o tempo passar, sem que a História trilhasse os rumos desejados pelas "forças populares", cujas "ilusões passageiras" foram levadas pela "roda-viva" que destruiu "o samba, a viola, a roseira", cultivados em vão:

> Tem dias que a gente se sente/ como quem partiu ou morreu/ a gente estancou de repente/ ou foi o mundo então que cresceu/ a gente quer ter voz ativa/ no nosso destino mandar/ mas eis que chega a roda-viva/ e carrega o destino pra lá// roda mundo roda-gigante/ roda-moinho roda pião/ o tempo rodou num instante/ nas voltas do meu coração// a gente vai contra a corrente/ até não poder resistir/ na volta do barco é que sente/ o quanto deixou de cumprir/ faz tempo que a gente cultiva/ a mais linda roseira que há/ mas eis que chega a roda-viva/ e carrega a roseira pra lá// a roda da saia, a mulata/ não quer mais rodar, não, senhor/ não posso fazer serenata/ a roda de samba acabou/ a gente toma a iniciativa/ viola na rua, a cantar/ mas eis que chega a roda-viva/ e carrega a viola pra lá// o samba, a viola, a roseira/ um dia a fogueira queimou/ foi tudo ilusão passageira/ que a brisa primeira levou/ no peito a saudade cativa/ faz força pro tempo parar/ mas eis que chega a roda-viva/ e carrega a saudade pra lá.

Se, contrariando as análises da esquerda armada, não houve uma situação revolucionária propriamente dita na sociedade brasileira dos anos 1960 e 1970, talvez tenha-se chegado perto de transformações, mesmo que dentro da ordem, no período imediatamente anterior ao golpe de 1964, período que iria expandir suas consequências políticas (e também culturais, econômicas, ideológicas) por uma década, pelo menos. Representações das massas populares, institucionalizadas ou semi-institucionalizadas até 1964, não só o PCB, o CGT e a UNE, como também o movimento nacionalista ligado a Brizola e ao próprio João Goulart, os movimentos dos subalternos das Forças Armadas, os sindicatos com diretorias "progressistas", as lideranças políticas, estudantis e sindicais, todos viram-se desprovidos de canais institucionais de atuação após o golpe. A representação dessas entidades e lideranças, sobretudo as legalizadas, estava fundamentalmente ligada à organização institucional do Estado populista. Dado o golpe, uma vez perdidos os canais institucionais de representação, tratava-se de encontrar outros caminhos, para continuar expressando a vontade dos representados. A representatividade daquelas entidades estava vinculada ao fetichismo da representação popular no Estado democrático, em vigor de 1946 a 1964; com a queda do regime populista, desmanchou-se a trama representativa na qual se assentavam. Como elas poderiam manter alguma representatividade, sem qualquer participação no poder de Estado, que era a pedra de toque de todo o processo de representação das massas populares nos anos anteriores ao golpe?

Muitos contagiaram-se pela "ilusão da permanência representativa", depois de 1964. Então, a conjuntura era outra, o regime democrático-populista desaparecera, perdera-se a oportunidade da resistência imediata ao golpe, sindicatos e outras entidades sofriam intervenção, oposicionistas eram perseguidos, os partidos tradicionais agonizavam, mas a força potencial dos movimentos sociais anteriores ao golpe alimentava ilusões. Alguns insistiram, anacronicamente, na manutenção do projeto político em vigor no período populista; contudo, sem apoio e bases de sustentação institucionais, eles veriam minguar, em pouco tempo, quase por completo, sua representação. Foi o caso do PCB, que passou a sofrer sangrias contínuas, de militantes isolados e das cisões políticas organizadas, todos insatisfeitos com a linha adotada pela maioria da direção partidária.

Outro exemplo de ilusão com a permanência da representatividade, conseguida até 1964, foram as investidas de militares nacionalistas ligados ao brizolismo, que pensavam contar com força representativa suficiente para efetivar, de imediato, uma iniciativa insurrecional armada. Os nacionalistas revolucionários iludiam-se duplamente: com a sua própria inserção política, isto é, com a permanência de sua representatividade; e com o tipo de representação que antes exerciam, uma representação política dentro da ordem institucional, que não podia ser transformada automaticamente, sem mediações, numa representação contra a nova ordem, que já se consolidava. Iludidos, os nacionalistas chegaram ao ponto de pensar que, dado o sinal, vários quartéis e as massas trabalhadoras adeririam a uma insurreição, como se relatou no capítulo anterior. O próprio Brizola só se apercebeu da ilusão de sua permanência representativa após o desbaratamento da guerrilha de Caparaó, em 1967. Muitos nacionalistas, principalmente ex-militares subalternos, não acompanharam a decisão de Brizola, integrando-se a diversas organizações armadas de esquerda que procuravam colocar, em novas bases, a questão da representação. O partido revolucionário ou a própria guerrilha, independentemente das diferenças na visão de cada grupo, seria o elo de representação armada das classes exploradas contra seu outro, corporificado na ditadura militar.

No percurso para realizar o plano traçado da guerrilha rural, os grupos armados urbanos envolveram-se umbilicalmente com os principais movimentos sociais entre 1965 e 1968. Todos eles viveram, de diversas formas, dando respostas topicamente diferenciadas, a tensão entre "massismo" e "militarismo", isto é, entre a realização de um trabalho político mais sólido junto às massas, preparando-as mediatamente para a insurreição, e a exigência de ações armadas urbanas imediatas, preparatórias para a deflagração da guerrilha rural. Nesse processo, os grupos guerrilheiros ganharam a adesão de lideranças dos movimentos sociais do período, operárias, sindicais e, sobretudo, estudantis. Não tardaria a se expressar, também, a ilusão da permanência representativa dessas lideranças: elas perdiam representatividade ao se afastarem dos meios sociais em que atuavam, entrando para a clandestinidade (por decisão própria, ou por imposição da repressão policial) a fim de integrar-se profissionalmente aos grupos que faziam ações guerrilheiras. Mudava qualitativamente o tipo de representação proposta quando as lideranças dos movimentos de massas trocavam-nos pela guerrilha: só uma minoria dos participantes das lutas de massas, contra a ditadura e a modernização conservadora que ela impunha, viriam a aderir às ações armadas, enquanto a maioria se desmobilizava politicamente. Esse foi o caso do movimento estudantil, do movimento das oposições sindicais, especialmente dos operários de Osasco etc.

Ao contrário do que imaginavam as organizações armadas de esquerda, não se estava diante do momento-limite de uma situação revolucionária, em que formas alternativas de representação destroem a organização representativa institucional vigente. Longe disso, após 1964, a contrarrevolução estabeleceu-se, houve reforço das instituições capitalistas, inclusive do próprio Estado, depuradas de qualquer presença significativa de representantes dos despossuídos. A contrarrevolução quebrou um padrão de representação política, em vigor de 1946 a 1964, e tratou de criar organismos representativos fundamentais para a estabilização e a "legitimação" da nova ordem; era de se esperar uma reação a ela, por parte daqueles que se propunham representantes dos trabalhadores. Hoje se sabe que o tipo de representação proposto, nos anos 1960, como alternativa à representação "populista", a saber, a da guerra de guerrilhas, não foi mais feliz que aquela para expressar a identidade da classe trabalhadora. Ambas, nas suas várias vertentes, não passaram de esboços de representação de classe, foram apenas "vontade de representação".

Todo o período entre 1964 e 1974 – especialmente os anos entre 1964 e 1968, quando os movimentos de massas ainda tinham certa força e organização – foi marcado pela ambiguidade dessas duas facetas: reconstruir a representação perdida com o golpe de 1964 e criar uma representação de novo tipo. O que corresponde às duas principais molas propulsoras, às bases políticas reais para a ação das esquerdas: os resquícios dos amplos movimentos sociais anteriores ao golpe de 1964 (de militares subalternos, trabalhadores urbanos e rurais, estudantes, sindicalistas, parcelas das camadas médias intelectualizadas – incluindo setores de grupos políticos que se pretendiam representantes populares no pré-64, como PCB, AP, POLOP, brizolistas etc.), e o impulso imediato dos movimentos sociais, mais restritos, de 1967 e 1968 (operários e sindicais urbanos, mas, sobretudo, de estudantes e camadas intelectualizadas). Contudo, a partir de 1969, exauriam-se as fontes alimentadoras das esquerdas: desapareciam as sobrevivências da representação política até 1964 e esgotavam-se os movimentos sociais de 1967 e 1968, quer pela repressão policial generalizada; quer pela recuperação econômica com o "milagre brasileiro"; quer pela manipulação ideológica desses e de outros fatores pelo regime civil-militar; quer pela atuação política dos movimentos sociais e das próprias esquerdas em geral e, em particular, das armadas. Estas caminhavam para a extinção, ao insistirem em enfrentar abertamente a repressão sem capacidade de reciclar seus quadros e suas bases, numa conjuntura de refluxo dos movimentos sociais. Ao invés de ganharem representatividade, as organizações clandestinas iam perdendo aquela com que contavam, marginalizando-se socialmente, entrando numa dinâmica ambígua de sobrevivência política e de autodestruição, no rumo certo do desaparecimento.

A DINÂMICA DA CLANDESTINIDADE

Só foram classificados como militantes, nos quadros estatísticos, aqueles que apareceram expressamente qualificados nos processos judiciais do BNM como "militantes" ou "profissionais da subversão" (Quadro 1). Daí a insignificância numérica dos "militantes", dentre os processados por vinculação com organizações de esquerda (19 em 3.698). Na verdade, esses números escondem que grande parte dos esquerdistas processados compunha-se de "revolucionários profissionais", no momento em que foram presos, mortos ou partiram para o exílio. Por um lado, a repressão após 1964 e, sobretudo, após dezembro de 1968, dificultou a sobrevivência política dos militantes no local de trabalho e a possibilidade de levar uma vida cotidiana legal no interior da sociedade; por outro lado, a própria dinâmica das organizações armadas empurrava para a militância guerrilheira clandestina. A tendência era "profissionalizar" os quadros dos grupos de esquerda armada, que sustentariam os militantes com recursos obtidos, geralmente, por meio da execução de assaltos a agências bancárias e de outras ações armadas do gênero. A dinâmica da luta política clandestina e da transformação dos militantes em "revolucionários profissionais" tem raízes na teoria do Partido em *Que fazer?* (Lenin, 1979), de Lenin, elaborada em circunstâncias de feroz repressão czarista, bem como nas ideias guerrilheiras em voga em toda a América Latina, marcada pela conjuntura repressiva de ditaduras militares nos anos 1960 e 1970.

A opção pela clandestinidade rigorosa e pela luta armada imediata, generalizada nas esquerdas em 1969, afastou muitos simpatizantes e militantes de base que, até 1968, acreditavam que "só a luta armada derruba a ditadura" (*slogan* usado nas inscrições de cartazes e como palavras de ordem das passeatas estudantis). Por exemplo, Alex Polari relata a "debandada" de seu grupo de secundaristas cariocas, simpatizantes da VPR (1982, p.130). Alfredo Sirkis também se referiu ao "desbunde" dos colegas secundaristas, que não acompanharam a decisão dele e de Polari, de aderir à militância armada na VPR (Sirkis, 1983, p.151). Assim, só vale para alguns a afirmação de Polari de que "essa política suicida que as organizações tinham de clandestinidade precoce e desnecessária caía feito uma luva nos nossos arroubos românticos e aspirações conspiratórias" (1982, p.96). Conforme Vicente Roig nos declarou, "no processo em que se inicia a militarização da Ala Vermelha, muita gente se afasta, por não se visualizar dentro de um processo armado. Ocorreu um processo de seleção, não só na ALA: muitas organizações diminuem nesse momento". No PCBR, "dos 1.600 filiados, militantes que nós tínhamos, ficamos reduzidos a muito pouca gente no decorrer de 69 e 70", segundo Apolônio de Carvalho. Entretanto, nem sempre os grupos de extrema esquerda perderam quadros ao aderir à via armada: a ALN e a VPR, que haviam optado pela clandestinidade total e pelas ações armadas desde o início de 1968, cresceram no decorrer desse ano e em 1969, só então iniciando o processo irreversível de declínio político. Para Paulo de Tarso Venceslau, "o processo de dispersão da ALN é constante após a morte de Marighella. Houve um pique de crescimento até sua morte, que poderia ser chamado, mais propriamente, de inchaço", numa organização cuja suposta eficiência militar atraía, ainda em 1969, a militância de lideranças sociais mais extremadas. Estas eram herdeiras da agitação de 1968, num "contexto político, histórico, cultural, que gerou um grupo expressivo, altamente radicalizado, que não podia recuar junto com sua base social em 69, ficando disponível para uma teoria mais abrangente", a da guerra de guerrilhas, como nos expôs César Benjamin, da DI-GB.

Guiomar Lopes Calejas observou, no depoimento que nos deu, que "o voluntarismo da gente não permitia que fizéssemos uma análise mais concreta e não entrássemos na clandestinidade com tanto ímpeto, o que não foi só uma exigência exterior, mas principalmente uma decisão da gente. Quando entrei na clandestinidade, larguei estudo, família e fiquei na dependência da própria organização para viver; eu não tinha fachada legal, não tinha outra atividade. (...) A clandestinidade tem um lado que dá a sensação, talvez falsa, de liberdade, e um outro lado, que é a sensação de absoluta solidão". Solidão não só individual, mas dos próprios grupos armados, cada vez mais isolados socialmente.

Sobre a solidão da clandestinidade, a partir de 1969, contrastante com a agitação pública de 1968, relata Gabeira:

> Passava os dias ouvindo música, bem baixinho, no quarto de Ana. Mas não há disco que resista ao ouvinte que não trabalha. (...) Num deles, Gil gritava Marighela. No princípio foi interessante reconhecer aquele nome, mais ou menos gritado às pressas, propositalmente, não articulado. Depois era fácil acompanhar a música que, dentro de alguns segundos, ia dizer Marighela. Finalmente, era insuportável ouvir aquele grito de Marighela, repetido mil vezes, ao longo daqueles dias. Sobretudo porque num deles a televisão anunciava a morte de Marighela, assassinado em São Paulo. (1988, p.121)

Num depoimento ao jornal *Em Tempo*, de 2 de agosto de 1979, César Benjamin observava, sobre a atuação política dos grupos armados clandestinos:

> ... nossos militantes agiam fora de seu meio. Breve, tinham as estruturas "profissionais" [sido] separadas do corpo social, sem capacidade de simbiose com a sociedade. Por paradoxal que pareça, a extrema clandestinidade nos tornava ainda mais vulneráveis às investidas repressivas. (...) No afã de reagir contra a grande política tradicional, corrompida e ineficaz, negamos a própria política – pelo menos em aspectos centrais – e fizemos da clandestinidade um fetiche.

Ao se tornarem absolutamente clandestinas, as organizações foram perdendo a capacidade de fazer qualquer mediação política, isto é, já não eram sequer esboços de representação de classe, num processo de marginalização política e social assim descrito por César Benjamin, no citado depoimento a *Em Tempo*:

> Com a derrota dos movimentos sociais de 1968, e a repressão que se segue, fomos expelidos do tecido social brasileiro. (...) Respondendo à vitória da contrarrevolução na sociedade real com uma guerra revolucionária que só podia se desenrolar numa realidade imaginária ou marginal, deflagramos uma bola de neve que passou a refletir cada vez mais o enfrentamento de grupos (representantes de si mesmos) contra o Estado. Fomos levados a radicalizar o processo político no momento em que o adversário era muito mais forte e, pior,

o fizemos à revelia da ação popular organizada. (...) a partir de certo ponto, não podíamos mais recuar, ou pelo menos, era muito mais difícil do que se pensa, pois as pontes para a sociedade estavam cortadas e a situação política precocemente radicalizada... neste momento (mais ou menos 1972), nosso engajamento, embora utilizado pela ultradireita para manter uma situação de terror generalizado, quase que só a nós dizia respeito, pois todo esse processo já se desenvolvia à margem dos verdadeiros locais da sociedade brasileira onde se gestava uma nova conjuntura política...

Em 1969 e, principalmente, a partir de 1970, as organizações guerrilheiras entraram numa ciranda de ações armadas para conseguir fundos, a fim de manter suas caras e pesadas estruturas clandestinas, que tinham de ser constantemente renovadas em função da intervenção policial, cada vez mais eficiente. Também realizaram sequestros para libertar os presos políticos, cujo número aumentava dia a dia. Segundo José Carlos Gianini:

Numa época, você participava de três assaltos em 24 horas, uma loucura. Cada ação era uma descarga brutal de adrenalina no sangue, você saía esgotado; uma ação de minutos te arrebentava o resto do dia, inclusive com um desgaste emocional muito grande. Imagine, fazer três ações ao dia! Era a necessidade objetiva que estava empurrando para isso, uma questão de sobrevivência, num certo momento.

Então, algumas organizações começaram a vislumbrar a necessidade de recuar aquela prática armada, o que não era fácil, dados os pressupostos teóricos assumidos, o nível de envolvimento político já alcançado, a própria obrigação moral com os presos, mortos e torturados: "recuar era muito difícil, mesmo para os que tinham consciência da necessidade do recuo, como a ALA e o MR-8", conforme nos declarou Antônio de Neiva.

O nível de envolvimento com o projeto guerrilheiro atingira um "ponto de não retorno" em 1969 e 1970, para usar uma expressão de Fanon (1979, p.70). Só que esse "ponto de não retorno" da luta armada não era coletivo, como na situação argelina descrita por Fanon, mas restrito ao âmbito das esquerdas armadas. Por exemplo, em meados de 1970, segundo Herbert Daniel:

... a VPR não tinha como mudar, mergulhara na dinâmica da sobrevivência, aí se cristalizara. Para ela, a ação imediata era a única viabilidade. A reflexão estava excluída, por ser um impasse... O que me parece caracterizar a ideologia da "dinâmica da sobrevivência" é esta incompreensão do tempo político, a criação artificial de um "momento de espera". Este intervalo preparatório, de fato inexistente, fundava uma autodefesa da organização enquanto seita, enquanto aparelho a ser conservado contra todas as intempéries. Qualquer seita se organiza em torno dessa ideia messiânica que fala de um grupo de iniciados que se prepara laboriosamente para o advento de um mundo melhor. A seita age falando que não age: que sua ação será real no futuro quando a *sua* verdade se generalizar, quando chegar o momento da revelação final. Antes dos tempos futuros da Glória, a Seita sobrevive, virada para dentro de si mesma. Eu penso que a "dinâmica da sobrevivência" é esse conjunto de relações políticas e ideológicas que foram criadas nas atividades e dificuldades da esquerda armada e que levaram a transformar os grupos armados em seitas de iniciados... A Organização, ou Grupo, ou Partido é o *Instrumento*. Ele deve ser conservado acima de tudo. (...) não mais se dirige a uma prática determinada, mas sua prática – qualquer que seja – se justifica pela existência e permanência do Aparelho. (1982, p.62-3)

Radicalizava-se o romantismo revolucionário dos grupos armados, cada vez mais anti-intelectualistas; exacerbava-se sua recusa à reflexão teórica e correspondente fetichização da prática armada. Para eles, "cinzenta é toda teoria, e vermelho apenas o sangue esplêndido da vida", se nos é dado parafrasear um conhecido verso romântico de Goethe, adequado às organizações guerrilheiras. Estas, na busca da própria sobrevivência, paradoxalmente, encontravam o itinerário da autodestruição: "tanto mais raras se tornavam as discussões políticas organizadas, quanto mais frequentes se tornavam os *rachas* e a realização de ações urgentes. De sobrevivência..." (1982, p.52) A sobrevivência estava crescentemente comprometida pelo distanciamento entre as organizações e suas bases sociais. Como nos expôs César Benjamin, por exemplo:

já o segundo semestre de 1969 foi de refluxo do movimento de massas e o início de um isolamento da organização [MR-8]. Não tanto um isolamento visível, mas, principalmente, pela perda da capacidade de reciclar os quadros. A organização ainda tinha uma base social que lhe dava fôlego, mas no segundo semestre de 69 já não reciclava mais essa base social.

Herbert Daniel retrata essa dinâmica na VPR:

Durante o restante do ano de 1970, a VPR se recompõe. No Rio, principalmente. Não que encontrasse militantes novos: reorganizava as poucas tropas dispersas, tornava veteranos os mais jovens, que tinham vivido até ali como "aliados" ou "simpatizantes". (...) Nenhum recrutamento. Nenhum crescimento real. Manter-se já era uma vitória. Evidentemente não era possível recrutar novos quadros. Onde? A VPR tinha cada vez menos contatos "exteriores"... Sem trabalho junto às massas não havia como encontrar adeptos. (1982, p.58)

Numa carta a Alfredo Sirkis, de 2 de maio de 1971, escrita no processo de seu rompimento com a VPR, escrevia Lamarca, impressionado com o isolamento social da VPR e das esquerdas: "Nenhuma solução artificial solucionará o impasse da esquerda. Ou a esquerda parte – agora, já – para criar sua base social, ou não dará mais tarde o passo necessário" (1983, p.373). Mas essa consciência da necessidade de "criar sua base social" não foi suficiente para que Lamarca recuasse do projeto guerrilheiro, mesmo trocando a VPR pelo MR-8; também para ele, a opção pela luta armada atingira um ponto de não retorno.

As dificuldades de sobrevivência das organizações – dizimadas pela repressão e, ao mesmo tempo, enredadas na sua própria política guerrilheira, distanciada das massas – obrigavam-nas a recorrer às últimas reservas humanas de que dispunham para combater a ditadura: os seus simpatizantes, sobretudo, do meio estudantil, politizados nos movimentos sociais de 1967 e 1968. Conforme nos contou Vinícius C. Brant:

> De repente, eu me vi numa cela no DOI-CODI em 1970; nas outras celas, tinha um bando de meninos. A primeira imagem que me veio à cabeça foi a de um filme alemão, chamado *A ponte*: os meninos de uma escola secundária na fronteira da Alemanha com a Polônia são colocados numa ponte para retardar a passagem do exército soviético, enquanto os alemães batiam em retirada, no fim da II Guerra Mundial. A imagem tinha relação com o que estava acontecendo com a esquerda naquele período: ela estava sendo dizimada e pessoas que eram, até então, meras simpatizantes da resistência iam-se incorporando àquilo, correndo riscos; às vezes, eram pessoas que nem estavam preparadas.

O próprio Vinícius C. Brant relatou-nos um episódio que, segundo ele, atestaria a solidariedade e o apoio social aos grupos de resistência armada à ditadura militar. Ele ficou sabendo:

> ... por vias transversas, que, um dia, no Rio de Janeiro, o Centro de Informações do Exército resolveu montar a seguinte operação: cercaram uma rua em Copacabana e falavam para os transeuntes: – "Não, por favor, não entrem aqui nesta rua, nós estamos assaltando um banco"; depois, ficaram à espera de telefonemas das pessoas, denunciando o suposto assalto. Sabe quantos telefonemas eles receberam? Nenhum. (...) Muitas pessoas estavam identificadas com aqueles que estavam lutando.

Um outro episódio foi relatado por Gilberto Velho, para atestar ideia oposta à de Vinícius, isto é, a falta de apoio às organizações armadas. Durante pesquisa de campo, realizada entre 1968 e 1970, num grande prédio de pequenos apartamentos em Copacabana, habitado principalmente por empregados assalariados, *white-collars*, Gilberto Velho testemunhou um incidente político que comprovaria que:

> ... [a] falta de interesse e curiosidade das pessoas sobre notícias e fatos políticos estava associada a uma grande desconfiança e medo do assunto. O mundo da política é representado

como algo distante e misterioso ao qual não tem acesso, não fazendo parte de suas vidas. Há uma consciência de que são tomadas decisões que as afetam, mas em relação às quais nada pode ser feito. Em geral aceitam as regras do jogo vigente, reservando seu descontentamento para os conflitos cotidianos com vizinhos, empregados do prédio etc.

Eis o episódio:

> Num começo de noite os moradores foram surpreendidos por barulhos mais violentos que os habituais vindos de um dos andares mais altos. (...) A polícia tinha descoberto no prédio um apartamento habitado por perigosos terroristas e que um destes tinha morrido na rápida luta que se tinha travado. Alguém perguntou qual era o apartamento, foram identificadas as pessoas que ali estavam morando e, rapidamente, o grupo se dissolveu. Ao todo, o prédio ficou bloqueado cerca de uma hora, com grande ajuntamento e aparato policial. A notícia, no dia seguinte, estava em todos os principais jornais, esclarecendo que tinha havido um "estouro" de um "aparelho" terrorista. Já na manhã seguinte ninguém comentava o assunto no edifício. Uma ou outra pessoa que tentava iniciar um comentário sobre o que tinha se passado era imediatamente cortada e evitada. O próprio porteiro fez questão de esclarecer que o síndico tinha recomendado que não se falasse no caso. O pesquisador ainda ficou no prédio cerca de cinco meses depois desse episódio, não tendo jamais voltado a ouvir qualquer comentário ou esclarecimento sobre o ocorrido. Passou a ser um assunto tabu. (Albuquerque, 1977, p.150)

São dois casos contrastantes, no bairro carioca de Copacabana, na mesma época: num, os transeuntes recusaram-se a denunciar um suposto assalto a banco feito por "terroristas"; no outro, os moradores de um prédio de conjugados ignoraram o assassinato de um "terrorista", também residente no edifício, fechando a "janela de frente para o crime", como numa canção de Aldir Blanc e João Bosco dos anos 1970. Nos dois episódios, prevaleceram o silêncio e a omissão. Como interpretá-los? Quem cala consente a ação da polícia ou dos guerrilheiros urbanos? Nesses casos, parece que quem cala não assente, nem dissente: não se tratou de consentir, apoiar ou condenar, ativa ou passivamente, uma determinada ação política. Os dois incidentes relatados indicam que não houve identificação da maioria da população com os grupos armados, nem com os seus repressores, mesmo que o enfrentamento armado fosse expressão de conflitos sociais latentes na sociedade brasileira. Eles sugerem, embora não explicitamente, a existência da percepção de que uma atuação política mais ativa, naquele momento, poderia implicar, quase inevitavelmente, a morte, e não a Justiça.

É possível ter havido certa simpatia da população pelos guerrilheiros urbanos, a qual logo se perderia, sem se converter em apoio organizado. Por exemplo, inúmeros depoimentos de quem viveu no Rio de Janeiro atestam que, por ocasião do sequestro do embaixador norte-americano, em 1969, a cidade torceu em peso pelo êxito dos sequestradores. Mas tratava-se de *torcida*, exterior à luta propriamente política. Um dos entrevistados disse-nos que os grupos armados fizeram "uma espécie de luta de classes por procuração". O problema é que essa luta não se faz por procuração, por agentes-substitutos das classes, que não mantêm com elas qualquer mecanismo de mediação política. Cid Benjamin observou a respeito:

> Durante um certo período, enquanto operacionalmente funcionou bem, os trabalhadores aplaudiram a guerrilha urbana; era um pouco a forra deles, quando eles perceberam que as ações eram feitas em nome deles. Agora, ninguém faz a revolução por ninguém: ou os trabalhadores entram ou não há revolução. Havia um abismo entre a forma de integração que apresentávamos aos trabalhadores e as lutas possíveis para eles naquele momento. Isso levou a um isolamento nosso, à não generalização do processo de resistência armada, de modo que o problema do cerco e aniquilamento era questão de tempo.

A situação de isolamento social crescente e cerco repressivo não era vivida exclusivamente pelos grupos armados. O próprio tipo de concepção de vanguarda política, mais ou menos adotado por toda a esquerda brasileira nos anos 1960, colocava-se em questão naqueles anos, até mesmo no exterior. Além disso, fundamentalmente, qualquer atuação política de oposição nos "anos de chumbo" estava ameaçada pela violência policial. Tome-se o exemplo da AP, uma organização crítica da guerrilha urbana: também ela desenraizava-se socialmente, e a militância na organização implicava sérios riscos a seus integrantes, que deviam "interiorizar a necessidade do sacrifício", na expectativa da possibilidade de reverter o quadro político mais geral e derrubar a ditadura. Segundo Herbert José de Souza, o Betinho, da AP:

> ... [era preciso] racionalizar a necessidade do sacrifício. Sacrifício no fundo significava que eu tinha de dar meu testemunho, tinha que continuar no Brasil, continuar a luta, possivelmente acabaria sendo preso, e que, sendo preso, hemofílico, seria torturado, e sendo torturado e hemofílico eu morreria. Tratava-se pois de interiorizar que isso era uma necessidade e que deveria me preparar. Esse processo foi tão consciente que cheguei a discuti-lo com psiquiatra. O que se poderia chamar hoje racionalização consciente do suicídio. (Cavalcanti; Ramos, 1978, p.89)

Se, no início, Betinho estava "amarrado às circunstâncias e decidido ao sacrifício", sua posição passaria a ser diferente a partir do final de 1970, quando se acentuava o isolamento social da AP e das esquerdas em geral. Nessa época, ele próprio escapou de ser preso, por muito pouco, e viu-se obrigado a viver em absoluta clandestinidade. Betinho relata:

passo quase um ano em São Paulo numa situação de reclusão completa, desvinculado de tudo. Nesse período, já fora de qualquer tipo de vinculação concreta com a realidade, é que começo a pensar sobre o que seria mais importante, ter um cara vivo podendo trabalhar, ou ter um cara morto por quase nada. Isso corresponde a uma tomada de consciência de que era necessária uma revisão completa de tudo. Outra tomada de consciência muito grande foi a de que nós não éramos quase nada, ou praticamente nada. Que nós não éramos um partido, que não éramos um partido da classe operária, que não tínhamos condições de sobrevivência, que nessa altura não só a minha vida, mas em conjunto era uma situação de suicídio. E isso não era política! (...) facilitaram a minha saída. É assim que em novembro de 1971, prevendo as quedas que sucessivamente iriam ocorrer, saio e vou fazer uma longa viagem.

A experiência de militância de Betinho junto ao meio operário, para onde fora deslocado pela AP, no processo de "proletarização" de seus quadros, no final dos anos 1960, ensinou-lhe que

só em situações históricas muito especiais é que os partidos surgem. E que só em condições especialíssimas é que você pode se colocar na posição de propor a criação de um partido. Quando as condições eram as mais difíceis, até mesmo para as atividades políticas mínimas, elementares, se criou aquela quantidade enorme de partidos. Chegávamos a ter 30, 40 organizações, divisões, frações. Então, aquilo que aparentemente era a existência de partidos, no fundo, era a demonstração da inexistência, e até mesmo das possibilidades de existência de partidos políticos revolucionários. Basta compararmos que até a própria burguesia não tinha seu partido, quer dizer, não era só um problema da esquerda, mas das classes sociais no Brasil. A própria classe dominante se expressava através do Exército, politicamente, e não através de um partido político. (Cavalcanti; Ramos, 1978, p.90-1)

Todos os grupos de esquerda, armados ou não, embora gestados em lutas sociais, tornavam-se cada vez mais exteriores e distantes dos trabalhadores, pretendendo impor-lhes as políticas mais diversas, de fora e de cima para baixo, alheios à sua realidade social. Nenhum grupo tinha condições de converter-se numa efetiva representação de classe, todos tendiam a arvorar-se em agentes--substitutos da ação política da classe trabalhadora, entrando numa dinâmica que não os levaria a lugar algum.

VIDA E MORTE DE UM PROJETO REVOLUCIONÁRIO

Daniel Aarão Reis Filho, na sua tese de doutorado (1987),[2] discute os mecanismos de coesão interna das organizações comunistas, os quais seriam res-

---
2 Parte da tese converteu-se no livro *A revolução faltou ao encontro* (Reis Filho, 1990).

ponsáveis tanto pela sua "fraqueza" como pela sua "força": pela força, porque as tornariam aptas e permanentemente prontas para, eventualmente, assumir a liderança de uma revolução, cuja dinâmica estaria fora das organizações, na luta de classes; e pela fraqueza, porque os mecanismos de coesão dificultariam a capacidade dos grupos revolucionários de "manterem um contato, uma troca, uma interação vivas e ágeis com o processo real da luta de classes" (1987, p.654). Assim, haveria uma lógica para os fracassos das esquerdas brasileiras, dada pelos fatores de coesão das organizações comunistas, justamente os mesmos que teriam impulsionado os partidos revolucionários triunfantes em outros países e circunstâncias históricas. "A revolução faltou ao encontro" com os comunistas brasileiros, não por culpa deles, assim como ela teria ido ao encontro dos comunistas, nas sociedades em que foram vitoriosos. Para Daniel Reis, em alguns casos, a revolução teria coincidido com a preparação das "vanguardas", em outros, não. Portanto, a dinâmica interna das organizações comunistas é pensada como algo exterior e diferente do movimento da luta de classes. É como se o devir da luta de classes (da revolução) e a dinâmica das organizações fossem totalmente autônomos, podendo encontrar-se num determinado momento histórico, eventualmente.

No fundo, a análise de Daniel Reis é o reverso daquela feita, corrente e reiteradamente, pelas autocríticas das organizações de esquerda: para estas, as vanguardas são sempre responsabilizadas pelas derrotas políticas, atribuídas a "erros" e "desvios" das próprias organizações; para Daniel Reis, no entanto, as derrotas seriam atribuíveis às mesmas razões que levaram às vitórias em outras circunstâncias, noutros países: os fatores coesionadores internos das organizações comunistas de quadros, clandestinas. Nos dois casos, o centro da análise encontra-se deslocado, não está onde deveria estar (no movimento contraditório do social); mas na vontade e na atuação das supostas vanguardas. Pela tese de Reis, como poderia a dinâmica interna das organizações comunistas ser compatível com aquela da luta de classes e da própria revolução? Só por mera coincidência histórica; a tese não oferece elementos para essa possível compatibilidade. Para Reis:

> manter os princípios de organização e os grandes eixos de reflexão marxistas-leninistas, tornar-se-á tarefa central – mais importante que a sintonia com o processo vivo da luta de classes. Neste sentido as organizações comunistas se caracterizariam pela formulação de um "projeto histórico" com vida própria. (1987, p.XIII)

Como esse "projeto histórico com vida própria" poderia entrar em "sintonia" com o "processo vivo da luta de classes"? A tese não dá elementos para pensar essa sintonia, embora reconheça que ela possa ocorrer:

mesmo que [as debilidades] existam, não inviabilizam, em tese, o êxito revolucionário do assalto ao poder pelas organizações comunistas, desde que estas, em determinados momentos críticos, tenham sensibilidade para captar a dinâmica do movimento social em curso e, se for o caso, modificar, ou mesmo rejeitar, os próprios programas (cf. o "gênio tático" de Lenin). (1987, p.XIII)

Mas, no esquema analítico de Reis, de onde viria essa sensibilidade social, uma vez que o partido estaria muito mais preocupado com sua dinâmica interna do que com o movimento da sociedade? A única resposta possível, com os pressupostos de Daniel Reis, é a da existência do "gênio tático" que subverteria o programa e a lógica interna das organizações comunistas, que seriam incapazes de captar a dinâmica da luta de classes.

É claro que não queremos dizer que a sintonia com o processo vivo da luta de classes seja aspecto irrelevante na trajetória de uma organização comunista. Afinal, desta sintonia depende o crescimento orgânico e amplitude de influência dos comunistas. (1987, p.XIII)

Pode-se ratificar essas palavras, mas, nos volumes da tese, o Autor não dá qualquer elemento que possa esboçar a possibilidade dessa sintonia, exceto o "gênio tático", justamente porque pensa as organizações comunistas e o movimento social como coisas completamente autônomas e diferentes, em vez de conceber a ação e a organização dos grupos de esquerda como parte integrante do movimento da sociedade.

"Mas da falta desta sintonia as organizações comunistas poderão autocriticar-se periodicamente, desde que mantenham incólumes os 'princípios' e o projeto histórico que lhes dão perfil de vanguarda, de Estado-maior" (1987, p.XIII). Segundo Reis, as organizações comunistas necessitariam de "princípios", de um "projeto histórico", de mecanismos de integração no interior dos grupos revolucionários clandestinos, o que lhes permitiria sobreviver, mesmo sob as condições mais adversas, aguardando o momento em que "a revolução" deixasse de "faltar ao encontro" marcado com eles. Ora, pelo contrário, parece-nos que as organizações comunistas não podem sobreviver apenas baseadas nos próprios princípios, projeto histórico e demais mecanismos de coesão interna, sem qualquer sintonia com o real processo da luta de classes. Talvez até possam se manter, como grupúsculos, numa sociedade democrática e tolerante politicamente; contudo, se não houver enraizamento no movimento da sociedade, eles tenderão a ser eternos guetos, seitas sujeitas a constantes e sucessivas divisões internas. Onde houver perseguição política, a tendência é a destruição das organizações que não tiverem nenhuma sintonia com a luta de classes. Parece que foi justamente o que ocorreu com os grupos armados urbanos de esquerda a partir de 1970: ao perderem, de vez, a sintonia com o devir da sociedade brasileira, ao deixarem de encontrar inserção nos movimentos sociais, desenraizando-se, tornaram-se marginais à dinâmica da realidade social e política; então, as organizações passaram a viver uma lógica de sobrevivência (contra os ataques da polícia), e de autodestruição (pelos constantes questionamentos e cisões, gerados na incompatibilidade crescente entre a lógica interna de sobrevivência política do grupo armado e o movimento da sociedade mais abrangente).

Alguns elementos, levantados por Daniel Reis, dos mecanismos de coesão interna das organizações da esquerda devem ser levados em conta, paradoxalmente, para demonstrar uma tese oposta à dele: em vez de permitir a sobrevivência das organizações comunistas, sem qualquer sintonia com o movimento da luta de classes, a lógica interna das organizações torna-se autodestrutiva, ao permanecer desenraizada socialmente. A exposição de Daniel Aarão Reis sobre os mecanismos de coesão interna das organizações comunistas parece constituir um tipo ideal relativamente aceitável, descritivamente, como ponto de referência que, enquanto tipo ideal, nunca se revela exatamente no real conforme foi idealmente concebido. O modelo analítico proposto por Reis é mais aplicável descritivamente, em sua plenitude, às organizações rigidamente estruturadas nos moldes "marxistas-leninistas" (e stalinistas), como o PCB na época de Prestes; o que não era estritamente o caso de vários grupos de esquerda armada nos anos 1960. Para estes, o modelo de Daniel Reis é menos ou mais aplicável, dependendo da organização armada. Entretanto, vale a pena citar esses mecanismos integradores internos dos grupos comunistas, que, não por coincidência, guardam semelhanças com os elementos de instituições corporativas fechadas, como as Forças Armadas e a Igreja Católica Apostólica Romana. Seriam quatro os fatores de coesão das organizações comunistas:

> Em primeiro lugar, os pressupostos fundadores – ou mitos coesionadores: a revolução socialista – historicamente inevitável; a missão redentora do proletariado industrial; a imprescindibilidade do Partido de Vanguarda, intérprete qualificado do devir histórico. (...) Em segundo lugar, a dinâmica excludente e antidemocrática das organizações comunistas enquanto elite política que detém as chaves do conhecimento da "necessidade histórica", ou seja, das leis do movimento da sociedade e de suas lutas, o que lhes confere capacidade de previsão e de antecipação, em outras palavras, de direção do processo histórico e, em especial, das forças destinadas a vanguardeá-lo. Em terceiro lugar, a estratégia da tensão máxima – conjunto de mecanismos e condicionamentos elaborados para assegurar coesão e disciplina ao corpo de profissionais dedicados integralmente à revolução. (Reis Filho, 1987, p.653-4)

Tal "estratégia da tensão máxima" envolveria uma série de mecanismos: "o complexo da dívida" do militante com o corpo orgânico do Partido, que deteria saber e poder, subjugando o militante internamente, mas colocando-o em posição superior às pessoas comuns; "o leque das virtudes" que deve ter um revolucionário modelo; "o massacre das tarefas" que o Partido impõe aos militantes, sobrecarregando-os de obrigações; "a celebração da autoridade", com um duplo caráter, "a apologia do saber teórico e político, concentrado pelos dirigentes, e o culto da própria personalidade do chefe, apresentado como arquétipo ao qual todos os militantes devem-se referir"; "a ambivalência das orientações" do partido, com o propósito de não se fixar "uma diretriz que, mais tarde, possa se afigurar incorreta, recaindo sobre a direção a responsabilidade por tê-la sugerido", elevando "o nível de tensão entre os militantes, tornando-os vulneráveis às críticas e fortalecendo, neste mesmo movimento, a direção política e, consequentemente, a organização"; e "a síndrome da traição", em que o Partido e os companheiros considerariam desertores e traidores aqueles que deixassem de integrá-lo (Reis Filho, 1987, p.538-74).

> Em quarto lugar, o papel das elites sociais intelectualizadas que comandam e constituem majoritariamente as organizações comunistas, cuja força e importância relativa decorrem, e, ao mesmo tempo determinam, a configuração daquelas organizações como organizações de Estado-maior. (1987, p.654)

O estudo de Daniel Reis ajuda a conhecer, genericamente, a lógica e o funcionamento interno das organizações comunistas (tem uma preocupação política legítima, que, talvez, seja responsável pela centralidade da análise na dinâmica interna das supostas vanguardas, perdendo de vista a sua historicidade: contribuir para o exercício do controle democrático sobre as organizações comunistas, especialmente se elas alcançam o poder de Estado). Entretanto, já salientamos que o modelo analítico proposto por Reis é apenas parcialmente válido para as organizações guerrilheiras urbanas, atuantes na sociedade brasileira nas décadas de 1960 e 1970. Por exemplo, numa organização como a ALN, entre 1968 e 1969, que contestava o papel organizacional do partido leninista clássico, e estava subdividida em vários subgrupos com grande autonomia operacional, fica difícil falar na existência do "mito coesionador" do partido de vanguarda, como "intérprete qualificado do devir histórico". Porém, não resta dúvida de que a própria ação da ALN, não partidária e disseminada em comandos guerrilheiros urbanos, fazia supor que ela detinha as rotas do caminho para tirar a sociedade brasileira da crise por que passava, o que demonstraria com seu exemplo de luta armada. Evidentemente, não cabe analisar aqui a adequação ou falta de pertinência do modelo ideal proposto por Daniel Reis, em relação ao funcionamento interno de cada uma das dezenas de organizações atuantes nas décadas de 1960 e 1970. Trata-se apenas de tomar um ponto de referência sobre a lógica interna das organizações comunistas em geral. Só que, ao contrário do que ele propõe, a dinâmica de solidariedade interna, dos "fatores coesionadores" dos grupos de esquerda, se estiver completamente desvinculada da realidade social mais abrangente, tenderá a manter guetos sociais, que ficam prestes a desaparecer, quer pela ação repressiva externa das forças da ordem estabelecida, quer pelas cisões internas inevitáveis que, por sua vez, darão origem a outras dissidências, no caminho certo da autodissolução a médio e longo prazos, em permanecendo o isolamento social desses grupos políticos.

Numa frase, se os fatores coesionadores das organizações não encontram qualquer sintonia com o processo real de luta de classes, tornam-se fatores fracionadores e autodestruidores, por mais que alguns poucos militantes insistam em manter os pressupostos da "luta revolucionária" e a sobrevivência das organizações clandestinas, fazendo até frentes de ação prática comum, como foi o caso típico da Frente Armada no início dos anos 1970. Quando as organizações vão perdendo enraizamento social, tendem a obedecer estritamente a uma lógica de funcionamento interno que, longe de torná-las mais sólidas para enfrentar adversidades, implica uma dinâmica ambígua de sobrevivência e de autodestruição. Jacob Gorender, por exemplo, constata que:

> nas fases descendentes, após o impacto de derrotas e no ambiente de refluxo do movimento de massas, em condições de clandestinidade cada vez mais densa, quando o intercâmbio flui através de precários canais, prevalece a tendência à fragmentação, às cisões repetidas. São as fases de *rachas*, de divisões e subdivisões, às vezes motivadas por questões secundárias ou pelas rivalidades personalizadas. (1987, p.79)

Em passagens isoladas, Daniel Reis sai do modelo que criou para explicar as derrotas (e as vitórias) dos comunistas, tomando sua atuação como parte do movimento da sociedade. Por exemplo, ele revela perspicácia quando escreve que o PCB seria "o grande bode expiatório – a evidência do seu despreparo, quando do golpe militar, ofuscou a todos que não queriam vê-lo como expressão política de um movimento social iludido com a possibilidade das reformas decretadas pelo alto..." (1987, p.343). Se o PCB, até 1964, era "expressão política de um movimento social", como fica a "falta de sintonia" das organizações comunistas com o processo "vivo da luta de classes"? Caberia dizer, nesse caso, que as organizações, "ao viver a iminência da revolução, perdem qualquer relação com a marcha dos acontecimentos reais"? A passagem mencionada sugere que não, mas ela é apenas um momento esparso, perdido em uma análise obcecada com a lógica de coesão interna das organizações, como se ela pudesse explicar, por si só, a atuação política dos comunistas.[3]

Evidentemente, não se pretende negar a relevância dos fatores de coesão interna das organizações comunistas para a sua atuação política. Tanto que, no primeiro capítulo, explicitou-se que a opção de uma parte das esquerdas pela "luta armada" não é compreensível fora do momento de crise por que passava a esquerda brasileira nos anos 1960, especialmente depois de 1964, num quadro internacional de falência do modelo stalinista de organização política. Porém, não cabe tomar a dinâmica interna das esquerdas como se ela fosse completamente independente do movimento da sociedade.

Se considerássemos, ao pé da letra, abstratamente, o modelo analítico dos fatores de coesão interna das organizações comunistas, como foi proposto por Daniel Reis, ficaria difícil explicar como tantos jovens da década de 1960 – época de liberação dos costumes, de questionamentos e de uma grande agitação cultural, em todos os sentidos – teriam aderido às organizações comunistas, rigidamente estruturadas, com rigores espartanos, conforme o modelo esboçado por Reis. Este descreve o funcionamento centralizado, disciplinador, antidemocrático e fortemente hierarquizado de um partido comunista clássico. É de se perguntar como é que tanta gente, da chamada geração libertária de 1968, poderia aderir a organizações políticas estruturadas, mais ou menos, nos moldes descritos. Se a lógica de coesão interna das organizações não for historicizada, isto é, se ela for tomada independentemente de sua inserção no devir

---

[3] O tipo de análise proposto por Reis encontraria paralelo, por exemplo, em estudos sociológicos que pretendessem explicar o golpe de 1964, fundamentalmente, pela dinâmica interna das Forças Armadas, que estariam ameaçadas, enquanto instituições, pela insubordinação crescente dos militares de baixa patente no início da década de 1960, o que teria levado a oficialidade a intervir politicamente, de modo coeso e decidido. Por certo, a indisciplina no seio das Forças Armadas contou para a intervenção direta dos militares na política; talvez tenha até aparecido, aos olhos de muitos militares, como a principal causa do golpe. Entretanto, tomar esse elemento explicativo como o fundamental seria isolar a dinâmica interna das Forças Armadas do movimento da sociedade como totalidade contraditória. Indo mais além, alguém poderia caracterizar o modelo político instaurado no Brasil, após 1964, como de "classe média", pois viriam majoritariamente dessa classe os componentes do aparelho de Estado, inclusive das Forças Armadas. Fernando Henrique Cardoso, dentre outros, já demonstrou o equívoco desse tipo de análise: o caráter do Estado e do regime militar nada tem a ver com a origem social das pessoas que compõem a administração pública, mas sim com a relação de forças das classes sociais (Cardoso, 1972, p.56).

da sociedade, numa determinada conjuntura, torna-se incompreensível a opção pela militância política que exige o "leque das virtudes", impõe o "massacre das tarefas", a "celebração da autoridade", o "complexo da dívida", disseminando a "síndrome da traição".

Ora, nas inúmeras entrevistas que realizamos e nos livros de memórias de ex-guerrilheiros, toda essa "estratégia de tensão máxima" imposta aos militantes (que não era tão "máxima", afinal de contas), bem como o centralismo e a rigidez das organizações, são vistos pelos ex-militantes como uma opção política consciente numa determinada conjuntura, em que a participação em movimentos sociais aproximava da militância política em grupos clandestinos, cuja luta necessariamente impunha sacrifícios, no limite, o da própria vida de seus componentes. As normas de funcionamento interno das organizações comunistas eram acatadas como necessárias e legítimas, na época. Vários entrevistados explicitam que encontraram na militância orgânica, nos anos 1960, um período de grande realização pessoal, independentemente das críticas que se poderia fazer, hoje, àquele tipo de militância. O próprio Daniel Reis, na entrevista que nos deu, observou:

> [no interior da DI-GB], nesse período de militarismo mais exacerbado, a democracia não existe, mas isso é uma coisa assumida por todos. Não é algo imposto, as pessoas consideram que não há saída. Houve um processo muito desigual, de grupo para grupo: a taxa de democracia variou muito, tendo atingido seu mais baixo nível por volta de 70, 71.

Cid Benjamin, outro integrante do MR-8, afirmou:

> era uma pessoa muito feliz. Apesar das limitações da clandestinidade, eu confiava no que estava fazendo, achava que realmente o caminho era aquele. Eu me sentia em paz com a minha consciência e contente com o que estava fazendo. E mais, eu sentia que praticamente todos nós éramos felizes.

Da mesma forma, Pedro Rocha declarou que se "sentia muito satisfeito, a militância sempre foi motivo de satisfação pessoal". Genoíno esclarece:

> naquela época, uma geração inteira se dedicou à luta, e aquilo ocupava um espaço tão grande na vida das pessoas que a felicidade para elas era lutar. Eu digo que me sentia profundamente feliz no Araguaia, nunca me senti triste, achando que ia fazer um negócio ruim. Eu era feliz por estar no mato, pegar em arma, aprender a atirar e saber enfrentar uma emboscada. Fazíamos aquilo em que acreditávamos e confiávamos; nós tínhamos uma convicção muito profunda naquilo.

Para Vicente Roig, no final dos anos 1960, "a coisa mais importante do mundo era a revolução. Ser agente dessa revolução era um encontro muito grande, o desencontro seria posterior, noutra conjuntura. Os momentos mais felizes de minha vida foram aqueles, porque estava mais inteiro, mais iluminado". Em seu livro, Alex Polari também afirma que era feliz como militante da VPR, apesar da tensão com a presença constante da possibilidade da morte (1982, p.214-5). Quase todos os entrevistados apontaram que, naquela momento específico, a militância política lhes trouxe satisfação pessoal, "apesar da angústia em que se vivia", nas palavras de Fernando Pimentel.

Pode-se argumentar que os depoimentos citados revelam uma certa idealização do passado, que normalmente ocorre com as memórias, especialmente as da juventude. É possível; mas o que importa é ressaltar que as normas de funcionamento interno das organizações de esquerda não eram tomadas pelos militantes como algo que lhes era imposto contra a vontade, mas consideradas legítimas e necessárias, naquela conjuntura. As críticas à "estratégia de tensão máxima" e ao caráter hierarquizado e autoritário das organizações de esquerda armada só cresceriam, no seu interior, na medida em que se acelerava seu isolamento social. Conforme a velha lição da sociologia da integração no estudo dos grupos sociais, a coercitividade dos fatos sociais, das instituições, só é percebida quando os indivíduos se rebelam contra as normas do grupo a que pertencem. Exemplos da rebelião contra as normas, no interior dos grupos de esquerda, mais frequentes a partir do final de 1969, foram os inúmeros casos de militantes que "desbundavam", no jargão das esquerdas, isto é, deixavam as organizações para exilar-se ou para viver suas vidas pessoais dentro do país, afastados da política.

Configurada a marginalização social do movimento armado, não houve lógica interna coesionadora que mantivesse vivos, por muito tempo, os grupos guerrilheiros, numa conjuntura política bastante adversa para eles. Além da atuação da repressão policial, que desempenhou papel decisivo no extermínio dos grupos armados de esquerda, estes passaram a sofrer sucessivos "rachas" e defecções, sem conseguir recrutar novos militantes e criar bases de apoio na sociedade; eles não tinham como substituir os presos, os mortos e aqueles que desistiam da militância. E não se admitia hipótese de recuo político dentro dos grupos guerrilheiros, cuja opção pela luta armada imediata era inquestionável.

Os grupos de esquerda, como grupos sociais, evidentemente estão inseridos numa sociedade mais abrangente. Pode-se tomar, como referência, as dicotomias da sociologia clássica para descrever a inserção desses "grupos primários" num "grupo secundário" (Cooley); dessas "comunidades" na "sociedade" (Tönnies);

desses agrupamentos, caracterizados pela "solidariedade mecânica", no interior de uma sociedade em que prevalece a "solidariedade orgânica" (Durkheim) etc. (ver, por exemplo, p.84-7, 106-31). Esse tipo de dualidade analítica pode ser um ponto de referência, assim como a dualidade proposta por Daniel Reis, entre o movimento da sociedade (da revolução) e a dinâmica própria das organizações comunistas, desde que os polos dessa dualidade não sejam tomados isoladamente e de maneira estanque, como se fossem autônomos e como se não estivessem indissoluvelmente ligados, no interior de uma totalidade social contraditória. No caso, os grupos guerrilheiros brasileiros, em sua atuação e organização política enquanto grupos, só podem ser compreendidos dentro do quadro social mais amplo em que se inseriam e que pretendiam revolucionar. Até mesmo o fato de esses grupos terem-se isolado socialmente – passando a se manter, temporariamente, em função de sua dinâmica interna ambígua, de sobrevivência e autodestruição – tem correspondência com o movimento do conjunto da sociedade brasileira, numa conjuntura de recuperação econômica e de repressão policial brutal contra as organizações de esquerda. Ao permanecerem as condições sociais adversas para aqueles que buscavam transformar a sociedade, a tendência foi o desaparecimento dos grupos que insistiam na luta armada imediata, já desenraizados e marginalizados socialmente. Na medida em que a lógica interna dos grupos guerrilheiros passou a se distanciar do movimento da sociedade, sua liquidação era questão de tempo.

Alguns depoimentos ajudam a esclarecer a dinâmica interna dos grupos de extrema esquerda brasileiros nos anos 1960 e 1970. Segundo Vicente Roig, "apesar de todas as tentativas e de todas as aparentes normas de segurança, *as várias organizações eram caseiras*". Para Jorge Nahas, "na organização, a gente se conhecia, havia um *sentimento de irmandade, de seita*, as pessoas eram muito chegadas". Como nos contou Guiomar Lopes Calejas:

> Essa coisa de agrupamento era muito forte, tinha uma companheira que dizia isso: parecia *família árabe*, porque um ia tentar salvar o outro e era preso, formando uma corrente. (...) De repente, você passava pelas ruas, via as pessoas jantando, por exemplo, e aquilo dava uma sensação muito ruim, porque, com a clandestinidade, havia-se perdido esse *vínculo familiar*, que a gente supria entre a gente; então, a ligação era muito grande, na medida em que alguém era preso, era uma sensação terrível.

Maria Nakano diria:

> a organização era a minha *grande família*. Depois que você faz uma opção política como a que fiz, dificilmente vê os seus antigos amigos, mesmo o contato com a sua família é esparso.

Na situação de clandestinidade, o meu mundo afetivo eram os meus outros companheiros. *A organização passava a ser a família alargada*, substituindo os amigos, os irmãos, a própria mãe. (Costa et al., 1980, p.314)

O caráter quase "familiar" dos grupos de esquerda também foi destacado por Vera Sílvia, da DI-GB: "em termos antropológicos, a gente *substituiu uma família pela outra*. Até hoje, a gente é uma família, embora não constitua mais uma organização política; a gente brinca que somos irmãos, e somos mesmo, até de forma um pouco incestuosa".

Agigantava-se, com o tempo, a necessidade de preservar o grupo, cujos integrantes estavam emocionalmente ligados entre si; por exemplo, contou-nos Pedro Rocha:

o grande motivo para eu voltar a militar foi a prisão de alguns amigos. Então, me deu uma má consciência, do tipo "estou numa boa vida, enquanto o pessoal está sendo preso, morto". A relação pessoal é muito importante nessa história toda.

Guiomar Lopes Calejas disse-nos:

enquanto grupo, percebemos que estávamos cercados pela repressão, mas aí chega um ponto em que você não sabe para onde correr; isso acontece porque as prisões começam a ser muito rápidas, numa escalada violenta, e você perde o pé da situação e pensa: bom, eu vou ser o próximo, não sei quando, mas vou ser um dos próximos.

Cada vez mais, os grupos armados transformavam-se em seitas, "famílias", socialmente marginalizados e perseguidos pela polícia. A clandestinidade e o isolamento crescente das organizações de extrema esquerda implicavam a circunscrição dessas organizações à sua dinâmica interna "familiar", de sobrevivência (e destruição), num circuito fechado de ações armadas, até que "caísse" o último militante. Nessa medida, as organizações deixavam de ter uma atuação social que merecesse ser chamada, propriamente, de política. Apolônio de Carvalho declarou-nos que, desde 1971, especialmente a partir de 1972:

a visão tática e estratégica vai cedendo lugar a um quadro de resistência em nome das bandeiras, em nome da continuidade de luta e do respeito aos pioneiros. Era uma questão de honra e de brio de combatentes.

No mesmo sentido aponta o depoimento de Takao Amano:

havia um problema moral, até: nós estávamos na chuva para nos molhar, retroceder era traição. Muitas vezes você, sozinho, racionalmente, pensa de uma maneira; mas, em grupo, você age como grupo. E o pensamento do grupo [ALN] era vingar os mortos. Então, já se perdeu de vista os componentes da estratégia da revolução, passa a vigorar a estratégia da sobrevivência, a partir de 1971.

Vários depoimentos sugerem que a questão da morte teve dois momentos no interior dos grupos de esquerda, ainda que seja difícil estabelecer uma linha divisória precisa entre eles. Num primeiro momento, a morte do militante aparecia como uma contingência da luta armada, que traria a vitória política e, portanto, a vida, a médio e longo prazos. Esse momento corresponde ao período em que os grupos de extrema esquerda estiveram vinculados aos movimentos sociais, atuantes em 1968, cujos resquícios ainda estariam presentes em 1969. A partir de então, acelerou-se o isolamento social desses grupos, que levaria à marginalização e à morte, não só dos militantes, mas do próprio projeto político de luta armada, naquela conjuntura. Na primeira fase, a possibilidade da morte, do sacrifício do militante, era encarada como uma exigência social no caminho da vitória política, pois "vencer é aceitar, desde o princípio, que a vida não é o bem supremo do revolucionário", como diria Debray no seu famoso panfleto (p.42). No mesmo texto, Debray cita uma frase de Guevara (s.d., p.86), que seria inscrita na cela de uma prisão brasileira, ao lado de um dizer bíblico, conforme Frei Ivo relatou a Frei Betto. Guevara: "Neste punhado de homens que não têm outra alternativa senão a morte ou a vitória, onde a morte é um conceito mil vezes presente e a vitória, um mito que somente um revolucionário ousa sonhar". E o dizer bíblico, na cela: "Sem derramamento de sangue não há redenção (Hebreus, 9,22)" (Betto, 1983, p.157). Num primeiro momento, a morte seria uma contingência no caminho da sonhada "vitória", da "redenção" da humanidade, da criação do "homem-novo": "resistir é viver, mas é também, no seu limite, morrer pela vida" (Naffah Neto, 1985, p.242).

Morrer por uma causa, levar a própria opção de vida até as últimas consequências não era algo absurdo nos anos 1960, como esclarece César Benjamin: "no fim da década de 60, não se queria mais a cisão entre discurso e vida, isso não estava só na política, era algo presente no contexto cultural da época, em que havia também um fascínio pelo limite, em todos os contextos"; buscava-se ir ao fim e ao fundo das opções que eram feitas; não seria à toa que "o rock teve dez ou doze caras importantes que morreram de 'overdose' na época". Numa primeira fase, o risco do sacrifício e da própria morte era assumido pelos revolucionários brasileiros como parte de um projeto maior de vida, individual e coletivo. "Pátria ou morte. Venceremos!" era o dito mais popular de Guevara; porém, quando os grupos armados passavam a entrar na "dinâmica da sobrevivência", perdendo seu sentido propriamente político, a vitória da "pátria" ficava cada vez mais distante, e a morte crescentemente presente. O sacrifício pessoal e, no limite, a morte iam perdendo o sentido revolucionário, de conquista da vida, para ganhar contornos de obrigação moral com os companheiros caídos e com a sobrevivência do próprio grupo guerrilheiro. A revolta criadora "contra a ordem do mundo" ia-se transformando na revolta (auto)destrutiva "contra o mundo", num processo contraditório que tem marcado diferentes projetos revolucionários a partir do século XIX (Decouflé, 1970, p.38-9).

Trechos das memórias de Alex Polari apontam os dois momentos da questão da morte nos grupos guerrilheiros brasileiros, correspondentes aos momentos em que esses grupos esboçaram alguma representatividade social e em que deixaram de tê-la, marginalizando-se: "'É preciso estar atento e forte, não temos tempo de temer a morte'. Era o que dizia a música. Mas... ninguém estava tão atento assim. Ninguém temia a morte. Ainda era cedo para considerá-la uma hipótese concreta" (p.122). Numa segunda fase: "A qualquer possibilidade de regresso dei o nome de covardia, fraqueza. (...) deixei aberto apenas o caminho dos suicidas" (1982, p.156).

> Por vezes a gente até esquecia que essa senhora de manto e de foice nos espreitava. Mas a euforia dessa época era diferente da de um ano atrás. Antes éramos alegres cavaleiros vingadores, pregando peças, desagravando simbolicamente os oprimidos. (...) Agora não eram mais quimeras nem hidras que combatíamos. Era um exército muito real, (...) que era comandado por cérebros fascistas. (1982, p.214-5)

Os dois momentos dos grupos de esquerda armada – vividos, também, por organizações que não pegaram em armas, como a AP – evidenciam-se no citado depoimento de Betinho (Cavalcanti; Ramos, 1978,): numa primeira fase, ele interiorizou a necessidade do próprio sacrifício por uma causa maior; mas, posteriormente, concluiria que "não tínhamos condições de sobrevivência, que nessa altura não só a minha vida, mas em conjunto era uma situação de suicídio. E isso não era política!". Renato Tapajós chegou a escrever um romance (1977), baseado em fatos reais, sobre a dinâmica política e existencial no interior dos grupos que insistiam nas ações armadas, mesmo isolados socialmente. Na entrevista que nos concedeu, ele afirmou:

> há dois momentos bem claros: por volta de 1968, existia toda uma proposta, um sonho de mudar o mundo, de transformar as relações entre as pessoas, as relações sociais etc., em que a morte era colocada como um acidente que poderia sobrevir no processo, mas não como

um fim necessário. Num segundo momento, surgiu na atitude meio camicase de ir até o fim, independentemente do resultado prático, do ganho político. [Haveria um] compromisso com os mortos, presos torturados. Era como se o sacrifício dos outros estivesse sendo traído se você não fosse capaz de continuar até o fim inevitável, que era a morte... O gesto passava a ter valor exclusivamente como gesto, e não como uma coisa que levasse a resultados, ainda que esse processo se desse de forma inconsciente, pois eu acho que poucas pessoas tinham essa clareza trágica de que continuar naquele caminho não levaria a nada. Mas, se esse segundo momento ocorreu, é porque havia, desde o início, na geração de 68, um germe desse gênero, um componente autodestrutivo que não era a autodestruição dos falhados, de uma geração perdida. Pelo contrário; havia um elemento de transcendência que se manifestava não só na militância política, mas no todo do processo cultural diversificado que se viveu na época.

Ideia próxima à de Tapajós aparece no romance *Ensaio geral*, escrito por Antonio Marcello, ex-militante da esquerda armada (Marcello, 1978). Também em vários depoimentos, alguns já citados, a militância nas organizações de extrema esquerda, a partir de um determinado momento, é identificada expressamente como um tipo de suicídio, pessoal e político, na conjuntura posterior à edição do AI-5. Salinas Fortes, intelectual próximo da VPR, que foi preso e torturado, perguntava-se: "que perspectiva nos oferecia, outra além da suicida, a ação violenta contra o regime?" (Santos, 1988, p.265). Para Herbert Daniel, "a ideia era 'lutar até o fim'. Que fim?... A única solução era a luta, a ação coletiva. Cada mão que tombasse seria substituída por mil etc.". O fim da luta seria "o encaminhamento de um suicídio" (Daniel, 1982, p.75-6). Mas esse suicídio não estava colocado clara e conscientemente para a maioria dos militantes. A partir de 1970, como reconhece Herbert Daniel:

> optar pela luta armada parecia uma opção pela morte ou pela tortura! A derrota já estava clara e inevitável para todos que viam os grupos armados do exterior. E no entanto havia esperanças. Oh, sim: muitos se entusiasmavam quando uma ação vitoriosa tinha uma repercussão enorme. Aí, esperavam que a guerrilha viesse a crescer e produzir mais vitórias contra a ditadura. (1982, p.59)

Ainda depois de 1970, prevalecia para muitos a motivação que levara para a luta armada integrantes dos movimentos sociais até 1968, que colocavam a vida em risco por uma causa social maior. Segundo José Carlos Gianini, militante nos anos 1970, no MOLIPO: "houve renúncia, abnegação, mas não opção pela morte; (...) nunca se interiorizou que havia necessidade de um recuo, continuou-se fazendo ações, não estava claro que a derrota seria iminente". Pedro Rocha, outro militante no início da década de 1970, afirmaria:

não via, concretamente, outra alternativa; do jeito que estava não podia ficar, tinha que fazer alguma coisa para mudar, independentemente de conseguir ou não. Achava que a luta valia a pena; não era inútil, ainda que fosse durante um ano. Não havia uma opção da morte pela morte, mas uma espécie de desprendimento.

Até uma teoria foi criada para manter acesa a chama da luta e da necessidade do empenho de tantas vidas no projeto guerrilheiro, mesmo com o crescente isolamento social das organizações: a da VPR, de Jamil, para quem o isolamento da "vanguarda" seria necessário na "primeira fase da revolução", como já expusemos. Rejeitando a ideia de suicídio político, Jorge Nahas diz:

> Não creio que, quando um sujeito acredita que não há mais qualquer saída política, ele parta para o suicídio revolucionário; pelo menos, eu não vi isso na minha experiência. O problema é que ele acredita que ainda há uma possibilidade mínima e que isso depende dele, e que, se ele não agir, não estará cumprindo com o dever. A concepção do pessoal da VPR, que veio de Cuba e foi morto no Recife, era essa: estava tudo fodido, mas havia uma tarefa a ser cumprida, que era renascer. Havia esperança, aquele sentimento de que as coisas dependiam de nós. Tínhamos uma missão, não se podia falhar; se isso custasse sua vida, ossos do ofício. Não creio que tenha havido um caminho deliberado para uma situação de desespero. Por exemplo, o Lamarca foi para o campo, em 1971, porque ele achava que tinha uma saída, difícil, complicada, e se ele desistisse diminuiriam ainda mais as possibilidades de êxito. Acho que aqueles que concluíram que não havia saída, esses largaram a luta armada.

André Guerra afirmaria que "nós tínhamos certeza de que poderíamos ser mortos, ou presos e torturados, a qualquer momento; isso levava a um desprendimento muito grande em relação à vida". Inúmeros depoimentos confirmam a consciência da possibilidade, cada vez mais presente, da morte; Fernando Pimentel disse-nos que, "pessoalmente, achava que ia morrer trocando tiros com a polícia, porque andávamos sempre armados, prontos para resistir à prisão". Para Maurício Paiva, conforme aumentavam as "quedas":

> havia uma espécie de dívida íntima entre as pessoas, em relação aos companheiros que já haviam morrido, aos que estavam presos. Quando chegava a notícia da morte de um companheiro, as reações não eram de medo, mas um sentimento de dívida com o companheiro caído. Aumentava seu fardo moral, agora é que se tinha mais compromisso ainda, de levar a luta em frente, de qualquer maneira. Mas não era uma decisão de suicídio. Conscientemente, ninguém se propôs suicidar-se. As pessoas tinham consciência dos riscos e se propuseram a corrê-los, mas não achavam que iam morrer, necessariamente.

César Benjamin, militante do MR-8 no princípio da década de 1970, respondeu-nos de modo esclarecedor, quando questionado sobre a possibilidade de suicídio pessoal e político nos grupos de extrema esquerda naquele período:

> Houve uma dimensão ética muito relevante na militância, que foi tomando uma posição mais importante, em detrimento da dimensão política. Já em 1970, a dimensão política de nossa ação se enevoa, torna-se obnubilada, como diria Fernando Pessoa, e aí cresce uma dimensão ética da ação, uma coisa de resistência. Não sei dizer até que ponto essa dimensão ética estava associada a um desejo de morte, mas, certamente, a ideia de morte era presente. Por exemplo, lembro de um diálogo que tive com Iara Iavelberg e com Sérgio Landulfo, talvez quatro ou cinco meses antes de ser preso. Nós três dizíamos o seguinte: "quem escapar vai dizer: meninos, eu vi"; só eu escapei. Nós sabíamos que poucos escapariam, mas permanecemos.

Os vários depoimentos que vêm sendo citados, por certo têm dimensões psicológicas relevantes. Entretanto, o que importa é ressaltar seus aspectos sociológicos e políticos, isto é, como, aos poucos, a questão da morte dos guerrilheiros vai-se alterando no interior dos grupos clandestinos, na medida em que eles se marginalizam socialmente. É evidente que a possibilidade da morte está presente em qualquer projeto de revolução armada, especialmente para os integrantes de certos destacamentos militarizados, como o sugestivamente chamado "pelotão suicida" da Revolução Cubana (Guevara Lynch, 1986, p.59). A morte dos revolucionários tem um componente sociológico; ela poderia ser classificada, em determinadas circunstâncias, como "suicídio altruísta", se seguíssemos a sociologia de Durkheim (1982), pois o revolucionário se sentiria no dever de lutar e morrer por fins sociais, fossem eles mais abrangentes ("pátria ou morte!": morre-se pela pátria, ou pelo socialismo), ou fossem, também, mais restritos (o sacrifício justificado pela sobrevivência do grupo ou partido político, em solidariedade com seu projeto revolucionário e com os já caídos).

Foram inúmeros os suicídios de militantes revolucionários, confrontados com uma situação repressiva aparentemente sem saída: alguns mataram-se ao serem cercados pela polícia (são casos notórios: Juarez Brito, Iara Iavelberg, Luís Antônio Santa Bárbara – ver, por exemplo, os livros de José & Miranda, 1984, e Patarra, 1992); outros preferiram colocar-se numa situação em que, necessariamente, seriam mortos pelos policiais que os cercavam, ao responderem à bala ao cerco militar (como no caso relatado adiante por Vera Sílvia Magalhães, e nos episódios em que se inspirou Renato Tapajós [1977] para escrever seu romance); vários mataram-se ou tentaram o suicídio na cadeia, diante da brutalidade das torturas (Gorender, 1987, p.215-25; Vargas, 1981, p.78-83 etc.). Dentro da pasta que portava ao ser emboscado e morto, Marighella trazia duas cápsulas de cianeto de potássio, como conta Gorender (1987, p.176). De modo que estava colocada para todos os guerrilheiros a possibilidade da morte e, em certos casos, do suicídio em sentido estrito, executado pela vítima com conhecimento de causa.[4]

Não se trata, aqui, de analisar psicologicamente esses fatos, nem de estabelecer uma classificação sociológica para eles, à maneira positivista, criando uma barreira teórica entre o indivíduo e a sociedade, incapaz de dar conta da realidade em movimento, enquanto totalidade contraditória e não integrada e orgânica. É preciso, justamente, abordar a morte ou o suicídio dos guerrilheiros no movimento da sociedade brasileira dos anos 1960 e 1970, em que os oposicionistas eram intimidados, perseguidos, presos, seviciados ou mortos pelo regime civil-militar, na evolução de uma conjuntura de crise para uma conjuntura de recuperação econômica, em que os movimentos sociais entravam em refluxo e os grupos de esquerda armada, sem se darem conta da realidade em que estavam inseridos, tendiam a isolar-se socialmente, perdendo suas raízes, entrando numa dinâmica própria de sobrevivência e autoliquidação política. No compasso desse movimento da história da sociedade brasileira, a morte revolucionária dos militantes de esquerda – que era uma possibilidade, em nome da vida – ganhava contornos de certeza, no caminho da autodestruição pessoal e política, consciente ou não.

Raros militantes perceberam, desde logo, esse processo de isolamento social e de autodestruição pessoal, coletiva e política dos próprios grupos armados. Um exemplo é o de José Roberto Spiegner. Segundo Fernando Gabeira:

> logo após o sequestro do embaixador americano, fui me encontrar com Zé Roberto, no Leme. Ele sabia de tudo, e perguntou como estava a coisa lá na casa. Disse que estava tudo bem, que estávamos tocando o barco. Ele segurou seu cachimbo suavemente, virou-se para mim e disse: – Vinha andando para esse encontro e um cara no ônibus me dizia que os sequestradores do embaixador americano eram as pessoas que ele mais admirava. Os sequestradores do embaixador e os cosmonautas. Depois disso, Zé Roberto me olhou bem nos olhos e perguntou: – Não somos cosmonautas, somos? (1988, p.49).

Mesmo quando havia simpatia da população pelos grupos guerrilheiros, era desse tipo, exterior, como se eles fossem "cosmonautas", fora da realidade social que pretendiam transformar, sem vínculos políticos com as classes que procu-

---

4 Em 2010 já há informações mais precisas e detalhadas sobre os casos de morte mencionados, que nem sempre foram de fato suicídio, o que não invalida as considerações mais gerais aqui expostas sobre o suicídio revolucionário. Ver o posfácio à 2ª edição deste livro.

ravam representar, desenraizando-se progressiva e celeremente de suas bases, na medida em que refluíam os movimentos sociais que lhes deram vida. Esse processo era vivido de maneira dilacerante no interior das organizações, especialmente pelos militantes que percebiam a marginalização social crescente dos grupos armados. A respeito, é exemplar, trágico e belo o depoimento de Vera Sílvia Magalhães, o que justifica a longa citação:

> Em 1969, já na clandestinidade, eu ficava dentro de casa o dia inteiro, lendo, armada, e com muito medo. Achava que podia cair, ser presa, morrer a qualquer momento. Não discutia isso com qualquer quadro da organização, senão podia ser malvista, mas discutia com algumas pessoas mais abertas, entre as quais o Zé Roberto [Spigner], com quem eu vivia. (…) Ele achava que, se não íamos morrer todos, íamos morrer grande parte. *A gente vivia acuado, não tínhamos mais nenhuma ligação com o exterior.* (…) Eu acho que houve uma opção pelo suicídio, e disse isso quando o Zé Roberto morreu. Essa minha ideia causou grande revolta na organização; eu achava que ele tinha-se suicidado, mesmo sendo assassinado num tiroteio com a polícia. (…) Eu tinha que me manter na organização, tinha fundado aquilo, me sentia muito ligada a todo mundo, inclusive afetivamente. Eram meus amigos, era minha vida – e minha morte. Essa contradição eu tinha de viver. *Fora dali, eu era o quê? Não tinha identidade.* A minha identidade era aquela: seja em declínio, seja cercada, seja como for, eu era uma "guerrilheira", com aqueles amigos, com aqueles "guerrilheiros", entre aspas, isto é, pessoas que se propuseram a transformar a sociedade. Sem aquilo, eu era o quê? Eu não tinha identidade, estava naquilo desde os quinze anos. Isso eu dizia para mim mesma, não para o Zé Roberto. (…) Ele sempre me dizia que preferia morrer a ser torturado. Eu respondia que isso era uma loucura, a tortura é um dilaceramento, mas a gente se recupera e vive. Agora, da morte não tem saída. Eu achava que o que ele dizia era algo como o que muitos diziam na época, algumas organizações tinham militantes que andavam com cianureto. Na verdade, Zé Roberto não resistiu à ideia de ser torturado. O companheiro que estava cercado com ele se rendeu e está vivo até hoje, embora tenha sido preso e torturado. O Zé Roberto preferiu descer a escada, atirando para matar um policial, e gritando "abaixo a ditadura", antes de ser morto. Foi ou não um suicídio? Evidentemente que foi. Ele não fez o ato clássico, mas fez com que alguém desse um tiro nele, à queima-roupa. (…) *A partir de determinado momento, havia uma fidelidade àquilo que você queria ter construído, uma crise de identidade. E renunciar a uma identidade social é se dispor a uma pré-morte, ou à morte real. Quando eu entrei na esquerda, não fiz uma opção pela morte, mas pela vida. Mas, na medida em que a situação histórica foi evoluindo, eu me debati com esse problema.* (…) Eu queria a vida: meu movimento, ao entrar nisso, era no sentido de uma nova vida para a sociedade. Mas, para chegar nisso, tive que aderir a certos caminhos em que, como indivíduo, eu era levada diariamente ao contato com a morte; eu incorporei a morte ainda na trajetória de vida. Essa contradição é dilacerante. (…) Acho que essa questão da opção pela morte não foi só um caso individual. *Não era só o suicídio revolucionário individual, mas sobretudo o suicídio revolucionário de uma perspectiva de transformação da sociedade, naquele caminho que a gente estava trilhando.* Zé Roberto colocava: "o que começa primeiro, a pulsão de morte – que é uma coisa individual e social – ou o projeto político que está levando a um caminho

que se quer contrarrestar e não consegue?". Na verdade, havia uma grande impotência. Eu, pessoalmente, só não saí da organização, depois que o Zé Roberto morreu, porque aí meu compromisso transcendeu a qualquer coisa: era com ele, Zé Roberto. Eu queria ter o mesmo destino, exatamente. (...) Não foi um caso isolado; na época, houve outros casos típicos de suicídio, parecidos com o de Zé Roberto, em várias organizações. (g.n.)[5]

O dilaceramento no interior dos grupos armados não era vivido apenas pelos militantes, indecisos entre deixar sua organização – e se sentirem traidores, humilhados pelos companheiros como "desbundados" – e permanecer na luta, que traria quase fatalmente a prisão ou a morte. "O guerrilheiro urbano tinha vida ativa mediana em torno de um ano, antes do término pela prisão com sobrevivência ou pela morte. Uma minoria conseguia prolongar a vida ativa até dois anos", embora houvesse exceções, como relata Gorender (1987, p.202). O dilaceramento era também dos próprios grupos, cada vez mais cortados por cisões, conforme crescia seu isolamento social. Em 1971, as organizações armadas já eram quase totalmente marginais. A partir de então, sua dinâmica autodestrutiva – embora entremeada por um discurso e uma prática armada que privilegiavam a sobrevivência material dos grupos guerrilheiros urbanos – expressava-se, por exemplo, nos casos de "justiçamentos" de militantes considerados traidores, que eram julgados à revelia, por um "tribunal revolucionário". Se fossem condenados no "julgamento", deveriam ser executados, ou "justiçados", como se dizia no jargão dos guerrilheiros.

Jacob Gorender apurou "quatro justiçamentos por traição. Dois em 1971 e dois em 1973. Três da responsabilidade da ALN e um, do PCBR"; todos os quatro teriam sido punidos por supostos "crimes de intenção", ou por "vingança", ou seja, teriam sido casos de assassinato puro e simples (1987, p.243-7). O isolamento social dos grupos armados facilitava a infiltração de policiais no seu interior, bem como o êxito de suas delações, que se somavam àquelas feitas por militantes arrependidos, que aceitavam trabalhar para a polícia; criava-se uma situação de pânico nos grupos clandestinos, afetados pela "síndrome da traição". Nesse contexto, marginalizados, assombrados pela repressão brutal e pelos próprios fantasmas, é que alguns grupos decidiram "justiçar" supostos traidores. O uso da violência ia perdendo qualquer sentido revolucionário, para justificar-se por si mesmo, como no caso do "plano de matar um oficial do navio da Marinha inglesa ancorado no Rio, com o objetivo de manifestar solidariedade ao IRA. Em vez do oficial, perdeu a vida o marinheiro David A. Cutheberg, de dezenove anos, metralhado, em 5 de fevereiro de 1972", por dois guerrilheiros da VAR-

---

5 Ver nota anterior.

-Palmares (1987, p.202). Esse caso e os "justiçamentos" indicam que, a partir de 1971, os grupos guerrilheiros urbanos, marginais, tendiam a transformar-se efetivamente em terroristas, combatendo o terrorismo da ditadura que governava o país.[6] Quanto mais isolados socialmente, cada vez mais "sectários e menos influenciados pelos fatores políticos objetivos, tanto mais as conspirações confluem para atos incontroláveis e desconexos" (1987, p.249).

Historicamente, os "atos incontroláveis e desconexos" não são privilégio dos grupos conspirativos brasileiros. Por exemplo, na *Nova Gazeta Renana – Revista de Economia Política*, em 1850, Marx já criticava a dinâmica dos grupos clandestinos, conspirativos e golpistas, afetados pelas infiltrações policiais e pelo medo da traição (1960, p.266-80). Eis um trecho esclarecedor, citado por Claudin, que parece ter sido escrito sobre os grupos guerrilheiros urbanos brasileiros, atuantes entre 1968 e 1973 (parte do texto de Marx também é citado por Benjamin, 1985, p.44-50):

> "Com a criação das sociedades conspirativas proletárias, surgiu a necessidade de uma divisão do trabalho. Os conspiradores dividiram-se em conspiradores ocasionais, *conspirateurs d'occasion*, ou seja, trabalhadores que participavam das conspirações, ao lado de suas demais atividades, limitando-se a frequentar as reuniões e a comparecer ao ponto de encontro, quando convocados pelo chefe; e em conspiradores profissionais, que viviam para a conspiração e, a ela, entregavam todas as suas energias, constituindo uma camada intermediária entre os trabalhadores e os chefes". Continuando, o artigo explica que o modo de vida desses conspiradores profissionais determinava suas características. Devido à precariedade de seus meios de existência, eles tinham que recorrer frequentemente à caixa da organização, ou à realização de ações próximas da delinquência comum. Viviam acossados permanentemente pelo perigo, e "a convivência com o perigo os faz indiferentes, em grande medida, à vida e à liberdade". "Sua característica principal é a luta contra a polícia" e, no enfrentamento constante com ela, os conspiradores profissionais "estão à caça de espiões, da mesma maneira que os espiões estão à caça de conspiradores. Espionar é uma de suas principais preocupações, portanto, não é surpreendente que ocorra com tanta frequência o pequeno salto de conspirador profissional a agente pago da polícia; ainda mais que a miséria, o cárcere e as ameaças pressionam na mesma direção. Isto explica a desconfiança sem limites que reina nas sociedades conspirativas, a qual cega completamente os seus membros, obrigando-os a ver espiões em seus melhores homens, e seus melhores homens nos verdadeiros espiões. (p.425-6)[7]

---

6 Neste trabalho, não se propõe uma análise específica da violência ou do "terrorismo", quer da ditadura militar, quer dos grupos de esquerda, entre 1964 e 1974. Remete-se, a respeito, para a instigante discussão de Gorender sobre a "violência do opressor" e a "violência do oprimido" (1987, p.226-47).

7 Entretanto, cabe notar a ambiguidade de Marx, na época, em relação a Blanqui e às sociedades secretas com maior inserção junto aos trabalhadores. No *Dezoito brumário*, por exemplo, Marx refere-se a "Blanqui e seus camaradas, isto é, os verdadeiros dirigentes o partido proletário" (p.340); observa

Mas, mesmo quando estavam reduzidas a meros grupos conspirativos – alheios à realidade social, marginais –, as organizações brasileiras de esquerda armada não sucumbiram de todo à dinâmica da violência pela violência. É o que indica, por exemplo, a forte reação no interior da ALN, depois do "justiçamento" de Márcio Leite de Toledo. Segundo José Carlos Gianini:

> uma das questões que apressou a ruptura do MOLIPO com a ALN foi o justiçamento de um dos militantes da organização, que já tinha sido até da direção nacional. Ele começou a questionar as formas como estavam sendo encaminhadas as coisas, a própria proposta [guerrilheira], e, num certo momento, resolveu sair da organização. A organização alegava que ele estava sofrendo um processo de desestruturação e que, portanto, a qualquer momento, ele podia se entregar e fazer um acordo com a polícia, abrindo uma grande quantidade de informações. Então, não se encarou como um processo de divergência política, mas como um "desbunde" desse cara. Ninguém aceitou isso no nosso grupo.

A decisão do "justiçamento" fora tomada secretamente, por um setor da direção da organização. Para Gianini:

> era uma questão que tinha de ser melhor tratada, se realmente estivesse ocorrendo com ele um processo de desestruturação – e já tinha havido casos de desestruturação real, mesmo, do cara entrar em pânico, ou ter crises nervosas constantes, o que podia levá-lo a entregar-se à polícia a qualquer momento – então, o que se devia fazer? "Guardar" o cara e mandá-lo para o exterior, para se tratar. A solução do justiçamento quase ninguém aceitou.

Entretanto, o clima que gerou o "justiçamento" era fruto da marginalização social da ALN, enredada num círculo vicioso de realização de ações armadas. Como nos contou Pedro Rocha, predominavam as acusações entre as facções no interior da ALN:

> acusações pessoais e, também, do tipo: fulano é policial, cicrano é infiltrado, o outro é porra-louca, o outro é louco, um terceiro mata companheiro em ação. Foi nessa época que se criou o clima do justiçamento, que era terrível, ainda mais quando o "justiçado" era um cara com posições políticas próximas das suas, e quando o justiçamento não estava embasado em comprovação real.

---

que no dia 2 de dezembro de 1851, "Bonaparte despojara o proletariado de Paris de seus dirigentes, os comandantes das barricadas", de modo que coube "à sua vanguarda, as sociedades secretas, a tarefa de salvar a honra insurrecional de Paris" (1974, p.400-1). Na primavera de 1850, Marx aliou-se a Blanqui e aos cartistas de esquerda, criando uma Associação Universal de Comunistas, apesar de suas conhecidas críticas ao cartismo e ao blanquismo, este reiteradamente atacado por Marx e Engels como vanguardista e golpista, como salienta Fernando Claudin (1975, p.227, 229, 311, 312, 315, 423).

Há notícias de outros "julgamentos" no interior de vários grupos, como o que absolveu o militante Ruço, da VPR (relatado por Polari, 1982, p.199-200), VPR que também "absolveu" o cabo Anselmo, este um comprovado colaborador da polícia, que teve direito de defesa e convenceu os "juízes", apesar de todas as evidências contra ele (ver: Ribeiro, 1984; José; Miranda, 1984; Daniel, 1982; Polari, 1982 etc.). A VPR condenaria à morte seu ex-dirigente Herbert Daniel, mas os "juízes estavam todos fora do país e não tinham nenhum contato eficaz no Brasil", para executar a sentença (1982, p.65). A ALN também condenou outros supostos traidores, sem chegar a matá-los. Um exemplo foi dado por Aton Fon Filho:

> uma pessoa saiu de Havana com dinheiro e com contatos a fazer no Brasil; chegando a Paris, gasta parte do dinheiro, enquanto o pessoal que deveria contatar, e de quem deveria promover a segurança, acaba sendo preso, e muitos até mortos. No caso, a ALN fez o julgamento, condenou, embora não tenha sido executada a sentença.

Os casos concretos de justiçamentos, realizados pelo PCBR e pela ALN, também foram comentados por Álvaro Caldas (1982, p.94-6), e por Reinaldo Guarany (1984, p.113). Caldas escreveu, com precisão:

> o isolamento, o olímpico isolamento dos que empreendiam as últimas ações, o medo de cair e de se dar como vencido, a repressão e a morte erguendo um muro intransponível, tornaram as ações desta fase despidas de qualquer conteúdo político: era preciso revidar, agredir e acertar o inimigo, nem que este fosse um Salatiel ou um marinheiro inglês. (1982, p.96).

Segundo Herbert Daniel:

> Tal era nossa perplexidade que, em outras circunstâncias, caso contássemos com mais quadros ou melhores recursos, creio que dificilmente teríamos escapado do terrorismo. Houve mesmo uns tristes poucos, já alucinados, que não souberam tornar-se remanescentes e não recuaram nem mesmo diante do homicídio. (1982, p.117)

Nota-se que, paralelamente ao desenraizamento social das esquerdas armadas, estreitava-se sua visão do adversário, do inimigo, de seu outro: este tornava-se cada vez menos a burguesia, o imperialismo, o Estado, enfim, o sistema político e econômico, e cada vez mais o aparelho repressivo da ditadura, os torturadores e os supostos traidores no interior de cada grupo guerrilheiro.

Estava morto um projeto de revolução, de transformação da sociedade brasileira pela ação de grupos de "vanguarda", que não puderam representar politicamente a classe trabalhadora. A "tarefa de ultrapassar as paredes da não representação" de classe, na expressão de Francisco de Oliveira, ainda está por ser cumprida, é o "problema da política contemporânea", especialmente numa sociedade como a brasileira (1987, p.133). Os partidos identificados com os trabalhadores, nos dias de hoje, terão melhor sorte que as esquerdas nos anos 1960 e 1970? Os próprios trabalhadores brasileiros conseguirão constituir a sua representação política como classe?

ANEXOS

Quadro 1 – Organizações de esquerda no Brasil, por *ocupação* dos processados judicialmente, anos 1960 e 1970 (excluídos os nomes repetidos)

	ALA	ALN	AP	COLINA	CORRENTE	DI-DF	DVP	FALN	FLNe	GRUPOS DE 11	MAR	MEL	MNR	Molipo	MR-21	MR-26
Artistas	–	5 1,1%	–	1 2,0%	–	–	1 4,5%	–	–	–	–	–	–	–	–	–
Autônomos	11 9,7%	34 7,4%	17 4,2%	–	5 6,8%	5 15,7%	–	4 9,8%	2 22,2%	17 18,1%	–	2 12,5%	–	1 10,0%	2 9,1%	1 7,7%
Empregados	20 17,5%	43 9,4%	33 8,1%	5 9,8%	3 4,1%	4 12,5%	4 18,2%	7 17,1%	–	7 7,4%	2 14,3%	2 12,5%	–	–	5 22,7%	1 7,7%
Empresários	–	2 0,4%	–	–	–	–	–	–	–	2 2,1%	–	–	–	–	–	–
Estudantes	20 17,5%	134 29,3%	123 31,1%	26 51,0%	27 36,5%	1 3,1%	2 9,1%	10 24,4%	–	3 3,2%	3 21,4%	3 18,8%	–	4 40,0%	–	–
Funcionários públicos	3 2,6%	15 3,3%	16 3,9%	4 7,8%	14 18,9%	3 9,4%	–	3 7,3%	–	18 19,1%	–	–	1 5,9%	–	5 22,7%	1 7,7%
Lavradores	–	8 1,8%	17 4,2%	–	–	1 3,1%	–	9 22,0%	2 22,2%	7 7,4%	–	–	–	–	1 4,5%	1 7,7%
Militantes	–	2 0,4%	3 0,7%	–	–	–	–	–	–	–	–	–	–	–	–	–
Militares de baixa patente	–	6 1,3%	1 0,2%	2 3,9%	–	1 3,1%	–	–	–	1 1,1%	3 21,4%	1 6,3%	11 64,7%	–	–	–
Oficiais militares	–	–	–	–	–	–	–	–	–	1 1,1%	–	–	1 5,9%	–	–	–
Professores	19 16,7%	40 8,75%	44 10,8%	1 2,0%	2 2,77%	1 3,1%	3 13,6%	1 2,4%	1 1,1%	1 1,1%	2 14,3%	1 6,3%	2 11,7%	4 40,0%	1 4,5%	–
Profissionais liberais ou com formação superior	19 16,7%	63 13,8%	83 20,3%	8 15,7%	7 9,4%	9 28,1%	2 9,1%	1 2,4%	–	6 6,4%	2 14,3%	2 12,5%	–	–	3 13,6%	–
Religiosos	3 2,6%	11 2,4%	3 0,7%	–	–	–	–	1 2,4%	–	–	–	–	–	–	–	–
Técnicos médios	1 1,8%	23 5,0%	12 2,9%	1 2,0%	4 5,4%	4 12,5%	2 9,1%	1 2,4%	–	3 3,2%	–	1 6,3%	1 5,9%	–	2 9,1%	–
Trabalhadores manuais urbanos	17 14,9%	68 14,8%	56 13,7%	3 5,8%	12 16,2%	3 9,4%	8 36,4%	4 9,8%	4 44,5%	27 28,7%	2 14,3%	3 18,8%	1 5,9%	1 10%	3 13,6%	9 69,2%
Outros	–	4 0,9%	1 0,2%	–	–	–	–	–	–	1 1,1%	–	–	–	–	–	–
Não consta a ocupação	11 –	34 –	61 –	4 –	–	2 –	18 –	8 –	1 –	1 –	7 –	–	1 –	–	–	2 –
Total	125	492	470	55	74	34	40	49	10	95	21	16	18	10	22	15
Total com ocupação conhecida	114 100%	458 100%	409 100%	51 100%	74 100%	32 100%	22 100%	41 100%	9 100%	94 100%	14 100%	16 100%	17 100%	10 100%	22 100%	13 100%

Continua

Continuação

	MR-8	MRM	PCDoB	PCB	PCBR	PCR	POC	POLOP	PORT	PRT	RAN	REDE	VAR	VPR	Vários grupos	TOTAL
Artistas	4 2,7%	– –	1 0,4%	1 0,2%	– –	– –	– –	2 2,5%	– –	– –	1 2,6%	– –	4 1,7%	2 1,6%	1 0,3%	24 06%
Autônomos	8 5,3%	– –	22 9,5%	110 18,3%	8 4,0%	1 3,7%	4 3,3%	3 3,7%	3 2,1%	1 3,4%	6 15,8%	3 13,7%	16 6,6%	10 8,2%	25 8,8%	321 8,75%
Empregados	14 9,3%	– –	31 13,3%	61 10,1%	25 12,4%	2 7,2%	8 6,5%	3 3,7%	14 9,9%	2 6,9%	1 2,6%	2 9,1%	19 7,9%	9 7,4%	32 11,2%	359 9,7%
Empresários	– –	– –	– –	3 0,5%	1 0,5%	– –	– –	1 1,3%	– –	– –	– –	– –	1 0,4%	– –	– –	10 0,3%
Estudantes	74 49,3%	1 14,3%	56 24,1%	38 6,3%	80 39,8%	9 33,4%	50 40,6%	21 26,2%	29 20,6%	2 6,9%	3 7,9%	– –	80 33,2%	24 19,7%	83 33,2%	906 24,5%
Funcionários públicos	1 0,7%	– –	17 7,3%	45 7,5%	18 9,0%	2 7,4%	6 4,9%	2 2,5%	6 4,9%	– –	1 2,6%	– –	7 2,9%	2 1,6%	10 3,5%	200 5,4%
Lavradores	– –	– –	2 0,9%	11 1,8%	1 0,5%	3 11,1%	1 0,8%	– –	– –	1 3,4%	– –	– –	16 6,6%	2 1,6%	5 1,9%	88 2,4%
Militantes	1 0,7%	– –	1 0,4%	– –	– –	– –	– –	– –	– –	– –	– –	– –	4 1,7%	3 2,5%	5 1,9%	19 0,5%
Militares de baixa patente	2 1,3%	– –	1 0,4%	17 2,8%	– –	– –	– –	16 20,0%	26 18,4%	3 10,4%	– –	1 4,5%	11 4,6%	9 7,4%	6 2,1%	118 3,2%
Oficiais militares	– –	– –	– –	12 2,0%	1 0,5%	– –	1 0,8%	1 1,3%	2 1,4%	– –	3 7,9%	– –	3 1,2%	4 3,3%	1 0,3%	30 0,8%
Professores	8 5,3%	2 28,6%	25 10,7%	39 6,5%	10 5,0%	– –	22 17,9%	11 13,8%	10 7,1%	4 13,8%	6 15,8%	1 4,5%	16 6,6%	14 11,5%	28 9,8%	319 8,6%
Profissionais liberais ou com formação superior	23 15,3%	– –	51 21,9%	116 19,2%	31 15,4%	5 18,5%	18 14,6%	14 15,5%	16 11,4%	11 38,0%	12 31,6%	4 18,2%	31 12,9%	25 20,5%	37 13,0%	599 16,2%
Religiosos	– –	– –	1 0,4%	– –	– –	– –	– –	– –	– –	– –	– –	– –	1 0,4%	– –	– –	20 0,5%
Técnicos médios	7 4,7%	– –	13 5,6%	25 4,1%	7 3,5%	1 3,7%	9 7,3%	2 2,5%	9 6,4%	1 3,4%	2 5,3%	– –	14 5,8%	5 4,1%	15 5,2%	166 4,5%
Trabalhadores manuais urbanos	7 4,7%	3 42,9%	11 4,7%	116 19,2%	19 9,4%	4 14,2%	4 3,3%	3 3,7%	25 17,7%	4 13,8%	3 7,9%	11 50,0%	18 7,5%	13 10,6%	36 12,6%	498 13,5%
Outros	1 0,7%	1 14,3%	1 0,4%	9 1,5%	– –	– –	– –	1 1,3%	1 0,7%	– –	– –	– –	– –	– –	1 0,3%	21 0,6%
Não consta a ocupação	9 –	– –	26 –	84 –	15 –	6 –	14 –	5 –	– –	1 –	– –	1 –	29 –	23 –	63 –	426 –
Total	159	7	259	687	216	33	137	85	141	30	38	23	270	145	348	4.124
Total com ocupação conhecida	150 100%	7 100%	233 100%	603 100%	201 100%	27 100%	123 100%	80 100%	141 100%	29 100%	38 100%	22 100%	241 100%	122 100%	285 100%	3.698 100%

FONTE: BNM.

Quadro 2 – Organizações de esquerda no Brasil, com *reagrupamento* por *ocupação* dos processados, anos 1960 e 1970

	Camadas de base*	Camadas de transição**	Camadas médias intelectualizadas***	Total
ALA	17 (14,9%)	36 (31,6%)	61 (53,5%)	114 (100%)
ALN	82 (17,9%)	121 (26,4%)	255 (55,7%)	458 (100%)
AP	74 (18,1%)	82 (20,0%)	253 (61,9%)	409 (100%)
COLINA	5 (9,8%)	10 (19,6%)	36 (70,6%)	51 (100%)
CORRENTE	12 (16,2%)	26 (35,1%)	36 (48,7%)	74 (100%)
DI-DF	5 (15,6%)	16 (50,0%)	11 (34,4%)	32 (100%)
DVP	8 (36,4%)	6 (27,2%)	8 (36,4%)	22 (100%)
FALN	13 (31,7%)	15 (36,6%)	13 (31,7%)	41 (100%)
FLNe	6 (67,0%)	2 (22,0%)	1 (1,1%)	9 (100%)
G. de 11	35 (37,2%)	46 (49,0%)	13 (13,8%)	94 (100%)
MAR	5 (35,7%)	2 (14,3%)	7 (50,0%)	14 (100%)
MEL	4 (25,0%)	5 (31,2%)	7 (43,8%)	16 (100%)
MNR	12 (70,6%)	2 (11,8%)	3 (17,6%)	17 (100%)
MOLIPO	1 (10,0%)	1 (10,0%)	8 (80,0%)	10 (100%)
MR-21	4 (18,2%)	14 (63,6%)	4 (18,2%)	22 (100%)
MR-26	10 (76,9%)	3 (23,1%)	–	13 (100%)
MR-8	9 (6,0%)	32 (21,3%)	109 (72,7%)	150 (100%)
MRM	3 (42,9%)	1 (14,2%)	3 (42,9%)	7 (100%)
PCdoB	14 (6,0%)	85 (36,5%)	134 (57,5%)	233 (100%)
PCB	144 (23,9%)	250 (41,4%)	209 (34,7%)	603 (100%)
PCBR	20 (9,9%)	58 (28,9%)	123 (61,2%)	201 (100%)
PCR	7 (25,9%)	6 (22,2%)	14 (51,9%)	27 (100%)
POC	5 (4,1%)	27 (21,9%)	91 (74,0%)	123 (100%)
POLOP	19 (23,7%)	11 (13,8%)	50 (62,5%)	80 (100%)
PORT	51 (36,2%)	33 (23,4%)	57 (40,4%)	141 (100%)
PRT	8 (27,6%)	4 (13,8%)	17 (58,6%)	29 (100%)
RAN	3 (7,9%)	10 (26,3)	25 (65,8%)	38 (100%)
REDE	12 (54,6%)	5 (22,7%)	5 (22,7%)	22 (100%)
VAR	45 (18,7%)	60 (24,9%)	136 (56,4%)	241 (100%)
VPR	24 (19,7%)	29 (23,8%)	69 (56,5%)	122 (100%)
Vários grupos	47 (16,5%)	88 (30,9%)	150 (52,6%)	285 (100%)
Total com ocupação conhecida	704 (19,0%)	1.085 (29,4%)	1.908 (51,6%)	3.698 (100%)

FONTE: BNM.

* "Lavradores", "militares de baixa patente" e "trabalhadores manuais urbanos".
** "Autônomos", "empregados", "funcionários públicos", "militantes", "técnicos médios" e "outros".
*** "Artistas", "empresários", "estudantes", "oficiais militares", "professores", "profissionais liberais ou com formação superior" e "religiosos".

Quadro 3 – Setores da esquerda brasileira, por *ocupação* e *grupos ocupacionais* de processados, 1964-1974

	Grupos de 11	PCB 1964	PCB 1969-73	Militaristas* 1968-74	Massistas** 1967-74	Nacionalistas*** 1967-71	Vários grupos**** 1967-74	Total da esquerda armada
Camadas de base	35 37,23%	42 25,61%	46 20,36%	130 19,35%	104 12,12%	30 36,59%	47 16,49%	311 16,39%
a. lavradores	7 7,4%	3 1,8%	3 1,3%	12 1,8%	19 2,2%	1 1,2%	5 1,9%	37 2,0%
b. militares de baixa patente	1 1,1%	–	–	18 2,7%	16 1,9%	14 17,1%	14 2,1%	54 2,8%
c. trabalhadores manuais urbanos	27 28,7%	39 23,8%	43 19,0%	100 14,9%	69 8,0%	15 18,3%	36 12,6%	220 11,6%
Camadas de transição	46 48,94%	77 46,95%	98 43,36%	168 25,0%	217 25,29%	17 20,73%	88 30,88%	490 25,83%
a. autônomos	17 18,1%	45 27,5%	30 13,3%	50 7,4%	48 5,6%	7 8,6%	7 8,6%	130 6,9%
b. empregados	7 7,4%	11 6,7%	29 12,8%	59 8,8%	88 10,2%	4 4,9%	32 11,2%	183 9,7%
c. funcionários públicos	18 19,1%	18 11,0%	18 8,0%	21 3,1%	35 4,1%	3 3,6%	10 3,5%	69 3,6%
d. militantes	–	–	–	5 0,7%	5 0,6%	–	5 1,9%	15 0,8%
e. técnicos médios	3 3,2%	2 1,2%	15 6,6%	29 4,3%	40 4,7%	3 3,6%	15 5,2%	87 4,6%
f. outros	1 1,1%	1 0,6%	6 2,7%	4 0,6%	1 0,1%	–	1 0,3%	6 0,3%
Camadas médias e altas intelectualizadas	13 13,83%	45 27,44%	82 36,28%	374 55,65%	537 62,29%	35 42,68%	150 52,63%	1.096 57,78%
a. artistas	–	–	–	8 1,2%	8 0,9%	1 1,2%	1 0,3%	18 0,9%
b. empresários	2 2,1%	1 0,6%	1 0,4%	2 0,3%	2 0,2%	–	–	4 0,2%
c. estudantes	3 3,2%	2 1,2%	25 11,1%	188 28,0%	306 35,7%	6 7,3%	83 29,1%	583 30,7%

Continua

* ALN, COLINA, FLNe, MOLIPO, REDE, VPR.
** ALA, MR-8, PCBR, POC, PRT, VAR.
*** MAR, MNR, MR-26, RAN.
**** Processos contra duas ou mais organizações, sendo pelo menos uma delas de esquerda armada.

Continuação

d. oficiais militares	1 1,1%	2 1,2%	–	4 0,6%	5 0,6%	4 4,9%	1 0,3%	14 0,7%
e. professores	1 1,1%	3 1,8%	25 11,1%	61 9,1%	79 9,2%	10 12,2%	28 9,8%	178 9,48%
f. profissionais liberais ou com formação superior	6 6,4%	37 22,6%	31 13,7%	100 14,9%	133 15,5%	14 17,1%	37 13,0%	284 15,0%
g. religiosos	–	–	–	11 1,6%	4 0,5%	–	–	15 0,8%
Não consta a ocupação	1 –	64 –	20 –	63 –	79 –	10 –	63 –	215 –
Total com ocupação conhecida	94 100%	164 100%	226 100%	672 100%	858 100%	82 100%	285 100%	1.897 100%

FONTE: BNM.

Quadro 4 – Grau de instrução da população atingida nos processos judiciais contra os opositores do regime militar no Brasil, 1964-1979 (Anderson, 1986)[*]

Grau de instrução	Nº	Porcentagem
Analfabeto	201	2,6%
Primário incompleto	301	3,8%
Primário	854	10,8%
Secundário	864	11,0%
Colegial	453	5,8%
Universitário	2.286	29,1%
Universitário incompleto	2.333	29,6%
Escola profissionalizante	76	29,6%
Escolas militares	503	0,9%
Não consta	9.549	6,4%
Total	17.420	–
Total com grau de instrução conhecido	7.871	100%

FONTE: Quadro n. 32 do BNM.

[*] Os dados incluem a soma de pessoas envolvidas nos processos como: denunciados, 7.367 (42,3%); indiciados, 6.395 (36,7%); testemunhas, 2.183 (12,5%); perfazendo o total de 17.420 (100%) pessoas atingidas.

Quadro 5 – Organizações de esquerda no Brasil por *faixa etária*, anos 1960 e 1970

	Grupos organizações	Até 25 anos	26 a 35 anos	36 anos ou mais	Total com idade conhecida
*	ALA	79 (59,9%)	44 (33,3%)	9 (6,8%)	132 (100%)
*	ALN	364 (53,3%)	199 (29,1%)	120 (17,6%)	683 (100%)
	AP	286 (53,0%)	223 (41,3%)	31 (5,7%)	540 (100%)
*	COLINA	45 (61,6%)	24 (32,9%)	4 (5,5%)	73 (100%)
	CORRENTE	51 (54,8%)	30 (32,3%)	12 (32,3%)	93 (100%)
	DI-DF	6 (18,2%)	11 (33,3%)	16 (48,5%)	33 (100%)
	DVP	12 (54,5%)	4 (18,2%)	6 (27,3%)	22 (100%)
	FALN	27 (58,7%)	10 (21,7%)	9 (19,6%)	46 (100%)
*	FLNe	10 (50,0%)	4 (20,0%)	6 (30,0%)	20 (100%)
	G. de 11	6 (6,4%)	31 (33,0%)	57 (60,6%)	94 (100%)
*	MAR	2 (8,3%)	16 (66,7%)	6 (25%)	24 (100%)
	MEL	7 (46,7%)	1 (6,6%)	7 (46,7%)	15 (100%)
*	MNR	2 (11,8%)	12 (70,6%)	3 (17,6%)	17 (100%)
*	MOLIPO	5 (50,0%)	3 (30,0%)	2 (20,0%)	10 (100%)
	MR-21	7 (33,3%)	6 (28,6%)	8 (38,1%)	21 (100%)
*	MR-26	4 (28,6%)	5 (35,7%)	5 (35,7%)	14 (100%)
*	MR-8	167 (67,3%)	73 (29,5%)	8 (3,2%)	248 (100%)
*	MRM	4 (57,1%)	3 (42,9%)	–	7 (100%)
	PCdoB	103 (39,5%)	99 (37,9%)	59 (22,6%)	261 (100%)
	PCB	72 (11,9%)	145 (24,9%)	388 (64,1%)	605 (100%)
*	PCBR	140 (58,6%)	66 (27,6%)	33 (13,8%)	239 (100%)
	PCR	14 (38,9%)	18 (50,0%)	4 (11,1%)	36 (100%)
*	POC	74 (56,9%)	50 (38,5%)	6 (4,6%)	130 (100%)
	POLOP	48 (60,0%)	25 (31,2%)	7 (8,8%)	80 (100%)
	PORT	81 (49,4%)	66 (40,2%)	17 (10,4%)	164 (100%)
*	PRT	6 (18,2%)	22 (66,7%)	5 (15,1%)	33 (100%)
*	RAN	7 (18,4%)	16 (42,1%)	15 (39,5%)	38 (100%)
*	REDE	4 (17,4%)	13 (56,5%)	6 (26,2%)	23 (100%)
*	VAR	149 (54,0%)	90 (32,6%)	37 (13,4%)	276 (100%)
*	VPR	69 (41,1%	75 (44,6%)	24 (14,3%)	168 (100%)
*	V. Grupos	149 (44,2%)	129 (38,3%)	59 (17,5%)	337 (100%)
	Total esquerda	2.000 (44,6%)	1.513 (33,8%)	969 (21,6%)	4.482 (100%)
	Total geral BNM	2.868 (41,9%)	2.230 (32,5%)	1.754 (25,6%)	6.852 (100%)
*	Total esq. armada	1.276 (51,8%)	841 (34,1%)	348 (14,1%)	2.465 (100%)

FONTE: BNM.

* Grupos de esquerda armada urbana.

Quadro 6 – Organizações de esquerda no Brasil, conforme o *sexo* dos processados judicialmente, anos 1960 e 1970.

		Feminino	Masculino	Total
*	ALA	20 (16,0%)	105 (84,0%)	125 (100%)
*	ALN	76 (15,4%)	416 (84,6%)	492 (100%)
	AP	127 (27,0%)	343 (73,0%)	470 (100%)
*	COLINA	8 (14,8%)	46 (85,2%)	54 (100%)
	CORRENTE	12 (16,2%)	62 (83,8%)	74 (100%)
	DI-DF	1 (2,9%)	33 (97,1%)	34 (100%)
	DVP	10 (25,0%)	30 (75,0%)	40 (100%)
	FALN	4 (8,2%)	45 (91,8%)	49 (100%)
*	FLNe	0 (0,0%)	10 (100,0%)	10 (100%)
	G. de 11	0 (0,0%)	95 (100,0%)	95 (100%)
*	MAR	1 (4,8%)	20 (95,2%)	21 (100%)
	MEL	2 (12,5%)	14 (87,5%)	16 (100%)
*	MNR	0 (0,0%)	18 (100,0%)	18 (100%)
*	MOLIPO	4 (40,0%)	6 (60,0%)	10 (100%)
	MR-21	0 (0,0%)	22 (100,0%)	22 (100%)
*	MR-26	0 (0,0%)	15 (100,0%)	15 (100%)
*	MR-8	30 (18,9%)	129 (81,1%)	159 (100%)
	MRM	1 (14,3%)	6 (85,7%)	7 (100%)
	PCdoB	47 (18,1%)	212 (81,9%)	259 (100%)
	PCB	32 (4,7%)	655 (95,3%)	687 (100%)
*	PCBR	41 (18,9%)	176 (81,1%)	217 (100%)
	PCR	1 (3,0%)	32 (97,0%)	33 (100%)
*	POC	41 (29,9%)	96 (70,1%)	137 (100%)
	POLOP	15 (17,6%)	70 (82,4%)	85 (100%)
	PORT	21 (14,9%)	120 (85,1%)	141 (100%)
*	PRT	8 (26,7%)	22 (73,3%)	30 (100%)
*	RAN	13 (34,2%)	25 (65,8%)	38 (100%)
*	REDE	4 (17,4%)	19 (82,6%)	23 (100%)
*	VAR	47 (17,4%)	223 (82,6%)	270 (100%)
*	VPR	35 (24,1%)	110 (75,9%)	145 (100%)
*	V. Grupos	59 (17,0%)	289 (83,0%)	348 (100%)
*	Total da esquerda armada	387 (18,3%)	1.725 (81,7%)	2.112 (100%)
	Total com sexo conhecido	660 (16,0%)	3464 (84,0%)	4124 (100%)

FONTE: BNM

* Organizações típicas da esquerda armada urbana.

Quadro 7 – Organizações de esquerda no Brasil, por *ocupação das mulheres* processadas judicialmente, anos 1960 e 1970.

		Professoras	Estudantes	Form. Super.	Trab. manuais	Trab. Nível médio	Prendas domést.	Não consta a ocupação	Total	Total com ocup. Conhec.
*	ALA	8 (40,0%)	3 (15,0%)	3 (15,0%)	–	5 (25,0%)	1 (5,0%)	–	20	20 (100%)
*	ALN	19 (28,8%)	22 (33,3%)	8 (12,1%)	–	11 (16,7%)	6 (9,1%)	10	76	66 (100%)
	AP	27 (25,7%)	26 (24,8%)	25 (23,8%)	6 (5,7%)	20 (19,0%)	1 (1,0%)	22	127	105 (100%)
*	COLINA	–	5 (71,4%)	1 (14,3%)	–	1 (14,3%)	–	1	8	7 (100%)
	CORRENTE	1 (8,3%)	4 (33,3%)	2 (16,7%)	2 (16,7%)	3 (25,0%)	–	–	12	12 (100%)
	DI-DF	–	–	1 (100%)	–	–	–	–	1	1 (100%)
	DVP	2 (40,0%)	–	2 (40,0%)	–	1 (20,0%)	–	5	10	5 (100%)
	FALN	–	3 (75,0%)	1 (25,0%)	–	–	–	–	4	4 (100%)
*	FLNe	–	–	–	–	–	–	–	–	–
	G de 11	–	–	–	–	–	–	–	–	–
*	MAR	–	–	–	–	1 (100%)	–	–	–	1 (100%)
	MEL	–	1 (50,0%)	–	–	1 (50,0%)	–	–	2	2 (100%)
*	MNR	–	–	–	–	–	–	–	–	–
*	MOLIPO	3 (75,0%)	1 (25,0%)	–	–	–	–	–	–	4 (100%)
	MR-21	–	–	–	–	–	–	–	–	–
*	MR-26	–	–	–	–	–	–	–	–	–
*	MR-8	3 (11,1%)	18 (66,7%)	1 (3,7%)	–	1 (11,1)	2 (7,4%)	3	30	27 (100%)
	MRM	1 (100%)	–	–	–	–	–	–	1	1 (100%)
	PCdoB	9 (19,1%)	13 (27,7%)	6 (12,8%)	1 (2,1%)	14 (29,8%)	4 (8,5%)	–	47	47 (100%)
	PCB	13 (43,3%)	5 (16,7%)	3 (10,0%)	–	8 (26,7%)	1 (3,3%)	2	32	30 (100%)
*	PCBR	7 (17,9%)	16 (41,1%)	8 (20,0%)	–	7 (17,9%)	1 (2,6%)	2	41	39 (100%)
	PCR	–	–	1 (100%)	–	–	–	–	1	1 (100%)
*	POC	9 (28,1%)	11 (34,4%)	5 (15,6%)	–	6 (18,8%)	1 (3,1%)	9	41	32 (100%)
	POLOP	3 (23,1%)	7 (53,8%)	–	–	2 (15,4%)	1 (7,7%)	2	15	13 (100%)
	PORT	5 (23,8%)	8 (38,1%)	2 (9,5%)	1 (4,8%)	5 (23,8%)	–	–	21	21 (100%)
*	PRT	3 (42,8%)	1 (14,3%)	2 (28,6%)	–	–	1 (14,3%)	1	8	7 (100%)
*	RAN	2 (15,4%)	1 (7,7%)	6 (46,1%)	–	3 (23,2%)	1 (7,7%)	–	13	13 (100%)
*	REDE	–	–	3 (75,0%)	–	–	1 (25,0%)	–	4	4 (100%)
*	VAR	6 (13,9%)	16 (37,2%)	7 (16,3%)	–	11 (25,6%)	3 (7,0%)	4	47	43 (100%)
*	VPR	5 (19,2%)	5 (19,2%)	6 (23,1%)	–	3 (11,6%)	7 (26,9%)	9	35	26 (100%)
*	V. Grupos	7 (14,9%)	20 (42,5%)	10 (21,3%)	–	6 (12,8%)	4 (8,5%)	12	59	47 (100%)
*	Total esq. arm.	72 21,4%	119 35,4%	60 17,9%	–	57 17,0%	28 8,3%	51 –	387	336 100%
	Total geral	133 23,0%	186 32,2%	103 17,8%	10 1,7%	111 19,2%	35 6,1%	82 –	660	578 100%

FONTE: BNM

* Organizações típicas da esquerda armada urbana.

Quadro 8 – Processados pelo Regime Militar, conforme a *naturalidade* e o local de *residência*

UF	Naturalidade			Residência		
	Capital	Interior	Total	Capital	Interior	Total
AC	2	5	7 (0,13%)	–	–	– (–)
AL	19	55	74 (1,32%)	4	2	6 (0,10%)
AM	29	15	44 (0,79%)	14	17	31 (0,52%)
AP	3	–	3 (0,05%)	–	–	– (–)
BA	110	250	360 (6,45%)	169	68	237 (3,99%)
CE	76	195	271 (4,85%)	154	38	192 (3,23%)
DF	–	–	–	196	8	204 (3,43%)
ES	29	81	110 (1,97%)	38	53	91 (1,53%)
GO	26	120	146 (2,61%)	74	44	118 (1,99%)
MA	11	42	53 (0,95%)	2	19	21 (0,35%)
MG	154	724	878 (15,72%)	402	171	573 (9,64%)
MS	–	–	– (–)	–	–	– (–)
MT	6	34	40 (0,72%)	–	21	21 (0,35%)
PA	50	31	81 (1,45%)	42	2	44 (0,74%)
PB	39	75	114 (2,04%)	20	15	35 (0,59%)
PE	119	184	303 (5,43%)	201	116	317 (5,33%)
PI	28	63	91 (1,63%)	34	19	53 (0,89%)
PR	92	92	146 (2,61%)	175	118	293 (4,93%)
RJ	549	219	768 (13,75%)	1.210	364	1.574 (26,48%)
RN	41	92	133 (2,38%)	74	25	99 (1,67%)
RO	–	2	2 (0,04%)	2	–	2 (0,03%)
RR	–	–	– (–)	–	–	– (–)
RS	98	388	486 (8,70%)	258	150	408 (6,87%)
SC	17	131	148 (2,65%)	23	64	87 (1,47%)
SE	27	45	72 (1,29%)	18	–	18 (0,30%)
SP	345	729	1.074 (19,23%)	967	535	1.502 (25,27%)
Exterior	–	–	181 (3,24%)	–	–	18 (0,30%)
N/C	–	–	1.782	–	–	1.423
Total	1.832	3.572	7.367	4.077	1.849	7.367
Total c. Nat. e Res. Conhec.			5.585 (100%)			5.944 (100%)

FONTE: Quadros n° 28 e n° 30 do BNM.

POSFÁCIO

Não é simples retomar este livro, depois de tanto tempo, buscando fazer uma leitura distanciada, como se fosse de outro autor. Ainda mais que alguns o consideram minha melhor obra. Não chega a ser "volver a los diecisiete después de vivir un siglo", como dizem os versos de Violeta Parra, mas causa certo estranhamento voltar a uma pesquisa da segunda metade dos anos 1980, defendida como tese de doutorado em Sociologia na Universidade de São Paulo em 1989, posteriormente adaptada para a forma de livro, publicado em 1993. Sem contar que escrever sobre o próprio trabalho pode resvalar na cabotinice.

A pesquisa realizou-se entre meus 24 e 30 anos de idade, a mesma faixa etária da maioria dos sujeitos analisados, que pegaram em armas contra a ordem estabelecida entre 1964 e 1974. Talvez ela tenha sido um acerto de contas pessoal, geracional, acadêmico e político com os movimentos dos anos 1960 e os "heróis da resistência" à ditadura, que tantos admirávamos no período seguinte, embora já diferentes deles, no contexto da (re)democratização. Ao mesmo tempo, havia a preocupação com o distanciamento crítico acadêmico que, entretanto, não serviria de desculpa para tratar com pouco respeito aqueles que arriscaram a pele para demonstrar suas verdades. Outra preocupação era não cair no hermetismo da linguagem, buscando atingir um público amplo.

O "prefácio pessoal e político" talvez seja expressivo da virada subjetiva daquela década de 1980, cujos alcances – e limites – procurei apontar no capítulo final de meu livro mais recente, *Brasilidade revolucionária* (Ridenti, 2010). Seja como for, o prefácio serve para esclarecer sobre a pessoa, o tempo e o lugar de onde se fazia a análise sobre a luta das esquerdas armadas. Cumpre ainda a função de começar a inserir o leitor nos acontecimentos históricos dos anos 1960, embora pouco esclareça sobre a organização dos capítulos que vêm a seguir, o que talvez não seja grave, já que Jacob Gorender o faz, a seu modo, na apresentação. Não sei se hoje teria tanta convicção de que é preciso conhecer a História para que ela não se repita, como afirmava então. Sigo pensando que conhecer o passado é indispensável para pensar e atuar no presente, mas sem a ilusão de que isso necessariamente envolva escolhas melhores.

O título do livro refere-se explicitamente ao Marx de *O dezoito brumário*, como esclarece o prefácio. Também reporta-se implicitamente ao *Manifesto comunista*, ao espectro do comunismo que rondara a Europa em 1848 e rondaria outras vezes o mundo todo, como em 1968. Mas há outra inspiração menos visível, mais anárquica, que se remete ao surrealismo de Buñuel e seu *Fantasma da liberdade*, filme de 1974 em que há uma famosa cena, na qual os convivas sentam-se em latrinas ao redor de uma mesa, indo fazer a refeição às escondidas, numa espécie de banheiro, onde têm a privacidade garantida. A proposta de subversão das normas sociais estabelecidas, de virar o mundo de ponta-cabeça, parecia afinado com o conturbado período que se propunha a analisar em *O fantasma da revolução brasileira*.

O livro trata da composição e da inserção social dos grupos guerrilheiros urbanos na sociedade brasileira nos anos 1960/70, o que dá o eixo sociológico da obra. Investiga a penetração desses grupos em distintos setores sociais, mostrando como eles esboçaram uma representação de classe, e como esta não chegou a se constituir, propriamente, em caminhos nos quais a "revolução" proposta pelas esquerdas foi derrotada e a "revolução" das direitas triunfou, provisoriamente, a partir de abril de 1964 e, em especial, de dezembro de 1968.

O primeiro capítulo narra o desenvolvimento das esquerdas brasileiras no período, explicando as divergências entre elas, bem como os pontos comuns que permitem a análise global sobre os grupos guerrilheiros. Não houve a preocupação de reconstituir em detalhe a história das esquerdas armadas, apresentada resumidamente, obedecendo mais à ordem da argumentação do que a da cronologia.[1] Ademais, fora publicado recentemente o livro de Gorender (1987), que

---

[1] Mais tarde, faria um relato um pouco mais amplo, tendo como eixo a reconstituição cronológica da história da esquerda armada (Ridenti, 2007a). Ver ainda Ridenti (2007b). Seja como for, há sempre o risco de o leitor não familiarizado com o tema engasgar com a sopa de letrinhas de mais de 30 organizações; são muitas informações condensadas em poucas páginas.

cumpria a tarefa de narrar os acontecimentos, com merecido sucesso de público e de crítica. Por isso, recomenda-se aos principiantes no tema que comecem seus estudos pela leitura dessa obra.

O segundo capítulo destaca a efervescência política e cultural de então, sem a qual não é possível compreender a revolta e o extremismo de parcelas das camadas médias urbanas, especialmente as jovens e intelectualizadas, que compunham mais da metade dos integrantes das organizações da "nova esquerda".[2] A inserção dessas organizações no interior do movimento estudantil e, deste, no seio da sociedade mais abrangente,[3] também são tratadas nesse capítulo que aborda, ainda, a presença de profissionais intelectualizados nas esquerdas. Procurou-se mostrar como havia um espírito de época partilhado por artistas, intelectuais e guerrilheiros que, entretanto, não se confundiam. O risco era fazer um capítulo menos objetivo que os demais, pois minha formação pessoal passou por ouvir aquelas canções, ver aqueles filmes, ler aqueles livros e assim por diante. Entretanto, parece ter sido o capítulo que mais agradou, até mesmo a Gorender, como expressa sua apresentação.[4]

Hoje teria mais dúvida em estabelecer o corte adotado entre Romantismo e Ilustração, o nacional popular e as vanguardas artísticas, pois muitos artistas e intelectuais eram ao mesmo tempo românticos e ilustrados. Também matizaria melhor críticas ao nacional-popular como a de Rouanet (1988), ou de Roberto Schwarz (1978) ao tropicalismo, como expus no livro *Em busca do povo brasileiro: artistas da revolução, do CPC à era da tv* (Ridenti, 2000). Por sua vez, o conceito de hegemonia, tal como desenvolvido por Raymond Williams, era usado nessas minhas duas obras, mas não outros, como o de estrutura de sentimento, que norteia *Brasilidade revolucionária* (Ridenti, 2010), o que mostra alguma diferença no tratamento do tema ao longo do tempo.

O terceiro capítulo diz respeito à vinculação dos grupos armados com as bases da sociedade brasileira, realçando especialmente a atuação na guerrilha de mili-

---

[2] Há uma nova edição do livro que agrupa os principais documentos da chamada "nova esquerda" dos anos 1960 e 1970, organizado por Daniel A. Reis e Jair F. de Sá (2006), originalmente publicado em 1985 e logo esgotado.

[3] Sobre o movimento estudantil da época, ver obras publicadas a partir dos anos 1990, como as de Favero (1995), Langland (2009), Maia (2008), Martins Filho (1996), Pelegrini (1997), Saldanha de Oliveira (1994) e Valle (1999).

[4] Eis alguns novos textos sobre cultura e política no período, de autoria de: Araújo (2002), Bastos (2000), Costa (2003), Del Rios (2006), Fico (1997), Franco (1998), Frederico (1998), Hollanda et al. (2000), Napolitano (2001), Novaes (2005). Para uma bibliografia mais completa, ver Ridenti (2000; 2010).

tares de baixa patente,[5] de trabalhadores manuais urbanos e rurais, bem como das mulheres,[6] e ainda um tópico sobre as tentativas de guerrilha rural, especialmente a de Caparaó e a do Araguaia.[7] Cada um desses temas poderia dar margem a uma obra inteira, mas o objetivo era mostrar sinteticamente que as esquerdas conseguiram alguma inserção social para além do meio estudantil e intelectualizado.

O capítulo final trata da rápida e progressiva perda de enraizamento social dos grupos armados, tanto pela sua ação, como por aquela da ditadura, repressiva e ideológica, dentro de uma situação econômica muito particular, o chamado "milagre brasileiro". Isoladas socialmente, as organizações armadas entraram numa dinâmica ambígua, de sobrevivência e de autodestruição, tornando-se marginais ao movimento da sociedade. Encerrava-se o ciclo das vanguardas na história da esquerda brasileira.[8]

Especialmente na elaboração desse capítulo, tive o benefício de ler a então recente tese de doutorado em História de Daniel Aarão Reis, base para seu livro *A revolução faltou ao encontro* (1990). Mas discordava de sua tese central: para aquele autor, os grupos vanguardistas de esquerda mantêm-se coesos por uma lógica de funcionamento interno que lhes permite sobreviver independentemente do movimento da sociedade, prontos a conduzir a revolução, quando ela surgir. Tentei demonstrar, com base no que se passara com as esquerdas armadas, que, ao contrário, esses grupos tendem a esfacelar-se quando perdem as raízes sociais. Essa divergência interpretativa não impediu que Daniel escrevesse uma "orelha" generosa para o livro, nem que estabelecêssemos uma série de projetos comuns, que redundaram, por exemplo, na organização de algumas coletâneas sobre a história das esquerdas e da ditadura (Reis; Ridenti, 2002; 2007; Motta; Reis; Ridenti, 2004).

---

5 Além das obras citadas naquele capítulo, há uma série de outras a mencionar, em geral posteriores. Eis alguns livros de memórias e entrevistas com nacionalistas de esquerda, vários dos quais são ex-militares que aderiram às organizações da esquerda armada: Capitani (1997), Duarte dos Santos (2005), Rodrigues (2004), Tavares (1999) e Viegas (2004). Ainda sobre a esquerda militar do período, ver os trabalhos de Wilma Maciel (2006; 2010), Paulo Parucker (2009), Teobaldo Branco (2008), Andréa Santos (1998), Hélio Silva (1988) e José Wilson da Silva (1987b).

6 Na segunda metade dos anos 1990 saíram alguns livros sobre as mulheres na oposição à ditadura, como os de Ferreira (1996), Colling (1997) e Carvalho (1998).

7 Já há uma extensa bibliografia sobre a guerrilha do Araguaia, além daquela citada na primeira edição do livro. Ver: Antero et al. (2002), Arroyo (1996), Bertolino (2003), Cabral (1993), Campos Filho (1997), Carvalho (2004), Felipe (1993), Galdino (1994), Laforgia (1988), Martins (1980), Morais e Silva (2005), Nascimento (2000), Sá (1990), Sales (2000), Studart (2009), Partido Comunista do Brasil (1974, 2000), entre outras.

8 Esse capítulo trata também de uma questão retomada posteriormente, com novos argumentos, no texto "Resistência e mistificação da resistência armada contra a ditadura" (Ridenti, 2004).

Por falar em ditadura, ela é qualificada em *O fantasma da revolução* como civil-militar, seguindo uma orientação da historiografia do período que começava a difundir-se. Também se atribui ao golpe e ao regime a qualificação de "civil-militar", para acentuar a participação civil. Mas isso não deve ocultar que o eixo do poder era militar, e que o regime tinha sua especificidade militar. Ultimamente há quem prefira – por ser supostamente um uso mais correto da língua – falar em regime ou ditadura "cívico-militar", termo que parece bem esquisito. Assim, hoje considero ser mais pertinente colocar o adjetivo militar antes de civil para qualificar o golpe, o regime e a ditadura "militar e civil".

Enfim, quer se use o termo "militar", "civil-militar", "cívico-militar" ou "militar e civil", o importante é perceber que havia um jogo complexo de forças militares e civis envolvidas, tanto que a ditadura durou 21 anos. Dificilmente poderia ser mantida tanto tempo sem um respaldo social expressivo, fundada apenas na força. Criou sólidas relações e apoios nos meios políticos, judiciários, empresariais, sindicais, universitários, da imprensa e das telecomunicações. Eis o tema-tabu que torna tão incômodo lembrar do período: uma parte da sociedade brasileira, por ação ou omissão, foi conivente com a ditadura. Talvez seja difícil admitir isso, e que a ordem hoje estabelecida é herdeira do que foi arquitetado pelos donos do poder naquele tempo, ainda que o ordenamento democrático tenha sido retomado.

A ditadura militar e civil

O tema da ditadura tem voltado à onda pelo menos desde a publicação da saga histórico-jornalística de Elio Gaspari (2002a, 2002b, 2003a, 2003b). Lentamente, em determinados círculos, foi-se consolidando a interpretação de que a ditadura não teria sido tão repressiva, com muitos aspectos a serem valorizados, como se fosse possível tomar a parte sem o todo. Isso ficaria patente num polêmico editorial da *Folha de S.Paulo*, de 17 de fevereiro de 2009, que usava a expressão "ditabranda".[9]

Já se disse que a obra de Gaspari, por um lado, teria iniciado um período de revisão historiográfica que recuperaria a importância da ação política dos militares. Por outro lado, ela fornece provas de que o extermínio de opositores armados foi uma política de Estado. Polêmicas à parte, Gaspari foi feliz nos títulos da coleção: "ditadura envergonhada", "ditadura escancarada", "ditadura

---

9 Nos próximos parágrafos, retoma-se em parte minha intervenção no debate suscitado pela questão da "ditabranda", em texto intitulado "Ditadura: nunca mais!" (*Folha de S.Paulo*, 9/3/2009, p. A3).

encurralada" e "ditadura derrotada", ou seja, em diferentes fases e com variações institucionais, sempre foi uma ditadura.

Em 1964, um golpe militar e civil – exigido por segmentos expressivos de uma parte sociedade – derrubou um governo constitucional, que era apoiado por outros setores sociais significativos. Prisões, intervenção em sindicatos e movimentos populares, cassações, expulsão de funcionários civis e militares de seus cargos, abertura de Inquéritos Policiais Militares, toda sorte de violência e humilhação contra os adeptos do governo deposto. Em outubro de 1965, o Ato Institucional nº 2 (AI-2) veio ratificar o caráter do regime: além de dar poderes ditatoriais ao Presidente, extinguia os partidos existentes e determinava eleições indiretas para a Presidência da República. Era pleno governo Castelo Branco, bem antes do AI-5, que fecharia de vez o regime em dezembro de 1968.

Mas havia um paradoxo: a ditadura foi instaurada em nome da democracia, supostamente ameaçada. Nunca se assumiu como ditadura, no máximo como "democracia relativa". Manteve-se uma fachada democrática: o Congresso funcionando (apesar da imposição do bipartidarismo, cassações e fechamento de tempos em tempos, Pacote de Abril em 1977 e outros constrangimentos), o julgamento de prisioneiros políticos (ainda que na Justiça Militar e sob leis draconianas – sem contar as torturas e mortes à margem da lei), a vigência de uma Constituição, mesmo com os limites daquela de 1967, "reformada" em 1969.

Ao contrário do que inicialmente pensaram seus adversários, a ditadura não impôs um projeto "arcaico", mas de modernização da sociedade. Não pelo viés do capitalismo de massas, sonhado por Celso Furtado e outros nacional-desenvolvimentistas antes do golpe. Houve um processo de modernização autoritária, isto é, os governos militares promoveram o desenvolvimento, embora à custa do cerceamento das liberdades democráticas e com grande concentração de riquezas.

Outro paradoxo: a modernização exigia profissionais capacitados, e muitos deles eram de oposição. Foi assim que amadureceu, por exemplo, uma indústria cultural digna desse nome sob a ditadura que, com um braço, incentivava a cultura, censurando-a com o outro. Professores incômodos eram afastados, ao mesmo tempo que se financiavam a pesquisa e a tecnologia, até no meio universitário mais hostil ao regime.

A universidade, como todas as instituições – inclusive a imprensa[10] – é repleta de histórias de colaboração com a ditadura e de resistência a ela.[11] Por

---

10 Ver, por exemplo, os livros de Kucinski (1991), Aquino (1999), Abreu (2000) e Kushnir (2004).
11 Para mencionar apenas uma obra, referente à minha universidade, a Unicamp, ver o livro de Eustáquio Gomes (2006) sobre o reitor-fundador, o polêmico Zeferino Vaz.

exemplo, o Ministro da Justiça, que em 1969 aposentou compulsoriamente mestres como Florestan Fernandes e Vilanova Artigas, era nada menos que Gama e Silva, reitor afastado da USP para exercer o Ministério. O protesto do reitor em exercício, Hélio Lourenço de Oliveira, custou-lhe a aposentadoria, junto com nova leva de docentes, entre eles, Fernando Henrique Cardoso. Muita gente de oposição seguiu na universidade e nem por isso se acovardou.

A ditadura remete à tradição autoritária das elites, ao positivismo e a toda uma história nacional, que lhe deram peculiaridade desenvolvimentista em relação às demais ditaduras no Cone Sul, ainda mais cruéis, até porque enfrentaram maior resistência. Mas foi uma inspiração para as vizinhas, irmanadas em operações repressivas como a Condor. Ou teria sido coincidência a avalanche ditatorial na América Latina nos anos 1960 e 70, em plena guerra fria? Há, não só no Chile, quem pense que Pinochet foi um mal necessário. Reconhecer que a "ditadura à brasileira" teve ambiguidades e fases distintas, envolvendo um complexo jogo de forças políticas e militares, tendo desempenhado um papel modernizador, não a torna menos ditadura que as de países vizinhos, que assassinaram muito mais gente.

Quanto ao endurecimento da ditadura após o AI-5, são correntes teses opostas à direita e à esquerda. Defensores do regime dizem que foram levados ao uso da repressão mais dura para responder à ameaça da guerrilha promovida por setores da esquerda que, por sua vez, alegam que o fechamento da ditadura levou-os a pegar em armas para combatê-la. Os dois argumentos parecem problemáticos, ainda que sirvam aos sujeitos envolvidos para justificar suas próprias ações.

O argumento de parte da esquerda não se sustenta, pois houve organizações expressivas que não pegaram em armas, não só o PCB, tido como reformista, mas também grupos que se consideravam revolucionários, caso da AP e do PORT.[12] Ademais, em 1968, ALN, VPR e Colina já faziam ações armadas, embora só depois do AI-5 tenha ocorrido o que Gorender chamou de "imersão geral na luta armada" (1987, p.153).

Por sua vez, o argumento à direita não convence, afinal as ações armadas no período eram incipientes e controladas pelo regime, que conseguira desbaratar a chamada guerrilha de Caparaó, em 1967,[13] bem como os principais movimentos

---

12 Sobre o PORT, ver o livro de Murilo Leal Pereira Neto (2004). Sobre a AP, tive a oportunidade de escrever um longo capítulo para a *História do marximo no Brasil* (Ridenti, 2002).
13 Sobre a guerrilha de Caparaó, vale mencionar alguns trabalhos concluídos posteriormente à elaboração do livro, escritos por José Caldas da Costa (2007), Bayard Boiteux (1998) e Esther Kuperman (1992).

de massa de 1968, especialmente o estudantil e o operário, já desarticulados bem antes do "golpe dentro do golpe", cuja radicalização se explica pela dinâmica interna de poder no interior do regime, como demonstrou João Roberto Martins Filho (1995).

Dito isso, é provável que muitos agentes de fato vissem no inimigo a razão da própria radicalização, e que as ações de uns levassem a reações de outros, numa ciranda de violência, ainda que desigual, dado o enorme poder da ditadura diante de uma esquerda armada aguerrida, mas pequena, dividida e socialmente pouco expressiva.

Os estudos sobre o tempo da ditadura são cada vez mais numerosos, tratam dos mais diversos temas, analisados de ângulos distintos, como se pode constatar no amplo levantamento bibliográfico realizado por Carlos Fico em *Além do golpe – versões e controvérsias sobre 1964 e a ditadura militar* (2004). A reconstituição histórica do período tem sido possível em parte pela consulta ao material depositado em instituições públicas, como os antigos arquivos do DEOPS, abertos em vários estados, o Arquivo Edgard Leuenroth da Unicamp, o Centro de Documentação e Memória da Unesp, o Arquivo Nacional (sede do Centro de Referência das Lutas Políticas no Brasil [1964-1985] – Memórias Reveladas), entre outros. Mas ainda depende, em certa medida, da boa vontade de integrantes daquele regime ou de seus herdeiros cederem a pesquisadores documentos teoricamente públicos, mas guardados em arquivos pessoais. Foi o que ocorreu, por exemplo, há alguns anos com o arquivo do general Bandeira, aberto parcialmente a jornalistas, e depois com o arquivo extraordinário de Heitor Ferreira, doado a Elio Gaspari. Parte significativa da documentação oficial da época segue escondida, como é o caso dos documentos sobre a guerrilha do Araguaia.

A já referida obra de Gaspari sobre a ditadura e dois de seus principais representantes, Geisel e Golbery, trata também do tema da esquerda armada, usando ampla bibliografia e documentação. Seu tom geral reforça o senso comum que se vem difundindo e consolidando, especialmente na grande imprensa: a violência da esquerda e da direita teriam sido as duas faces da mesma moeda. Teria havido um surto terrorista de esquerda, combatido pelo terrorismo de Estado – que Gaspari (2002a, 2002b) considera mais grave.

A principal contribuição do autor encontra-se no terceiro volume da obra. Gaspari demonstra irrefutavelmente o que já era sabido por alguns – não na época, mas por pesquisas posteriores, como a de Celso Castro e Maria Celina d'Araújo (1997) –, mas negado oficialmente até hoje pelas autoridades de então: gravações inéditas provam que Geisel "conhecia, apoiava e desejava a continuação da política de extermínio" do que restara da esquerda armada quando assumiu o poder (Gaspari, 2003a, p.388). Geisel, conforme suas próprias palavras, registradas em gravação, entendia que "esse negócio de matar é uma barbaridade, mas acho que tem que ser" (apud Gaspari, 2003a, p.324). Mais sinistro: seria preciso "agir com muita inteligência, para não ficar vestígio nessa coisa" (2003a, p.387). Pelo menos desde janeiro de 1971, Geisel já era o favorito de Médici para sucedê-lo, segundo Gaspari (2003a, p.185).

Dados estatísticos, memórias, objetividade e subjetividade

Uma das principais fontes da pesquisa foram os dados extraídos do Projeto Brasil: Nunca Mais (BNM), com base nos processos judiciais movidos pelo regime militar e civil contra seus opositores.[14] Os dados foram devidamente retrabalhados para os propósitos de *O fantasma da revolução brasileira*, com ajuda do pessoal de processamento de dados da Universidade Estadual de Londrina, onde ensinava na época, o que me permitiu construir quadros estatísticos inéditos sobre as organizações de esquerda. Os dados por certo têm limites, até porque as informações constantes nos processos judiciais nem sempre primam pela exatidão. Não obstante, procurou-se explorar ao máximo seus alcances. Eles fornecem elementos quantitativos para mapear a inserção social dos militantes por sexo, idade, ocupação, nível escolar, origem regional e assim por diante. Possivelmente, o livro seja um dos que mais contém dados quantitativos sobre as esquerdas, algo que nem sempre foi valorizado na época, mas me parece um ponto forte até hoje.

Leva-se em conta o total de processados, não necessariamente condenados, pela Justiça Militar por envolvimento com organizações de esquerda, em número que é superior ao dos envolvidos organicamente em ações armadas, que teria sido de cerca de 800, no cálculo de Elio Gaspari (2002a, p.352). Já a soma de mortos e desaparecidos por diversas atividades de oposição à ditadura, especialmente a armada, chega a 396, segundo o último e mais completo levantamento (Teles et al., 2009). Essa obra narra os casos de 237 mortos e mais 159 desaparecidos políticos, num total de 396 pessoas. Além delas, aborda mais 30 mortes no exílio e outras 10 pouco antes do golpe de 1964, chegando ao total de 436 casos descritos. Ademais, na introdução do livro (2009, p.21-51), encontra-se um relato resumido, mas abrangente de todos os passos, tanto das lutas dos

---

14 Sobre o BNM, ver Weschler, 1990.

familiares de mortos e desaparecidos como da legislação sobre o tema a partir da anistia de 1979.[15]

Os atingidos pelas arbitrariedades da ditadura, entretanto, foram muitos mais – como se pode constatar, por exemplo, pelos números da Comissão de Anistia do Ministério da Justiça brasileiro, criada em 2001 para indenizar os perseguidos políticos. Até maio de 2007, a Comissão analisou 29.079 pedidos, dos quais 55% foram atendidos, restando ainda outros 28.558 processos para serem analisados, conforme noticiado no jornal *Folha de S.Paulo* (14/06/2007, p.A14).[16] O balanço final das vítimas da ditadura só poderá ser feito após a abertura de todos os documentos de Estado da época, principalmente os militares.

Os dados tomados do levantamento geral do BNM talvez pequem por pequenas imprecisões, como aquelas apontadas por Alessandra Bagatim em trabalho sobre as FALN (2002).[17] Ao consultar os processos específicos, ela constata que foram 11 e não 9 os lavradores dessa organização, entretanto admite que isso não altera a percentagem de 22% de lavradores no grupo (Bagatim, 2002, p.45). É provável que novas investigações de processos particulares de cada organização possam ajustar melhor os dados quantitativos levantados, que não se pretendem absolutamente precisos, cabe insistir. No geral, entretanto, eles mantêm sua validade estatística, pois detalhes não atrapalham o propósito que é o de dar uma visão aproximativa abrangente da composição social dos grupos de esquerda.

Além da âncora objetiva e quantitativa, *O fantasma da revolução brasileira* também tem um forte viés qualitativo e subjetivo. Afinal, além de garimpar informações e dados estatísticos no BNM, foram realizadas 35 entrevistas e lidos vários livros de memórias publicados até então. Lançar mão de entrevistas do modo que se fez, dialogando com elas e procurando dar voz à subjetividade dos agentes, ainda não era comum.

As entrevistas foram tomadas na tradição sociológica, sem recorrer aos recursos metodológicos da história oral, que só passaria a ser mais difundida no país a partir dos anos 1990.[18] Surgiu até mesmo uma Associação Brasileira de História

---

15 Ver ainda: Comissão de familiares de mortos e desaparecidos políticos (1995; 1996), Miranda e Tibúrcio (1999), Comissão Especial sobre Mortos e Desaparecidos Políticos (2007) e o site www.desaparecidospoliticos.org.br.
16 Glenda Mezarobba (2008) analisa o tema polêmico das reparações pagas às vítimas do regime militar.
17 Sobre as FALN, ver ainda Leone (1998) e Botosso (2001). Wilma Maciel (2010, p.17), conferindo cada processo referente a ex-militares no BNM, constata que houve casos em que foram qualificados com outras ocupações. Cruzando com novos dados, conclui que foram 97 militares envolvidos com a esquerda armada, sendo 77 deles de baixa patente. Esses iriam, assim, de 2,8% a 4% dos integrantes das esquerdas armadas em meu quadro 3.
18 Vejam-se obras metodológicas como as de Verena Alberti (1990), Marieta Ferreira e Janaína Amado (1996), José Carlos Sebe Bom Meihy (1996), Sônia Maria de Freitas (2002) e Lucília de Almeida Neves Delgado (2006).

Oral, que lançou o primeiro número de sua revista, intitulada *História oral*, em 1998. Por sua vez, os estudos sobre memória também ganhariam maior difusão no Brasil, nas Ciências Sociais, na Literatura e na História.[19] Por ser posterior, essa literatura teórico-metodológica sobre memória e história oral não poderia ter sido incorporada na pesquisa, que entretanto tinha afinidade com esses temas, pois fazia parte de um movimento mais geral no meio acadêmico e na própria sociedade, talvez expressando o que Beatriz Sarlo (2007) chamou de "guinada subjetiva".

O desenvolvimento dos estudos de memória e história oral não se dissocia da difusão literária memorialística, inclusive de testemunhos de ex-militantes políticos. Em 1977, Renato Tapajós publicou o livro *Em câmara lenta – o que lhe valeu a prisão*.[20] Dois anos depois, no contexto de abertura política, saiu *O que é isso, companheiro?*, de Fernando Gabeira (1979). Desde então, constituiu-se uma literatura memorialística expressiva sobre os anos de luta armada, mais numerosa do que os depoimentos sobre outros períodos históricos. Ao menos trinta pessoas escreveram livros sobre a própria militância na esquerda armada urbana – por vezes com recursos à ficção literária. Além das duas já citadas, pode-se mencionar as obras de Antonio Marcello (1978), Paulo Schilling (1979), Alfredo Syrkis (1980), Índio Vargas (1981), Frei Betto (1982), Álvaro Caldas (1982), Herbert Daniel (1982), Alex Polari (1982) e Reynaldo Guarany (1984). Todas elas foram debatidas em *O fantasma da revolução brasileira*. Na época não tive acesso às memórias de Maurício Paiva (1986), mas fizera uma longa entrevista com ele. Merecem destaque ainda *O jardim do nada*, de Conrad Detrez (1979), e *Retrato calado*, de Salinas Fortes (1988).

Houve uma pausa entre o fim da década de 1980 e o início da seguinte, talvez pela saturação do assunto no mercado editorial, combalido ademais pela crise econômica e cultural durante o governo Collor, sem contar os ventos desfavoráveis ao tema após a queda do muro de Berlim, em 1989.[21] Mas a literatura memorialística dos antigos combatentes retomaria fôlego na segunda metade dos anos 1990, quando saíram novos livros que acrescentaram vivências

---

19 Consultem-se livros como os de Ludmila Catela (2001), Irene Cardoso (2001), Márcio Seligmann-Silva (2003, 2005), Stella Bresciani e Márcia Naxara (2004), entre outros. As reconstruções da memória sobre a ditadura são tema caro a Daniel Aarão Reis (2000; 2004).

20 Ver a história do livro de Tapajós nas abordagens de Mário Medeiros da Silva (2008) e de Eloísa Maués (2008).

21 Foi nesse período hostil que peregrinei por várias editoras com o livro debaixo do braço, até encontrar abrigo na Editora Unesp, após seleção interna da Universidade, onde então lecionava, no campus de Araraquara. Em seguida, a publicação ganharia auxílio da Fapesp, resultante de análise de mérito. Menos mal que, nesse meio tempo entre a defesa do doutorado e a publicação, foi possível aperfeiçoar o trabalho na forma e no conteúdo para sair como livro, bem mais enxuto que a tese original.

de outros militantes. Menos ou mais interessantes e diversificados, com menor ou maior vendagem, eles não deixam de ser similares aos escritos anteriores de ex-companheiros, centrados no relato das próprias experiências. Vejam-se obras como as de Carlos Eugênio Paz (1996; 1997), Avelino Capitani (1997), Apolônio de Carvalho (1997), Bayard Boiteux (1998), José Dirceu e Vladimir Palmeira (1998), Flávio Tavares (1999), José Roberto Rezende (2000), Ottoni Fernandes Jr. (2004), Antônio Duarte dos Santos (2005), Oswaldo Lourenço (2005), Celso Lungaretti (2005), Aluízio Palmar (2005), Renato Martinelli (2006), Yara Falcon (2007), Liszt Vieira (2008) e Maurice Politi (2009).

Há, pelo menos, sete livros editados com depoimentos de vários militantes.[22] Ainda dezoito biografias e outros textos sobre ex-militantes da chamada "esquerda revolucionária". Já saíram três livros acerca de Carlos Marighella (Betto, 1983; José 1997; Nova e Nóvoa, 1999), sem contar a biografia que vem sendo preparada há anos pelo jornalista Mário Magalhães. Sobre Carlos Lamarca, há um livro difundido de José e Miranda (1984). Membros do PCdoB que atuaram no Araguaia também foram retratados, como Maurício Grabois por Osvaldo Bertolino (2004), e Pedro Pomar por seu filho Wladimir (Pomar, 2003). Sobre Paulo Wright, escreveu sua sobrinha Delora (Wright, 1993); outro membro da AP, José Carlos da Mata Machado teve sua trajetória narrada com sensibilidade por Samarone Lima (1998b).

Maurício Paiva (1996) abordou a história da família Pezzuti, com quem conviveu e militou em Belo Horizonte. O misterioso Antonio Expedito Carvalho Perera foi objeto de obra de Molica (2003). Sobre Zarattini, escreveu seu camarada José Luiz del Roio (2006). Francisco Julião foi lembrado por Santiago (2001). Mulheres biografadas foram: Iara Iavelbeg (Patarra, 1992), Elsa Monnerat (Bercht, 2002), Maria do Carmo Brito (Vianna, 2003), Soledad Barret, a companheira de cabo Anselmo, assassinada pela polícia em Recife (Mota, 2009), e a irmã Maurina Borges (Leone, 1998). Ainda há dois livros sobre Zuzu Angel, morta em circunstâncias suspeitas ao buscar o paradeiro de Stuart Angel, seu filho desaparecido (Valli, 1987; Moraes; Ahmed, 1994). Vários autores escreveram sobre distintos personagens, em obra organizada por Beatriz Kushnir (2002).

---

22 São os livros organizados por Caso (1976), Cavalcanti e Ramos (1978), Dias (1979), Costa (1980), Reis e Moraes (1988), Dênis de Moraes (1989), Freire, Almada e Ponce (1997). Uma bibliografia brevemente comentada sobre a esquerda armada encontra-se em Ridenti (2001).

Tudo isso sem levar em conta as várias memórias dos comunistas do PCB, que não chegaram a pegar em armas contra a ditadura nos anos 1960 e 1970. Novas biografias, livros de memórias e depoimentos vão aparecer, na certa. Por exemplo, uma equipe do Laboratório de Estudos da Intolerância da USP e do Arquivo Edgard Leuenroth da Unicamp realizou 80 entrevistas filmadas com ex-militantes, que logo devem estar disponíveis ao público, em projeto organizado por Zilda Iokoi e Janaína Teles, além de mim.

Na Argentina, onde a repressão à esquerda armada teria deixado até 30 mil mortos, os depoimentos memorialísticos são ainda mais variados e difundidos que no Brasil. Beatriz Sarlo (2007) faz reflexões que merecem atenção para possível efeito comparativo. Aponta a necessidade da "crítica do sujeito e da sua verdade, a crítica da verdade da voz e de sua ligação com uma verdade da experiência que afloraria no testemunho" (2007, p.38). Segundo ela, haveria muita importância nos relatos das vítimas das ditaduras, até para punir os responsáveis pelas arbitrariedades. Mas isso não exime os testemunhos de análise crítica. O principal ponto levantado não está em questionar a subjetividade dos atingidos, que geralmente dá o tom nos livros memorialísticos, até pela sua natureza, mas sim em destacar que também a subjetividade é histórica. Para Sarlo, "uma utopia revolucionária carregada de ideias recebe um tratamento injusto se é apresentada só ou fundamentalmente como drama pós-moderno de seus partidários" (2007, p.66).

Não caberia fazer *tabula rasa* de toda a literatura memorialística já produzida no Brasil, seria uma caricatura desenhá-la como drama subjetivo de ex-militantes, agora pós-modernos. Mas é inegável que há um problema em certa cultura da memória que tende a afastar-se da objetividade, transformando o testemunho em "um ícone da Verdade ou no recurso mais importante para a reconstituição do passado" (Sarlo, 2007, p.19), confundindo-se o direito de lembrar com a verdade da lembrança (2007, p.44). Aqui há um desafio para a continuidade desse tipo de literatura.

Novidades e revisões

Novas memórias, reportagens e pesquisas acadêmicas acrescentaram novidades factuais após a elaboração de *O fantasma da revolução brasileira*. No entanto, a obra incorporara as contribuições essenciais. Já haviam sido publicadas as análises que até hoje parecem continuar sendo as mais expressivas, e com as quais se dialogou implícita ou explicitamente: as matérias pioneiras de Marco Aurélio Garcia, em série para o jornal *Em tempo* (1979), e os livros já mencionados de Jacob Gorender (1987), e Daniel Aarão Reis (1990).[23]

As informações novas referem-se especialmente a aspectos da repressão às esquerdas e às circunstâncias das mortes dos inimigos da ditadura. O livro pudera contar com os dados da pesquisa mais extensa a respeito, o já referido Projeto Brasil: Nunca Mais, que resultou em doze volumes publicados em tiragem limitada pela Arquidiocese de São Paulo (BNM, 1985). Contou também com obras como as do Movimento dos Trabalhadores Rurais sem Terra (1987), e Naffah Neto (1985), entre outras. Mas publicaram-se depois outros livros sobre os mecanismos de repressão da ditadura, como os de Mattos e Swensson Jr. (2003), Aquino et al. (2001), Fico (2001) e Huggins (1998).[24] Algumas obras avançaram sobre o tema de mortos, desaparecidos políticos e tortura, como as de Arantes (1994), Coimbra (1995), Comissão de familiares... (1995; 1996), Miranda e Tibúrcio (1999), Serbin (2001) e Teles (2000; 2005; 2009).

Esses novos livros trouxeram informações que permitem aperfeiçoar a abordagem de *O fantasma da revolução brasileira*. Particularmente, os esclarecimentos sobre as circunstâncias de certas mortes exigem voltar a um tema polêmico que foi tratado no capítulo final, o do suicídio revolucionário. O *Dossiê dos mortos e desaparecidos políticos* (Teles et al., 2009) narra os debates na Comissão Especial de Mortos e Desaparecidos Políticos (CEMDP), do governo federal, em torno de três casos mencionados naquele capítulo, o dos supostos suicídios de Luiz Antônio Santa Bárbara, Iara Iavelberg e José Roberto Spiegner. Depois de muito debate, o pedido de reparação dos familiares de Santa Bárbara foi indeferido na CEMDP por 4 votos a 2, e posteriormente por 5 a 2, em resposta a recurso (2009, p.273-277). Já o pedido referente a Iara Iavelberg obteve 3 votos favoráveis, insuficientes para o deferimento (2009, p.269-272). Contudo, "com a aprovação da lei 10.875/04, que ampliou os benefícios da Lei dos Desaparecidos (9.140/95), abrangendo tanto suicídio quanto confronto", o requerimento da família de Santa Bárbara para obter reparação foi deferido por unanimidade (2009, p.277), bem como o da família de Iara Iavelberg, que também obteve na Justiça uma sentença segundo a qual não ficou comprovado

---

23 Ver também outros textos abrangentes sobre as esquerdas armadas, como os artigos de João Quartim de Moraes (1996), Maria Hermínia T. de Almeida e Luiz Weis (1998), Denise Rollemberg (2003), bem como os livros de M. de Fátima Cunha (1998), Jaime Saltchuck (1995), Luís Mir (1994), e ainda Ozaí da Silva (1987a).

24 Sobre a repressão e seus agentes, ver ainda as obras de Argolo et al. (1996), D'Araújo (1994), Deckes (1985), Fon (1979), Joffily (2008), Grael (1985), Heller (1988), Lobo (1989), Souza (2000), Ustra (1987), entre outros.

o suicídio, o que permitiu que seu corpo fosse retirado do setor dos suicidas do Cemitério Israelita (2009, p.272).

A CEMDP aprovou por unanimidade o pedido da família de José Roberto Spiegner, pois havia provas fartas de que ele não se suicidou, mas foi morto após tortura, depois de ferido em combate (idem, p.180). Essa constatação parece não invalidar plenamente o depoimento citado em meu livro, dado por sua companheira Vera Sílvia Magalhães, para quem "O Zé Roberto preferiu descer a escada, atirando para matar um policial, e gritando 'abaixo a ditadura', antes de ser morto. Foi ou não um suicídio? Evidentemente que foi" (In: Ridenti, 1993, p.272). Sabe-se hoje que não foi, pois o guerrilheiro ficara apenas ferido. Isso, no entanto, não contraria o raciocínio de Vera de que ele preferiu não se entregar, colocando-se em situação de fazer "com que alguém desse um tiro nele", efetivamente dado, sem ser o fatal.

Enfim, cabe fazer esses esclarecimentos factuais, que não invalidam a discussão esboçada sobre o suicídio revolucionário, ao contrário. Jacob Gorender afirmou na apresentação que o tema seria suficientemente importante para ser apreciado "no espaço de uma obra inteira" (In: Ridenti, 1993, p.14). Não se deve esquecer que o próprio Gorender tentou o suicídio quando esteve preso, a fim de escapar do sofrimento da tortura, como ele mesmo relatou (1987, p.217-218).[25]

As obras sobre aspectos mais específicos da esquerda armada têm apresentado expressiva variedade. Eis algumas, a título de exemplo, apenas para ficar em trabalhos que ainda não foram citados. A questão da influência de Cuba sobre as organizações armadas foi tratada por Denise Rollemberg (2001), e por Jean Sales (2007).[26] A atuação dos guerrilheiros no Ceará foi estudada por Airton Farias (2007). A guerrilha urbana em sua ligação com o movimento operário foi tema de artigo de Celso Frederico (1989). Jeffrey Lesser (2008) analisou a militância de esquerda de nipo-brasileiros, como Mário Japa, codinome de Shizuo Osawa. Alberto Berquó (1997) tratou do sequestro do embai-

---

25 Esse capítulo final também toca no tema delicado de quatro "justiçamentos": a ALN executou três militantes e o PCBR matou um, sob acusação de serem traidores. Para uma justificativa desse tipo de ação pela conjuntura da época, vejam-se os polêmicos livros de memória de Carlos Eugênio Paz, ex-dirigente da ALN (Paz, 1996, 1997), os quais já vêm sendo analisados em trabalhos acadêmicos como o de Cláudia Badan Ribeiro (2005). Por sua vez, Antônio Pedroso Jr. (2003) escreveu um livro em defesa de uma das vítimas. Enquanto "companheiros" eram "justiçados", escapavam ilesos os verdadeiros espiões infiltrados, de que o exemplo mais notório foi o de cabo Anselmo (ver Anselmo, 1984; Borba, 1984; e Souza, 1999).

26 Essa questão talvez pudesse ter sido tratada com mais vagar em *O fantasma da revolução brasileira*. Explicito melhor minha visão a respeito em "Esquerdas armadas revolucionárias nos anos 1960-1970" (Ridenti, 2007a).

xador dos Estados Unidos no Rio de Janeiro em 1969, tema também do filme *O que é isso, companheiro?*, de Bruno Barreto, que mereceu a crítica de inúmeros pesquisadores e ex-militantes (Reis et al., 1997). A história da VPR constituiu--se em objeto de Chagas (2000). Essa organização também aparece no romance inspirado na chamada guerrilha do Ribeira, de Marcelo Paiva (1996), filho do ex-deputado desaparecido, Rubens Paiva. Já o militante Teodomiro Romeiro dos Santos, cuja condenação à morte seria depois comutada para prisão perpétua, foi tratado no livro de Fernando Escariz (1980). Ademais, há muitas teses acadêmicas sobre a guerrilha, como a de Ruth Lima (1998a).

Vários temas conexos também têm sido pesquisados. O anticomunismo no Brasil, entre 1917 e 1964, foi tratado minuciosamente por Rodrigo Motta (2002). Em livro bem recente, James Green (2009) escreveu sobre a oposição à ditadura brasileira nos Estados Unidos. Os exemplos poderiam ser multiplicados, mas não seria o caso de alongar demais as referências bibliográficas.

Considerações finais

No decorrer da pesquisa sobre as esquerdas armadas, apareceu a oportunidade de debater com colegas estudiosos da esquerda brasileira, a maioria dos quais integrava o Grupo de Trabalho "Partidos e Movimentos de Esquerda", da ANPOCS, ao qual me integrei em 1985. Travei contato com intelectuais como Marco Aurélio Garcia, João Quartim de Moraes, Carlos Nelson Coutinho, Celso Frederico, Jacob Gorender, Ricardo Antunes, João Roberto Martins Filho, Gildo Marçal Brandão, Osvaldo Coggiola, Michel Zaidan, Rubens Pinto Lyra, Sílvio Frank Alem, Pedro Roberto Ferreira e outros, além de Daniel Aarão Reis. Provavelmente, o livro seria outro sem os debates com esses colegas, muitos dos quais se tornaram meus amigos.

A formação devia-se em grande parte também a meus professores de Sociologia, como Heloísa Fernandes, Brasílio Sallum, Paulo Silveira, José de Souza Martins, César Gnaccarini, Maria Célia Paoli e Sedi Hirano, e à bibliografia que eles adotavam. É perceptível, em *O fantasma da revolução brasileira*, a incorporação de análises desenvolvidas no Cebrap por Fernando Henrique Cardoso (1972, 1975, 1982), Francisco de Oliveira (1975, 1987, 1988) e Giannotti (1983), também das teorias do populismo que então eram difundidas, como as de Ianni (1975), Weffort (1978) e Décio Saes (1985).

Com o tempo, eu passaria a valorizar mais o que havia de popular no chamado populismo. Também ficaria menos animado com as análises posteriores do pessoal do Cebrap, exceto as de Francisco de Oliveira. Teria mais dúvida e cuidado também ao falar em "massas", contrapostas a "vanguardas". O texto faz referências a Durkheim, no que diz respeito ao suicídio revolucionário, e especialmente a Marx. Talvez devesse ter resistido à tentação de citar e de fazer certas comparações, algumas talvez mais pertinentes do que outras. Não porque considere atualmente as análises clássicas, como as de Marx, por exemplo, menos brilhantes do que achava então, mas porque certas citações podem dar a impressão equivocada de que toda a História encontra explicação já dada ou antecipada em seus escritos.

Relendo o parágrafo final do livro, nota-se que trazia implicitamente, embora eu não fosse militante, alguma expectativa em relação ao projeto do Partido dos Trabalhadores na época, que logo viria a mostrar suas potencialidades e seus limites. A tese que deu origem ao livro, lembre-se, foi defendida em 1989, ano da queda do muro de Berlim e também da aguardada eleição presidencial direta no Brasil, em que as forças de esquerda, unificadas no segundo turno em torno da candidatura de Lula, perderam por pouco para Collor.

Se nunca foi e nem pretendia ser um *best seller*, ou tornar-se unanimidade de crítica, o livro não passou em branco. Saíram duas reimpressões, em 1996 e 2005, e talvez tenha conseguido furar o circuito fechado tanto da academia como dos círculos de esquerda, embora provavelmente a maioria de seus leitores seja desses meios. Até onde sei, a pesquisa foi razoavelmente bem recebida na esfera universitária. Além da avaliação positiva da banca da tese, ela tem sido citada por autores de diferentes posições teóricas, como Skidmore, que sugere a leitura "para um relato detalhado da oposição armada" (1998, p.346). O livro chegou a ser indicado para a prova de História do Brasil do concurso de ingresso na carreira diplomática, nos anos 1990.[27] Por sua vez, sei que alguns ex-militantes o leram com simpatia, até porque são tratados com respeito e valorização de sua luta, apesar do viés crítico. São referências diferenciadas a indicar que não foi vã a busca de isenção e objetividade, embora sem ilusão quanto à neutralidade valorativa.

Por tudo isso, foi preferível não alterar o texto original para esta segunda edição, apesar de ser tentador fazer mudanças de estilo, forma e conteúdo. Por exemplo, faria parágrafos mais curtos e não usaria a primeira pessoa do plural para conduzir a narrativa, como era comum na época e hoje parece um pouco estranho. Foram corrigidos detalhes de revisão e acrescentou-se este posfácio de balanço, acompanhado de uma bibliografia complementar que incorpora as

---

27 *Guia de Estudos* para o concurso de admissão à carreira de diplomata – Instituto Rio Branco. Brasília: Ministério das Relações Exteriores, 1998, p.59.

contribuições mais recentes. Elas trazem novas perspectivas e informações, mas não invalidam e até reforçam o que foi exposto em *O fantasma da revolução brasileira*.

No momento em que escrevo, acaba de ser criada pelo governo federal uma Comissão da Verdade, a fim de apurar casos de violação aos direitos humanos durante a ditadura, a exemplo do que ocorreu em outros países, como passo necessário à consolidação democrática. A decisão revela-se polêmica até no interior do governo; seus desdobramentos estão em aberto.

São Paulo, março de 2010.

REFERÊNCIAS BIBLIOGRÁFICAS DO POSFÁCIO

ABREU, J. B. de. *As manobras da informação:* análise da cobertura jornalística da luta armada no Brasil (1965-1979). Niterói: EdUFF; Rio de Janeiro: Mauad, 2000.

ALBERTI, V. *História oral:* a experiência do CPDOC. Rio de Janeiro: Fundação Getulio Vargas, 1990.

ALMEIDA, M. H. T. de; WEIS, L. Carro zero e pau-de-arara: o cotidiano da oposição de classe média ao regime militar. In: SCHWARCZ, L. M. (Org.). *História da vida privada no Brasil*, v.4: contrastes da intimidade contemporânea. São Paulo: Companhia das Letras, 1998.

ANSELMO, Cabo. *Por que eu traí:* confissões de cabo Anselmo. Entrevistado por Octavio Ribeiro (Pena Branca). São Paulo: Global, 1984.

ANTERO, L. C.; AMAZONAS, J.; SILVA, A. *Uma epopeia pela liberdade*: Guerrilha do Araguaia 30 anos (1972-2002). São Paulo: Anita Garibaldi, 2002.

AQUINO, M. A. de. *Censura, imprensa, Estado autoritário (1968-1978):* o exercício cotidiano da dominação e da resistência: O Estado de São Paulo e Movimento. Bauru: EDUSC, 1999.

AQUINO, M. A. de; MATTOS, M. A. V. L. de; SWENSSON JUNIOR, W. C. (Orgs.). *Dossiês DEOPS/SP. Radiografias do autoritarismo republicano brasileiro.* 5v. São Paulo: Arquivo do Estado de São Paulo: Imprensa Oficial, 2001-2002.

ARANTES, M. A. A. C. *Pacto re-velado:* psicanálise e clandestinidade política. São Paulo: Escuta, 1994.

ARAÚJO, P. C. de. *Eu não sou cachorro, não:* música popular cafona e ditadura militar. Rio de Janeiro: Record, 2002.

ARGOLO, J. A.; RIBEIRO, K.; FORTUNATO, L. A. M. *A direita explosiva no Brasil.* Rio de Janeiro: Mauad, 1996.

ARROYO, A. *Guerrilha do Araguaia.* 3.ed. São Paulo: Anita Garibaldi, 1996.

BAGATIM, A. *Forças Armadas de Libertação Nacional*: o grupo de esquerda armada ribeirão-pretano (1967-1969). Série Monografia. Campinas: IFCH/UNICAMP, 2002.

BASTOS, A. *A história foi assim:* o romance político brasileiro nos anos 70/80. Rio de Janeiro: Caetés, 2000.

BERCHT, V. *Coração vermelho:* a vida de Elsa Monnerat. São Paulo: Anita Garibaldi, 2002.

BERQUÓ, A. *O sequestro dia a dia.* Rio de Janeiro: Nova Fronteira, 1997.

BERTOLINO, O. *Maurício Grabois, uma vida de combate – da batalha de ideias ao comando da guerrilha do Araguaia.* São Paulo: Anita Garibaldi, 2004.

BERTOLINO, O. *Testamento de luta.* São Paulo: Anita Garibaldi, 2003.

BOITEUX, B. D. *A guerrilha de Caparaó e outros relatos.* Rio de Janeiro: Inverta, 1998.

BOM MEIHY, J. C. S. *Manual de história oral.* São Paulo: Loyola, 1996.

BORBA, M. A. *Cabo Anselmo*: a luta armada ferida por dentro. São Paulo: Global, 1984.

BOTOSSO, M. *A guerrilha ribeirão pretana: história de uma organização armada revolucionária.* Mestrado em História – FHDSS, Unesp, Franca, 2001.

BRANCO, T. *Confidências de um guerrilheiro.* Caxias do Sul: Maneco, 2008.

BRESCIANI, S.; NAXARA, M. (Orgs.). *Memória e (res)sentimento – indagações sobre uma questão sensível.* Campinas: Unicamp, 2004.

CABRAL, P. *Xambioá*: guerrilha no Araguaia. Rio de Janeiro: Record, 1993.

CAMPOS FILHO, R. P. *Guerrilha do Araguaia:* a esquerda em armas. Goiânia: Ed. da UFG, 1997.

CAPITANI, A. B. *A rebelião dos marinheiros.* Porto Alegre: Artes e Ofícios, 1997.

CARDOSO, I. *Para uma crítica do presente.* São Paulo: 34, 2001.

CARVALHO, A. de. *Vale a pena sonhar.* Rio de Janeiro: Rocco, 1997.

CARVALHO, L. M. *Mulheres que foram à luta armada.* São Paulo: Globo, 1998.

CARVALHO, L.M. *O coronel rompe o silêncio.* Rio de Janeiro: Objetiva, 2004.
CASO, A. *A esquerda armada no Brasil (1967-1971).* Lisboa: Moraes, 1976.
CASTRO, C.; D'ARAÚJO, C. (Orgs.). *Ernesto Geisel.* 3.ed. Rio de Janeiro: Fundação Getulio Vargas, 1997.
CATELA, L. *Situação-limite e memória – a reconstrução do mundo dos familiares e desaparecidos da Argentina.* São Paulo: Hucitec/Anpocs, 2001.
CHAGAS, F. A. G. das. *A Vanguarda Popular Revolucionária:* dilemas e perspectivas da luta armada no Brasil (1968-1972). Mestrado em História – FHDSS, Unesp, Franca, 2000.
COIMBRA, C. *Guardiães da ordem:* uma viagem pelas práticas psi no Brasil do "Milagre". Rio de Janeiro: Oficina do Autor, 1995.
COLLING, A. M. *A resistência da mulher à Ditadura Militar no Brasil.* Rio de Janeiro: Record/Rosa dos Tempos, 1997.
COMISSÃO DE FAMILIARES DE MORTOS E DESAPARECIDOS POLÍTICOS; INSTITUTO DE ESTUDOS DA VIOLÊNCIA DO ESTADO; GRUPO TORTURA NUNCA MAIS. *Dossiê dos mortos e desaparecidos políticos a partir de 1964.* Recife: Ed. de Pernambuco, 1995.
COMISSÃO DE FAMILIARES DE MORTOS E DESAPARECIDOS POLÍTICOS; INSTITUTO DE ESTUDOS DA VIOLÊNCIA DO ESTADO; GRUPO TORTURA NUNCA MAIS. *Dossiê dos mortos e desaparecidos políticos a partir de 1964.* São Paulo: Imprensa Oficial do Estado, 1996.
COMISSÃO ESPECIAL SOBRE MORTOS E DESAPARECIDOS POLÍTICOS. *Direito à memória e à verdade.* Brasília: Secretaria Especial dos Direitos Humanos, 2007.
COSTA, C. T. *Cale-se.* São Paulo: A Girafa, 2003.
COSTA, J. C. da. *Caparaó – a primeira guerrilha contra a ditadura.* São Paulo: Boitempo, 2007.
CUNHA, M. F. *Eles ousaram lutar:* a esquerda e a guerrilha nos anos 60/70. Londrina: Ed. da UEL, 1998.
D'ARAÚJO, M. C. (Org.). *Os anos de chumbo*: a memória militar sobre a repressão. Rio de Janeiro: Relume-Dumará, 1994.
DECKES, F. *Radiografia do terrorismo no Brasil: 1966-1980.* São Paulo: Ícone, 1985.
DEL RIOS, J. *Bananas ao vento*: meia década de cultura e política em São Paulo. São Paulo: Senac, 2006.
DELGADO. L. A. N. *História oral:* memória, tempo, identidades. Belo Horizonte: Autêntica, 2006.

DETREZ, C. *O jardim do nada*. Rio de Janeiro: Civilização Brasileira, 1979.
DIAS, L. N. (Org.). *Esquerda armada:* testemunhos dos presos políticos do Presídio Milton Dias Moreira no Rio de Janeiro. Vitória: Edições do Leitor, 1979.
DIRCEU, J.; PALMEIRA, V. *Abaixo a ditadura:* o movimento de 68 contado por seus líderes. Entrevistas, edição e cartuns: Solange Bastos, Paulo Becker, Ari Roitman e Henfil. 2.ed. Rio de Janeiro: Espaço e Tempo: Garamond, 1998.
DUARTE DOS SANTOS, A. *A luta dos marinheiros*. Rio de Janeiro: Ed. Inverta, 2005.
ESCARIZ, F. *Porque Theodomiro fugiu*. São Paulo: Global, 1980.
FALCON, Y. *Mergulho no passado:* a ditadura que vivi. Maceió: Livro Rápido, 2007.
FARIAS, A. *Além das armas:* guerrilheiros de esquerda no Ceará durante a Ditadura Militar (1968–1972). Fortaleza: Edições Livro Técnico, 2007.
FÁVERO, M. L. A. *A UNE em tempos de autoritarismo*. Rio de Janeiro: UFRJ, 1995.
FELIPE, G. *A Guerrilha do Araguaia*: Brasil 1965–1975. Tese de D.E.A. Université de la Sourbonne Nouvelle (Paris III). 1993.
FERNANDES JR., O. *O baú do guerrilheiro – memórias da luta armada urbana no Brasil*. Rio de Janeiro: Record, 2004.
FERREIRA, E. F. X. *Mulheres, militância e memória*. Rio de Janeiro: Fundação Getulio Vargas, 1996.
FERREIRA, M. M.; AMADO, J. (Orgs.). *Usos e abusos da história oral*. Rio de Janeiro: Fundação Getulio Vargas, 1996.
FICO, C. *Além do golpe – versões e controvérsias sobre 1964 e a ditadura militar*. Rio de Janeiro: Record, 2004.
FICO, C. *Como eles agiam:* os subterrâneos da ditadura militar – espionagem e polícia política. Rio de Janeiro: Record, 2001.
FICO, C. *Reinventando o otimismo:* ditadura, propaganda e imaginário social no Brasil. Rio de Janeiro: Fundação Getulio Vargas, 1997.
FON, A. C. *Tortura:* a história da repressão política no Brasil. 2.ed. São Paulo: Global, 1979.
FORTES, L. R. S. *Retrato calado*. São Paulo: Marco Zero, 1988.
FRANCO, R. *Itinerário político do romance pós-64:* a festa. São Paulo: Ed. Unesp, 1998.
FREDERICO, C. A política cultural dos comunistas. In: MORAES, João Quartim de (Org.). *História do marxismo no Brasil: teorias, interpretações*. v.3. Campinas: Ed. da Unicamp, 1998.

FREDERICO, C. 1968: guerrilha urbana e movimento operário. In: *Ciências Sociais Hoje 1989: anuário de Antropologia, Política e Sociologia da ANPOCS*. São Paulo: Vértice: ANPOCS, 1989. p.269-294.
FREIRE, A.; ALMADA, I.; PONCE, J. A. G. (Orgs.). *Tiradentes, um presídio da ditadura:* memórias de presos políticos. São Paulo: Scipione, 1997.
FREITAS. S. M. de. *História oral:* possibilidades e procedimentos. São Paulo: Humanitas, 2002.
GALDINO, A. C. *O Partido Comunista do Brasil e o movimento de luta armada nos anos 60.* 1994. Mestrado em História. Campinas: IFCH/Unicamp, 1994.
GASPARI, E. *As ilusões armadas – A ditadura envergonhada.* v.1, São Paulo: Companhia das Letras, 2002a.
GASPARI, E. *As ilusões armadas – A ditadura escancarada,* v.2, São Paulo: Companhia das Letras, 2002b.
GASPARI, E. *O sacerdote e o feiticeiro – A ditadura derrotada.* v.3, São Paulo: Companhia das Letras, 2003a.
GASPARI, E. *O sacerdote e o feiticeiro – A ditadura encurralada.* v.4, São Paulo: Companhia das Letras, 2003b.
GOMES, E. *O mandarim:* história da infância da Unicamp. Campinas: Ed. da Unicamp, 2006.
GORENDER, J. *Combate nas trevas – a esquerda brasileira:* das ilusões perdidas à luta armada. São Paulo: Ática, 1987. [5.ed. rev. e ampl. São Paulo: Ática, 1998].
GRAEL, D. M. *Aventura, corrupção e terrorismo:* à sombra da impunidade. 3.ed. Petrópolis: Vozes, 1985.
GREEN, J. *Apesar de vocês – Oposição à ditadura brasileira nos Estados Unidos, 1964-1985.* São Paulo: Companhia das Letras, 2009.
HELLER, M. I. *Resistência democrática:* a repressão no Paraná. Rio de Janeiro: Paz e Terra; Curitiba: Secretaria da Cultura do Estado do Paraná, 1988.
HOLLANDA, H. B. de; GASPARI, E.; VENTURA, Z. *Cultura em trânsito:* da repressão à abertura. Rio de Janeiro: Aeroplano, 2000.
HUGGINS, M. K. *Polícia e política*: relações Estados Unidos-América Latina. São Paulo: Cortez, 1998.
JOFFILY, M. *No centro da engrenagem. Os interrogatórios na Operação Bandeirante e no DOI de São Paulo (1969-1975).* Tese de doutorado em História Social. São Paulo: FFLCH/USP, 2008
JOSÉ, E. *Carlos Marighella:* o inimigo número um da ditadura militar. São Paulo: Sol Chuva, 1997.

KUCINSKI, B. *Jornalistas e revolucionários nos tempos da imprensa alternativa*. São Paulo: Scritta, 1991.

KUPERMAN, E. *A guerrilha do Caparaó (1966-1967)*: um ensaio de resistência. Mestrado em História. Rio de Janeiro: IFCS/UFRJ. 1992.

KUSHNIR, B. (Org.). *Perfis cruzados*: trajetórias e militância política no Brasil. Rio de Janeiro: Imago, 2002.

KUSHNIR, B. *Cães de guarda:* jornalistas e censores, do AI-5 à Constituição de 1988. São Paulo: Boitempo, 2004.

LAFORGIA, R. *Dezembro sangrento*: a chacina da Lapa. Campinas: Pontes, 1988.

LANGLAND, V. Coming Home to Praia de Flamengo: The Once and Future National Student Union Headquarters in Rio de Janeiro, Brazil. In: LAZZARA, M. J.; UNRUH, V. eds. *Telling Ruins in Latin America*, Palgrave Macmillan: 2009.

LEONE, M. *Sombras da repressão:* o outono de Maurina Borges. Petrópolis: Vozes, 1998.

LESSER, J. *Uma diáspora descontente:* os nipo-brasileiros e o significado da militância étnica (1960-1980). Paz e Terra, 2008.

LIMA, R. R. de. *Nunca é tarde para saber:* histórias de vida, histórias da guerrilha. Doutorado em História Social. FFLCH/USP. São Paulo, 1998a.

LIMA, S. *Zé – José Carlos Novais da Mata Machado, uma reportagem*. Belo Horizonte: Maza, 1998b.

LOBO, A. *A hora do lobo, a hora do carneiro*. Petrópolis: Vozes, 1989.

LOURENÇO, O. *Companheiros de viagem*. São Paulo: Maturidade, 2005.

LUNGARETTI, C. *Náufrago da utopia – vencer ou morrer na guerrilha aos 18 anos*. São Paulo: Geração, 2005.

MACIEL, W. A. *O capitão Lamarca e a VPR – repressão judicial no Brasil*. São Paulo: Alameda, 2006.

MACIEL, W. A. *Militares de esquerda: formação, participação política e engajamento na luta armada (1961-1974)*. Tese de doutorado em História Social. São Paulo: 2010.

MAIA JR., E. A. *Memórias de luta:* ritos políticos do movimento estudantil universitário (Fortaleza, 1962-1969). Fortaleza: UFC, 2008.

MARTINELLI, R. *Um grito de coragem – memórias da luta armada*. São Paulo: Com Arte, 2006.

MARTINS, E. *Nós, do Araguaia*. 3.ed. Rio de Janeiro: Graal, 1980.

MARTINS FILHO, J. R. *A rebelião estudantil –* 1968: México, França e Brasil. Campinas: Mercado das Letras, 1996.

MARTINS FILHO, J. R. *O palácio e a caserna:* a dinâmica militar das crises políticas da ditadura (1964-1969). São Carlos: Ed. da UFSCar, 1995.

MATTOS, M. A. V. L. de; SWENSSON JUNIOR, W. C. *A repressão política do regime militar brasileiro (1964-1985).* Rio de Janeiro: DP&A, 2003.

MAUÉS, E. A. *Em câmara lenta, de Renato Tapajós*: a história do livro, experiência histórica da repressão e narrativa literária. Mestrado em História Social. São Paulo: FFLCH/USP, 2008.

MEZAROBBA. G. *O preço do esquecimento*: as reparações pagas às vítimas do regime militar. Doutorado em Ciência Política. São Paulo: FFLCH/USP. 2008.

MIR, L. *A revolução impossível.* São Paulo: Círculo do Livro, 1994.

MIRANDA, N.; TIBÚRCIO, C. *Dos filhos deste solo:* mortos e desaparecidos políticos durante a ditadura militar: a responsabilidade do Estado. São Paulo: Boitempo: Perseu Abramo, 1999.

MOLICA, F. *O homem que morreu três vezes – uma reportagem sobre o "Chacal brasileiro".* 2.ed. Rio de Janeiro: Record, 2003.

MORAES, D. de. *A esquerda e o golpe de 64:* vinte e cinco anos depois. 2.ed. Rio de Janeiro: Espaço e Tempo, 1989.

MORAES, J. L.; AHMED, A. *O calvário de Sônia Angel.* Rio de Janeiro: Mec, 1994.

MORAES, J. Q. de. A mobilização democrática e o desenvolvimento da luta armada no Brasil em 1968: notas historiográficas e observações críticas. *Tempo Social*, n.1, v.2, 2º semestre de 1996, p.135-158.

MORAIS, T.; SILVA, E. *Operação Araguaia.* São Paulo: Geração Editorial, 2005.

MOTA, U. *Soledad no Recife.* São Paulo: Boitempo, 2009.

MOTTA, R. P. S. *Em guarda contra o perigo vermelho – o anticomunismo no Brasil (1917-1964).* São Paulo: Perspectiva, 2002.

MOTTA, R. P. S.; REIS, D. A.; RIDENTI, M. (Orgs.). *O golpe e a ditadura militar, 40 anos depois (1964-2004).* Bauru, SP: EDUSC, 2004.

NAPOLITANO, M. *"Seguindo a canção". Engajamento político e indústria cultural na MPB (1959-1969).* São Paulo: Annablume, 2001.

NASCIMENTO, D. M. *A Guerrilha do Araguaia:* paulistas e militares na Amazônia. Dissertação de Mestrado. Belém: Universidade Federal do Pará, 2000.

NOVA, C.; NÓVOA, J. (Orgs.). *Marighella:* o homem por trás do mito. São Paulo: Ed. Unesp, 1999.

NOVAES, A. (Orgs.). *Anos 70:* ainda sob a tempestade. Rio de Janeiro: Senac, 2005.

PAIVA, M. R. *Não és tu, Brasil*. São Paulo: Mandarim, 1996.
PAIVA, M. *Companheira Carmela:* a história da luta de Carmela Pezzuti e seus dois filhos na resistência ao regime militar e no exílio. Rio de Janeiro: Mauad, 1996.
PAIVA, M. *O sonho exilado*. Rio de Janeiro: Achiamé, 1986.
PALMAR, A. *Onde foi que vocês enterraram nossos mortos?* São Paulo: Travessa dos editores, 2005.
PARTIDO COMUNISTA DO BRASIL. *Documentos do Partido Comunista do Brasil (1962-1974)*. Lisboa: Maria da Fonte, 1974. 4v.
PARTIDO COMUNISTA DO BRASIL. *Em defesa dos trabalhadores e do povo brasileiro*: documentos do PCdoBrasil de 1960 a 2000. São Paulo: Anita Garibaldi, 2000.
PARUCKER. P. E. C. *Praças em pé de guerra – o movimento político dos subalternos militares no Brasil (1961-1964) e a revolta dos sargentos de Brasília*. São Paulo: Expressão Popular, 2009.
PAZ, C. E. *Nas trilhas da ALN:* memórias romanceadas. Rio de Janeiro: Bertrand-Brasil, 1997.
PAZ, C. E. *Viagem à luta armada*. Rio de Janeiro: Civilização Brasileira, 1996.
PEDROSO JR., A. *Márcio, o guerrilheiro*. Rio de Janeiro: Papel Virtual, 2003.
PELEGRINI, S. C. A. *A UNE nos Anos 60:* utopias e práticas políticas no Brasil. Londrina: Ed. UEL, 1997.
PEREIRA NETO, M. L. *A esquerda da esquerda*. São Paulo: Paz e Terra, 2004.
POLITI, M. *Resistência atrás das grades*. São Paulo: Plena Editorial/Núcleo Memória, 2009.
POMAR, W. *Pedro Pomar:* uma vida em vermelho. São Paulo: Xamã, 2003.
REIS, D. A. et al. *Versões e ficções*: o sequestro da História. São Paulo: Perseu Abramo, 1997.
REIS, D. A. *Ditadura militar, esquerdas e sociedade*. Rio de Janeiro: Zahar, 2000.
REIS, D. A. Ditadura e sociedade: as reconstruções da memória. In: REIS FILHO, D. A.; RIDENTI, M.; MOTTA, R. P. S. (Orgs.). *O golpe e a ditadura militar, 40 anos depois (1964-2004)*. Bauru: EDUSC, 2004.
REIS, D. A.; RIDENTI, M. (Orgs.). *História do marxismo no Brasil:* partidos e organizações até os anos 60. v.5. Campinas: Ed. da Unicamp, 2002.
REIS, D. A.; RIDENTI, M. (Orgs.). *História do marxismo no Brasil: partidos e organizações até os anos 60*. v.5. Campinas: Ed. da Unicamp, 2007.
REIS, D. A.; SÁ, J. F. de (Orgs.). *Imagens da revolução:* documentos políticos das organizações clandestinas de esquerda dos anos 1961-1971. Rio de Janeiro: Marco Zero, 1985. [2.ed. São Paulo: Expressão Popular, 2006].

REZENDE, J. R. Ousar lutar: memórias da guerrilha que vivi. [entrevista a Mouzar Benedito]. São Paulo: Viramundo, 2000.

RIBEIRO, M. C. B. *Memória, história e sociedade*: a contribuição da narrativa de Carlos Eugênio Paz. Mestrado em Sociologia, Campinas: IFCH/Unicamp, 2005.

RIDENTI, M. *O fantasma da revolução brasileira*. São Paulo: Unesp, 1993.

RIDENTI, M. *Em busca do povo brasileiro*: artistas da revolução – do CPC à era da TV. Rio de Janeiro: Record, 2000.

RIDENTI, M. As esquerdas em armas contra a ditadura (1964-1974): uma bibliografia. *Cadernos AEL – Tempo de ditadura*, v.8, n.14-15, 2001, p.257-294.

RIDENTI, M. Ação Popular: cristianismo e marxismo. In: REIS, D. A.; RIDENTI, M. (Orgs.). *História do marxismo no Brasil*, 5. Partidos e organizações dos anos 20 aos 60. Campinas: Ed. da UNICAMP, 2002, p.213--282. [2.ed., 2007, p.227-302]

RIDENTI, M. Resistência e mistificação da resistência armada contra a ditadura: armadilhas para os pesquisadores. In: RIDENTI, M.; REIS, D. A.; MOTTA, R. P. S. (Orgs.). *O golpe e a ditadura militar, 40 anos depois (1964-2004)*. Bauru, SP: EDUSC, 2004. p.53-65

RIDENTI, M. Esquerdas armadas revolucionárias nos anos 1960-1970. In: FERREIRA, J.; REIS, D. A.(Orgs.). *Revolução e democracia (as esquerdas no Brasil*, v.3). Rio de Janeiro: Civilização Brasileira, 2007a. p.21-51.

RIDENTI, M. Esquerdas armadas urbanas: 1964-1974. In: RIDENTI, M.; REIS, D. A. (Orgs.). *História do marxismo no Brasil*, 6. Partidos e movimentos após os anos 1960. Campinas: Ed. da UNICAMP, 2007b. p.105-151

RIDENTI, M. *Brasilidade revolucionária – um século de cultura e política*. São Paulo: Ed. Unesp, 2010.

RODRIGUES, F. L. *Vozes do mar – o movimento dos marinheiros e o golpe de 64*. São Paulo: Cortez, 2004.

ROIO, J. L. del. *Zarattini, a paixão revolucionária*. São Paulo: Ícone, 2006.

ROLLEMBERG, D. Esquerdas revolucionárias e luta armada. In: FERREIRA, J.; DELGADO, L. *O Brasil republicano*, v.4. Rio de Janeiro: Civilização Brasileira, 2003.

ROLLEMBERG, D. *O apoio de Cuba à luta armada no Brasil:* o treinamento guerrilheiro. Rio de Janeiro: Mauad, 2001.

SÁ, G. de. *Araguaia:* relato de um guerrilheiro. São Paulo: Anita Garibaldi, 1990.

SALDANHA DE OLIVEIRA, J. A. *A mitologia estudantil*: uma abordagem sobre o movimento estudantil alagoano. Maceió: Secr. de Comunicação Social do governo do estado de Alagoas, 1994.

SALES, J. R. *Partido Comunista do Brasil – PCdoB*: propostas teóricas e práticas políticas (1962-1976). Mestrado em História. Campinas: IFCH/Unicamp. 2000.

SALES, J. R. *A luta armada contra a ditadura militar – a esquerda brasileira e a influência da revolução cubana*. São Paulo: Perseu Abramo, 2007.

SALTCHUCK, J. *Luta armada no Brasil dos anos 60-70*. São Paulo: Anita Garibaldi, 1995.

SANTIAGO, V. *Francisco Julião*: luta, paixão e morte de um agitador. Recife: Assembleia Legislativa do Estado de Pernambuco, 2001.

SANTOS, A. P. dos. *A esquerda das Forças Armadas Brasileiras*: História Oral de vida de militares nacionalistas de esquerda. Mestrado em História Social. São Paulo: Universidade de São Paulo, 1998.

SARLO, B. *Tempo passado – cultura da memória e guinada subjetiva*. São Paulo/Belo Horizonte: Companhia das Letras/UFMG, 2007.

SELIGMANN-SILVA, M. (Org.) *História, memória, literatura – o testemunho na era das catástrofes*. Campinas: Unicamp, 2003.

SELIGMANN-SILVA, M. *O local da diferença – ensaios sobre memória, arte, literatura, tradução*. São Paulo: 34, 2005.

SERBIN, K. P. *Diálogos na sombra:* bispos e militares, tortura e justiça social na ditadura. São Paulo: Companhia das Letras, 2001.

SILVA, A. O. da. *História das tendências no Brasil:* origens, cisões e propostas. São Paulo: Proposta, 1987a.

SILVA, H. *A vez e a voz dos vencidos:* militares x militares. Petrópolis: Vozes, 1988.

SILVA, J. W. da. *O tenente vermelho:* assessor militar de Brizola conta como Fidel Castro entregou um milhão de dólares para os exilados brasileiros no Uruguai (Brizola, Jango e Darcy Ribeiro) financiarem movimentos de guerrilha no Brasil. Porto Alegre: Tchê, 1987b.

SILVA, M. A. M. da. *Os escritores da guerrilha urbana – literatura de testemunho, ambivalência e transição política (1977-1984)*. São Paulo: Annablume/Fapesp, 2008.

SKIDMORE. T. E. *Uma história do Brasil*. 2.ed. São Paulo: Paz e Terra, 1998.

SOUZA, P. de. *Eu, cabo Anselmo:* depoimento a Percival de Souza. São Paulo: Globo, 1999.

SOUZA, P. de. *Autópsia do medo:* vida e morte do delegado Sérgio Paranhos Fleury. São Paulo: Globo, 2000.

STUDART, H. *A lei da selva – estratégias, imaginário e discurso dos militares sobre a Guerrilha do Araguaia*. São Paulo: Geração Editorial, 2009.

TAVARES, F. *Memórias do esquecimento*. São Paulo: Globo, 1999. [edição ampliada. Rio de Janeiro: Record, 2005].

TELES, J. A. (Org.). *Mortos e desaparecidos políticos:* reparação ou impunidade? São Paulo: Humanitas: FFLCH-USP, 2000.

TELES, J. A. *Os herdeiros da memória – a luta dos familiares de mortos e desaparecidos políticos por verdade e justiça no Brasil*. Mestrado em História. São Paulo: USP, 2005.

TELES, J. A. et al. *Dossiê Ditadura*: mortos e desaparecidos políticos no Brasil (1964-1985). 2.ed., revista, ampliada e atualizada. São Paulo: Imprensa Oficial do Estado de São Paulo, 2009.

USTRA, C. A. B. *Rompendo o silêncio*. 2.ed. Brasília: Editerra Editorial, 1987.

VALLE, M. R. do. *1968: o diálogo é a violência* – movimento estudantil e ditadura militar no Brasil. Campinas: Ed. da Unicamp, 1999.

VALLI, V. *Eu, Zuzu Angel, procuro meu filho*. 2.ed. Rio de Janeiro: Record, 1987.

VIANNA, M. *Uma tempestade como a sua memória – a história de Lia, Maria do Carmo Brito*. Rio de Janeiro: Record, 2003.

VIEGAS, P. *Trajetória rebelde*. São Paulo: Cortez, 2004.

VIEIRA, L. *A busca – memórias da resistência*. São Paulo: Hucitec, 2008

WESCHLER, L. *Um milagre, um universo*: o acerto de contas com os torturadores. São Paulo: Companhia das Letras, 1990.

WRIGHT, D. J. *O coronel tem um segredo:* Paulo Wright não está em Cuba. Petrópolis: Vozes, 1993.

REFERÊNCIAS BIBLIOGRÁFICAS

ALBUQUERQUE, J. A. G. (Coord.). *Classes médias e política no Brasil*. Rio de Janeiro: Paz e Terra, 1977.
ALVES, M. H. M. *Estado e oposição no Brasil (1964-1984)*. 3.ed. Petrópolis: Vozes, 1985.
ANDERSON, P. Modernidade e revolução. *Novos Estudos CEBRAP*. São Paulo, v.14, p.2-15, fev. 1986.
ARAÚJO, B. J. de. Mudanças na estrutura social. In: KRISCHKE, P. (Org.) *Brasil*: do "milagre" à "abertura". São Paulo: Cortez, 1982. p.23-52.
ARNS, P. E. *Perfil dos atingidos*. Petrópolis: Vozes, 1988.
ARNS, P. (Prefácio). *Brasil*: Nunca mais. 2.ed. Petrópolis: Vozes, 1985.
ARROYO, A. Um grande acontecimento na vida do país e do partido. *Movimento*, São Paulo, n.222, 1979.
ARROYO, R. Empobrecimento relativo e absoluto do proletariado brasileiro na última década. In: *A situação da classe trabalhadora na América Latina*. Rio de Janeiro: CEDEC/Paz e Terra, 1978.
BAER, W. O crescimento brasileiro e a experiência do desenvolvimento: 1964--1975. In: ROETT, R. (Org.). *O Brasil na década de 70*. Rio de Janeiro: Zahar, 1978.
BENJAMIN, W. A Paris do Segundo Império em Baudelaire. In: KOTHE, F. (Org.). *Walter Benjamin*. São Paulo: Ática, 1985. p.44-64.

BERMAN, M. *Tudo que é sólido desmancha no ar*. São Paulo: Companhia das Letras, 1986.
BETTO, Frei. *Batismo de sangue*. 6.ed. Rio de Janeiro: Civilização Brasileira, 1983.
BIRNBAUM, P.; CHAZEL, F. (Org.). *Teoria sociológica*. São Paulo: HUCITEC/ EDUSP, 1977.
BNM. Projeto "Brasil: Nunca Mais". "Projeto A", 6 tomos, 12 v. Arquidiocese de São Paulo, 1985.
BOSI, A. *História concisa da literatura brasileira*. 2.ed. São Paulo: Cultrix, 1978.
CADERNOS DO PRESENTE 2. Greves operárias (1968-1978). Belo Horizonte: Aparte, jul. 1978.
CALDAS, A. *Tirando o capuz*. 4.ed. Rio de Janeiro: Codecri, 1982.
CALLADO, A. *Bar Don Juan*. 7.ed. Rio de Janeiro: Civilização Brasileira, 1982.
CALLADO, A. *Reflexos do baile*. 4.ed. Rio de Janeiro: Paz e Terra, 1977.
CALLADO, A. *Quarup*. 2.ed. Rio de Janeiro: Civilização Brasileira, 1967.
CARDOSO, F. H. As classes nas sociedades capitalistas contemporâneas (notas preliminares). *Revista de Economia Política*, v.1/2, n.5, jan./mar. 1982.
CARDOSO, F. H. *Autoritarismo e democratização*. 3.ed. Rio de Janeiro: Paz e Terra, 1975.
CARDOSO, F. H. *O modelo político brasileiro*. São Paulo: Difel, 1972.
CARONE, E. (Org.). *Movimento operário no Brasil, 1964-1984*. São Paulo: Difel, 1984.
CASTRO, M. de. *64*: Conflito Igreja x Estado. Petrópolis: Vozes, 1984.
CAVALCANTI, P. C. U.; RAMOS, J. (Coord.) *Memórias do exílio*. São Paulo: Livramento, 1978.
CHAUÍ, M. *Conformismo e resistência*. 2.ed. São Paulo: Brasiliense, 1987.
CLAUDIN, F. *Marx, Engels y la revolución de 1848*. Madrid: Siglo XXI, 1975.
COSTA, A. de O. et al. (Org.). *Memórias das mulheres do exílio*. Rio de Janeiro: Paz e Terra, 1980.
COVRE, M. de L. M. *O intelectual e o poder*. São Paulo, 1982. Tese (Doutoramento) – Ciências Sociais (Sociologia), Universidade de São Paulo.
DALE, Frei Romeu et al. (Org.). *As relações Igreja-Estado no Brasil*. v.1, *1964-1967*; v.2, *1967-1970*. São Paulo: Loyola, 1986.
DANIEL, H. *Passagem para o próximo sonho*. Rio de Janeiro: Codecri, 1982.
DEBRAY, R. *Revolução na revolução*. São Paulo: Centro Ed. Latino-Americano, s.d.
DECOUFLÉ, A. *Sociologia das revoluções*. São Paulo: Difel, 1970.

DELGADO, L. de A. N. *O comando geral dos trabalhadores no brasil, 1961-
-1964*. 2.ed. Petrópolis: Vozes, 1986.
DIAS, J. *El movimiento de Osasco*. Sus luchas, sus actores. s.n.t. jul./dez. 1972.
DIEESE. *Dez anos de política salarial*. São Paulo, 1975. (mimeo.)
DÓRIA, P. et al. *A guerrilha do Araguaia*. São Paulo: Alfa-Ômega, 1978.
DREIFUSS, R. A. *1964*: a conquista do Estado. 2.ed. Petrópolis: Vozes, 1981.
DRUMMOND DE ANDRADE, C. Nosso tempo. In: *Reunião*. 6.ed., Rio de Janeiro: José Olympio, 1974. p.83.
DRUMMOND DE ANDRADE, C. Os ombros suportam o mundo. In: *Reunião*. 6.ed., Rio de Janeiro: José Olympio, 1974. p.55.
DURKHEIM, E. *O suicídio*. Rio de Janeiro: Zahar, 1982.
EM TEMPO. Contribuição à história da esquerda brasileira, 1964-1979, São Paulo: s.n., 1979-1980.
FANON, F. *Os condenados da terra*. 2.ed. Rio de Janeiro: Civilização Brasileira, 1979.
FAUSTO, R. *Marx*: lógica e política. Tomo II. São Paulo: Brasiliense, 1987.
FERNANDES, F. Os dilemas políticos dos jovens. *Folha de S.Paulo*, 15.9.1986.
FERNANDES, H. R. *Os militares como categoria* social. São Paulo: Global, 1979.
FERNANDES, F. *A revolução burguesa no Brasil*. 2.ed. Rio de Janeiro: Zahar, 1976.
FOLHA DE LONDRINA. Entrevista com Amadeu Felipe da Luz Ferreira. 11, 12, 13.5.1983.
FORACCHI, M. *A participação social dos excluídos*. São Paulo: HUCITEC, 1982.
FORACCHI, M. *O estudante e transformação da sociedade brasileira*. 2.ed. São Paulo: Cia. Editora Nacional, 1977.
FRANK, A. G. A agricultura brasileira: capitalismo e o mito do feudalismo. *Revista Brasiliense*, São Paulo, v.51, p.45-67, 1964.
FREDERICO, C. (Org.). *A esquerda e o movimento operário, 1964-1984*. São Paulo: Novos Rumos, v.1, 1987.
FRONT. Le Brésil sera un nouveau Vietnam, entrevista de Carlos Marighella a Conrad Detrez. *Front*, v.3, p.1-8, nov. 1969.
FURTADO, C. *Subdesenvolvimento e estagnação na América Latina*. Rio de Janeiro: Civilização Brasileira, 1966.
GABEIRA, F. *O que é isso, companheiro?* 34.ed. Rio de Janeiro: Guanabara, 1988.
GARCIA, M. A. Contribuições para uma história da esquerda brasileira. In: MORAES, R. et al. *Inteligência brasileira*. São Paulo: Brasiliense, 1986.

GIANNOTTI, J. A. *Trabalho e reflexão*. São Paulo: Brasiliense, 1983.
GNACCARINNI, J. C. *Latifúndio e proletariado*. São Paulo: Polis, 1980.
GORENDER, J. *Combate nas trevas*. São Paulo: Ática, 1987.
GORENDER, J. *A burguesia brasileira*. 4.ed. São Paulo: Brasiliense, 1985.
GORENDER, J. 1964: o fracasso das esquerdas. *Movimento*, n.299, 23 a 29.3.1981.
GUARANY, R. *A fuga*. São Paulo: Brasiliense, 1984.
GUEVARA LYNCH, E. *Meu filho "Che"*. 2.ed. São Paulo: Brasiliense, 1986.
GULLAR, F. Quarup ou ensaio de deseducação para brasileiro virar gente. *Revista Civilização Brasileira*. Rio de Janeiro, v.15, p.251-8, set. 1967.
GULLAR, F. *Vanguarda e subdesenvolvimento*. Rio de Janeiro: Civilização Brasileira, 1969.
HOLLANDA, H. B. de; GONÇALVES, M. A. *Cultura e participação nos anos 60*. 5.ed. São Paulo: Brasiliense, 1986.
HOLLANDA, H. B. de. *Impressões de viagem* (CPC, vanguarda e desbunde). 2.ed. São Paulo: Brasiliense, 1981.
HUMPHREY, J. *Fazendo o "milagre"*: controle capitalista e luta operária na indústria automobilística brasileira. Petrópolis: Vozes/CEBRAP, 1982.
IANNI, O. *O colapso do populismo no Brasil*. 3.ed. Rio de Janeiro: Civilização Brasileira, 1975.
IANNI, O. A mentalidade do "homem simples". *Revista Civilização Brasileira*. Rio de Janeiro, v.18, p.113-7, mar./abr. 1968.
IBGE. Censo Demográfico de 1970.
JAMIL RODRIGUES. O caminho da vanguarda. s.n.t., 1970. (mimeo.)
JOSÉ, E.; MIRANDA, O. *Lamarca, o capitão da guerrilha*. 8.ed. São Paulo: Global, 1984.
KONDER, L. A rebeldia, os intelectuais e a juventude. *Revista Civilização Brasileira*. Rio de Janeiro, v.15, p.135-45, set. 1967.
KRISCHKE, P. J. (Org.). *Brasil*: do "milagre" à "abertura". São Paulo: Cortez, 1982.
LAMARCA, C. Diário de Carlos Lamarca, 29 de junho – 16 de agosto de 1971. In: Folhetim, n.543, p.B1-B12. *Folha de S. Paulo*, 10.7.1987.
LENIN, V. I. Que fazer? In: *Obras escolhidas,* v.1. São Paulo: Alfa-Ômega, 1979.
LÖWY, M. *Ideologias e ciência social*. São Paulo: Cortez, 1985.
LÖWY, M. *Para uma sociologia dos intelectuais revolucionários*. São Paulo: Ciências Humanas, 1979.
MANDEL, E. *Os estudantes, os intelectuais e a luta de classes*. Lisboa: Antídoto, 1979.

MANTEGA, G. *A economia política brasileira*. 3.ed. São Paulo/Petrópolis: Polis/Vozes, 1985.
MARCELLO, A. *Ensaio geral*. São Paulo: Alfa-Ômega, 1978.
MARCUSE, H. *A ideologia da sociedade industrial* (o homem unidimensional). 5.ed. Rio de Janeiro: Zahar, 1979.
MARIGHELLA, C. *Escritos de Carlos Marighella*. São Paulo: Livramento, 1979.
MARIGHELLA, C. *Manual do guerrilheiro urbano e outros textos*. 2.ed. Lisboa: Assírio & Alvim, 1974.
MARTINS FILHO, J. R. *Movimento estudantil e ditadura militar*. Campinas: Papirus, 1987.
MARX, K. *O Capital*. São Paulo: Abril Cultural, 1983. 3t., 5v.
MARX, K. *O Capital*. São Paulo: Ciências Humanas, 1978. v.I, cap. VI. (inédito)
MARX, K. *Marx*. São Paulo: Abril Cultural, 1974. (Os Pensadores)
MARX, K. "'Les Conspirateurs', par A. Chenu, ex-capitainedes gardes du citoyen Caussidière – Les sociétes secrètes; La préfecture de police sous Caussidière; Les corps-francs, Paris 1850/ 'La naissance de la République en Février 1848', par Lucien de la Hodde, Paris 1850". In: Marx-Engels. *Werke*. Berlin: Dietz Verlag, 1960. v.7, p.266-80.
MENDES JR., A. *Movimento estudantil no Brasil*. 2.ed. São Paulo: Brasiliense, 1982.
MIRANDA, O. *Obscuros heróis de Capricórnio*. São Paulo: Global, 1987.
MORAES, J. Q. de. *Brasile*: dittadura e resistenza. Milão: Gabriéle Mazzeta, s.d.
MORAES, M. L. Q. de. *A experiência feminista dos anos 70*. Textos, UNESP/ Araraquara, 1990.
MORAES, P. de; REIS F., D. A. *1968*: a paixão de uma utopia. Rio de Janeiro: Espaço e Tempo, 1988.
MOTA, C. G. *Ideologia da cultura brasileira*. 5.ed. São Paulo: Ática, 1985.
MOURA, C. (Apresentação) *Diário da guerrilha do Araguaia*. 2.ed. São Paulo: Alfa-Ômega, 1979.
MOVIMENTO DOS TRABALHADORES RURAIS SEM TERRA. *Assassinatos no campo, crime e impunidade, 1964-1986*. 2.ed. São Paulo: Global, 1987.
NAFFAH NETO, A. *Poder, vida e morte na situação de tortura*. São Paulo: HUCITEC, 1985.
NICOLAUS, M. *El Marx desconocido/Proletariado y clase media en Marx*: coreografia hegeliana y la dialéctica capitalista. Barcelona: Anagrama, 1972.
OLIVEIRA, F. de. O surgimento do antivalor. *Novos Estudos CEBRAP*. São Paulo, n.22, p.8-28, out. 1988.

OLIVEIRA, F. de. *O elo perdido, classe e identidade de classe.* São Paulo: Brasiliense, 1987.
OLIVEIRA, F. de. A economia brasileira: crítica à razão dualista. *Seleções CEBRAP 1.* São Paulo: Brasiliense, 1975.
ORTIZ, R. *A moderna tradição brasileira.* São Paulo: Brasiliense, 1988.
PATARRA, J. L. *Iara, reportagem biográfica.* 3.ed. Rio de Janeiro: Rosa dos Tempos, 1992.
PCB, Documentos do. Lisboa: Avante, 1976.
PEREIRA, L. C. B. O novo modelo brasileiro de desenvolvimento. *Dados,* Rio de Janeiro, p.122-43, IUPERJ, 1973.
POERNER. A. J. *O poder jovem.* 2.ed. Rio de Janeiro: Civilização Brasileira, 1979.
POLARI, A. *Em busca do tesouro.* Rio de Janeiro: Codecri, 1982.
POMAR, P. Carta sobre a guerrilha do Araguaia. *Movimento,* n.199, São Paulo, 1979.
POMAR, W. *Araguaia*: o partido e a guerrilha. São Paulo: Brasil Debates, 1980.
PORTELA, F. *Guerra de guerrilhas no Brasil.* 2.ed. São Paulo: Global, 1979.
PRADO JR., C. *A revolução brasileira.* 2.ed. São Paulo Brasiliense, 1966.
PRADO, D. de A. *Exercício findo.* São Paulo: Perspectiva, 1987.
PRANDI, J. R. *O trabalhador por conta própria sob o capital.* São Paulo: Símbolo, 1978.
REBELLO, G. *A guerrilha de Caparaó.* São Paulo: Alfa-Ômega, 1980.
REIS FILHO, D. A. *A revolução faltou ao encontro.* São Paulo: Brasiliense, 1990.
REIS FILHO, D. A. *As organizações comunistas e a luta de classes, 1961/1968.* São Paulo, 1987. Tese (Doutorado) – Departamento de História, Universidade de São Paulo.
REIS FILHO, D. A.; SÁ, J. F. de. (Orgs.). *Imagens da Revolução.* Rio de Janeiro: Marco Zero, 1985.
RIBEIRO, O. *Por que eu traí*: confissões de cabo Anselmo. 5.ed. São Paulo: Global, 1984.
RIDENTI, M. S. A canção do homem enquanto seu lobo não vem. *Perspectivas, Rev. Ciênc. Sociais,* São Paulo, v.14, p.1-40, 1991.
RIDENTI, M. S. As mulheres na política brasileira: os anos de chumbo. *Tempo social,* Rev. Sociol. USP, São Paulo, v.2, n.2, p.113-28, 2° sem. 1990.
RIDENTI, M. S. A vanguarda armada e as massas na revolução que não ocorreu. *Ciências Sociais Hoje,* São Paulo, Vértice-ANPOCS, p.170-213, 1987.

RIDENTI, M. S. *O Fantasma da revolução brasileira*: raízes sociais das esquerdas armadas, 1964-1974. São Paulo, 1989. Tese (Doutorado) – Departamento de Sociologia, Universidade de São Paulo.

RODRIGUES, L. M. O PCB: os dirigentes e a organização e Sindicalismo e classe operária (1930–1964). In: *História geral da civilização brasileira*, o Brasil Republicano. v.X. São Paulo: Difel, 1981.

ROUANET, S. P. Nacionalismo, populismo e historismo. *Folha de S.Paulo*: D-3, 12.3.1988.

SAES, D. *Classe média e sistema político no Brasil*. São Paulo: T.A. Queiroz, 1985.

SANFELICE, J. L. *Movimento estudantil*: a UNE na resistência ao golpe de 64. São Paulo: Cortez, 1986.

SANTOS, M. C. L. dos. (Org.). *Maria Antônia*: uma rua na contramão. São Paulo: Nobel, 1988.

SCHILLING, P. *Como se coloca a direita no poder.* 2v. São Paulo: Global, 1979.

SCHWARZ, R. *O pai de família e outros estudos.* Rio de Janeiro: Paz e Terra, 1978.

SIMÕES, C. *A lei do arrocho*. Petrópolis: Vozes, 1986.

SIMÕES, S. de D. *Deus, pátria e família*. Petrópolis: Vozes, 1985.

SINGER, P. et al. *Capital e trabalho no campo*. São Paulo: HUCITEC, 1977.

SINGER, P. Evolução da economia brasileira: 1955-1975. *Estudos CEBRAP* 17, São Paulo, p.61-83, jul./set. 1976.

SINGER, P. A economia brasileira depois de 1964. *Debate & Crítica*, v.4, p.1-21, nov. 1974.

SINGER, P. O milagre brasileiro: causas e consequências. *Cadernos CEBRAP*, São Paulo, v.6, 1972.

SIRKIS, A. *Os carbonários*. 8.ed. São Paulo: Global, 1983.

STEPAN, A. *Brasil*: los militares y la política. Buenos Aires: Amorrortu, 1974.

TAPAJÓS, R. *Em câmara lenta*. São Paulo: Alfa-Ômega, 1977.

TAVARES, F. Entrevista, *Status*, n.132, p.29-42, jul. 1985.

UNE, História da. Depoimentos de ex-dirigentes. São Paulo: Livramento, 1980. v.1.

UNIDADE E LUTA. A greve de Osasco. s.n.t. nov. de 1972.

VARGAS, I. *Guerra é guerra, dizia o torturador.* Rio de Janeiro: CODECRI, 1981.

VENTURA, Z. *1968, o ano que não terminou.* Rio de Janeiro: Nova Fronteira, 1988.

WEFFORT, F. C. *O populismo na política brasileira.* Rio de Janeiro: Paz e Terra, 1978.

WEFFORT, F. C. Participação e conflito industrial: Contagem e Osasco, 1968. *Cadernos CEBRAP* 5, São Paulo, 1972.
WILLIAMS, R. *Marxismo e literatura*. Rio de Janeiro: Zahar, 1979.

ENTREVISTAS

As entrevistas* foram realizadas em São Paulo, Rio de Janeiro, Belo Horizonte, Osasco e Londrina, em 1985 e 1986. Foram ouvidos:

André Guerra (MRT)
Antônio de Neiva Moreira (ALA)
Antônio Roberto Espinosa (VAR)
Amadeu Felipe da Luz Ferreira (MNR)
Apolo Heringer (COLINA, DVP)
Apolônio de Carvalho (PCBR)
Aton Fon Filho (ALN)
Carlos Fayal (ALN)
César Benjamim (MR-8)
Cid Benjamin (MR-8)
Cláudio Câmara (VAR)
Daniel A. Reis Filho (MR-8)
Fernando Pimentel (COLINA, VAR, VPR)
Guiomar Silva Lopes Calejas (ALN)
Humberto Trigueiros Lima (MR-8) [DI-RJ]
Jacob Gorender (PCBR)
Jean Marc Van der Weid** (AP)
João Quartim de Moraes** (VPR)
Jorge Nahas (COLINA)
José Carlos Gianini (ALN, MOLIPO)
José Genoíno Neto (PCdoB)
Ladislau Dowbor ("Jamil", VPR, VAR, VPR)
Maria Aparecida Costa** (ALN)
Maria do Carmo Brito** (COLINA, VAR, VPR)

* As gravações com a íntegra das entrevistas, bem como sua transcrição, estão à disposição do público no Arquivo Edgar Leuenroth, da UNICAMP, em Campinas. Ao lado do nome dos entrevistados consta a sigla da organização com a qual cada um deles foi acusado de estar envolvido, conforme os dados do BNM.
** Entrevistas que contaram com a participação de Daniel Aarão Reis Filho.

Maurício Paiva (COLINA)
Paulo de Tarso Venceslau** (ALN)
Paulo Schilling (MNR)
Pedro Rocha (ALN, MOLIPO)
Renato Tapajós (ALA)
Shizuo Osawa** ("Mário Japa", VPR, VAR, VPR)
Takao Amano (ALN)
Vera Sílvia Magalhães** (MR-8)
Vicente Roig (ALA)
Vinícius Caldeira Brant (PRT)

SIGLAS

ALA (Ala vermelha do Partido Comunista do Brasil)
ALN (Aliança Libertadora Nacional)
AP (Ação Popular)
COLINA (Comandos de Libertação Nacional)
CORRENTE (Corrente Revolucionária de Minas Gerais)
DDD (Dissidência da Dissidência da Guanabara)
DI-DF (Dissidência do PCB do Distrito Federal)
DI-GB (Dissidência do PCB da Guanabara)
DI-RJ (Dissidência do PCB do Rio de Janeiro)
DISP (Dissidência do PCB de São Paulo)
DVP (Dissidência da VAR-Palmares)
FALN (Forças Armadas de Libertação Nacional)
FLN (Frente de Libertação Nacional)
FLNe (Frente de Libertação do Nordeste)
G de 11 (Grupos de 11)
MAR (Movimento de Ação Revolucionária)
MCR (Movimento Comunista Revolucionário)
MEL (Movimento Estudantil Libertário)
MNR (Movimento Nacionalista Revolucionário)
MOLIPO (Movimento de Libertação Popular)
MRM (Movimento Revolucionário Marxista)
MRT (Movimento Revolucionário Tiradentes)
MR-8 (Movimento Revolucionário 8 de Outubro)
MR-21 (Movimento Revolucionário 21 de Abril)

MR-26 (Movimento Revolucionário 26 de Março)
M3G (Marx, Mao, Marighella, Guevara)
PCB (Partido Comunista Brasileiro)
PCdoB (Partido Comunista do Brasil)
PCBR (Partido Comunista Brasileiro Revolucionário)
PCR (Partido Comunista Revolucionário)
POC (Partido Operário Comunista)
POLOP (Organização Política Marxista – "Política Operária")
PORT (Partido Operário Revolucionário – Trotskista)
PRT (Partido Revolucionário dos Trabalhadores)
RAN (Resistência Armada Nacionalista)
REDE (Resistência Democrática)
VAR (Vanguarda Armada Revolucionária – Palmares)
VPR (Vanguarda Popular Revolucionária)
V. GRUPOS (dados conjuntos sobre vários grupos, em que pelo menos um deles era de esquerda armada)

SOBRE O LIVRO

Formato: 16 x 23 cm
Mancha: 29 x 47 paicas
Tipologia: Times 11/14
Papel: Pólen Soft 80g/m² (miolo)
Cartão Supremo 250 g/m² (capa)
2ª Edição: 2010
1ª reimpressão: 2020

EQUIPE DE REALIZAÇÃO

Edição de Texto

Carla Montagner (Preparação de original)
Lucas Puntel Carrasco (Revisão)

Capa
Estúdio Bogari (Mariana Padoan)

Editoração Eletrônica
Estúdio Bogari

Impressão e Acabamento
assahi
gráfica e editora ltda.